해방
일기

해방일기 3
소련군의 해방과 미군의 해방

2012년 4월 18일 제1판 1쇄 발행
2013년 9월 11일 제1판 3쇄 발행

지은이 김기협
펴낸이 이재민, 김상미

편집 이미경
디자인기획 민진기디자인

종이 다올페이퍼
인쇄 천일문화사
제본 동호제책

펴낸곳 너머북스
주소 서울시 종로구 누하동 17번지 2층
전화 02)335-3366, 336-5131 팩스 02)335-5848
등록번호 제313-2007-232호

ISBN 978-89-94606-12-5 03900
ISBN 978-89-94606-05-7 (세트)

너머북스와 너머학교는 좋은 서가와 학교를 꿈꾸는 출판사입니다.

해방 일기

1946.2.1~4.30

3

소련군의 해방과 미군의 해방

김기협 지음

너머북스

미국과 소련이 조선에서 원한 것

1946년 2월에서 4월까지 일기를 담은 제3권에서도 이북보다 이남에서 일어난 일에 관한 설명이 압도적으로 많다. 앞으로도 이 불균형을 크게 벗어나기 힘들겠다는 생각이 굳어진다. 입수할 수 있는 자료와 연구가 남쪽에 치우쳐 있다는 점은 애초부터 알고 있었던 것이고, 그 문제를 최대한 극복해서 남북 간의 균형을 맞춰야겠다는 생각을 갖고 있었다.

그런데 막상 작업에 들어가 보니 자료와 연구의 분량만이 문제가 아니었다. 이북의 변화에는 이남에 비해 변수가 적었고, 따라서 변화의 구조가 간단했다. 소련군의 역할은 이남의 미군처럼 적극적인 것이 아니었고, 또 일관성이 있는 편이었다. 이북에서 조선인 지도자와 집단들이 지도체제를 형성해가는 과정이 이남에 비해 순조로웠던 가장 큰 이유는 점령군의 개입이 적었던 것이다.

이남에서 정치적 분열과 대립이 격심했던 것은 미군의 작용 때문이었다. 미군은 직접 통치에 나서서 권력을 적극적으로 행사했고, 남용한 일도 많았다. 특정 정치 세력을 옹호하면서 또 다른 특정 정치 세력을 탄압했다. 이남에서는 민의의 작용은커녕 그 표출조차 어렵게 되고, 여러 정치 세력의 상호작용은 민의와 유리된 채 자금력과 조직력

등 다양한 요소에 좌우되며 복잡하게 펼쳐졌다.

남북 간의 정치 풍토 차이는 일본 항복 후 반년이 지난 시점에서 극명하게 드러나기 시작했다. 이북에는 공산당이 주도하는 북조선임시인민위원회(임시인위)가 수립되었고, 이남에서는 좌익 중심의 통일전선인 민주주의민족전선(민전)과 우익 집결체인 남조선국민대표민주의원(민주의원)이 만들어졌다.

소련군은 진주 이래 지방행정과 치안을 자치적인 인민위원회에 최대한 맡겼다. 그리고 점차적으로 인민위원회의 전국적 조직화를 유도했다. 북조선을 포괄하는 정치조직을 지향한 것이다.

한편으로 소련군은 공산당 중심의 제 정당 연합체제를 후원했다. 이 연합체제에 조선민주당(조민당)이 반발했지만 안팎의 공작을 통해 정리되었고, 독립동맹-신민당과 천도교청우당이 참여함으로써 안정된 정치체제를 빚어냈다. 그래서 임시인위 수립이 중앙에서도 지방에서도 안정된 기반 위에서 이뤄졌고, 토지개혁 같은 거대한 사업에 바로 착수할 수 있었다.

이남의 미군정은 이와 달리 조선인의 자치 노력을 배제하고 일본의 식민 통치 체제를 복원했다. 미군 진주 전에 결성된 지방 인민위원회는 파괴되었고, 인민위원회 중앙기구를 표방한 인민공화국(인공)은 무시와 탄압을 받았다. 그러나 미군 장교들은 일본인의 통치 역할을 물려받을 역량을 갖추지 못했기 때문에 그들을 돕는 조선인 집단의 호가호위(狐假虎威)가 극성을 떨게 되었다.

군정청 관리를 비롯해서 미군정에 협조한 조선인 집단은 기능적 기준에 따라 선발되었다. 일본의 통치에 협조하던 사람들이 있었고 일제시대의 특권층으로서 미국 유학 등 고등교육을 받은 사람들이 있었다. 미군정 간부들에게 향응과 뇌물을 제공할 수 있는 재산가들이 있었고,

같은 신앙인으로서 신뢰받을 수 있었던 기독교인들이 있었다.

이같이 기능적 기준으로 선발된 미군정 협조 집단은 이북에서 자치적 행정과 치안을 맡은 사람들처럼 민의를 수렴하거나 대변하는 정치적 역할을 맡을 수 없었다. 오히려 식민지 체제 청산의 시대적 과제에 역행하는 성향의 집단이었다. 미군정의 성격이 식민지 체제에 가까운 것이었으므로 식민지 체제에 적합한 사람들이 협조 집단을 형성한 것이다.

한편 미군정 지도부는 반공·반소의 성향을 보였다. 미국 사회에는 1919~20년 '빨갱이 소동(Red Scare)'의 전통이 살아 있었다. 소련 승인도 제일 뒤까지 늦춘 자본주의국가가 미국이었다. 제2차 세계대전에서 연합국으로 함께 싸웠지만 미국인 중에는 소련과 공산주의에 대해 경계심을 품은 사람들이 적지 않았다.

반공·반소 성향이 제일 쉽게 나타날 수 있는 곳이 군부였다. 군부에는 자신의 존재 가치를 뚜렷하게 하기 위해 '가상적(假想敵)'의 존재를 필요로 하는 경향이 있기 때문이다. 반공주의자로 명성을 떨친 맥아더를 보더라도, 자본주의와 공산주의의 차이에 대한 투철한 이해보다는 전쟁과 전투를 그저 좋아하는 '군인 정신'이 더 두드러져 보인다. 조선 점령 미군은 맥아더 휘하에 있었으므로 그의 반공주의에 큰 영향을 받지 않을 수 없었다.

해방 조선의 민심은 왼쪽으로 기울어져 있었다. 토지 소유의 과도한 집중 등 일본 제국주의 통치의 폐단을 극복하는 적절한 길이 사회주의 정책 노선이었기 때문이다. 일제 말기 항일운동에 좌익이 앞장선 전통도 그런 분위기에 보탬이 되었다. 일제하의 감옥살이가 해방 후 지도자의 자격으로 인식되었는데, 감옥살이 경력에서 좌익이 압도적이었다.

일제 통치자들은 '좌익'을 매우 넓은 범위로 파악했다. 자기네 통치에 반대하는 자들은 웬만하면 다 좌익으로 취급했다. 민족주의 저항을 아예 개념부터 부정했기 때문이다. 경찰 등 미군정 협조 집단은 이 전통을 이어받았다. 자기네처럼 미군정에 협조하지 않는 사람들을 모두 좌익으로 몰았고, 현지 실정을 모르는 미국 군인들은 여기에 넘어가 조선인 민족주의자에게 경계심을 품었다. 내 편 아니면 무조건 빨갱이로 모는 풍조는 이승만이 하지 사령관을 '용공주의자'로 비난하는 지경에까지 이른다.

당시의 좌익 중에 계급혁명을 확고한 목적으로 가진 공산주의자는 극소수였다. 대다수는 양심적 지식인으로서 "보다 공정한 사회"를 원하는, 굳이 선택한다면 사회민주주의 정도를 택할 사람들이었다. 독립건국의 긴박한 과제 앞에서는 스스로 원하는 공정한 사회의 기준을 어느 정도 양보하고 타협할 수 있는 사람들이었다. 그리고 공산주의자 중에도 계급혁명을 건국 후까지 기다려서 추구해도 된다는 온건한 사람들이 많았다.

이북에서는 이 '범 좌익'이 모두 인민위원회 체제를 지지하고 참여했다. 친일파와 지주층만이 배제되었고, 지주층에서도 개별적 지지와 참여가 많았다. 광범한 지지와 참여 덕분에 임시인위 출범 직후 토지개혁 사업 추진이 가능했다. 김일성을 정점으로 한 권력 구조가 굳어지는 것은 나중의 일이고, 지금까지는 이북 정치·행정조직의 순조로운 발전이 대다수 인민을 만족하게 했다.

반면 이남에서 "보다 공정한 사회"를 위해 인민위원회 활동에 나선 사람들은 미군정에 제지받고 탄압당했다. 중도적이고 온건한 사람들은 할 수 있는 일이 아무것도 없었고, 확실한 공산주의자들만이 미군정에 저항하는 길을 찾았다. 미군과 미군정의 불합리하고 난폭한 태도에 반발하는 민심의 구심점을 공산당이 제공했다.

1945년 연말에 시작된 반탁운동을 통해 좌우익 경계선이 새로 만들어졌다. 미군정에 의지하는 한민당—이승만 세력과 상해·중경 임정을 지지하는 민족주의 세력이 합쳐져 반탁 세력을 만들었고, 이것이 우익의 울타리가 되었다. 반탁운동을 통해 우익 통합이 강화되면서 우익끼리만 비상국민회의로 뭉쳤다. 비상국민회의의 최고정무위원회가 미군정 자문기관인 민주의원 간판을 걸면서 미군정과 우익의 결탁이 한 차례 매듭지어졌다.

민족통일전선을 포기한 우익끼리의 결집에 대한 반발로 중도적 인물과 단체들이 대거 민전에 참여했다. 민전은 좌익의 주동으로 결성되었지만 통일전선을 표방하고 문호를 개방했기 때문에 참여 범위가 넓었다. 심지어 비상국민회의를 떠난 임정 비주류 요인 몇몇도 민전에 참여했는데, 그중에는 넓은 의미의 '좌익'으로도 볼 수 없는 인물들이 있었다.

민주의원은 미군정의 획책으로 만들어진 기구였다. 애초에 미군정이 바란 것은 우익이 중심을 잡되 좌익도 포괄하는, 통일전선의 성격을 가진 기구로서 미소공위에서 남조선을 대표하게 하는 것이었다. 좌익의 정체를 이해하지 못했기 때문에 비현실적인 목표를 세운 것이었다. 이 실수를 이승만이 이용해서 극우 세력의 아성으로 민주의원을 만들었다. 민주의원을 만드는 데 군정청에서 앞장선 사람이 하지의 고문으로 들어와 있던 이승만의 측근 굿펠로였다.

1946년 3월 20일 개막한 미소공동위원회(미소공위)는 연합국의 조선 독립 약속을 이행하기 위한 실무 기구였다. 1943년 11월 미·영·중 3국 정상의 카이로선언에 조선 독립 방침이 나왔고 소련도 후에 이를 추인했다. 그러나 그 후의 연합국 정상회담에서 더 이상 구체적인 방침이 나오지 않다가 일본 항복 때 미·소 두 나라 군대가 조선에 진주했고, 몇 달 후 모스크바에서 열린 연합국(미·영·소) 외상 회담에서 두 점령군으로 구성하는 미소공위가 조선의 건국 준비를 맡게 한 것이었다.

연합국은 조선 인민을 위해 조선 독립 방침을 내놓은 것이 아니었다. 조선은 제2차 세계대전 중 일본제국의 일부로 외부에서는 인식되고 있었다. 조선인의 항쟁이 연합국의 전쟁 수행에 큰 도움도 되지 못했다. 선량한 일본인이 비록 군국주의의 피해자라 하더라도 연합국에게 적국민이었던 것과 마찬가지로 조선도 적국의 일부였다.

그럼에도 조선 독립 방침을 세운 것은 두 가지 목적을 위해서였다. 그 하나는 일본제국에 대한 조선인의 협력을 약화시키고 저항을 강화시키는 것이었다. 이것은 단순히 전략적 목적이었다. 또 하나는 일본제국의 재기를 막기 위해 제국을 해체하려는 것이었다. 여기에는 민족자결의 명분이 들어 있었다.

카이로에서 조선 독립 방침이 나온 것은 장개석 덕분이었다. 그 시점에서 다른 연합국들은 명분보다 전략에 급급한 형편이었고, 이 방침의 전략적 가치를 이해하지 못하고 있었다. 대한민국임시정부와 긴밀한 관계를 갖고 있던 장개석이 이 방침을 제안했고, 일본 관계 전략에서는 중국의 제안을 다른 연합국들이 존중한 것이다. 카이로선언 확보에는 임시정부의 공로가 있었다.

중국이 제기한 조선의 전략적 가치는 전쟁이 끝날 때까지 빛을 보지 못했다. 일본 항복 시점에서 중국의 발언권은 축소되어 있었고, 다른 연합국들은 조선 독립에서 일본제국의 분할이란 의미밖에 이해하지 못하고 있었다. 초미의 관심사로 떠오르고 있던 것은 미·소 양대 강국의 세력권 획정이었고, 조선은 두 세력권의 경계선이 되었다.

점령이 곧 세력권 확보였다. 전쟁으로 약화된 서유럽 열강은 전쟁 전의 세력권 회복조차 힘겨웠고, 미국과 소련의 경쟁 양상이 되었다. 조선의 분단 점령에는 남북이 각각 미국과 소련의 세력권에 들어가는 의미가 있었다. 조선 독립을 일본제국 해체의 일환으로 보는 연합국 관점에서는 조선을 다시 둘로 쪼개는 것이 대수로운 일이 아니었다.

분단 점령을 해놓는다 해서 꼭 분단 건국을 해야겠다는 것은 아니었다. 분단 건국은 민족자결의 명분에도 어긋날 뿐 아니라 현실적으로도 미·소 양쪽에 다 부담스러운 일이었다. 미·소 관계 전개에 따라 어느 한쪽이 물러서든가 양쪽이 함께 물러날 가능성은 열려 있었다. 38선은 일본 항복을 받을 준비가 충분치 않은 상황에서 취한 임시 조치였다.

그런데 일본 항복 4개월 후 열린 모스크바 외상 회담 때까지도 이 임시 조치를 대치할 다른 대책이 떠오르지 않고 있었다. 그래서 조선을 독립시키되 그로 인해 미·소 어느 쪽도 불안감을 느끼지 않도록 하는 방책을 강구한 것이 신탁통치였다. 이 방책의 실행을 양쪽 점령군으로 구성하는 미소공위에 맡긴 것도 두 나라의 만족을 보장하기 위해서였다.

제2차 세계대전의 '연합국'은 1차적으로 미·영·소 세 나라였다. 미·소 두 강대국과 함께 영국이 낀 것은 전쟁을 처음부터 끝까지 치른 나라였기 때문이다. 중국과 프랑스는 세 나라의 도움으로 전쟁을 견뎌낸 나라였기 때문에 발언권이 약했다. 그래서 테헤란, 알타, 포츠담회담이 모두 3국 회담이었다. 카이로회담에 중국이 참가한 것은 테헤란 회담을 앞두고 대일본 전략만을 의논하는 회담이었기 때문이다. 당시 일본과 평화조약을 유지하고 있던 소련은 카이로회담에 참석하지 않았다.

조선 문제에 대해 영국은 힘도 약하고 거리도 멀고 관계도 적었기 때문에 적극적으로 관여할 입장이 아니었다. 그래서 조선은 미·소 두 나라 소관이 되었고, 두 나라는 그 처리를 맡을 미소공위를 만들었다. 두 나라 정부가 아닌 두 점령군으로 만든 기구였기 때문에 어느 수준 이상의 정치적 절충을 하기 힘든 한계를 가진 기구였다.

조선은 일본 지배로부터 '해방'되었지만 그 대신 두 나라 군대의 '점령'을 받았다. 조선인을 위한 점령이라고 두 나라는 겉으로 주장했지만, 세력권 확보의 속뜻을 굳이 감추려고 하지도 않았다. 어느 쪽도 조선을 당장 통째로 집어삼킬 엄두는 내지 못하는 상황이었고, 절충안은 두 가지였다.

한 가지 방안은 각자 자기 점령 지역을 자기 세력권으로 굳히는 '분단 건국'이었다. 두 나라 사이만의 흥정이라면 가장 손쉬운 방안이었다. 그러나 조선 민족주의의 반발과 국제 여론의 비판을 피할 수 없는 길이었다.

그래서 다른 방안, 즉 조선을 하나의 국가로 독립시키되 어느 한쪽이 압도적인 이득을 보지 않고 서로 견제할 수 있는 방안이 모스크바 3상회의에서 채택되었다. 신탁통치가 상호 견제의 핵심 장치였다.

그런데 '신탁통치—통일 건국' 방안이 외견상으로는 두 나라에 공평한 것이었지만 실제로는 미국 쪽에서 자신에게 불리한 쪽으로 생각할 여지가 있었다. 조선 항일 투쟁에서 좌익의 역할이 컸고 조선인 대다수가 토지개혁과 산업국유화 등 사회주의 정책을 지지하고 있었다. 그리고 위치 때문에 조선의 경제 관계가 미국보다는 소련 쪽으로 치우칠 개연성이 있었다. 따라서 조선을 중립적 위치에 두면 시간이 지남에 따라 소련 쪽으로 기울어지기 쉽다고 미국 입장에서는 생각할 수 있었다.

그래서 조선 관계 모스크바 결정을 불만스럽게 여기는 세력이 미국

쪽에 나타나게 된다. 특히 군부에서 이런 경향이 강했던 것은 대전 후 급격한 병력 감축에도 이유가 있었다. 국제적 긴장과 갈등을 일으키고 싶어 하는 경향이었다. 게다가 조선 주둔 미군은 '전쟁광' 맥아더의 지휘 아래 있었다. 미소공위 초기 단계에서 미군 측이 회담 성공에 연연하지 않은 태도는 이런 경향이 작용한 결과였다.

조선 민족주의자로서 이 두 가지 길 중에 택하라면 당연히 '신탁통치-통일 건국'을 택했을 것이다. 그런데 남북의 가장 저명한 민족주의자 김구와 조만식은 신탁통치 반대를 이유로 모스크바 결정과 미소공위를 거부하는 태도를 취했다. '신탁통치 없는 통일 건국'이라는, 미·소 어느 나라도 제시하지 않은 길을 고집한 것이다.

반탁 세력은 민족주의 기준으로 볼 때 두 가지 서로 다른 태도가 뒤섞여 나타난 것이었다. 한쪽에는 '이상주의적 민족주의자'들이 있었다. 그들은 해방을 항일 투쟁의 결실로 이해했다. 그리고 연합국이 조선인을 위해 조선을 점령한다는 명분을 액면 그대로 받아들였다. 그래서 더 이상의 속박을 거부한다는 뜻에서 신탁통치를 반대했다.

또 한쪽에는 '현실주의적 반민족주의자'들이 있었다. 그들은 조선 해방이 연합국 승리의 부산물임을 이해했다. 그리고 식민지시대의 기득권을 지키고 키울 수 있는 길이 미국의 지배를 받아들이는 데 있음을 알아챘다. 그래서 다른 연합국의 견제 없는 미국의 지배를 확립하기 위해 신탁통치를 반대했다.

해방을 연합국 승리의 부산물로 이해하면서 통일 건국을 지향하는 '현실주의적 민족주의자'는 없었을까? 없었을 리가 없다. 모스크바 결정에 마음에 안 드는 부분이 있더라도 일단 현실로 받아들이고, 민족통일전선 결성을 통해 그 한도 내에서라도 최선의 결과를 지향하고자 한 사람들이 있었다. 그러나 그들은 점령군의 지원을 받지 못했고,

1946년 4월까지 목소리를 낼 공간을 갖지 못하고 있었다. 5월 들어 미소공위가 무기 정회에 들어간 뒤에야 그들의 좌우합작 노력이 해방 정국의 표면에 떠오르게 된다.

이북에서는 1946년 3월의 토지개혁 실시를 계기로 조선인 자치 정권인 임시인위가 민심을 수렴하며 순조로운 발전을 시작했으나 이남에서는 미군정이 조선총독부를 이어받아 권력을 독점하고 있었다. 그런 상태에서 조선인의 자치 역량은 이북에서 더 빨리 성장했고 그럴수록 미군정은 더욱더 억압적 통치수단에 집착하게 되었다. 1946년 전반기를 통해 미군정의 가장 큰 사업은 식민지시대보다 두 배 규모의 국가경찰 육성이었다.

2012년 4월

김기협

차례

일러두기

1. 이 책에서 인용한 1차 사료(신문기사, 포고문, 법령 등)는 국사편찬위원회 한국사데이터베이스(http://db.history.go.kr)의 자료를 원본으로 하였으며, 일일이 출처를 명시하지 않는 대신 흐린 글씨로 표시하였다. 또한 지금은 별로 쓰지 않는 한자어를 우리말로 풀어쓰는 등 한글세대도 쉽게 읽을 수 있도록 일부 수정하였다.
2. 이 책에서 인용한 글의 서지사항은 처음 나올 때 표기하고, 이후에는 제목과 쪽수만 표기하였다.
3. 인명이 처음 나올 때 한자 또는 원어, 생몰연도를 함께 표기하였다(확인되지 않는 일부 인명의 경우 제외).
4. 단체명은 처음 나올 때 원래 명칭과 줄임말을 함께 표기하고 이후에는 줄임말을 사용하는 것을 원칙으로 하였다.
5. 각 장의 말미에 실은 '안재홍 선생에게 묻는다'는 해당 시점(예를 들어 1장 말미의 대담은 1945년 11월 중순, 2장 말미는 1945년 11월 말)에 저자가 안재홍 선생과 나누는 것으로 가상하는 대담이다.

1

남조선대한국민대표 민주의원 성립

1946년 2월 1 ~ 11일

'민주의원'의 '설립자' 하지 사령관과 두 '영수' 김구와 이승만이 함께한 모습.

1946. 2. 1.

대표도 못하고 민주적이지도 않은 '대표민주의원'

1946년 2월 1~2일자 신문은 두 가지 기사로 뒤덮였다. 비상국민회의 결성과 민주주의민족전선(이하 '민전'으로 줄임) 준비위원회 발족.

1월 21일 임시정부(이하 '임정'으로 줄임)가 추진해온 비상정치회의 주비위가 이승만(李承晩, 1875~1965)의 독립촉성중앙위원회(이하 '독촉'으로 줄임) 합류와 함께 비상국민회의로 방향을 바꾸면서 임정 요인 중 '좌파'로도 불리는 비주류 인사 몇이 탈퇴를 선언했다. 비상국민회의가 좌익 참여에 연연하지 않고 우익 통합에 주력할 방침을 정했기 때문이다. 비상국민회의는 임정까지 분열시키며 우익 중심으로 결성되어 이승만과 김구(金九, 1876~1949)를 영수로 추대했다.

좌익 제 단체는 1월 19일 민전 결성을 선포했다. 좌익은 임정의 주도권을 인정하지 않고 정당 간의 논의를 통한 민족통일전선 구축을 주장해왔다. 1월 6~7일의 4당 회의, 그리고 1월 8일 이후의 5당 회의가 성과를 거두지 못하자 민전을 내세우고 나섰다. 친일파와 민족반역자만을 제외한 모든 단체의 참여를 표방했으며, 물론 우익의 참여에 연연하지 않는 좌익 주도의 움직임이었다. 2월 1일 비상국민회의 결성에 맞서 준비위를 발족, 2월 15일 결성대회의 초청장을 발송했다.

두 개의 큰 조직 곁에 또 하나의 조직이 모습을 보였다. 하지(John

R. Hodge, 1893~1963) 사령관의 자문위원회였다.

인민당 총무국에서는 하지 중장 개인 자문위원회에 동당 대표로 백상규(白象奎)·여운홍(呂運弘)·황진남(黃鎭南)·이정구(李貞求)를 파견하는 데 대하여 1일 다음과 같이 발표했다.

"1) 우리는 하지 중장 개인의 자문위원회가 당면한 민생 문제에 한한 자문기관인 것을 인정함

2) 본 자문위원회가 결의제가 아님을 인정함

3) 본 자문위원회가 임시정부 수립 등 정치 문제에 언급하지 않은 것을 인정함

1월 31일 본당 대표 여운홍·황진남이 하지 중장 고문 굿펠로를 회견했을 시 본 자문위원회의 성격에 대한 본당 대표의 질문에 관하여 이상 3조항을 승인하고 본당의 대표 파견을 요청하였으므로 전기(前記) 4인을 파견함

이상 3개 조항에 위반되는 시 본당 대표는 즉시 탈퇴할 것을 언명함."

(「인민당, 하지의 개인 자문위원회에 대표 파견 결정」, 『조선일보』 1946년 2월 2일)

1월 28일자 일기에 "굿펠로와 이승만, 그리고 하지가 민주의원의 설계자들"이었다는 대목을 커밍스(Bruce Cumings, 1943~)의 『The Origins of the Korean War』에서 인용했다. 굿펠로(Preston M. Goodfellow, 1892~1973)는 하지의 '자문위원회'란 명목으로 포장한 민주의원에 정치 지도자들을 끌어들이기 위해 부심하고 있었다. 1월 26일 박헌영을 만나 "이 기관에서 시급한 식량, 통화 등의 문제를 논의할 수 있을 뿐만 아니라 장래 임시정부로 발전할 수도 있으며, 국민대회

의 소집과 신탁통치 문제도 결정할 수 있을 것"이라고 참여를 권유했으나 박헌영은 이틀 후 참여를 거부하는 성명을 발표했다(임경석, 『이정 박헌영 일대기』, 역사비평사 2004, 276~279쪽).

인민당은 굿펠로의 권유를 받아들였다. 그러나 자문위원회가 민생 문제의 협조를 위한 것이지 정치기구가 아니라는 엄격한 조건을 달았다. 석 달 전 여운형(呂運亨, 1886~1947)은 군정장관 자문단 참여를 수락했다가 자문단이 한민당 인사 위주로 구성된 것을 보고 바로 사퇴한 일이 있다. 이번 자문위원회 참여에 엄격한 조건을 붙인 것은 우익의 책략에 말려들어 들러리 노릇 하지 않겠다는 의지의 표현이었다.

굿펠로의 설득 방법에 눈에 띄는 점이 있다. 박헌영(朴憲永, 1900~55)을 설득할 때는 자문위원회의 정치적 의미를 크게 내세웠다가 인민당을 설득할 때는 자문위원회의 비정치성을 확인해주었다는 것이다. 인민당의 자세는 우익의 책략을 경계하되 명분이 보장되는 범위에서는 참여한다는 것이었다. 이 자문위원회가 2월 14일에 '민주의원'이란 이름으로 정체를 드러내자 여운형은 불참여를 선언했다.

우익의 비상국민회의, 좌익의 민전, 군정청의 민주의원, 모두 미소공동위원회(이하 '미소공위'로 줄임)에서 한국인을 대표하는 위치를 구축하려는 목적을 가지고 있었다. 건국의 주도권을 쥐겠다는 것이었다. 그러나 각각 그 밖의 다른 목적도 있었다.

가장 좁은 범위의 목적을 가진 것은 군정청이었다. 군정청이 추진한 민주의원은 모스크바 3상회의 직전 '랭던 제안'에서 제시한 '정무위원회'의 연장선에 있었지만 폭이 좁아졌다. 정무위원회는 임정과 이승만을 앞세워 전 한국인을 대표하는 기구를 구상한 것이었는데, 민주의원은 좌익을 포기하고 최소한의 구색 맞추기에 급급하게 되었다. 이북의 인민위원회에 대항하는 방어적 목적이었다.

우익의 비상국민회의는 김구와 이승만의 동상이몽 형국이었다. 이승만은 미국의 절대적 영향력하에 건국을 원했고, 분단 건국이라도 마다하지 않는 속셈이었다. 김구는 이와 달리 완전한 통일 민족국가를 원했다. 그러나 그는 임정의 권위를 과신한 것이었을까? 이승만과 한민당의 '임정 추대' 바람잡이에 말려들어 좌익 등 다른 세력과의 협력과 연대를 도외시하고 미소공위에 대해서도 오만한 태도를 견지했다.

2월 2일자 『조선일보』의 비상국민회의 기사는 이런 내용이었다.

● 201명 초청에 167명 참석

회의는 오전 11시 안재홍(安在鴻) 사회로 시작되어 먼저 개회를 선언하고 의원을 점명한 결과 전원 201명 중 167명 출석으로 국기 경례, 애국가 합창이 있은 후 안재홍의 개회사에 이어 임시의장에 김병로(金炳魯)가 피선되었다. 박윤진(朴允進)으로부터 본 비상국민회의는 대한민국임시정부 당면정책 제6항의 규정에 의하여 장래할 과도정권 수립에 관한 권한을 향유케 하고자 임시정부의 소집으로 1월 20일 임시정부 내에서 비상정치회의 주비회가 각 혁명단체·종교단체·정당 등 18단체 초청으로 조직된 후 이승만을 회장으로 한 독립촉성중앙협의회의 사업을 비상정치회의와 합류케 된 것, 조선민족해방동맹 대표 김성숙(金星淑), 조선민족혁명당 대표 성주식(成周寔) 양인 외 몇 요인이 동 회의에서 진행하는 정책이 전 민족통일단결 원칙에 부합되지 않는다는 이유로 탈퇴하기까지의 경과보고와 남상철(南相喆)의 임시정부에 대한 감사결의문을 낭독한 후 류엽(柳葉)으로부터 다음과 같은 연합국에 대한 결의안을 상정, 이어서 러치 장관의 축사를 뉴맨 대좌가 대독하고 아놀드 소장의 메시지를 낭독한 다음 오전부를 끝냈다. 오후 2시에 속회하여 의사 규정 및 비상국민회의 조직 대강을 상

1945년 12월 3일 임정 요인들의 환국 기념사진. 두 달 후 비상국민회의 조직에 따라 (상해·중경) 임정의 실체는 사라지고 만다.

정, 만장일치 가결하고 의장·부의장 및 위원 선거로 들어갔다.

비상국민회의 의장과 부의장에는 임정 임시의정원 의장과 부의장이던 홍진(洪震, 1877~1946)과 최동오(崔東旿, 1892~1963)가 선출되었다. 임시정부의 '법통'을 논하려면 민의를 대표하는 의회기구가 필요했고 임정에서 임시의정원이 의회기구였다. 망명 상태에서 의회기구 기능에는 물론 한계가 있었고, 환국에 임해서는 그나마 지켜온 틀이 무너져버렸다. 원래 비상정치회의는 임정의 의회기구를 확충·재건하려는 목적이었으므로 비상국민회의로 방향을 돌리고도 의장과 부의장을 임시의정원 의장과 부의장으로 선출함으로써 연속성을 지키려 한 것이다.

그러나 비상국민회의는 임정과 별개의 기구였다. 그래서 비상국민회의가 임정에 바치는 감사문을 채택한 것이다. 비주류 몇 사람의 탈퇴로 임정–비상국민회의 사이의 연속성에 흠이 생기고 임정의 실체도 깨어진 데 이어 임정의 공식적 존재가 이 감사문을 받음으로써 퇴장한 것이다.

민족 지도자로서 김구의 권위도 크게 손상되었다. 26년간 '대한민국' 이름을 지켜온 임정 주석의 위치가 사라진 것이다. 1942년 가을의 좌우합작 이래 임정은 독립운동의 본산으로 상징적 권위를 누렸다. 임정의 광복군보다 몇 배 규모의 의용군을 거느리고 있던 독립동맹도 임정의 권위를 존중했다. 그런데 그 주석 김구가 좌파가 배제된 절름발이 조직의 영수 자리를 이승만과 나눠 갖는 신세로 떨어져버렸다.

비상국민회의는 2월 1일 결성대회에서 '최고정무위원회'를 두기로 했다. 김구 측에서는 임정 국무위원회를 대신할 행정부를 구상한 것이다. 좌파 비주류와의 합작이 한계에 이른 임정을 포기하고 임정 우파주류가 국내 우익과 결합해 비상국민회의–최고정무위원회 구조를 만들려고 한 것이다.

결성대회에서는 최고정무위원회의 인원과 위원을 모두 김구, 이승만 두 영수에게 일임하기로 결정했다. 서중석은 이를 "아래에서 위로 올라가는 과정은 없고, 오로지 최고 영도자의 명령일하에 복종하는 전형적인 극우적 선출 방식"이었다고 논평했다(서중석, 『한국현대민족운동연구』, 역사비평사 1992, 342쪽). 이에 따라 28인의 위원이 결정되어 2월 13일 발표되었다.

> 비상국민회의에서 이승만, 김구 두 분에게 일임했던 최고정무위원은 양씨 영도 아래 신중히 전형 중이던 바 13일 다음 28명이 발표되었다. 이승만(李承晩, 임시정부 요인), 김구(金九, 임시정부 요인), 김규식(金奎植, 임

시정부 요인), 조소앙(趙素昂, 임시정부 요인), 조완구(趙琬九, 임시정부 요인), 김붕준(金朋濬, 임시정부 요인), 최익환(崔益煥, 신한민족당), 함태영(咸台永, 기독교), 장면(張勉, 천주교), 정인보·김준연(鄭寅普·金俊淵, 한민당), 김도연(金度演, 한민당), 김법린(金法麟, 불교), 김선·김려식(金善·金麗植, 신한민족당), 김창숙·권동진(金昌淑·權東鎭, 신한민족당), 오세창·이의식(吳世昌·李義植, 국민당), 여운형(呂運亨, 인민당), 백상규(白象奎, 인민당), 백관수(白寬洙, 한민당), 백남훈(白南薰, 한민당), 박용희(朴容羲, 국민당), 원세훈(元世勳, 한민당), 황진남(黃鎭南, 인민당), 황현숙·안재홍(黃賢淑·安在鴻, 국민당)

(「비상국민회의, 상임위원회를 설치하고 최고정무위원을 전형 발표」, 『조선일보』 1946년 2월 14일)

그런데 이튿날 신문에는 '비상국민회의 최고정무위원회'가 아닌 '남조선대한국민대표민주의원'(민주의원)의 출범이 보도되었다. 그 성립식은 군정청 회의실에서 열렸다. 민주의원은 군정청 자문기관이었으니까.

굿펠로를 앞세워 군정청에서 추진해온 하지 사령관의 '개인 자문위원회'가 민주의원이란 간판을 비상국민회의 최고정무위원회에 뒤집어씌운 것이다. 커밍스의 말대로 하지·이승만·굿펠로 3인의 획책이 분명한데, 김구가 이에 동의한 까닭이 무엇인지 아직 충분히 이해가 되지 않는다.

안재홍(安在鴻, 1891~1965)은 비상국민회의의 설립을 자신의 '임정 보강론'에 부합하는 것으로 보고 적극 지지해왔는데, 민주의원에 대해서는 "오직 세간 조소의 관혁으로만 되었다"고 한탄했다.

그 실패의 출발인즉, 반쯤 얽었던 좌방 대표를 포옹치 못함이었다고 하나, 그 외에도 따로 지금껏 못내 궁금한 것은 저간의 소식이다. 처음 종현의 천주교회당에서 장중한 비상국민회의가 열리어, 상해 이래의 법통을 이은 의정원의 정부의장인 홍진·최동오 양씨 만장의 박수로써 의장석에 오를 때, 그분들의 반생의 풍상을 추억하여 눈물조차 괴이었더니, 출발에서 이미 좌방은 놓치었고, 재협동의 의(議)도 익지 못하였고, 민주의원 한갓 '고궁에서 한담만 한다'는 냉소만 받았다. (안재홍, 『민세 안재홍 선집 2』, 지식산업사 1983, 269~270쪽)

이후 비상국민회의나 최고정무위원회의 존재도 존재감도 사라지고 민주의원만이 초라한 모습으로 남게 되었다. 14일 민주의원 성립식에 여운형, 함태영(咸台永, 1872~1964), 김창숙(金昌淑, 1879~1962), 정인보(鄭寅普, 1892~?), 조소앙(趙素昻, 1887~1958) 5인은 출석하지 않았다. 인민당은 그날 긴급 중앙집행위원회를 열고 이런 성명서를 발표했다.

"본당은 하지 중장의 고문 굿펠로로부터 당면한 민생 문제에 관한 하지 장군 개인의 고문 격인 자문위원회를 파견하여 달라는 요청을 받고 조건부로 4인을 파견한 일이 있었다. 그 뒤 굿펠로는 본당 당수 여운형을 누차 방문하고 출마를 요청하였으나 당의 결의가 있으니 나갈 수 없다고 거절했다. 그러면 이승만, 김구 양씨도 개인의 자격으로 참가하였으니 역시 개인으로 참가하기를 요청하였으며 앞서 이, 김 양씨를 만나 민족 통일을 논의하기를 간권하므로 여씨는 12일에 굿펠로와 동반하여 먼저 이 박사와 만나 통일의 원칙 문제를 논의하였으며 동일 오후에 다시 김구 씨를 만났으나 회의는 역시 원칙 문제에 국한되었을 뿐 소위 '비국(非國)' 최고정무위원회에 대해서는 일언

민주의원 회의장에서 김규식(서 있는 사람)과 이승만, 김구(오른쪽)의 모습.

반구도 언급한 바 없었다. 굿펠로에 대해서는 지난번 본당에서 제의한 조건하에 참가하기를 승낙하였을 뿐이다.

그런데 돌연 엄항섭(嚴恒燮) 씨가 여운형 씨와 본당에서 파견한 자문위원 3인이 최고정무위원회에 참가하였다고 성명하였는데 이것은 전혀 사실무근이며 본당에서는 13일 오후 4시경에 황진남 씨를 굿펠로에게 보내어 자문위원회와 최고정무위원회와의 관계를 질의한, 즉 굿펠로는 전연 관계없다고 언명하였음에도 불구하고 13일 밤 하지 중장 성명에는 이에 대해서는 일언반구의 언급도 없었고 오직 자문위원회를 남조선대한국민대표민주의원이라고 그 명칭을 변경하였을 뿐이다. 이 전후가 서로 들어맞지 않은 사실에 비추어 본당이 제시한 조건에 명확히 위배되는 것이므로 여운형 당수가 자문위원 승낙을 취소함은 물론 본당에서 파견하였던 자문위원 백상규, 황진남 씨도 소환하는 동시 본당으로서 자문위원회로부터 전적으로 탈퇴할 것을 결의하였다."

(「인민당, 민주의원 탈퇴 성명 발표」, 『서울신문』 1946년 2월 15일)

1946. 2. 7.

민생을 엉망으로 만든 미군정

작년 8월 1일 연재를 시작하고 꼭 반년 만에 설 연휴를 만나 모처럼 닷새 푹 쉬었다. 누구에게나 자기가 매달려 있는 일이 크고 중요하게 느껴지는 법, 그동안 연휴를 만나도 연재 흐름 끊길 것이 걱정되어 추석 때도 신정 때도 휴일에 부득부득 글을 올렸었다. 이번에 모처럼 여러 날 푹 쉰 것은 반년을 채우고 보니 3년 연재를 밀고 나갈 자신감이 굳어져 작업 방향을 차분히 되살펴볼 여유를 가진 덕분이다.

반년 동안 많은 일이 일어났고, 중요하게 생각되는 일들을 열심히 적었다. 구상 단계 생각으로는 매일 적어 나가면 웬만큼 중요한 일은 다 적을 수 있을 것 같았다. 막상 해보니 적을 수 있는 분량이 애초 생각보다 적었다. 선택이 필요하다는 사실을 다시 한 번 생각하며 효과적인 기사 선택을 위해 더 많은 주의를 기울여야겠다고 다짐한다.

대중의 생활 조건을 많이 설명했으면 하는 희망을 처음부터 가지고 있었는데 그렇게 못했다. 1940년대 초반 조선인의 생활 조건은 식민지 상태에 전쟁 상황이 겹쳐 매우 열악했다. 해방으로 두 가지 문제가 모두 해소되었으니 생활 조건도 향상되어야 하는데 그러지 못한 것은 다른 두 가지 문제가 생겼기 때문이다. 그 하나는 행정의 혼란이고 또 하나는 38선 장벽이었다.

일본의 식민지배는 억압적인 것이기는 하지만 기능적인 면에서는 효율성과 안정성을 꽤 갖춘 체제였다. 이 체제가 사라진 공백을 메울 효과적 대안이 나타나고 자리 잡는 데 시간이 필요한 것은 당연한 일이었다. 38선 남북을 막론하고 큰 혼란이 일어났다. 특히 이남의 문제가 심각했다. 이북에서는 주민의 자생적 질서를 점령군이 존중했기 때문에 시간의 흐름에 따라 혼란이 극복되어갈 수 있었는데, 이남의 점령군은 일본 지배의 효율성은 물려받지 않고 억압성만 물려받았기 때문에 시간이 갈수록 혼란이 더욱 심해졌다.

대표적인 문제가 미곡, 즉 식량정책이었다. 여운형이 해방의 날 조선건국준비위원회(이하 '건준'으로 줄임)를 출범시킬 때 질서유지에 협조하는 조건으로 총독부에 요구한 5개항 중 하나가 3개월 치 식량의 확보였다. 큰 변화에 임하여 식량문제가 질서의 필요조건이므로 총독부와 총독부의 비축미와 일본군의 군량미를 넘겨받아 추수 때까지 견딜 수 있도록 하려는 것이었다.

조선에서는 1943년 8월 이래 식량배급제가 실시되고 있었다. 그런데 미군정은 들어선 지 한 달이 안 된 10월 5일에 미곡의 자유시장화를 선언했다. 작황이 좋아서 시장 상황을 낙관한 것이라 하는데, 아무리 좋게 얘기해도 경솔한 조치였다. 미곡 시장이 투기화되고 도시민들은 겨우내 식량 부족으로 엄청난 고통을 겪었다. 지주층의 이해관계를 대표하는 한민당 측의 통역정치를 통한 획책이라는 의심이 나돌았다.

군정청과 경찰은 일본으로의 쌀 밀수를 계속 문제 삼았다. 일본의 쌀값이 한국보다 10배나 비싸서 밀수가 성행했다는 이야기도 이해하기 어려운데, 설령 밀수가 있다 하더라도 그 분량이 얼마나 되었겠는가. 잘못된 식량정책의 지엽적 결과일 뿐이다. 정책의 잘못을 그런 식으로 개인의 도덕심과 애국심 문제로 호도하다가 결국 1월 25일 자유

일제시대 군산항에서 쌀을 실어내던 모습. 이런 대규모 쌀 반출이 없어졌는데도 극심한 식량난이 벌어진 것은 무엇 때문이었을까.

시장화를 포기하는 미곡수집령을 군정청 법령 제45호로 내놓았다.

미곡수집령의 목적은 "광범한 기아, 영양불량, 질병, 민심 불안을 제거하기 위하여 조선군정청이 미곡을 수집하되, 적당한 가격을 지불"하는 것이었다. 얼마나 많은 분량을 수집하고 어떤 가격을 지불하느냐가 이 정책의 관건일 수밖에 없다.

그런데 이 미곡수집령은 농가 가족 1인당 67.5킬로그램씩을 자가소비용으로 인정해 수집에서 면제해준다고 했다. 67.5킬로그램이면 아홉 말, 이것을 365일로 나누면 일제 말기의 배급량 2홉 5작에 조금 못 미치는 분량이다.

이 분량을 어떤 기준으로 정한 것일까? 일제시대의 국외 반출이 사라진 지금 수집 목표량은 줄여도 되는 상황이라는 사실은 고려하지 않

1942년 흥남 공업지대의 풍경. 해방 전의 공업화는 이북 지역에 치우쳐 있었다.

고, 일제시대의 기준을 그대로 적용하여 수집량의 극대화에만 목표를 둔 것이었다. 착취 대상이던 일제시대의 조건을 해방 조선의 농민에게 그대로 강요한 것이다.

"적당한 가격"도 농민에게 적당한 가격이 되지 못했다. 수집 가격은 암시장 가격보다 형편없이 쌌다. 모든 물가가 오르는데, 농민은 가족들 먹기에도 부족한 쌀만 남기고 나머지를 모두 수집 가격에 내놓는다면 생필품을 구할 수 없었다.

너무나 빤한 문제이기 때문에 공출에 (이름은 '수집'이라고 바꿨지만 일제 말기의 '공출'과 똑같은 것으로 모든 사람이 인식했다) 응한 농민에게는 생필품을 염가에 공급하려는 시도가 있었지만 시늉에 그칠 수밖에 없었다. 질은 차치하고, 모든 농민에게 공급할 분량의 생필품을 확보한다는 것 자체가 불가능한 일이었다.

38선의 존재가 경제 사정의 어려움을 더했다. 38선만이 아니라 일본제국의 일부로 자리 잡고 있던 조선 경제는 일본, 만주 등 외부와의 단절로 큰 제약을 받았다. 제조업의 상당 부분이 원료와 시장 문제로 마비되지 않을 수 없었다. 38선은 그 제약을 더 심하게 했다. 양쪽 점령군은 38선을 통해 물자가 다른 지역으로 넘어가는 것을 막았으므로 조선 경제는 국제적 분업만이 아니라 남북 간의 분업까지 가로막힌 것이다.

남북 간 분업의 가장 대표적인 품목이 식량과 에너지였다. 공업화 수준이 낮은 이남 지역은 일본제국 안에서 중요한 미곡 생산지였다. 한편 이북 지역은 식량 생산이 적은 반면 석탄과 전력 생산이 많았다. 전력의 이남 공급은 계속되었지만 석탄 공급이 끊겼다. 이북에서는 석탄 대신 쌀을 들여오고 싶었는데, 이남의 미곡 시장 혼란으로 쌀을 보내줄 수 없었기 때문이다.

2월 1일 이남에서는 석탄 부족 때문에 열차 운행을 줄이기에 이르렀다. 경부선—경인선 열차가 하루 겨우 1회 왕복하는 등 구체적 상황을 이해할 수 있도록 조정된 시간표를 옮겨놓는다.

> 일본에서 들여올 예정이던 석탄이 들어오지 아니하여 극도의 석탄난을 면치 못한 운수국에서는 2월 1일부터 전 국선에 한하여 대폭으로 열차 운행을 줄이기로 했다. 이번 열차 운행 제한으로 경부선과 경인선 2회 왕복(이밖에 경성—천안 간 구간 열차를 1회 왕복, 경의선과 경원선 이밖에 청량리—동두천 간 1회 왕복)은 1회 왕복으로 열차 운행이 줄었는데 경성—목포·여수 간 601·602 직통 왕복 열차 운행은 폐지되고 대신 대전—목포와 대전—순천 간 열차가 운행된다. 그리고 용산선은 종전과 다름이 없고 이밖에 모든 각 지선의 열차 운행은 1회 왕복으로 줄었다. 2월 1일부터 운행될 열차는 다음과 같다. 열차 운행 시간은

대전—목포 간과 대전—순천 간 외에는 종전과 다름이 없다.

● 경부선

경성발—부산행(146열차) 부산발—경성행(145열차)

경성발—천안행(136열차) 천안발—경성행(135열차)

● 경인선

경성발—인천행(705·715열차) 인천발—경성행(706·716열차)

● 경의선

용산발—개성행(205열차) 개성발—용산행(208열차)

● 경원선

경성발—동두천행(317열차) 동두천발—경성행(316열차)

청량리발—동두천행(631열차) 동두천발—청량리행(630열차)

● 호남선

대전발 전 5시 50분—목포착 후 5시 20분(623열차) 목포발 전 9시—대전착 후 5시(1620열차)

이리발 전 12시—순천착 후 8시 20분(1621열차) 순천발 전 6시—이리착 후 12시 30분(626열차)

용산선은 종전대로 운행

각 지선은 전부 1일 1회 왕복

열차 운행의 대폭 제한과 아울러 열차 승차권도 종래의 약 3할 정도밖에 발매치 않는다. 그리고 화물은 군용품·식량의 긴요 물품 이외에는 취급하지 않기로 되었다.

(「석탄 사정의 악화로 전선 열차 운행 감축」, 『동아일보』 1946년 2월 1일)

1월 16일부터 2월 5일까지 서울에서 열린 미·소군 대표회담은 미소공위의 예비회담 성격도 가진 것이었으나 기본적으로는 당장의 현실적 문제의 해결에 목적을 둔 것이었다. 남북 간의 물자 교류 방안이 의논되었는데, 이북에서 가장 필요로 하는 쌀을 이남에서 내놓을 수 없었다. 소련군이 이남으로의 석탄 반출을 거부하기에 이른 것은 미군이 이북 상황 악화를 위해 일부러 쌀 반출을 회피한 것으로 의심한 결과일 수도 있다.

소련군이 이남으로 반출할 물자 8,900만 원 어치를 제안한 데 반해 미군이 이북으로 반출할 물자 제안이 겨우 1,035만 원어치였다는 사실을 보면, 미군이 물자 교류에 소극적 내지 부정적이었던 것은 분명한 사실이다(커밍스, 『The Origins of the Korean War』, Princeton University Press 1981, 240쪽). 미군이 소련군에 비해 38선으로 인한 민생 문제 해결에 열의가 적었음을 알 수 있다.

1946. 2. 8.

‘쌀 소동’ 속에서도 한민당은 ‘딴민당’

조선 내 미곡 가격, 매매, 관리, 배급, 보관, 수송 등 미곡 상황을 검토하기 위하여 조선생활품회사 경성 본사에서 군정관과 조선인이 합석하여 사장 회의를 10월 12일부터 14일까지 열었다.
표준정조(標準正租) 54천(瓩) 1입(叺)〔54킬로그램 한 가마〕 32원(圓)은 최저 가격이며 이 회사는 언제든지 시가로 구입할 준비가 되어 있다고 발표했다. 금년 미곡은 풍작이라고 보고되어 있으며 북위 38도 이남 각지 예상 수확고는 2,100만 석이라 한다.
일부 지방의 현재 부족한 것은 미곡 부족의 원인이 아니며 수송 문제를 해결하여야 할 것이다.

(「38도 이남의 미곡 예상 수확고는 2,100만 석」, 『자유신문』 1945년 10월 19일)

조선의 가장 주요한 식량인 백미는 곡창인 남조선지대를 중심으로 전선(全鮮)에 걸쳐 전반적인 대풍을 보였는데 군정청 농상국 경제과의 23일 발표에 의하면 38도 이남에서만 전선 소비량을 훨씬 넘을 1,700만 석 내지 1,800만 석의 수확이 예상되며, 문제는 이러한 충족한 미곡 생산을 가지고 소위 풍년기근으로 시민 식생활에 심각한 위협을 주고 있어 식량정책의 자유방임보다 적절한 시책이 요망되고 있다.

(「군정, 남한 미곡 수확 예상고 발표(1,800만 석)」, 『동아일보』 1945년 12월 14일)

위의 기사는 10월 5일 군정청이 미곡 자유시장화 방침을 발표하고 나서 일주일 후 나온 것이고, 아래 기사는 그로부터 한 달여 지난 11월 23일 발표가 12월 14일 신문에 보도된 것이다. 두 가지 특이점이 눈에 띈다. 하나는 10월 중순과 11월 하순의 집계 사이에 15~20퍼센트의 큰 차이가 있다는 점이고, 또 하나는 11월 23일 발표가 3주 후에야 보도된 점이다.

10월 중순의 수확고 추정은 미곡 자유시장화 정책을 정당화하기 위해 충분한 조사 없이 마구 올려 잡은 것이 아닐까 생각된다. 11월 하순 집계의 보도가 늦어진 것은 줄어든 집계가 시장에 악영향을 끼칠까봐 군정청이 발표를 꺼린 것이 아닐까 상상해본다.

1,700만 석이라 하더라도 풍작이었고, 일본으로의 막대한 반출도 없어졌으므로 쌀 공급이 충분할 것을 예상할 수도 있었을 것이다. 그러나 쌀의 소비 방식이 달라질 것을 감안하지 못하고 비축미 확보 방안도 강구하지 않은 채, 그리고 수확량 예상도 정밀하게 하지 않은 채 자유시장화를 감행한 것은 아무리 생각해도 경솔한 정도를 넘어서는, 해괴한 일이다. 군정청에 밀착된 지주층 한민당 인사들의 획책이라는 의심을 지울 수 없다.

쌀 소비 방식의 변화를 전상인은 「해방공간의 사회사」에서 이렇게 서술했다.

일제가 물러나고 전쟁이 끝났다는 안도감에 무엇보다 '먹고 마시는' 자유가 우선이었다. 그로 인해 당장 문제가 된 것은 쌀의 과소비 현

> 상이었다. 해방된 지 불과 넉 달 만에 그해 가을 추곡 수확량 가운데 절반 정도가 술이나 떡, 혹은 엿으로 '낭비'될 정도였다. "해방 이후 느는 것은 음식점뿐"이라 할 정도로 서울 거리에는 음식점이 홍수를 이루기도 했다. 이때 쌀은 단순한 먹을거리가 아니었다. 일제 때문에 제대로 먹지 못하던 쌀을 해방과 더불어 다시 접할 수 있게 되었다는 차원에서, 그것은 민족적 정체성을 복원할 수 있는 문화적 양식이었다. (박지향 외 엮음, 『해방 전후사의 재인식 2』, 책세상 2006, 150~151쪽)

"추곡 수확량의 절반 정도가" '낭비'되었다는 것은 1946년 2월 23일, 26일자 『조선일보』 기사에 의거한 것인데, 다소 과장된 표현 같다. 그러나 다년간의 엄격한 통제에서 벗어나면서 쌀 평균 소비가 20~30퍼센트 늘어난 정도는 상식적으로 추정되는 것이다.

소비의 자연스러운 증가 자체는 생산량 증가와 일본 반출 중단으로 충분히 상쇄되었을 것 같다. 결국 문제는 매점매석, 즉 투기 현상이었다.

1946년 2월 6일자 『서울신문』에 보도된 조선은행의 물가 조사를 보면 쌀 자체의 투기화는 그리 심한 것이 아니었다. 인플레를 주도한 것은 공산품이었고 쌀은 그것을 따라가는 품목이었다. 그러나 주식품의 위상 때문에 사회에 큰 충격을 던진 것이었다.

> 쌀 최고가격 결정을 계기로 하여 전면적인 자유시장의 자율적 가격 형성 정책에 다소 수정을 가한 군정청 당국의 시책은 확실히 해방 후 폭동 현상을 보이는 물가고에 단호한 일정침(一頂針)이었던 것은 부인할 수 없다. 이것으로 군정 당국이 쌀값 대책에 대하여 부심하고 있는 일면을 엿볼 수 있으나 조선 경제의 가장 기본적이며 주축으로서의 미곡 수급은 이 같은 가격만의 통제에 의하여 원활한 운영을 기할

수는 없었다. 결과에 있어서는 오히려 역현상을 시현케 된 것은 관계 당국이 자유시장의 조절에 가장 기본이 되는 조절미를 확보치 못한 데 원인한 것임은 물론 또 다른 원인으로 해방 후 조선 경제의 정당한 주축을 파악하지 못한 데 있지 않은가 한다.

현재 물가고의 기조를 검토해보면 그것을 조장하는 중요 원인은 결코 쌀값이 주동적이 아니라는 것을 간과하여서는 안 될 것이다. 그것은 8·15 이후 완전히 독점가격을 형성하고 있는 직물, 잡품 등의 생활필수품이 천장 없이 인위적으로 인상 앙등된 데 원인하여 쌀값은 이를 뒤따르는 경향을 보이고 다시 이것은 생필품고를 역조하는 결과로 나타나 소위 악순환 상태에 들어가 물가고는 전면적으로 확대되었던 것이다. 이러한 현상은 조선은행 조사부 조사에 의한 물가지수를 보면 더욱 명확하다.

	8월	9월	10월	11월	12월	1월
곡물	100	75	77	94	113	139
식료품	100	117	133	158	192	236
직물	100	162	315	421	770	868
연료	100	108	146	159	199	225
잡품	100	191	197	241	329	369
총 평균	100	131	173	214	320	367

이 조사가 정확한 것이라면 소농민들은 극심한 생활고에 빠졌을 것이고, 대지주들도 큰 이득을 보지 못하고 있었을 것이다. 그러나 1월의 곡물 물가지수는 1월 1일부터 쌀 한 석에 730~750원으로 시행된 최고가격제로 얼마간 낮게 나타난 것이 아닐까 생각된다. 김제 동진농장에서 일하던 최재순은 1년에 갑절 올랐다고 회고했다. 그 정도면 쌀

값이 공산품 값을 뒤따라갔다는 『서울신문』 기사의 설명이 사실로 보인다.

> 그런데 해방 후에 쌀값이 천정부지로 치솟았어요. 1년에 곱빼기씩 올랐어요. 초가을 100원 하던 것이 가을쯤 쌀 귀할 때 되니까 200원까지 오르기도 했어요. 그러니까 여유가 있는 사람들은 초가을에 공판을 안 했어요. 빚 있고 가난한 사람들은 우선 써야 하니까 내서 갚아줘야 했지요. (문제안 외, 『8·15의 기억: 해방공간의 풍경, 40인의 역사체험』, 한길사 2005, 219쪽)

쌀 공급 문제에 심각한 반응을 처음 보인 것은 11월 19일 일반고시 제6호로 나온 「미곡 통제」였다. 10월 5일 일반고시 제1호 「미곡의 자유시장」을 개정한 것이었다. 12월 19일 미곡 소매 최고가격을 결정, 1월 1일부터 시행한 것은 이 고시에 의거한 것이었다.

> 1) 1945년 10월 20일부 일반고시 제2호 제3항에 의하여 미곡의 수요가 위급 상태에 있음을 포고함과 동시에 기(其) 조절이 조선 민중을 위하여 필요함을 시인함. 미곡의 여사한 결핍 상태는 군정청에 대하여 약간의 통제 방법을 요구함.
> 2) 1945년 10월 5일부 일반고시 제1호를 자(玆)에 개정하여 조선군정장관, 도지사 급(及) 조선군정장관이 정식으로 권한을 부여한 기타 대행기관이 지령, 고시 급 규칙을 발표하여 미곡의 최고 소매가격을 확정케 함.
> 3) 본 고시의 규정 우(又)는 본 고시 제2항에 의하여 발포한 지령 고시 혹은 규칙을 범하는 자는 육군점령재판소에서 유죄의 판결을 수

장터 풍경은 서서히 모습을 바꿔왔다. 해방 직후의 장터는 조선시대 장터와 지금 장터의 중간 정도 모습이었다.

(受)하는 동시에 기(其) 소정 형벌에 처함.

4) 본 고시는 관보에 발포하는 동시에 효력이 발생함.

자유시장경제를 도입하면서 쌀 한 품목에 한해 최고가격제를 실시한다는 것은 생산자에게 억울한 일이다. 농민의 억울한 문제를 완화해 주기 위해 '물물교환' 수준의 정책까지 강구되었다. 그러나 큰 실효는 없었다고 한다.

쌀을 파는 농민들에게 그들이 필요한 신·성냥·광목·비누·석유 등 중요 긴급한 생활필수품을 공급하고자 조선생활필수품회사에서는 방금 각 지방으로 다량을 실어 나르고 있다. 이러한 생활필수품은 각 지방 창고에 쌓아두고 쌀을 판 농민에게 헐한 공정가격으로 나누어 주는 것인데 이것을 사려면 쌀을 판 농민에게는 증명서를 해주기로 되어 있으므로 그 증명서를 가지고 가면 살 수 있는 것이다. 이 증명서의 유효기간은 두 달(60일)인데 현재 지방에 따라서는 실시하고 있는 곳도 있다고 한다.

(「미곡 출하한 농민에게 생필품 구입 증명서 교부 실시」,
『서울신문』 1945년 12월 28일)

생필품 값을 따라가지 못하는 수준의 최고가격제가 어떤 문제를 일으켰을지는 신문 지면을 덮은 관계 기사를 일일이 들여다보지 않아도 족히 짐작할 수 있는 것이다. 쌀값 자체가 폭등 요인을 가지고 있지 않더라도 차별적 통제는 투기 현상의 충분조건이다. 1월 12일 시민들이 알아서 쌀 구해올 길을 열어준 "자가용 쌀 반입 허가" 조치 보도기사에서 문제의 상황을 대충 알아볼 수 있다.

나날이 심각해지는 서울시의 식량문제를 해결코자 당국에서는 여러 가지 각도로 예의 해결책을 강구하여 그 첫길로서는 생활필수품영단의 손을 거쳐서 잠정적인 조치로서 배급을 하고 있으나 그 양과 배급률로 보아 도저히 이 긴급한 식량문제의 해결은 내리기 어려운 옛 방식의 조치이다. 이러한 중대화한 식량대책을 강구하고자 서울시청에서는 이번 자가용 쌀을 자유로 반입하도록 할 예정으로 시청경제과에서 반입증명서를 해주기로 되었다.

종래 자가용미 반입은 도내 지주에게만 국한되었던 것인데 이번에 일대 영단으로 지주가 아닌 시민이라도 가져올 쌀만 있으면 개인 지역으로 정 단위 또는 단체로 쌀을 실어오게 되는데 그 양은 일인당 하루 3합 6작 정도로 일 년분의 반입을 허가하게 되었다.

그런데 요즈음 각 지방에서는 쌀을 실은 트럭 우마차는 불문곡직하고 불법으로 빼앗는 경향이 있는데 이러한 일이 생길 때는 시장과 윌슨 시청고문관의 명의로 현장에 미군을 출동시켜 빼앗긴 쌀이라도 찾아주는 강력한 대책을 가지고 있다. 그리고 반입증명서는 종래의 번잡을 피하기 위하여 정회에서 증명한 가족 수 증명서를 첨부하여 반입신청서를 시청경제과로 제출하면 시청에서 시장과 윌슨 고문관의 명의로 증명서를 교부해주기로 되었다.

(「서울시, 식량난 타개책으로 일반인에게도 자가용(自家用) 미곡 반입 허가」, 『서울신문』 1946년 1월 12일)

1월 13일자 러치(Archer L. Lerch) 군정장관의 포고문은 당국의 '대책 없는' 모습을 여실히 보여준다. "일반의 애국심과 자비심"에 매달릴 지경이라니…….

현재 조선에는 일부 계급의 미곡 축적으로 인하여 대중생활과 경제면에 큰 위기가 드러나고 있다. 따라서 시장에 쌀이 나오지 않기 때문에 조선인 동포들은 큰 곤란과 위협에 처해 있다. 그러므로 이러한 최대의 위기를 감면키 위하여 군정장관인 나 자신의 권한을 행사하기보다 쌀의 수요공급을 원활히 하기 위하여 일반의 애국심과 자비심에 호소하여 이를 해결하기 바라며 동시에 각 지방청 지시에 협조하기를 바란다.

1946년 1월 13일 조선군정장관 육군소장 아처 러치

(「러치 군정장관, 식량난 해결 위한 포고문 발표」, 『조선일보』 1946년 1월 14일)

1월 25일 발포된 미곡수집령의 시행에 임해 1946년 2월 3일자 『조선일보』에 당국자와의 문답 기사가 실렸다. 구체적 시행 방법을 여기서 알아볼 수 있다.

(문) 매호(每戶) 1석의 100분의 45를 가족 인원수로 곱한 수량을 남겨놓고 그 외에는 모두 내어놓아야 한다는데 그 양이 얼마나 되는가?
(답) 1석의 100분의 45니까, 즉 한 사람에게 대두 4말 5되씩을 자가용미로 하고 그 외에는 강제적으로 수집하는 것이다. 그것은 매인(每人) 하루에 3홉(合) 평균으로 계산한 것이다. 그런 고로 하루에 3홉씩 2월부터 6월까지 5달 150일분으로 하여 매인 4말 5되로 했다.
(문) 벼는 어찌하는가?
(답) 내어놓는 것은 꼭 백미나 현미뿐이 아니니까 그 대신으로 벼도 좋다.
(문) 그렇게 내어놓으면 수집량은 얼마나 예상되는가?
(답) 500만 석은 틀림없을 것이다.
(문) 수집 방법은?
(답) 지방군정관의 관할기관으로써 면제를 받는 정부와 종교·교육·의료·사회·후생기관 이외에는 농가와 도시를 막론하고 어떤 집이든지 법으로 정한 수량의 자가용미를 제하고는 모두 내어놓아야 한다. 이에는 시장 군수 읍·면장 정회장들이 먼저 각 호의 소유량을 조사하고 연후에 이를 군정장관에게 보고하고 다시 명령을 받아서 미곡의 양도를 받게 된다.
(문) 쌀값은 얼마에 사는가?
(답) 한 가마, 즉 90근(斤)에 150원씩 최고가격으로 생활필수품회사에서 사들인다. 만일 응하지 아니한 때에는 120원에 강제로 사들인다.

(문) 쌀을 아니 내어놓으면 어떻게 되는가?

(답) 군정법 위반으로 군정재판을 당한다.

최고가격제가 한 가마에 365~370원으로 시행되었는데, 이제 협조하면 150원, 협조하지 않으면 120원에 사들이겠다는 것이다. 식민지시대 말기 공출제의 부활이었다. 그것도 공산품 값은 정신없이 치솟는 상황 속에서. 3월 15일까지 500만 석 수집을 장담했는데, 2월 26일 군정청이 발표한 식량수급대책을 보면 2월 20일까지 42만 석이 수집되었다고 한다. 쌀 수집 강행에 앞장선 것이 경찰이었으니, 이로써 식민지시대 말기 경찰의 역할도 그대로 복원된 것이었다.

이런 와중에 한민당은 최고가격제 철폐를 건의하고 나섰다. 진짜 '딴민당'이었다. 당시 사람들은 한민당을 한국민주당이 아니라 '한국지주당'이라고 불렀다.

한국민주당에서는 15일 간부회를 열고 긴박한 식량문제에 대하여 신중 토의를 거듭하였는데 그 해결책으로 미곡의 최고가격을 철폐할 것과 자유 반입을 허락하라고 다음과 같이 군정 당국에 건의했다.

"쌀값을 안정시키려고 정한 최고가격은 원만히 실행되지 못하고 도리어 도회지 사람들을 아사 지경에 이르게 하여 당국에 대한 원망의 소리가 높아 가고 있다. 그러므로 당국에서는 빨리 식량문제 해결책을 강구해야 할 것이다. 우리 당은 이에 대하여 긴급조치로서 최고가격과 쌀 반출 취체의 규약을 철폐하여 자유롭게 쌀을 유통할 것을 건의한다. 그러면 현재의 난국을 타개할 수 있으리라고 믿는다."

(「한민당, 미곡 최고가 철폐, 자유 반입 허락 건의」, 『서울신문』 1946년 2월 17일)

1946. 2. 9.

조선인의 첫 '정권', 북조선임시인민위원회

소련군이 점령 지역 주민의 자치활동을 육성하려 애쓴 사실은 치스차코프(Ivan M. Chistiakov) 사령관이 입국한 바로 다음 날의 일에서부터 나타난다. 8월 24일 함흥에 도착한 치스차코프는 이튿날 아침 도지사 등 일본 측과 무장해제 및 행정권 접수를 의논한 다음 치안 유지와 행정사무 일반을 도지사 이하 일본인들이 당분간 계속해서 맡는다는 포고문을 발표했다. 그러나 그날 오후 함남 공산주의협의회와 건준 함남지부 몇 사람을 만나 조선민족함남집행위원회 결성 방침을 듣고는 오전의 포고문을 취소하고 이 위원회에 치안과 행정을 맡기며 헌병과 경찰관의 무장해제를 명령했다.

8월 15일의 항복 선언은 문자 그대로 선언일 뿐, 일본제국의 통치력이 바로 소멸한 것이 아니었다. 천황이 휘하의 모든 행정조직과 군대에 연합군에의 항복을 명령했고, 연합군은 일반명령 제1호로 항복 받을 범위를 결정했다. 한반도의 38선 이북에는 소련군이 도착할 때까지, 이남에는 미군이 도착할 때까지 총독부와 주둔군이 자리를 지키고 있었다.

자리는 지키고 있어도 퇴출이 결정된 권력은 '레임 덕'이 아니라 '데드 덕'이다. 도발자에 대한 보복 능력은 공권력의 중요한 근거다. 일 저지르고 도망가는 놈이 있을 때 몇 년이라도 수배하고 수색해서 혼내줄 수 있다는 전제하에 공권력이 성립된다. 몇 주일 후 사라질 권력은 공권력의 요건을 갖추지 못한다. 그래서 8월 15일 아침에 정무총감이 여운형에게 '질서유지 협력'을 부탁했던 것이다.

9월 24일자 일기에서 『8·15의 기억』 중 강창덕의 회고 한 대목을 인용한 일이 있다(183~185쪽). 8월 17, 18일경 한밤중 경북 하양의 강씨 집 부근 일본인 부대에서 느닷없는 기관총 소리가 터져 나와 인근 주민을 공포에 떨게 했다는 것이다. 나중에 들으니 남는 실탄을 소진시킨 것이라고 부대장이 대답했다는데, 이것을 사람들은 "그건 하나의 변명이고 사실은 겁을 주려고 한 것이다. 일본인들이 생명에 상당한 위협을 느끼니까, 자기 교민들 보호하고 조선인에 대해서는 위협을 하려고 한 것이다"라고 해석했다고 한다.

남에게 겁준다는 것은 자기가 겁먹었기 때문이다. 아직 총과 도장을 쥐고 있기는 하지만 일본인들은 질서유지에 목숨이 걸려 있었고, 자기네 질서유지 능력은 사라지고 있었다. 경기도 이천에서 순사로 근무하던 홍순복의 같은 책에 실린 회고에는 조선인 순사들은 다 도망가고 없었으며 이웃 주재소의 한 일본인 순사는 가족과 함께 자살했다는 이야기가 담겨 있다(232~233쪽).

점령군의 입국 이후에도 그 손길이 닿을 때까지 지방의 권력 공백 상태는 계속되었다. 명목상의 권력을 쥐고 있던 일본인들은 새로운 권력으로 등장한 주민의 자생적 조직을 무작정 적대할 수 없었다. 정무총감이 여운형에게 부탁한 것처럼 지역의 유력 인사나 유력 조직에 협조를 부탁해야 하는 상황이 모든 곳에서 펼쳐졌다.

주민의 자치 조직을 위한 모처럼의 기회가 각 지역의 조건에 따라 다양한 형태로 활용되었다. 시간이 지남에 따라 다른 지역과의 연계를 통한 조직의 확장이 모색되었고, 그 과정에서 조직 형태도 표준화가 필요했다. 그리하여 '인민위원회'라는 이름을 지방의 자생적 조직들이 널리 쓰게 되었다.

10월 28일자 일기에서 인민위원회에 대한 소련군과 미군의 상반된 태도를 설명했다. 소련군은 '점령'의 의미를 최소한으로 해석해서 주민의 자치 노력을 도우려 했고, 미군은 최대한으로 해석해서 자치 노력을 막으려 들었다. 소련군의 점령은 '해방'이었고, 미군의 점령은 '지배'였다.

'해방'과 '지배'의 차이가 어디에서 온 것일까? 치스차코프와 하지의 인품 차이도 약간의 원인이 되었을 수 있지만, 기본적으로는 위치에 따른 지정학적 조건을 생각해야 할 것이다. 국경을 접한 소련은 한국과의 사이에 민중 접촉을 포함한 전면적 관계를 기대한 반면 태평양 건너편의 미국에게는 한국과의 관계를 소련처럼 폭넓게 발전시킬 길이 없었다. 한국에 대한 영향력 확보를 위해 미국은 단순하고 강력한 지배구조가 필요했다.

1990년대 들어 많은 소련 자료가 새로 발굴되면서 1945년 당시 소련이 한국에 대해 적극적 야욕이 없었다는 사실이 확인되었다. 소련은 공산주의운동의 국제적 발전을 위해 유럽에 노력을 집중하고 있었고, 중국·한국 등 동아시아 지역에는 당장의 위협만 피하면 된다는 소극적 태도로 임했던 것이다. 소련군의 점령정책이 미군에 비해 적극적 개입을 피한 것도 이 때문으로 해석된다.

그래서 이북 지역 주민들은 이남 주민들에 비해 점령군의 억압보다 지원을 받으며 자치 조직을 발전시킬 수 있었다. 소련군 진주 직후 도 단위 치안–행정권을 넘겨받을 때의 자치 조직은 형태도 구성도 다양했다. 그러나 차츰 인민위원회 구조가 안정되어 갔고, 시·군 단위 지역에도 이에 상응하는 조직이 발전해갔다. 10월 8~10일 5도 인민위원회 연합회의에서 지역 대표 110명이 모여 이북 지역의 인민위원회 구조를 표준화했다.

지역 조직이 갖춰진 뒤 다음 과제는 중앙 조직이었다. 수도 서울이 38선 이남에 있다는 사실로 인해 이북 지역의 정치활동과 자치활동에는 중앙 조직 구성에 어려움이 있었다. 공산당이 북조선 '분국'의 형태를 취하지 않을 수 없었던 것도 그런 예다. 서울의 조선인민공화국(이하 '인공'으로 줄임)을 이북의 인민위원회들은 '중앙'으로 인정할 수 없었다. 38선 장벽 문제만이 아니라 인공의 조직·운영 방법을 '민주적'이라고 보지 않았기 때문이다.

인민위원회 연합회의는 이북 지역 인민위원회 활동의 총괄 조직을 만들기로 결정을 내렸고, 이에 따라 11월 19일까지 행정 10국을 갖춘 북조선 5도행정국이 만들어졌다. 산업, 교육, 보안, 사법, 교통, 농림, 재정, 체신, 보건, 상업의 10국이었다. 11월 24일에는 체신관리국이, 27일에는 전기총국이 추가되었다. 5도행정국 위원장에는 조만식이 위촉되었으나 본인의 사양으로 공석이었다고 한다(김용복, 「해방 직후 북한 인민위원회의 조직과 활동」, 『해방전후사의 인식 5』, 한길사 2006, 214~216쪽).

5도행정국을 "사실상 북한의 태아적 정권"이라느니 "북한의 단독정권 수립의 첫걸음"이라느니(김학준, 「한국문제와 국제정치」, 『해방전후사의 인식 1』, 한길사 2004, 217쪽; 스칼라피노·이정식, 『한국공산주의 운동사 2』, 한홍구 옮김, 돌베개 1986) 5도행정국의 정치적 의미를 해석한 연구자들도 있는데, 이것은 분단의 책임을 떠넘기려는 냉전시대의 시각에 치우친 것으로 보인다. 이런 규모의 행정조직에 정치적 의미가 전혀 개재되지 않는다는 것은 불가능한 일이겠지만, 자치적 치안·행정 활동이 순조롭

북조선임시인민위원회 창립 경축 평양시 군중대회 모습. 해방 후 2년간 이북의 자치 조직 발전은 이남에 비해 훨씬 순조로웠다.

게 발전한 당연한 결과이며 정치적 의미는 부차적인 것으로 봐야겠다.

김용복의 같은 글에 인용된 당시 공산당의 설명은 무리가 없어 보인다. 이런 정도의 총괄 조직 없이 각 도 인민위원회의 활동을 어떻게 조율한단 말인가? 위원장이 공석이었다는 사실도 그 비정치성을 말해주는 것이다.

> 행정국의 명령과 지령은 전 북조선 행정 및 경제기관 주민들에게 있어서 의무적이다. 주민의 생활 형편을 향상시키고 북조선 각 도 간의 기관 및 개인 간의 경제 연락을 설정함에 필요한 전 방책은 오직 행정국만을 경유하여 해결되며 실천된다. 행정국들의 사업은 새 조선 건설, 국내의 경제생활 건설, 민족문화 발전 및 인민의 생활 형편을

향상시킴에 방향을 둔 것이다. (「해방 직후 북한 인민위원회의 조직과 활동」, 『해방전후사의 인식 5』, 216쪽에서 재인용)

정말 "북한 단독정권 수립의 첫걸음"이라면 65년 전 오늘 성립이 선포된 북조선임시인민위원회(이하 '임시인위'로 줄임)를 거론할 수 있을 것이다. 임시인위는 2월 8~9일간 열린 "북조선 각 정당, 사회단체, 각 행정국 급 각 도, 시, 군 인민위원회 대표확대협의회"의 결정으로 설치된 것으로 대표성이 완전하지 못하다는 의미에서 '임시'라는 딱지를 붙이기는 했지만, 당시 서울에서 만들어지던 '남한국민대표민주의원'에 비하면 월등한 대표성을 확보한 조직이었다.

결과적으로 북한 '단독정권'의 출발점이 되기는 했어도 임시인위의 설립이 분단 건국을 목적으로 한 것은 아니었다. 해방 후 반년이 지난 그 시점까지 북한에서는 인민의 대다수가 동의할 만한 개혁 추진의 준비가 되어 있었다. 바로 다음 달 시행되어 놀라운 성과를 거둔 토지개혁을 비롯하여 노동법령과 남녀평등법의 제정, 주요 산업의 국유화 등 제반 '민주개혁'을 책임질 정권의 존재가 필요한 단계에 와 있었다. 임시인위는 이 필요에 부응하기 위한 최소한의 요건을 갖춘 정권으로 보인다.

이북에서 임시인위가 결성될 무렵 이남에서는 비슷한 과제들이 어느 수준에서 다뤄지고 있었는지 마침 비교할 만한 기사가 있다.

> 군정청에서는 38도 이남 8도 내무부장·지방과장회의를 지난 6·7·8, 3일간 군정청 제3회의실에서 열었는데 그 회의석 중에서는 주로
> 1) 지방청 행정기구 개혁 문제
> 2) 각 도에서 맡고 있는 은사금 문제

3) 지방의회 제도

등 3의제를 조상에 놓고 토의하였는데 군정장관의 결재를 기다려 법령포고와 함께 공포되리라 한다. 그 골자는 대강 다음과 같다.

● 지방행정기구 개혁

이번 회의는 군정 실시에서 첫 회합이었던 만큼 지방 사정을 자세히 청취하고 지방의 특수 사정을 십분 참작하여 개혁할 터인데 대략 지금까지의 부·과제는 존속시키고 그 대신 조선 건국과 평화를 목표로 한 교육과 보건, 후생에 중점을 두고 전 일제시대의 전쟁중심주의를 탈각하여 교육부, 보건후생부를 신설하고 종래의 광공부와 농상부를 폐지하고 농림부, 상공부로 개설한다.

● 은사금 문제

각 도청에는 소위 은사금(恩賜金)이라 하여 38도 이남 8도에 약 9백만 원의 방대한 돈이 유휴 중에 있는데 이 돈을 기금으로 하여 전재민 구호기관을 두고 한편 직접 구제코자 한다. 사용 방도는 각 도에 일임한 만큼 각 도에서 잘해나갈 줄 안다.

● 지방의회 제도

이 제도는 획기적인 조선에서는 처음 시험인 민주주의 지방의회 제도로 각 도에 지방의회를 창설케 하여 지방자치권을 부여하려는 것이 그 목적이다. 현금 각 도와 각 군에서 식견 명망이 높은 자로 선출한 고문회가 있는데 이 회가 난립 상태에 있으므로 이를 통일해서 대의원을 선출케 한다. 이 제도는 조선에 선거법이 실시될 때까지 존속시킬 터이며 도·부·군·읍·면 단위로 대의원이 선출된다. 도·부·군에서는 각 1명씩, 읍에서 2명, 면에서 1명씩이 배정되었다. 읍·면 대의원은 군의회의 구성 분자가 되고 부·군 대의원은 도의회의 구성 분자가 된다. 이 지방의회의 실시 기일은 미정이다.

(「8도 내무부장·지방과장회의서 지방자치제의 실시 문제 등 토의」,

『조선일보』 1946년 2월 10일)

"식견 명망이 높은 자로 선출한 고문회"가 있다는데, 누가 선출한 것일까? 식견과 명망을 기준으로 했다니 주민들이 아니라 군정 당국자들이 뽑은 모양이다. 이런 데 "선출"이란 말을 써도 되는 것인지 의문스럽지만.

그 시점까지 이북 지역에 만들어지고 다듬어진 인민위원회에 비해 훨씬 수준 낮은 '지방의회' 이야기가 이제 나오고, 또 그런 이야기가 각 도 내무·지방과장 연석회의에서 나오고 있다. 당시의 도 내무과장, 지방과장들이 지방의회 설치 방향을 의논할 만한 자격을 어떻게 갖췄기에……. 게다가 실시 기일은 미정이란다. 이남 주민이 이북 주민들보다 자치 의지와 역량이 그토록 크게 떨어질 이유는 없었다. 점령군의 차이로밖에 볼 수 없다.

지나치는 길에 '은사금' 문제. 이 돈의 정체에 관한 설명을 다른 곳에서 보지 못했다. 항복 직후 식민통치자들이 엄청나게 뿌린 현금의 한 모퉁이가 아닐지…….

어렸을 때 어머니가 참석한 논문심사위원회의 한 장면이 생각난다(내게 설명해주셨을 리는 없고, 내가 너무 어리다고 방심하고 다른 분께 말씀하신 것이 내 귀에 들렸던 듯하다). 회의가 시작되자 한 분이 봉투를 하나 꺼내 피심사자에게 건네주며 "보내준 케이크는 잘 먹었소. 그런데 못 먹는 것이 같이 들어 있던데, 돌려주겠소" 하자, 다른 심사위원들도 모두 봉투 하나씩 꺼내며 "내가 받은 케이크에도 들어 있더군" 하며 봉투를 건네더라는 것이었다.

각 도에서 보관하고 있던 '은사금'이란 것이 총독부에서 뿌린 돈 중

방법을 잘못 취한 것 같다. 한 도에서 소화시키려 해도 다른 도에서 비슷한 돈이 나오는 바람에 모두 뱉어내야 했던 것이 아닐지. 그래도 잘 소화시킨 돈이 훨씬 더 많았을 것이다. 돈이란 원래 소화가 잘 되는 물건이니까.

1946. 2. 10.

한 가마 150원? 차라리 떡 해먹겠다

이승만의 1945년 12월 5일 주례 방송 내용이 12월 7일자 『서울신문』에 게재되었다. 일본으로의 쌀 밀수출에 관한 자료로 '자료대한민국사'에 나타난 최초의 것이다. 같은 날 경무부장 조병옥(趙炳玉, 1894~1960)이 쌀 밀수출 수사를 선언함으로써 쌀 밀수출 문제가 공론화되었다.

> "날은 점점 추워지고 물가는 올라가 백성은 기아와 추위에 떨게 될 것이니 이것을 장차 어떻게 하느냐 군정장관 아놀드 장군도 깊이 걱정하고 있다. 금일 제일 급한 것은 기아에 빠져 있는 백성을 구하는 것이다. 거기에는 첫째 비싼 쌀값이다. 그 원인은 농민이 쌀을 감추고 팔지 않는 것인데 이것은 농민이 먹을 것을 남기고 나머지는 시장에 내놓아야 할 것이다. 다른 물가는 모두 비싼데 곡가만을 싸게 방매하라는 것은 아니나 자기의 이익만을 채우려 하지 말고 동포를 사랑하는 마음으로서 방매하여 세금을 바치고 대중생활의 안전을 도모하는 것이 애국가의 도의라고 할 것이다.
> 군정의 관측으로서는 적어도 백미 2만 석을 시장에 내지 않으면 금년 겨울에 백성을 구할 수 없다고 한다. 둘째는 해안에서 사는 사람들이 쌀 한 섬을 800원에 사서 일본국에 가지고 가면 2만 원에 팔 수 있다

고 매일같이 수천 석씩을 밀수출하는 사실이 있다. 이것은 단연 용서치 못 할 일이다. 지주와 일반농민은 곡물을 빨리 방매하여 군정 당국과 협력해주기 바란다. 국가와 동포가 어떻게 되든지 간에 자기 혼자만 좋으면 된다고 하는 사람이 있으면 신국가의 건설은 될 수 없다."

정치인 중 이승만이 제일 먼저 이 문제를 제기한 것이 무슨 까닭일까? 맥아더 사령부와 연계된 그가 일본 사정과 미군 내부 정보에 밝은 것이 이유의 하나였을 것 같다. 존 다우어(John W. Dower)가 『패배를 껴안고』에서 종전 직전과 직후 일본의 식량문제를 서술한 몇 대목을 옮겨놓는다.

동남아시아 및 태평양 전장에서 병사들의 주된 사망 원인은 기아였고, 일본 본토에서도 기본적 식량 수요를 충족시키기 위해 한반도, 대만, 중국에 의존해야 했다. 진주만 공습 이전에 이들 세 지역에서 수입된 식량은 일본 전체 쌀 소비량의 31퍼센트, 설탕 소비량의 92퍼센트, 콩 소비량의 58퍼센트, 소금 소비량의 45퍼센트를 차지했다. 패전은 주요 식량 수입원으로부터 일본을 단숨에 고립시켜 버렸다.

전쟁이 막바지에 접어들 무렵에는 쌀밥을 주식으로 하는 가정은 거의 찾아보기 힘들었다. 대부분의 가정에서는 보리와 감자가 밥상에 올랐지만 이마저도 넉넉하지는 않았다. 오사카 당국이 비상시 식단을 권장하고 나선 것은 바로 이런 상황에서였는데, 이 식단을 보면 당시의 식생활이 얼마나 불안정했는지 알 수 있다.

오사카 지역에 주둔하고 있던 군 장교의 보고에 따르면, 천황의 충실한 신민들에게 도토리, 곡물 껍질, 땅콩 껍질, 톱밥 등을 식량으로 확보해서 전분 부족을 해결하도록 했다. 미네랄 보충을 위해서는 쓰고

난 찻잎, 씨앗, 꽃 장미 잎 등이 권장되었고, 단백질 부족을 해결하는데는 번데기, 지렁이, 메뚜기, 생쥐, 집쥐, 두더지, 달팽이, 뱀과 소, 말, 돼지 등의 선지 가루가 대안으로 제시되었다. 보고서에 따르면 잘 말린 생쥐와 집쥐는 작은 새 같은 맛이 났다고 하는데, 뼈를 먹으면 체중이 준다는 관찰 결과가 있으므로 뼈만은 먹지 않도록 주의해야 한다는 당부도 덧붙여져 있었다. (존 다우어, 『패배를 껴안고』, 최은석 옮김, 민음사 2009, 104~105쪽)

문제는 패전으로 아시아와 일본의 연결선이 끊어진 것에만 국한되지 않았다. 지난해의 수확이 동이 날 즈음인 8월 중순에 패전을 맞았다는 것도 문제였다. 식량을 공급하던 식민지를 잃은 데다 수백만의 지친 민간인과 동원 해제된 군인들이 귀국 대열에 나서던 그해는 반드시 풍년이어야만 했다. 그러나 악천후와 인력 부족, 농기구 부족, 비료 생산 저하 탓에 1945년은 1910년 이래 최악의 흉작을 기록했으며, 수확량은 평년에 비해 40퍼센트 가까이 곤두박질쳤다. 마치 여러 신들이 이제 정말로 신국을 팽개친 것만 같았다.
동포를 팽개친 것은 관료들과 농민들도 마찬가지였다. 그들은 수확물의 상당 부분을 곧장 암시장에 내놓았던 것이다. 가을과 겨울에 걸쳐 수백만 명이 굶어 죽을 것이라는 소문이 떠돌았으며, 10월 초에 농림 대신은 도쿄에 비축된 쌀이 사흘 치밖에 남지 않았음을 알고 충격을 받았다. (…) 대장 대신은 식량 수입이 즉각 해결되지 않는다면 1000만 명에 달하는 일본인이 목숨을 잃을지 모른다고 UP통신사 기자에게 털어놓았다. (같은 책, 106~107쪽)

1946년 2월 정부는 암시장으로 식량이 흘러들어 가는 것을 막기 위

> 해 경찰을 동원해서 '강제 공출' 제도를 시행했다. 미 헌병이 경찰을 지원하는 일이 흔했기에 대중 사이에서는 '지프차 공출'로 불리기도 했다. 새 제도 아래에서 정부는 농민들에게 이전에 비해 두 배에 달하는 구매가를 제시했지만 암시장은 여전히 매력적인 시장이었다. 그해 6월 암시장에서 팔리던 쌀값은 정부의 공식적 배급체제에서 유통되던 쌀값의 30배에 달했으며, 그 뒤 2년이 지났을 때에도 공시 가격의 7.5배를 유지하고 있었다.
>
> 농민들에게 콧대를 세우던 도시민들이 이제는 농촌으로 몰려와 구걸과 다름없이 식량을 구하기 시작했고, 농민들은 그들과의 물물교환에 상당한 만족감을 표했다. 도시민들은 기모노, 시계, 보석 등 값진 물건들을 식량으로 맞바꾸었고, 이런 현상을 빗대어 그 시대의 가장 유명한 유행어, '다케노코 세이카쓰(죽순 생활)'가 탄생했다. 죽순은 양파처럼 여러 겹으로 벗겨지는데 먹을 것을 얻기 위해 갖고 있는 물건뿐 아니라 옷까지 넘겨야 했던 도시민들의 모습은 실로 죽순 같은 것이었다. (같은 책, 108~109쪽)

종전 후 일본의 식량문제는 그야말로 지옥 같은 상황이었고, 이것은 종전 시점부터 충분히 예견된 일이었다. 10월 초 남한 군정청이 미곡 자유시장화를 서둘러 결정한 데는 일본의 식량문제에 대한 고려도 작용하지 않았나 하는 생각이 든다. 7일자 일기에서 나는 쌀 밀수출 문제를 "잘못된 식량정책의 지엽적 결과일 뿐"인 것으로 경시했는데, 일본 사정을 들여다보니 미군 권력이 개입한 매우 중대한 문제였을 수도 있겠다는 생각도 든다.

쌀 밀수출이 '권력형 비리'였다는 확실한 증거가 없으므로 그 개연성을 지적하는 데 그치지 않을 수 없다. 그러나 빙산의 일각처럼 드러난 한 사례를 보더라도 권력의 개입 없는 잔챙이들의 장난으로 도저히 볼 수 없다. 2월 7일자 일기에 적은 것처럼 열차 운행이 줄어들고 화물의 취급 범위도 군수품과 식량으로 제한된 상황에서 일본산 귤이 다섯 화차라니!

> 귤이 조선으로 건너오는 경로를 알아 방지하고자 운수국에서는 각 방면과 긴밀한 연락 아래 조사하고 있는데 요즈음 다시 다섯 화차를 압수하였다. 계절이 오자 눈 밝은 모리배들은 일본 상인과 결탁하고 조선의 쌀을 싣고 대마도와 그 근처의 섬에서 일본에서 온 장사치와 귤을 바꾸는 것이 그 한 방법이고 또 하나는 직접 밤을 이용하여 인가 없는 남선 연안을 지정하고 미리 준비했던 미곡과 바꾸는 것인데 그 수량은 한 번에 수천 관 내지 수만 관에 달한다. 그리고 또 한편 일본서 조선으로 오는 전재(戰災) 동포가 손수 가져오는 것이 워낙 동포 수가 많아 적지 않은 수량이며 이외에도 전문적으로 대량 밀수하는 악덕 상인이 있는 관계로 현재의 식량문제와 비추어 그대로 간과치 못할 중대 문제다.
>
> (「일본산 귤의 밀수입 경로가 밝혀짐」, 『동아일보』 1946년 2월 7일)

2월 10일자 『조선일보』에는 남한 최대의 공업지대인 삼척 지방의 식량난 사태가 보도되었다. 같은 식량난을 겪는 대도시에 비해 외딴 곳의 공업지대는 관심의 사각지대에서 '대책 없는' 상태에 놓여 있었다. 기사 중 생필품영단이 보낸 1,500석 쌀의 해상 실종, 구체적인 정황은 몰라도 권력의 개입 없이 가능한 일 같지 않다.

> 강원도 삼척 지방에는 식량난으로 매일 4~5명씩 아사자가 생긴다는

중대한 사건이 일어나고 있다.

원래 삼척 지방은 논이 부족하여 해마다 타지방으로부터 식량을 반입하지 않으면 안 되는 강원도에서도 가장 식량난이 심한 곳이다. 그런데다가 교통까지 지극히 불편하여 육로, 해상 모두 연락이 좀처럼 안 되고 혹 자동차 편이 있어도 4, 5일 이상 걸리기는 항다반사이다. 동 지대 일대는 일제시대 소위 중공업지대라 하여 북삼화학, 삼정유지, 소야전시멘트, 삼화제철 등 중공업 공장이 있어 일시는 종업원 2만 명까지 있었는데 해방 후 현재는 7,500명이 건국을 위하여 각종 공업 부문에서 주야로 분투하고 있는데 식량난과 외부와의 연락 불원활로 현지 사정을 파악하기 어려운 처지에 놓여 있다.

얼마 전 현지에서 군정청과 각 사회단체에 구제를 간청한 일이 있으나 현재 잉여미도 없고 또 수송도 문제이고 하여 생활필수품영단으로 하여금 작년도 말에 백미 1,500석을 목포항으로부터 보냈던바 해상에서 행방불명이 되어 그 행방을 조사한 결과 수송 도중에 일본 야마구치(山口)현으로 갖다가 팔아먹은 사실이 드러났다.

목하의 사정은 극도로 곤란하여 하루에 4~5명씩 굶어 죽는다는데 이대로 내버려두다가는 일대 사회문제화될 것이라고 하여 이번 내무부장 회의에 참석한 강치봉(姜致奉) 강원도 내무부장이 직접 농상 당국에 진언하였으나 농림 당국으로서도 아무 대책이 없다고 하니 이 문제는 앞으로 시급히 구제책을 강구하지 않으면 다수의 생명에 관계된 만큼 긴급책의 강구가 요망된다.

(「강원도 삼척 지방, 식량난으로 아사자 속출」, 『조선일보』 1946년 2월 10일)

2월 12일 러치 군정장관의 기자회견에서 쌀 문제에 관한 이런 문답이 오갔다.

(문) 일전의 미곡수집령을 내린 후 성과는?

(답) 각도 지사가 시장 군수를 모으고 시장, 군수는 다시 정회장, 면장들을 모아서 이에 철저한 운영을 꾀하고 있다.

(문) 대체 38도 이남에 지금 쌀이 얼마나 있는가?

(답) 지금 조사 중이다. 수집이 되는대로 차차 알게 되겠지만 작년 가을의 수확이 1,700만 석이어서 그동안 4할, 즉 680만 석을 먹고 지금 1,020만 석이 남았다고 보고 있다. 그중에는 술, 엿 같은 데도 낭비되었고 또 일본으로 밀수출한 쌀도 적지 아니하니 매우 딱한 일이다. 쌀을 몰래 일본으로 가져가는 것은 벌써부터 금하고 있지만 귀한 쌀로 엿이나 술을 만드는 모순을 막고자 지금 그 방법을 생각하고 있다.

(문) 쌀의 수집과 분배를 어떻게 하는가?

(답) 대체로 500만 석의 수집이 예상된다. 지금 서울에는 매일 18화차의 쌀이 필요하다. 그런 것이 요사이 15일 동안에는 매일 7화차씩 들어오고 있어 쌀 문제는 점점 나아지고 있는 것이 사실이다. 수집이 차차 되면 늦어도 내월 보름까지는 매일 서울 시민이 먹을 만큼은 들어와 순조로운 배급을 자신한다.

(문) 현재 서울의 쌀이 어떻게 배급되는지 아는가?

(답) 지금 177곳에서 쌀을 배급하고 있다. 그리고 쌀을 배급하는 것을 나는 직접 보았다. 그 수량이 적으나마 전연 없는 것보다는 낫겠고 장차 배급이 더 좋아질 것이 틀림없을 것을 거듭 강조한다.

(「러치 군정장관, 식량문제·쌀 배급 등에 대한 기자 문답」, 『조선일보』 1946년 2월 13일)

1월 16일~2월 5일의 미·소군 대표회담에서 소련군 측의 미군 측에 대한 가장 큰 불만이 이북 지역으로의 쌀 반출에 대한 소극적 태도

미곡 수집 현장. 시가의 3분의 1 수준 수매가의 '미곡 수집'을 일제 말기 '공출'의 부활로 여겨져 농민의 원성을 샀다.

였다. 당시 일본의 식량난은 끔찍한 상황이었고 쌀값이 금값이었다. 그러나 그것은 일본 점령군이 해결할 문제이며 한국 문제는 한국 안에서 해결해야 한다는 것이 소련군의 입장이었을 것이고, 한민족 입장에서도 타당한 관점이었다. 그런데 이 일기에 소개한 정도의 정황을 놓고 볼 때 미군정이 대일 쌀 밀수출에 개입하고 있다는 의심을 소련군 대표들이 가지지 않을 수 있었을까? 같은 맥아더(Douglas MacArthur, 1880~1964) 휘하 미군끼리 현해탄을 샛강으로, 38선을 한강으로 여긴다는 의심을 품지 않을 수 있었을까?

내게는 그런 의심이 든다. 군정 당국자들은 미곡수집령으로 500만 석을 거둬들여 그 절반을 이북에 보내겠다고 공언했지만, 가마당 150원은 실효를 거두기에 너무나 비현실적인 수매가였다. 병행하던 소매 최고가격이 365~375원이었으니 미곡수집령은 곧 미곡강탈령이었다. 가마당 150원에 갖다 바치느니 내가 그 입장이라도 떡 해먹고 엿 해먹고 술 빚어먹고 싶었을 것이다.

왜 그렇게 수매가를 낮춰 잡았을까? 도시민들의 생계 부담을 줄여주느라고? 도시민들은 370원 주고라도 못 사서 아우성이었는데. 미곡수집령은 수집하는 척만 하고 실제로는 수집을 회피하는 눈가림이었을 것 같다.

1946. 2. 11.

남한 경찰, 식민지시대보다 더 나빠졌다

군정청은 식민지시대의 법률체계와 그 시행기관인 재판소를 온존시킨다는 법령 제21호를 공포했다.

● 제1조 법률의 존속

모든 법률 또한 조선 구정부가 발포하고 법률적 효력을 유(有)한 규칙, 명령 고시 기타 문서로서 1945년 8월 9일 실행 중인 것은 기간(其間) 이의 폐지된 것을 제외하고 조선군정부의 특수 명령으로 폐지할 때까지 전(全) 효력으로 차(此)를 존속함. 지방의 제반 법규와 관례는 당해 관청에서 폐지할 때까지 기(其) 효력을 계속함. 법률의 규정으로서 조선총독부, 도청, 부, 면, 촌의 조직과 국장, 과장, 부윤, 군수, 경찰서장, 세무서장, 면장, 촌장, 기타 하급 직원에 관한 것은 군정장관의 명령으로 개정 또는 폐지된 것을 제하고 당해 관청에서 폐지할 때까지 차를 존속함. 상사의 지령에 종하여 종래 조선총독이 행사하는 제반 직권은 군정장관이 행사함을 득(得)함.

● 제2조 포고, 법령, 지령의 시행

북위 38도 이남 조선의 모든 재판소는 조선의 법령, 미국태평양육군총사령관의 포고의 제 규정 급(及) 조선군정장관의 모든 명령 급 법령을 주의 시행할 사(事). 차 목적을 위하여 여사한 모든 재판소로 자(玆)에 육군점령재판소를 구성함. 본령의 조문에 의하여 여사한 재판소에 미국 또는 연합국의 군인 또는 관리에 대하여 재판관할권을 부여하든가 또는 재조선 미국 육군이 설립한 군정위원회, 헌병재판소 기타 육군재판소에 부여한 재판관할권을 박탈치 못함.

● 제3조 본령의 실시 기일

본령은 1945년 11월 2일 야반에 효력을 발생함.

1945년 11월 2일 재조선미국육군사령관의 지령에 의하여

조선군정장관 A. B. 아놀드

이북의 소련 점령군이 일본의 지배체제를 해체하려고 노력한 것과 달리 이남의 미군은 일본의 지배체제를 그대로 두고, 다만 그 운영자인 일본인만을 축출했다. 일본인이 비운 자리 중 꼭대기 부분은 미군으로 채우고 아래 부분은 한국인에게 맡겼다.

법의 집행기관인 경찰도 마찬가지로 온존되고, 다른 통치기구와 마찬가지로 꼭대기 자리는 미군이 맡았다. 그러나 경찰은 수만 명에 이르는 그 크기 때문에 20여 명 배속 미군의 역할에 한계가 있었다. 10월 초부터 조병옥과 장택상(張澤相, 1893~1969)에게 큰 역할을 맡긴 것은 미군의 직접 통솔이 어렵기 때문이었다.

식민지 경찰이 미국 경찰과 근본적으로 다른 것은 전국적 '동일체'라는 점이다. 사회주의국가든 자본주의국가든 최소한의 인권이 존중받는 사회에서는 경찰을 상명하복의 '동일체'로 만들지 않는다. 전국적 '동일체'로서의 경찰은 전체주의국가에서 권력의 도구가 되는 반면 분권화된 경찰은 소속 지역사회 주민을 위해 복무해야 하는 것이다. 통치자를 위한 국가경찰이냐, 국민을 위한 민주경찰이냐 하는 차이다.

미군정 당시 경찰 수뇌부. 이남 지역의 경찰 인원은 해방 후 1년간 갑절로 늘어났다. 군정청 다른 부서에 비해 미국인의 개입도 적었기 때문에 식민 경찰의 속성이 그대로 복원되었다.

미군정은 각도 경찰부장이 도지사 아닌 경찰국장의 지휘를 받게 함으로써 식민지 경찰체제보다도 중앙집권성이 강한 국가경찰을 만들었다. 민주경찰의 개념은 물론 알고 있었지만 한국에서는 좌익의 위협에 대응하기 위해 국가경찰을 택한 것이다. 미군정 사관은 한국에서 국가경찰 채택의 이유를 이렇게 열거했다(『The Origins of the Korean War』, 163쪽에서 재인용).

1. 비상사태나 재난 시 얼마든지 많은 수의 경관을 즉각 현장에 동원할 수 있다.
2. 경찰 내의 관할권 문제나 일상적 분쟁을 회피한다.
3. 정치적 영향을 배제한다.
4. 일률적 훈련과 공정한 법 집행이 보장된다.
5. 경찰이 개인적으로든 집단적으로든 특정한 〔정치〕단체에 참여할

가능성을 줄인다.

6. 많은 지역사회에 최대한의 보호를 제공할 수 있다.

7. 불온한 움직임에 관한 사찰 정보가 지역 조직의 서류함에 파묻혀 있지 않고 평가되고 유통된다.

그럴싸한 표현으로 수식되어 있지만, 모두 통치자 입장의 이점이다. 전체주의 사회에서 중시되는 이점이고, 바로 일본 통치자들이 챙기던 이점이다. 미군이 한국인을 해방시키러 온 것이 아니라 일본인 대신 통치하러 왔다는 사실을 무엇보다 단적으로 보여주는 것이 경찰 운영 방침이었고, 한국인들에게도 가장 피부로 느껴진 일이었다. 강준만은 자신의 책에 조정래의 『태백산맥』 한 대목을 인용해놓았다.

> 순천을 점령한 미군이 제일 먼저 시작한 일은 일정시대 경찰 근무자들을 찾아내는 것이었다. 자신들이 저지른 죄를 미리 알아 어딘가로 도망을 간 그들을 찾아내려고 미군들은 소란을 피워댔다. 삐라를 뿌리고, 다른 지방으로 피한 사람을 지프차로 실어오고, 산속에 숨어 있는 사람을 찾으려고 미군들이 산으로 들어가고 하는 소란들이 그들을 처벌하기 위해서가 아니라 다시 채용하기 위해서라는 사실을 알게 된 사람들은 그런 미군의 처사에 반발하는 한편 심한 불신을 갖게 되었다. (강준만, 『한국 현대사 산책: 1940년대편 1』, 인물과사상사 2006, 97~98쪽)

미군정의 식민지 경찰 복원 작업은 10월 중에 이뤄졌다. 장택상은 10월 7일, 조병옥은 18일(또는 20일)에 채용되었다. 17일에는 헌병사령관 보좌관 마셜 중령이 지방경찰을 순시하고 돌아와 경찰력 강화 방침을 밝혔고, 19일에는 경기도 경찰부장이 종래의 고등과를 없애고 정보과를 설치한다고 밝혔다. 이름만 바꿔서 사찰 기능을 계속 유지한다는 것이었다. 11월 3일에는 경찰 급여를 결정했다.

10월 26일에는 조병옥 신임 경무부장이 경찰행정 일신의 포부를 이렇게 밝혔다.

> "조선의 경찰행정을 새롭게 꾸미고 통일하는 것이 내 사명이라 하겠는데 신국가를 건설해가는 과정에 있어 우리는 군정하의 치안을 확보하는 것이 선결 조건이라는 것을 잊지 말아야 한다. 그만큼 이번 경무부장은 경무국장 대리라는 중임으로 내 자신의 포부도 있고 함으로 단순한 통역관이나 기계적인 역할에만 그치지는 않을 것이다. 경찰 본래의 사명은 치안에 중점을 두는 것이며 민중의 생명과 재산을 보호하는 데 있으므로 종래 일본주의적인 압박과 위협 공갈의 기관일 수 없으며 종래 조선 민족의 의사를 말살시켰거나 인권을 유린한 자 혹은 직책 이상의 권리를 남용한 경관은 점차로 숙청하여 민중의 순전한 협력자인 경관을 배치할 것이다."
>
> (「경무부장 조병옥, 경찰행정 일신하여 불량 경관 숙청 언명」, 『자유신문』 1945년 10월 27일)

하지 사령관 등 여러 당국자들이 기회 있을 때마다 경찰개혁을 언명했다. 그러나 1946년 2월 11일 현재까지 구체적 조치는 눈에 많이 띄지 않는다. 11월 8일에 패검 대신 곤봉을 착용한다는 결정이 있었지만 1월 10일자 『동아일보』의 「경찰의 복장과 직명 바꿈」 기사를 보면 간부 이상은 계속 사벨(사브르)을 차게 하고 있었다. 2월 1일의 직제 개편이 경찰이 겪은 가장 큰 변화였다.

전날의 압박 경찰제도에서 단연 탈각하여 새로운 건설 조장과 치안 확보의 중책을 다하고자 군정청 경무국에서는 내용은 물론 각 부문의 명칭부터 갈도록 하여 책무를 다하기로 되었다. 그 내용을 보면 경무국장 관할 아래 총무부·경무부·형사부·통신부·소방부 등 5부를 두고 각 도에 경찰부장과 차장 감찰관을 두며 그 밑에 통신과·교통과·수사과·공안과·문서과·총무과·소방과가 있고 각 경찰서가 있어 그곳 행정기관과도 밀접한 관계를 맺어 민정(民政)을 원활하게 하도록 되었다. 그리고 경찰의 명칭이 다음과 같이 변경되었다.

경찰부장: 금빛 무궁화 넷을 어깨에 달아 표시한다.
동(同) 차장: 금빛 무궁화 셋을 어깨에 달아 표시한다.
총경: 금빛 무궁화 둘을 어깨에 달아 표시한다.
감찰관: 금빛 무궁화 하나를 어깨에 달아 표시한다.
경감: 경시와 같은 것으로 은빛 무궁화 둘을 어깨에 단다.
경시: 경무보로 은빛 무궁화 하나를 단다.
경사: 현 순사부장으로 팔에 ≪ 표시를 단다.
순경: 현 순사로 아무런 계급 표시는 없다.

(「군정청 경찰국, 경찰의 직제와 명칭 일신(一新)」, 『동아일보』 1946년 2월 1일)

이런 피상적 변화밖에는 보이지 않는다. 친일파와 악덕 경찰관의 숙청도 입만 떼면 의지를 밝히지만 실제 조치는 좀체 눈에 띄지 않는다. 2월 13일에야 모처럼 한 건 올렸다. 2월 13일자 『동아일보』에 「경기도 경찰부, 악질 친일 경찰 구속」이라는 제목의 큼직한 기사가 오른 것이다.

> 경찰계 숙청의 제3탄, 앞서부터 도 경찰부에서는 테러, 강도 사건 이외에 대내적 숙청을 단행하여 전(田) 보안과장 사건을 필두로 안성경찰서 간부 등 9명을 인치 취조하고 있는데, 이번에는 전 고등계원으로 민족 반역의 좋은 표준이 되는 본정서의 경부보를 구속하고 엄중조사 중이다. 그는 8·15 이전 민족해방운동을 하던 분은 누구나 잘 아는 시바타 겐지로(芝田健次郎·김성점, 45) 형사이다. 시바타(芝田)은 10여 년 동안 고등계 형사생활을 하는 동안 수많은 선열들의 운동을 방해하였을 뿐더러 모진 매와 고문으로 가장 못되게 굴던 자이다.
>
> 그가 함경북도 경찰부에서 조선어학회 사건을 직접 맡았을 때 어찌나 심하였던지 이윤재(李允宰), 한징(韓澄) 두 분을 죽였을 뿐더러 이극로(李克魯) 이하 어학회원들을 반신불수가 되게 한 자로 함북에서 경기도로 와서 제하(齊賀) 경부 밑에서 온갖 친일을 다하였는데 버젓하게도 해방 후는 본정서에서 경부보로 근무하다가 다시 제 버릇 개 못 주는 격으로 시내 삼(森)이라는 일인 전당포 주인을 협박하여 30여만 원을 사취한 일로 인치된 것이다. 그는 어학회의 김윤경(金允經)이 일전에 함흥에서 심한 고문 받던 이야기를 라디오 국어강좌에서 말한 일이 있자 일시 피신을 한 일도 있었다니 죄책을 느끼는 모양이다. (…)

친일파라서 숙청한 게 아니라 사취 사건으로 잡아넣고 보니 마침 두드러진 친일파였던 것이다. 이극로(李克魯, 1893~1978) 같은 피해자가 정치계에서 꽤 중요한 역할을 맡고 있었는데도 사취 사건 같은 것이 터지지 않으면 숙청될 염려 없이 지냈던 모양이다. 기사 중 "전(田) 보안과장 사건"은 자유당 시대의 대표적 정치군인이 될 전봉덕(田鳳德, 1910~98)의 문제가 그 전날 발표된 것이다. 역시 친일 문제가 아니라 독직 사건이었다. 이 정도가 당시 경찰의 자정 능력 수준으로 이해된다. 전봉덕 사건의 기사는 이렇게 나왔다.

> 장(張) 경기도 경찰부장은 12일 다음과 같이 말하였다.
>
> ● 학병동맹사건
>
> 이 사건은 여간 중대한 것이 아니니만치 착수하기까지 오랜 시일을 두고 내사하여 확실한 증거를 수집한 뒤 서 간부 2명 순사 9명을 검거 취조 중인데 건국도정의 치안을 맡은 경찰관의 본분을 잊어버리고 갖은 비행을 다하였는데 단호히 처벌할 터이다. 취조에 따라서는 사건이 확대되어 다른 간부에까지도 파급될지 모른다. 직권을 남용하여 민중을 못살게 군 경찰관은 어디까지나 적발하여 단호히 처벌하겠다.
>
> ● 무기 압수 사건
>
> 며칠 전 서울 시내 수처에서 교묘한 무기 다수를 압수하였는데 배후에는 정치적 배경이 있는 듯하여 조사 중이다.
>
> ● 전(田) 보안과장 사건
>
> 구금된 전봉덕 씨는 서대문서에 유치시켜 검사국과 연락하여 취조 중인데 죄상은 파렴치죄로 속속 탄로되고 있다.
>
> (「경기도 경찰부장 장택상, 학병동맹사건 등의 처리 방침에 대한 담화」, 『조선일보』 1946년 2월 13일)

1월 5일의 국군준비대 습격과 1월 19일의 학병동맹 습격은 장택상이 지휘한 경찰의 만행이었다. 특히 학병동맹 습격은 도저히 변명할 수 없는 무리한 실상이 많이 드러나 사회의 분노를 불러일으켰고, 잡아떼기로 일관하던 장택상도 어쩔 수 없이 '아랫것들' 몇을 잘라 버리

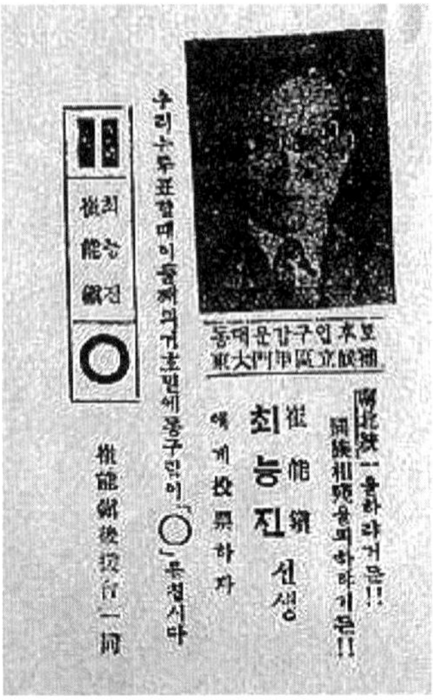

공산 세력을 피해 평양에서 월남한 최능진은 확고한 반공주의자이면서도 이남 경찰의 반민족 성향에 격렬하게 저항했다. 제헌의회 선거에서 이승만에 맞서 동대문구에 출마했다가 경찰의 탄압으로 후보 자격을 잃었다.

기에 이른 것이었다.

커밍스의 『The Origins of the Korean War』, 166~167쪽에는 경찰국 수사과장 최능진(崔能鎭, 1899~1951)이 1946년 11월 20일 한 회의에 제출한 보고서의 몇 대목이 인용되어 있다. 경찰국이 "(북한에서 공산주의자들에게 쫓겨난 부패 분자들을 비롯해) 일본의 훈련을 받은 경찰관과 반역자들의 도피처"가 되어 있으며, "(조병옥은) 내가 애국자와 독립운동가들을 경찰에 채용하려는 것을 끊임없이 반대한다"라고 했다. "매일 같이 단순한 사감 때문에 아무 증거 없이 체포당하는 사람들이 있다. 누군가가 저 사람 나쁜 사람이라고 하기만 하면 그냥 감옥에 끌려가 두들겨 맞는 것이다"라는 증언도 있었다.

이렇게 경찰의 문제점을 내부에서 지적한 사람은 어떻게 되었을까? 쟁쟁한 항일운동 가문 출신에다가 미국 유학으로 영어에 능통하던 최능진은 많은 군정 당국자들의 신임을 받았지만 결국 조병옥에게 밀려

났다. 그 후 1948년 5·10 선거에서 이승만에 맞서 동대문 갑구에 출마했다가 투표 이틀 전에 후보 등록을 취소당했다. 몇 달 후 쿠데타 혐의로 5년형을 선고받았고, 전쟁 중 군법회의 판결로 총살당했다. 2009년 9월 진실·화해를 위한 과거사정리위원회는 그의 처형에 대해 국가의 사과와 법원의 재심 수용을 권고하는 결정을 내렸다.

친일 경력도 모자라 파렴치죄로까지 걸려든 전봉덕은 출세의 길을 걷고, 일대의 애국 인재 최능진은 억울한 죽음을 당하는 그런 세상을 향해 미군정은 남한을 움직여가고 있었다.

간단하지만 중요한 사실 하나 덧붙인다. 식민지시대 말기 전 조선의 경찰력은 2만 명이었는데 1946년 10월까지 남한 경찰력은 2만 5천 명이었다. 남한만 놓고 보자면 갑절로 늘어난 것이다(『The Origins of the Korean War』, 164~166쪽). 전라남도 해남군에서 1월 중순까지 인민위원회가 운영한 경찰서 인원이 38명이었는데 미군정이 경찰서를 넘겨받은 후 3월 말까지 인원이 85명으로 늘어난 사실을 45년 10월 28일자 일기에 적었다. 해남군만의 변화가 아니었던 모양이다. 미군정하의 남한은 식민지시대보다 더 많은 경찰력이 필요한 곳이 되어 있었다.

안재홍
선생에게
묻는다

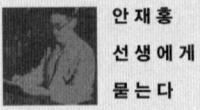

민주의원, 무엇이 잘못되었나?

김기협 | 해방에서 꼭 반년이 되는 오늘 남조선국민대표민주의원(민주의원)이 성립되었습니다. 선생님은 1월 4일 김구 선생의 비상정치회의 소집에서부터 비상국민회의를 거쳐 민주의원이 만들어지는 과정에 내내 앞장서서 힘써 왔습니다. 해방을 독립으로 연결하고자 반년간 애써온 보람을 크게 느끼시는지요?

안재홍 | 반년이 되었군요. 민족통일전선 결성을 위해 한눈팔지 않고 여기까지 왔습니다만, 아직 보람을 이야기하기는 이른 것 같군요. 이제부터 민주의원이 무엇을 하느냐에 달린 일입니다.

김기협 | 선생님은 시종일관 독립의 길을 여는 열쇠로 임정 추대를 주장해왔습니다. 그리고 해방 시점의 임정이 변동 없이 그대로 가야 한다는 한민당의 '직진론'에 맞서 임정이 지금의 국내 사정에 맞춰 보강되어야 한다는 '보강론'을 견지해왔습니다. 김구 선생 이하 임정 요인들이 주축이 되어 비상국민회의와 민주의원을 만들었습니다. 선생님의 '보강론'에 맞는 방향 아닌가요?

안재홍 | 직진론은 애초에 현실성이 없는 주장이었고, 임정은 어떻게든

보강되지 않을 수 없었습니다. 그런데 지금의 변화가 그렇게 바람직한 방향이 아닌 것 같아 걱정입니다.

바람직한 변화란 본질적 가치를 지키면서 그것을 중심으로 새로운 가치를 끌어들이는 것입니다. 임정의 본질적 가치가 무엇이겠습니까? 독립운동을 대표하는 상징성 아닙니까? 임정 밖에도 독립동맹, 재미한인회 등 해외 독립운동이 있었습니다. 그런데 임정이 대표적 상징성을 가지는 결정적 조건은 1942년 가을의 좌우합작입니다. 비록 현실적 여건 때문에 모든 독립운동을 임정의 품 안에 바로 끌어안지는 못해도 여건만 된다면 모두 끌어안겠다는 자세를 보여준 것입니다.

비상국민회의로 방향을 바꾸면서 좌익에 대해 너무 성의를 안 보였습니다. 더 성의를 보인다 해서 좌익이 충분히 호응했으리라고 믿는 것은 아닙니다. 그러나 임정 비주류 몇 분이 주비회에서 물러서는 일은 피할 수 있었고, 피해야 했습니다. 그분들이 임정 자체를 부정하지는 않았지만, 임정이 비상국민회의로 넘어가는 과정에서의 이탈은 실질적으로 임정과의 결별이 아닐 수 없습니다.

비주류의 이탈은 임정의 본질적 가치에 대한 손상입니다. 임정의 본질적 가치가 지켜지고 있다면 만일 비상국민회의나 민주의원이 제대로 안 될 경우 임정으로 돌아갈 수 있습니다. 그런데 이제 임정은 소멸해버린 셈입니다. 지금의 비상국민회의나 민주의원이 국민에게 과연 임정만 한 신뢰의 대상이 될 수 있을지, 낙관할 수 없습니다.

김기협 | 선생님은 건준 이래 좌우합작을 통한 통일전선을 계속 추구했습니다. 그런데 1월 7일의 4당 코뮈니케에서 반탁의 표현이 너무 약하다고 불만을 표하신 후 좌익의 포용에 전처럼 공을 들이지 않으신 감이 있습니다. 비상국민회의 주비회 좌장을 선생님이 맡고

있는 동안 좌우 결별이 더 뚜렷해졌지요. 통일전선의 방향에 대한 생각이 바뀌신 건가요?

안재홍 | 방향에 대한 생각이야 바뀔 수 있나요? 다만 마음먹은 대로 바로 되는 일이 아니라는 사실을 깨닫게 됩니다. 합작을 궁극적 목표로 잊지는 말되 너무 집착하지 말고 당장의 일은 형세 돌아가는 대로 따라가야겠다는 생각을 합니다.

이쪽에서 합작에 목을 맬수록 공산당은 자꾸 엉뚱한 소리를 합니다. 임정과 인공이 5대 5씩 합치자는 말을 하더니, 4당 회의 때도 반탁이라는 말 자체를 꺼내지 못하게 하더군요. 모스크바 결정을 존중한다는 데 한민당, 인민당, 국민당이 모두 찬성했습니다. 그러나 아무리 존중하더라도 신탁통치에 반대한다는 뜻은 민족의 입장에서 빼놓을 수 없는 것이지요.

4당 코뮈니케 폐기를 놓고 한민당에 비난이 쏠렸습니다만, 한민당 입장, 특히 대표로 나왔던 가인(김병로)과 춘곡(원세훈) 두 분 입장을 어렵게 만든 것이 공산당입니다. 어떻게든 공산당을 포용하기 위해 무리한 정도로 양보해야 했으니. 국민당과 나는 참고 넘어가려 했습니다만, 반탁의 뜻 표시를 그렇게 가로막은 데 불만을 가진 것이 한민당만이 아닙니다.

공산당은 우익 쪽이 제안하는 합작을 외면하면서 따로 민주주의민족전선(민전) 결성을 꾀하고 있습니다. 합작은 양측 성의가 마주쳐야 이뤄지는 것이죠. 지금 상황에서는 좌우가 각자 내부 통합을 추진하면서 다음 단계에서 대통합의 기회를 바라봐야겠습니다. 사실 좌우합작에 매달려 있는 동안 우익 내의 보조도 많이 흐트러진 감이 있습니다.

김기협 | 비상국민회의의 최고정무위원회가 민주의원이라는 간판을 달고 나온 데는 여러모로 의아한 점이 있습니다. 28인 위원은 밑에서부터 선출된 것이 아니라 김구, 이승만 두 분 영수가 위로부터 임명한 것 아닙니까? 그런데 무슨 의결기구처럼 '의원'이란 이름을 단 것이 우선 이상합니다.

그리고 민주의원은 미군정의 자문기구죠. 비상국민회의가 민족을 대표하는 기구라면 미군정과 거래의 상대방이어야 할 텐데 미군정에 부속된 자문기구와는 격이 맞지 않습니다. 그러니 전 민족을 대표하는 이름도 가지지 못하고 '남조선'에 국한된 존재가 되었습니다.

안재홍 | 그것은 나도 납득이 되지 않는 일입니다. 군정청과의 협조는 분명히 필요합니다. 비상정치회의에 독립촉성중앙위원회(독촉)를 끌어들여 비상국민회의로 방향을 바꾼 것도 군정청과의 관계에서 이승만 박사의 역할이 필요했기 때문입니다. 임정에 비해 군정청에 협조적인 자세를 잘 취할 수 있는 길로 비상국민회의를 만든 것이죠. 하지만 그 집행기구인 최고정무위원회에 군정청 자문기관 간판을 단다는 것은…….

이것이 지금의 형세가 요구하는 길이라면 어쩔 수 없죠. 그러나 나로서는 납득이 되지 않는 일에 계속 끼어들고 싶지 않았습니다. 그래서 최고정무위원회에는 들어가지 않겠다는 뜻을 이 박사께 재삼 말씀드렸더니 종당에는 홍분까지 하면서 참여를 강권하더군요.

이 박사 말씀인즉 지금 최고정무위원들이 머잖아 성립될 통일국가의 '대신'이 될 자리이니 꼭 지키라는 것이었습니다. 좌우합작도 접어놓은 상황에서 자리 차지할 궁리나 하고 있으라는 것인지, 서글픈 생각도 들었습니다. 그런 의미로 차지하는 자리라면 정말 물러나고 싶었습니다.

'민주의원' 간판을 닮으로써 지난 한 달여의 노고는 수포로 돌아가고 만 것을 압니다. 그러나 결국 끼어들고 말았습니다. 지금 혼자 깨끗한 척한들 민족에게 무슨 공이 되겠습니까? 부끄러운 마음을 끌어안고 할 수 있는 일을 힘껏 해나갈 수밖에요.

김기협 | 인민당은 민주의원에 참여하지 않는다는 성명을 발표했더군요. 그 성명을 보면 인민당은 비상국민회의 불참여를 표방한 상태에서 굿펠로 군정청 고문에게 자문위원회에 참여를 부탁받아 조건부 참여를 결정했었다는군요. 그랬다가 최고정무위원회와 민주의원이 같은 기구라고 하니까 황당한 모양입니다.

인민당의 자문위원회 참여 조건이 참 당당했다고 생각합니다. (1) 당면한 민생 문제에 한한 자문기구일 것 (2) 결의제가 아닐 것 (3) 임시과도정부 수립 등 정치 문제에 관여하지 말 것의 세 가지였죠. 대표성도 없는 기구에서 정치 놀음하는 데 들러리로 끼어들어 가지 않겠다는 뜻이죠. 민주의원의 문제점을 꿰뚫어본 것 아닙니까?

안재홍 | 아무리 좋은 뜻의 일이라도 방법의 졸렬함 때문에 그 뜻을 잃고 마는 것이 늘 안타깝습니다. 작년 말에 독촉도 졸렬한 추진 방법 때문에 많은 사람의 신뢰를 잃고 좋은 기회를 놓친 일이 있지요. 이 박사 말씀대로, 민주의원을 무슨 벼슬자리처럼 생각하는 사람들이 있는 모양입니다. 명분이 안 맞아도 벼슬자리를 미끼로 인민당을 끌어들일 수 있다고 생각했나 본데, 몽양이 그런 데 끌려들 사람이 아니죠.

김기협 | 뜻이 좋은데 방법이 졸렬한 일이 더러 있을 수는 있지만, 하는 일마다 방법이 졸렬하다면 그 뜻에 문제가 없는지 살펴볼 필요가 있지 않겠습니까?

이승만 씨가 12월 초 독촉 전형위원을 너무 편파적으로 뽑는 바람에 성망이 크게 깎였을 뿐 아니라 독촉 사업까지 저애된 일이 있었죠. 선생님께도 민주의원 참여가 통일정부의 '대신'이 되는 길이라면서 강권했다죠. 사람들을 그렇게 이해득실로 얽으려 드는 것은 자기 마음이 이해득실에 얽혀 있기 때문 아니겠습니까? 한 가지 일을 하는 데도 자기 권력 위주로 결정을 한다면 그것이 바로 사심(私心) 아닙니까? 사심을 가지고 일을 한다면 방법의 졸렬함이 우연한 일이 아니라 당연한 일일 것 같습니다.

안재홍 | 이 박사의 사고방식과 행동양식에는 보통사람과 다른 점이 많습니다. 성격 관계도 있겠지만, 서양인들 사이에서 오래 산 까닭이 더 큰 듯합니다. 설산(장덕수)도 미국에서 오래 지낸 사람인데, 그 사람 행동방식을 이해하는 사람도 별로 없지요. 가만히 보면 하지나 아놀드 같은 사람들과 비슷한 것 같습니다. 그 사람들은 사심, 즉 이기심을 부끄러운 것으로 생각지 않는 것 같습니다.

이 박사는 이미 26년 전에 임시정부 대통령을 지낸 분입니다. 미국을 누구보다 잘 아는 조선 사람이고, 미국의 최고위 인사들과도 교분을 가진 분입니다. 미국과의 관계가 중요한 것인 만큼 미국 사람들이 나와 다르다 해서 멀리할 수 없는 것이고, 이 박사가 중요한 지도자인 만큼 역시 아끼지 않을 수 없습니다. 그 다른 점 때문에 사업이 잘못되지 않도록 열심히 도와드려야지요.

김기협 | 김원봉, 장건상, 김성숙, 성주식, 비상국민회의를 거부한 임정 요인 네 분이 내일 민전에 참여할 참이라는 이야기를 들었습니다. 비상정치회의 주비회를 떠날 때 그분들은 민전에도 참여하지 않고 중립적인 위치에서 좌우합작을 위한 노력을 계속하겠다고 했었죠. 그 입장을 바꾼 것을 놓고 비상국민회의 쪽에서 비난이 높은 모양인데 선생님 생각은?

안재홍 | 개인적으로는 충분히 이해가 가고 그분들에 대한 존경심이 흔들리지 않습니다. 그분들이 입장을 바꾼 것은 상황 때문에 부득이한 것입니다. 최고정무위원회가 민주의원 간판을 단 것이 더 큰 변고죠. 이쪽에서 그분들을 비난한다는 것은 그야말로 똥 묻은 개가 겨 묻은 개 나무라는 격입니다.

그러나 그분들의 입장 변화로 인해 임정이 무너져버리는 것이 가슴 아픕니다. 아까도 말했지만, 임정의 가장 큰 가치는 그 선명성이 아니라 통합성에 있습니다. 주류와 비주류가 3년 동안 서로 다른 의견을 절충하면서 임정의 깃발을 함께 지켜온 바로 그 자세가 더 큰 틀의 좌우합작을 이루는 모범이 되어야 하는데…… 임정이 환국해서 움직임을 시작하자마자 이렇게 갈라져 버리다니.

김기협 | 그분들이 임정 안의 자리를 지키지 못하는 것 역시 상황 때문에 부득이한 것 아닐까요? 이승만 씨가 이해득실에 따라 책략 부리는 것을 그분들은 신뢰하지 못합니다. 원래 비상정치회의는 그분들이 앞장서서 만든 것인데, 그것을 독촉과 합치고 한민당과 이승만 씨 추종자들을 끌어들여 임정을 대신할 비상국민회의와 최고정무위원회를 만든다고 하니 그분들이 그야말로 벼슬자리 하나 챙기려는 것이

아니고야 어떻게 따라올 수 있겠습니까?

김구 선생이 임정을 든든히 지켜야 그분들도 임정을 지킬 수 있을 텐데, 지난 연말 이래 김구 선생의 행보가 선생님께는 불안하게 느껴지지 않던가요? 임정의 이름으로 통치에 나서겠다고 '국자(國字)' 1, 2호를 발포했다가 체통을 깎이고, 이제 이승만 씨에 의지해 군정청 자문기구의 부의장으로 나서다니, 임정은 네 분이 떠나서 무너지기 전에 이미 주인에게 버림받은 신세 아닙니까?

안재홍 '과유불급(過猶不及)'이란 말이 절실하게 느껴집니다. '국자' 사태는 자신감이 지나쳐 '직진론'에 말려든 것이라 생각합니다. 그 일이 좌절되고는 너무 자신감을 잃어서 민주의원 간판까지 받아들이기에 이르신 것이 아닐지.

김구 선생마저 흔들린다면 정말 큰일입니다. 김규식 선생이 손수 이끌던 민족혁명당을 포기하면서까지 곁을 지켜드리는 것이 참으로 고마운 일입니다. 떠날 분들은 떠나더라도 남는 사람들은 남아서 김구 선생의 앞으로의 행보를 잘 도와드려야지요.

지난 한 달 동안의 이야기를 하려니 나도 심사가 어지럽습니다. 당장 미소공동위원회를 앞두고 민주의원에서 할 일을 잘 찾아서 하려니 당분간 무척 바쁘겠습니다.

2

해방공간의 미·소 대결, 극심한 좌우 대립

1946년 2월 15 ~ 25일

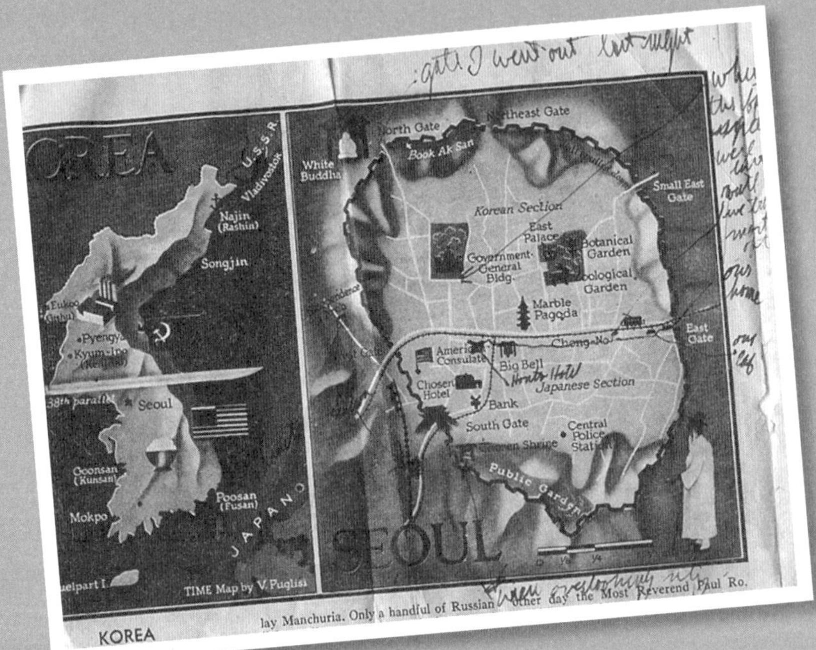

해방 후 『타임』지에 실린 조선 지도와 서울 지도. 4대문 안을 '서울'로 파악하고 있다.

1946. 2. 15.

민주의원과 민전, 좌우 대결의 초점이 되다

1월 초순에서 중순에 걸친 4당 또는 5당 회담을 통한 통일전선 결성 시도가 실패로 돌아가자 좌익에서 중도에 걸친 정당·단체들이 '민주주의민족전선(민전)' 결성에 착수했다. 민전은 이후의 활동 방향으로 보아 좌익단체로 보는 것이 마땅한데, 결성 당시에는 친일파와 민족반역자를 제외한 전 조선인의 대표 기구를 표방했다.

> 민중의 대망이 컸던 4당 내지 5당 회의의 결렬 경과를 보고하여 민족통일전선 결성 문제를 구체적으로 토의하기 위하여 조선인민당과 조선공산당 및 기타 각 정당 단체 대표자 회의를 개최한다는 것은 기보한 바와 같거니와 동 회의는 좌기 29개 단체 대표 60명 참석으로 예정대로 19일 오후 6시 시내 관훈정 실업자동맹회관에서 개최되었다. 회의는 홍남표(洪南杓) 사회로 개회되어 임정과 인공 급(及) 조공과의 교섭 전말 급 4당 내지 5당 회의 경과에 대한 김오성의 보고가 있었다. 다음 토의 사항으로 민족통일전선 결성 문제에 들어가 만장일치로 민주주의민족전선을 발기하기로 결정하고 그 준비를 금후 구체적으로 급속히 전진시키기로 되였다. 그리하여 참가 각 당 각 단체에서는 광범 강력하게 준비위원회를 구성하도록 한 것이며 민주주의민족

전선의 선언 기초와 아울러 민주주의민족전선의 성격 의의에 대한 계몽사업 준비까지도 부대 실행하도록 하게 하였다.

(「조선인민당 외 29개 단체, 민족통전 문제 토의」, 『서울신문』 1946년 1월 21일)

미소공위의 예비회담 성격을 가진 미·소군 대표회의가 열리고 있을 때였다. 불원간 열릴 미소공위 본회담에서는 임시과도정부 수립 방안 논의가 있을 것이고, 한국인들의 의견 접수도 어떤 방법으로든 이뤄질 것이었다. 이 과정에 참여하는 방법을 모색하는 것이 한국 정치인들에게 초미의 과제였다. (미소공위에서 논의한 1차적 한국인 정권을 흔히 '임시정부'라고도 하는데, 이 글에서는 기존의 임정과 구분하기 위해 '임시과도정부'라 한다.)

미군정은 애초에 서울을 장악하고 있다는 이점을 활용해 자기네 마음에 드는 조직이 한국 전체를 대표하게 되기 바랐다. 11월 20일 랭던의 '정무위원회' 구상에 따라 이승만의 독촉이 임정과 공산당을 포괄하는 대표성을 확보하기 바란 것도 그런 목적을 위해서였다. 임정이 전 민족적 권위를 가지고 있었고 박헌영의 공산당이 이북의 '분국'에 대해 '중앙'의 위치에 있었기 때문에 그런 희망을 가질 수 있었다.

그러나 해가 바뀌어 분단 점령이 반년을 바라보는 시점에 와서는 이남에 존재하는 조직이 이북 주민까지 대표한다는 것이 불가능하게 되었다. 이제 현실적으로 볼 때 이 논의에 참여하기 위해서는 미·소 중 한쪽 추천을 받고 다른 쪽의 승인을 받아야 했다. 이북에서는 인민위원회 체제가 자리 잡고 있었고, 정당들도 서로를 인정하며 안정된 관계를 맺고 있었기 때문에 대표 선발 방법에 문제가 적었다.

반면 이남에서는 점령군과 주민의 사이가 멀고 주요 정당들 사이에도 서로를 근본적으로 부정하는 분위기가 있었다. 한민당과 공산당은 서로를 '민족반역자'로 규정하고 합작 대상으로 인정하지 않고 있었다. 4당 및 5당 회담은 이남 전체를 대표할 통일전선 구축을 위한 마지막 시도였다. 이 시도가 좌절되자 한민당은 이승만을 앞세워 임정을 포섭하는 비상국민회의 결성에 나섰고, 좌익은 한민당을 배제하고 중도파를 포용하는 민전 결성에 나섰다.

민전을 공산당이 조종한 조직으로 통상 간주하는데, 적어도 결성 단계에서는 인민당이 공산당 못지않은 역할을 맡았다. 미군정의 탄압 때문에 민전이 투쟁적 노선으로 쏠리며 인민당이 위축되고 공산당의 역할이 커진 것이었다. 2월 4일의 민전 준비위를 인민당 당사에서 연 후 인민당은 이런 성명을 냈다.

> 인민당에서는 민주주의민족전선의 성격에 대하여 4일 다시 천명하는 동시에 동 전선 결성에서의 다음과 같은 4대 원칙을 발표하였다.
> 민주주의민족전선은 속칭 소위 좌익 계열의 단체나 개인만으로 그 성원을 삼는 것이 아님은 누차 성명한 바와 같거니와 아당은 이에 대하여 다시 한 번 그 현실적 주장을 요약 명시함으로써 민주주의민족전선의 요청이 무엇인가를 밝혀두고자 한다. 조선민족통일 공작을 자율적으로 수행함에 있어서 우리 민주주의민족전선은 다음과 같은 몇 가지 원칙적 조항의 엄숙한 약속을 요청하고 이 요청에 응하는 단체나 개인이면 누구든지 우리 전열의 전우가 될 것을 기대한다.
> 1) 친일파 민족반역자를 제외할 일
> 2) 삼상회의 결정의 원칙하에서 민주주의 독립국가 건립에 노력할 것
> 3) 기성 정부의 법통을 고집치 말 것
> 4) 명실상부한 단체의 비례대표제를 승인할 것
> 이에 대하여는 우리 우당인 독립동맹이나 공산당도 전적으로 이에

> 동감이며, 우리는 광휘 있는 민족국가의 백년대계를 위하여 민주주의라는 부동하는 원칙하에 민족 통일과 국가 건립을 기도하여야 될 것임은 물론이나 그 원칙을 상기한 바와 같이 가장 현실적으로 파악하는 데에만 그 실현을 가장 가능케 하는 것이라고 확신하는 바이다.
>
> (「인민당, 민전 결성 4원칙 발표」, 『서울신문』 1946년 2월 5일)

공산당은 민전 결성을 코앞에 둔 2월 13일 민전 참여를 독려하는 성명을 발표했다. 위의 인민당 성명과 비교할 때 투쟁적이고 대립 지향적인 자세가 분명히 느껴진다.

> 조선공산당 중앙위원회에서는 30일 민주주의민족전선 결성에 있어 민족 통일의 촉진을 위하여 정확한 시비를 판정한 뒤에 중립 혹은 고립적인 태도를 버리고 모든 민주주의 요소가 이에 참가하기를 강조하는 다음과 같은 요지의 성명서를 발표하였다.
>
> "세간의 일부에서는 민주주의민족전선을 가지고 좌익 편향 혹은 좌익적이라는 옳지 못한 규정을 내리고 흡사히 이 전선이 일종 과오를 범한 것 같은 인상을 주려고 애쓰는 분들이 없지 않으나 이것은 전연 옳지 못한 견지이며 또한 출발이다.
>
> 회고컨대 4당 공동 코뮈니케를 발표해놓고 또다시 그것을 부정한 자 누구이며 민족통일전선 결성에 있어 죄과 분자를 자기 산하에 집어넣고 옹호정책을 실천함으로써 반동적 혼란을 일으킨 자 누구인가. 이런 구체적 사실을 지적하고 보면 시비는 명백한 일이 아닌가. 여기에서 인민을 위한 진정한 민주주의 진영의 집결인 민주주의민족전선과 다른 편에 비상국민회의가 대립되고 있을 뿐이다.
>
> 이 후자는 금일의 미군정을 무조건 절대 지지하면서도 삼상회의 결

정을 반대하고 나온다는 것은 대체 무슨 심사인가. 만일 우리가 이 양개 전선을 떠나서 중립 혹은 고립하고 있어 방관 주저하고 양자가 똑같이 옳지 않다는 태도를 취한다면 그것은 참으로 정당하게 시시비비를 가리지 못하는 옳지 못한 경향이다. 그러므로 경향을 물론하고 각 당, 각파, 무소속 등 모든 민주주의 요소는 주저하지 말고 자진하여 적극적으로 이달 15일에 결성되는 민주주의민족전선에 참가하기를 요구한다. 옳은 일을 하는 자를 돕는 것은 또한 더 옳은 것이요, 이것이 곧 민족을 위함이요, 정의와 민주와 평화와 통일과 독립을 위함이다.

이런 때에 있어서 중립은 고립을 의미하고 고립은 방관이요 그것은 민주주의적 진보 진영의 역사적 사업을 지연시키는 결과를 가져오는 것임을 깨달아야 한다."

(「조선공산당, 민전 결성 참가를 강조하는 성명 발표」, 『서울신문』 1946년 2월 14일)

2월 15~16일 민전결성대회에 참여한 정당·단체와 그 대의원 수는 이러했다.

민주주의민족전선 전국결성대회는 예정과 같이 15일 오전 10시부터 종로 기독교청년회관에서 개최된다. 동 준비위원회 14일 발표에 의하면 작일 정오 현재 동 대회 참가를 정식으로 신청하여온 정당과 단체는 33단체이며 대표 인원은 398명으로 그 내용은 다음과 같다.

정당: 조선인민당(대의원 30명), 조선공산당(30명), 조선독립동맹(15명)

노동자단체: 전국노동자조합평의회(30명)

농민단체: 농민조합전국총연맹(30명)

청년단체: 전국청년총동맹(20명), 조선공산청년동맹(5명), 청년독립동

맹(2명)

부녀단체: 조선부녀총동맹(20명)

종교단체: 천도교청우당(10명), 유도회(5명)

문화단체

1) 교육단체(19명)

2) 문학예술단체(15명): 조선문학동맹 · 음악동맹 · 미술동맹 · 연극동맹 · 영화동맹· 조선문화협회

3) 과학기술단체(15명): 조선학술원 · 조선과학기술연맹 · 조선의사회 · 조선어학회 · 조선과학연구소 · 조선산업노동조사소 · 조선보건협회 · 산업의학회 · 조선생물학회 · 진단학회

기타 단체: 응징사동맹(5명)

(「민전결성대회 개최」, 『서울신문』 1946년 2월 15일)

정당으로는 인민당과 공산당이 양대 축을 이루고, 독립동맹이 또 한 자리를 차지하고 있었다. 서중석은 독립동맹이 그 당시 "민족통일전선 형성에 적임 세력으로 알려져 있었다"고 했다(『한국현대민족운동연구』, 345쪽). 임정에 버금가는 해외 독립운동의 주체로 중국공산당의 통일전선 정책에 익숙한 독립동맹은 해방공간에서 좌우 대립을 완화하는 힘을 가진 존재였다. 독립동맹이 2월 16일 출범시킨 조선신민당은 평양에서 공산당(북조선분국)과 공조관계를 펼치다가 8월에 북조선노동당으로 합당하기까지 중요한 역할을 맡은 반면 서울에서의 역할은 그리 크지 않았다.

조선학술원, 조선어학회, 진단학회 등 비정치성이 뚜렷한 단체들의 참여가 눈에 띈다. 중도파까지 포용하는 민전의 넓은 스펙트럼을 보여주는 측면이다. 조선어학회 대표 이극로는 민전의 정당성을 인정하고

김두봉과 이극로. 한글학자들은 해방 후 민족주의를 대표하는 역할을 맡았는데, 이남에서는 그 역할이 차츰 위축되어갔다.

그 발전을 빌면서 연구실로 돌아간다는 정계 은퇴 성명을 2월 18일 발표하기도 했다. 1월 하순 비상정치회의를 떠나며 중립을 표방하고 민전에도 불참여를 선언했던 임정 비주류 인사들이 이 시점에서 민전에 참여한 것도 포용성의 측면이 충분히 확인되었기 때문일 것이다.

민전이 현실 문제의 대책에 치중한 것은 이 측면을 강화하기 위해서였을 것이다. 현실 대책 중 결성대회에서 가장 눈길을 끈 것이 친일파 및 민족반역자의 규정이었다. 상식적 차원에서 숙청 대상을 가리킨 이 말들이 그동안 심하게 오용·남용되어왔다. 한민당도 아무나 싫은 사람 있으면 친일파니 민족반역자니 욕해왔다. 민전은 통일전선을 표방하면서 배제 대상을 명확히 규정할 필요가 있었을 것이다.

● 8·15 이전 친일파, 민족반역자

가. 조선을 일본 제국주의에 매도한 매국노와 그 관계자

나. 유작자, 중추원 고문, 중추원 참의, 관선 도부 평의원

다. 일본 제국주의 통치시대의 고관(총독부 국장, 지사 등)

라. 경찰, 헌병의 고급 관리(경시, 사관급)

마. 군사, 고등정치경찰의 악질분자(경시, 사관급 이하라도 인민의 원한의 표적이 된 자)

바. 군사, 고등정치경찰의 비밀탐정의 책임자

사. 행정·사법경찰을 통하여 극히 악질분자로서 인민의 원한의 표적이 된 자

아. 황민화운동, 내한융화운동, 지원병, 학병, 징용, 징병, 창씨 등 문제에서의 이론적·정치적 지도자

자. 군수산업의 책임경영자

차. 전쟁 협조를 목적으로 하는 또는 파쇼적 성질을 가진 단체(대의당, 일심회, 녹기련맹, 일진회, 국민협회, 총력연맹, 대화동맹 등)의 주요 책임 간부

● 8·15 이후의 민족반역자

가. 민주주의적 단체 혹은 지도자를 파괴 암살하기 위하여 테러단을 조직하여 지도하는 자, 이 단체 등을 배후에서 조종 원조하는 자, 또는 직접 행동을 하는 자

나. 연설, 방송, 출판물 등을 통하여 애국적 지도자와 그 가족에 대한 가해를 선동 교사하는 자

다. 관헌으로서 민주주의적 지도자를 무고히 검거, 고문, 투옥, 학살하며 민주주의적 제 기관을 파괴하는 자

라. 미군정 또는 MP·MG에게 무고하여 이러한 불상사를 야기케 하는 자

민주주의민족전선(민전)에서 연설하는 김원봉. 비상국민회의에서 이탈한 비주류 임정 요인들이 결국 민전에 참여했지만, 그것만으로 그들을 '좌익'으로 파악할 수는 없다.

마. 패잔 일본 제국주의 급(及) 철귀 일본인으로부터 물품을 대량 매점하고 암흑시장을 통하여 부절(不絶) 계속하고 국민경제의 교란과 대중생활의 파탄을 초래하는 간상 모리배

(「민전대회 제2일 경과」, 『조선일보』 1946년 2월 17일)

서중석은 민전 준비위에 이북 인사들이 배치되어 있다가 결성 단계에서는 서울에 와 있던 독립동맹의 한빈(韓斌, 1901~?) 외에 모두 제외된 점을 중시했다(『한국현대민족운동연구』, 347~348쪽). 준비위 단계에서는 전 조선을 대표하는 기구를 지향하다가 결성 단계에서는 현실 조건에 맞춰 이남 지역을 충실히 대표하는 데 초점을 맞춘 것이다. 그래서 이름에 '남조선'을 붙인 민주의원과 이남 지역의 대표성을 놓고 경쟁하는 입장이 분명하게 되었다.

서중석은 민전이 지방에서부터 중앙으로, 밑으로부터 위로 향하는 민주적 조직 방법을 더 적극적으로 써서 영수들이 인선한 우익의 민주의원과 차별성을 더 강조하지 못한 점을 아쉬워했다(같은 책, 347쪽). 그러나 커밍스는 민전이 서울에서는 인공을 대치하고 지방에서는 인민위원회를 기반으로 삼았다는 점을 지적했다(『The Origins of the Korean War』, 236~237쪽). 지방의 자세한 실상은 모르지만 우익 조직에 비해 민전의 민주주의적 기반이 더 튼튼했으리라는 것은 분명하다. 민전의 결성이 좌우합작의 한계가 확인되고 미소공위 참여가 필요한 상황에서 결정된 것임을 생각하면 하향식 조직 방법은 불가피한 것이었고, 민주주의적 기반의 확충은 이후의 운영 과정에서 바라볼 과제였다.

14일의 민주의원 발족에 이어 15일 민전 결성으로 양자 간의 대결이 좌우 대립의 초점이 되었다. 민주의원은 고급 승용차 50대를 제공하는 등 미군정의 지원에만 의지할 뿐, 민전과 같은 지방 조직과 하부 조직을 갖지 못하고 있었다. 이승만이 통일정부의 '대신' 자리를 미끼로 끌어모아 놓은 명망가들의 이 집단이 할 수 있는 일은 3·1절을 공휴일로 정하고 차량 통행을 좌측에서 우측으로 변경한 정도였다(『한국현대사 산책: 1940년대편 1』, 225쪽). 민주의원이 "한갓 고궁에서 한담만 한다는 냉소"를 받았다는 안재홍의 탄식도 민전과 비교하는 관점에서 나온 것이었으리라(『민세 안재홍 선집 2』, 270쪽).

1946. 2. 16.

냉전의 씨앗, 모스크바 미국 대사관에서 나타나다

2월 2일부터 5일까지 소련 주재 미국 대사 해리먼(W. Averell Harriman, 1891~1986)이 한국을 방문했다. 그 사실을 처음 알았을 때 나는 해리먼이 하지를 야단치러 온 줄로 생각했다. 3상회의의 신탁통치 제안 책임을 소련에게 뒤집어씌운 일 때문에 스탈린(Stalin, 1879~1953)에게 불려가기까지 했으니까.

그런 생각을 하면서도 사흘씩이나 한국에 머물렀다는 것이 좀 이상했다. 소련 주재 대사라면 장관급 거물인데, 일개 군단장을 야단치려면 도쿄에서 불러다가 맥아더가 보는 앞에서 야단치는 게 맞다. 그런데 하지가 왕 노릇하는 한국까지 찾아와 사흘씩 머물다니…….

알고 보니 해리먼은 하지를 칭찬하고 격려해주러 왔던 모양이다. 모스크바 3상회의를 계기로 국무성의 전통적 다변주의(국제주의)에 대한 일방주의(국가주의)의 도전이 고개를 들었고, 주 소련 대사관이 그 첨단에 있었다. 냉전 논리의 출발점으로 회자되는 조지 케넌(George F. Kennan, 1904~2005)의 '장문전보(Long Telegram)'가 나온 것도 이 시점의 일이었다. 원고지 100매 분량(5,500단어)의 긴 보고서를 전보로 보냈다는 사실이 화젯거리가 되어 붙은 이름이다.

1946년 2월 22일 주 소련 미국 대사관의 공사고문(minister-

주 소련 미국 대사 시절의 조지 F. 케넌(오른쪽). '냉전의 아버지'로 알려진 인물이지만 냉전의 실제 전개 양상에 대해 많은 비판을 가하기도 했다.

counselor) 조지 케넌이 워싱턴 재무부로 보낸 장문전보는 재무부의 질문에 대한 답변이었다. 소련이 세계은행과 국제통화기금 창설에 협조적이 아닌 이유를 묻는 질문이었다. 장문전보 모두에 케넌은 이렇게 적었다(이하 장문전보 내용은 『Wikipedia』, "X Article" 참조).

> 2월 3일과 13일의 재무부 284호 문서에 대한 답변에는 우리 사고방식으로 이해하기에 너무나 복잡하고 미묘하고 기이한 문제들, 우리 국제 환경 분석에 너무나 중요한 문제들이 개재되기 때문에 짤막한 답변으로는 위험할 정도의 지나친 단순화를 피하기 어려울 것으로 느껴집니다. 그래서 다섯 개 장으로 이뤄진 답변을 보내는 것을 가납해주시기 바랍니다. 통신망에 큰 부담을 드리는 데 대해 미안하게 생

각합니다만, 관련된 문제들이 너무나 중요한 것이고, 특히 최근의 진행 상황으로 보건대 이 문제들에 관심의 가치가 있는 것이라면 그 관심을 즉각 쏟을 필요가 있다는 것이 제 생각입니다.

당시 42세의 동유럽 전문가 케넌이 작성한 이 보고서는 외교문서로서는 이례적으로 문화적·사상적 배경까지 포괄하는 폭과 깊이를 갖춘 것으로서, 소련이 본질적으로 팽창주의 성향을 가진 국가라는 점을 소련과의 관계에서 고려해야 한다는 요지였다. 종전 후 소련과의 관계에 불만이 쌓여가던 미국 상황까지 겹쳐 이듬해 '트루먼독트린'■으로 공식화될 냉전정책의 뇌관 역할을 한 것으로 평가된다.

장문전보에서 케넌은 소련의 국가 성격 다섯 가지를 지적했다.

- 소련은 스스로 자본주의와 항구적 투쟁관계에 있다고 생각한다.
- 소련은 사회주의나 사회민주주의 체제는 실현될 수 없는 것으로 본다.
- 소련은 자본주의 세계의 마르크스주의자들을 자기편으로 이용하려 한다.
- 소련의 야욕은 러시아인의 세계관이나 경제 현실에 입각한 것이 아니라 러시아인의 역사적 서방 혐오증과 피해망상증에 근거를 둔 것이다.

■ 제2차 세계대전 직후 소련이 동구권을 차례로 공산화시킨 데 이어 그리스 내 공산 세력으로 하여금 터키에 대한 압력을 가하자, 1947년 3월 12일 트루먼 미국 대통령이 그리스 및 터키의 공산화 방지를 위한 군사원조 제공을 의회에 제의하면서 밝힌 외교 지침을 말한다. 공산주의의 확대를 막기 위한 트루먼의 이 외교 조치는 냉전을 향한 미국의 선전포고였다고 할 수 있다.

· 소련의 국가구조는 국내외 현실의 객관적이고 정확한 파악을 불가능하게 만든다.

"소련 권력은 이성의 논리에는 무감각하면서 힘의 논리에만 극히 예민하다"는 그의 결론을 국가주의자들은 반갑게 받아들였다. 후에 케넌이 자기 논지를 냉전주의자들이 곡해한 점이 많다고 불평하기도 했는데, 1946년 당시의 국가주의자들이 케넌의 뜻을 정확히 이해하려 애쓰기보다 국제주의자들을 공격하는 데 이용하기 바빴을 것은 빤한 일이다.

루스벨트 시대 미국 대외정책을 지배하던 국제주의가 퇴조하고 국가주의가 득세하고 있었던 것은 분명한 현실이었다. 일본과 한국 '현장'의 미국인들은 국제주의를 어서 벗어날 필요를 앞장서서 느끼는 분위기였다. 베닝호프(H. Merrell Benninghoff)와 랭던(Willam Langdon) 등 한국 신탁통치 정책을 준비하던 국무성 관리들이 하지의 고문으로 부임한 후 맥아더와 하지의 국가주의 입장에 동조하는 태도를 보인 데서도 알아볼 수 있는 사실이다.

국무부 극동국장 빈센트(John C. Vincent)가 주한미군사령부를 맥아더 사령부에서 떼어내려 애쓴 것은 신탁통치안과 관련해 하지가 말도 안 되는 개판을 친 데 대한 당연한 반응이었다. 그러나 그런 시도가 먹혀들지 않고 하지가 스스로 사의를 표했음에도 유임된 것은 국제주의 노선이 약화된 결과였다. 하지의 개판이 마음에 드는 개판이라고 본 맥아더가 그를 보호해줄 수 있었던 것이다. 그래서 하지가 나중에(1947년 10월) 당당하게 미국이 모스크바 합의를 지키는 대신 "항구적으로 분할된 남한을 확보하기 위해 노력했어야 한다"는 말까지 할 수 있었던 것이다(『The Origins of the Korean War』, 229쪽).

미군정이 6개월째로 접어드는 1946년 2월 시점에서 하지 사령관의 실적은 여러모로 낙제점이었다. 민생의 가장 기본인 치안과 식량의 두 방면에서 식민지시대보다 더 열악한 상황을 만들어놓았다. 경찰력을 갑절로 늘리고도 주민들의 생활은 더 위험하게 되어 있었고, 모처럼의 풍작일 뿐 아니라 쌀의 외지 반출이 없어도 대다수 주민들이 식량난에 허덕이고 있었으니. 미소공위에서 물자교환을 의논해도 남한에서 내놓을 쌀이 없으니 미군 측 입장이 꿀리게 되어 있었다.

그럼에도 하지 사령부 체제가 유지된 것은 국제주의와 국가주의가 대립하는 미국 정계 상황으로 인해 실용적 기준이 아니라 편 가르기 기준이 작용한 결과였다. "소련의 국가구조는 국내외 현실의 객관적이고 정확한 파악을 불가능하게 만든다"는 케넌의 관점이 미국 쪽에도 똑같이 적용되는 장면이다.

하지가 민생 문제를 소홀히 하고 소련 측과의 대결에만 몰두한 것은 당연한 일이다. 자기 체면과 지위를 지키는 열쇠가 거기 걸려 있으니까. 1월 말 사의를 표명했다가 철회한 후 그는 미소공위 대책 마련에 부심했고, 그 결과물이 민주의원이었다.

미국의 3부조정위원회(SWNCC)가 1월 28일 하지에게 보낸 "한국의 정치 정책" 지침은 이런 내용이었다.

> 한국 임시과도정부의 수립과 원활한 운용을 돕기 위해 주한미군사령부는 중요한 민주개혁을 포함해 새 정부가 취할 정치적, 경제적, 사회적 제반 정책에 대해 한국의 여러 당파들이 기본적 합의에 이를 수 있도록 촉구해야 할 것이다. (같은 책, 234쪽에서 재인용)

"한국의 여러 당파"라 한 것은 이남 정치 세력을 가리킨 것으로 보아야 할 것이다. 이북에서는 모든 정치 세력을 어느 정도 만족스럽게 포괄하는 임시인민위원회 체제가 완성되어 가고 있었다. 미소공위에 이남 지역 정치계의 요구를 효과적으로 제출할 통로가 갖춰지지 않고 있는 것이 미국 측의 불리한 점이었다.

하지는 이 시점의 상황을 맥아더에게 다음과 같이 보고했다.

> 북한에 중앙 행정조직으로서 북조선임시인민위원회가 구성되었다. (임시인민위원회) 기구들은 일제하 기구가 약간 변경된 것이다. 미군정도 일제하 기구를 답습하고 있다. 따라서 심각한 혼란 없이 양자를 통합할 수 있을 것이다. (…)
> 이 정부는 명백히 러시아인들에 의해 미소공위에서 미국과 협상을 위해 고안된 것이다. 또 한국인들에게 러시아도 미군정에 상응하는 기구를 세울 수 있다는 것을 과시하고, 아마 북한의 민주적 정당 · 사회단체의 자문기구를 제공하기 위해서 만들어졌을 것이다. ("하지 장군 문서철, 상자번호 123, Tfgcg 305 '하지가 맥아더에게', 1946. 2. 23.", 정용욱, 『존 하지와 미군 점령통치 3년』, 2003 중심, 98~99쪽에서 재인용)

뭐 눈에 뭐만 보인다는 말 그대로다. 이북의 소련군이 이남의 미군과 달리 주민의 자발적 정치개혁을 지지하고 옹호해줄 수 있다는 사실이, 그래서 이북에서는 식민지시대와 전혀 다른 정치조직이 발전하고 있다는 사실이 하지에게는 상상이 되지 않았던 모양이다. 그저 정치조작 작업에서 소련군이 미군보다 앞서 있을 뿐이라 생각하고, 진도 만회에 박차를 가한 결과가 민주의원이었다.

3월 20일 미소공위 개막을 앞두고 미군 측에서 작성한 「한국 정부 구성에 관한 협상 지침」에는 하지의 상황 인식이 반영되었다. 1월 28

일 3부조정위원회에서 보낸 지침에서 상당히 벗어나 미국 중심의 국가주의 입장을 노골적으로 보여주는 것인데, 미소공위의 미국 측 대표단은 이런 입장에서 움직이고 있었다. 미국 측 대표 중 본국에서 파견된 사람은 하나뿐이었고, 나머지는 모두 하지 사령부 소속이었다.

> 소련은 처음부터 러시아에 순종적인 인물이 지배하는 정부를 수립하려 하거나 미소 양국이 조기에 철수한다는 조건으로 미국이 만족할 만한 민주정부를 창설하려고 애쓸 것이다. 다른 지역에서 소련이 취한 행동과 미국의 신탁통치 제안에 대해 소련이 모스크바에서 보였던 첫 반응을 보건대 소련은 후자의 전술을 취할 것이다. (…)
> 한국인들은 러시아의 개입에 맞서 영토적 통일을 유지할 능력이 없으며, 통일적 정부를 유지할 능력이 없다. (…)
> 미국의 1차적 목적은 러시아의 한국 지배를 막는 것이고, 한국의 독립은 2차적이다. 그러므로 수년 내에 한국 정부에 완전 독립을 허용하는 것이 미국의 이익에 부합한다고 생각하지 않는다. 국제연합 기구가 침략 방지 기제를 제공할 것이라는 적절한 증거가 없는 한 미국과 소련은 필요하다면 한국에 일정 형태의 영토적 보장을 연장하여야 하며, 한국의 국제관계에서 필수적인 어떤 특권을 행사해야 한다. (…)
> 소련은 미국을 한반도에서 몰아내고 싶어 안달이기 때문에 이러한 관점에 격렬하게 반대할 것이다. 따라서 한국 임시정부를 수립하는 어떤 방법도 최소한 고위 차원에서 일정 형태의 위장된 통제가 미국에 의해 수년간 계속 행사되어야 한다는 조건 위에 기초해야 한다.

(“미소공위문서철, 롤번호 5.”, 같은 책, 101~102쪽에서 재인용. 밑줄은 필자 강조)

1946. 2. 17.

38선에서 막힌 독립동맹의 역할

초기의 북한 노동당에는 빨치산파, 국내파, 소련파, 연안파의 네 개 큰 인맥이 있었다. 빨치산파는 김일성(金日成, 1912~94)과 함께 만주에서 무장 항쟁을 벌이다가 1940년대 들어 소련으로 피신, 소련극동군에 편입되었다가 해방을 맞은 집단으로, 해방 후 귀국한 교민 출신의 소련파와는 다른 위치에 있었다. 소련파에는 큰 명망을 가진 지도자가 없었으므로 해방 직후의 이북 공산당(북조선분국)에서는 빨치산파와 국내파가 양대 인맥이었고, 1946년 8월 북조선노동당 창당에 조선신민당(신민당)이 합류해 연안파가 되었다.

1946년 2월 신민당을 만든 것은 독립동맹 인사들이었다. 1942년 7월 중국 화북지방에서 결성된 독립동맹은 중경 임정에 비해 역사는 짧지만 실제 활동에서는 오히려 더 활발한 모습을 3년 동안 보였다. 중국공산당에 의지해 연안을 중심으로 활동하면서도 통일전선을 적극적으로 추구했기 때문에 공산당원이 아닌 민족주의자 김두봉(金枓奉, 1889~1961)이 주석으로 독립동맹을 이끌었다. 김두봉은 해방 후 귀국을 앞둔 시점에서야 중국공산당에 입당했다.

독립동맹 인사들은 조선의용군 4개 대대를 이끌고 귀국길에 올랐다. 9월 3일 연안을 출발해 11월 말에서 12월 초에 걸쳐 압록강 변에

도착했다. 5천 리 길을 걸어온 것이었다. 그런데 이북의 소련군이 의용군의 무장해제를 요구하자 대부분의 의용군은 중국에 머물러 중국공산당의 해방군에 참여했고 일부만 입국했다.

역사에서 '만약'을 얘기하지 말라고 하지만, 조선의용군이 무장은 해제하더라도 조직을 갖춘 채로 입국했다면 어떤 역할을 맡았을까 상상하면 가슴이 뛰는 것을 어쩔 수 없다. 독립운동의 당당한 주체로 그만큼 강한 세력이 해방공간의 국내에 존재했다면 미·소 점령군이 무시할 수 없는 상대가 되었을 것이다. 임정 인사들을 비롯한 정치 지도자들도 독립동맹–조선의용군과의 협력을 거부할 수 없었을 것이다. 민족통일전선의 강력한 구심점이 되었을 것이다.

군대 없이 입국하고도 독립동맹은 민족통일전선 형성에 중요한 역할을 맡을 것이 기대되었다. 공산주의자와 민족주의자 양쪽의 신뢰와 존경을 모으는 주석 김두봉을 상징으로 한 독립동맹은 중국공산당과의 긴밀한 관계에도 불구하고 '초당파적' 위치로 널리 인정받았기 때문이다. 그러나 아쉽게도 독립동맹의 큰 역할은 38선 이북에 국한되었다.

이북의 공산당에서 국내파에 맞서 통일전선과 대중노선을 중시하고 있던 김일성 일파가 독립동맹의 존재에서 힘을 얻었다고 찰스 암스트롱은 본다.

> 조선공산당이 대중노선을 추진할 수 있었던 요소에는 이른바 '연안파'의 영향도 있다. (…) 마오쩌둥의 농민 대중주의에서 큰 영향을 받고 실제로 중국혁명을 경험한 연안파는 프롤레타리아트혁명과 민족해방을 분리할 수 없다는 매우 명확한 정치적 견해를 가지고 1946년 2월 말 '조선신민당'이란 이름의 정당을 조직하게 되었다. 최창익은 '조선민주운동'의 해방 이전 역사를 논의하는 1946년 팸플릿을 통해

1946년 8월 28일 북조선노동당 창당대회 주석단. 김두봉을 위원장으로 선출한 이 대회에 벌써 스탈린과 김일성의 초상이 나란히 걸려 있었을 줄은 필자도 몰랐다.

> 계급투쟁을 민족투쟁으로 효과적으로 흡수시켰는데, 이러한 경향은 북한 이데올로기의 이정표가 되었다. (…) 그는 조선에서 계급투쟁의 언어는 반식민주의 민족투쟁의 언어라고 주창했다. (찰스 암스트롱, 『북조선 탄생』, 김연철·이정우 옮김, 서해문집 2006, 111~112쪽)

김일성 일파는 조만식(曺晩植, 1883~1950)이 이끄는 조선민주당과의 관계에서도 협력관계 구축에 많은 공을 들였다. 김일성 자신이 조만식에게 창당을 권유했다는 말도 있고, 측근인 최용건(崔庸健, 1900~76)이 조선민주당에 참여하기도 했다.

공산당(북조선분국)이 1946년 초부터 '북조선공산당'이란 이름을 쓴 데는 서울의 중앙에 예속되지 않는 별도의 중앙을 자임한 뜻이 있었고, 김일성 일파의 주도권 장악을 보여준 것이다. 국내파는 박헌영 일파의 '법통'을 중시하는 경향을 보였다. 공산당의 주도권을 장악한 김일성 일파에게 독립동맹(신민당)은 몰락한 조선민주당 대신 가장 중요한 협력 상대가 되었다. 2월 초순의 북조선임시인민위원회 수립에서 두 당의 협력이 중심축이 되었다. 이 중심축 위에서 농촌 지역에 기반을 가진 천도교 계통의 청우당도 포용되었기 때문에 임시인민위원회 체제가 북한 정치계의 거의 전폭적인 지지를 확보할 수 있었다.

온라인 백과사전 『위키피디아』와 『네이버 백과사전』을 보면 대개 신민당이 반년이라는 짧은 기간밖에 존재하지 못한 채 소련 측 압력으로 노동당에 합쳐진 것으로 적혀 있다. 신민당의 역할을 축소해서 보는 것이다. 소련과 김일성의 의지를 북한의 모든 현상의 근거로 보던 냉전―반공시대의 시각이 아직까지도 정리되지 못한 것 같다.

통합된 북조선노동당의 중앙위원장을 김두봉이 맡았을 뿐 아니라 위에 인용한 암스트롱의 말처럼 최창익(崔昌益, 1896~1956)도 이론 분야에서 중요한 역할을 맡는 등 초기 노동당에서 연안파는 당당한 비중을 차지했다. 흡수통합이 아니라 대등한 통합이었다. 무엇보다, 당원 자격을 까다롭게 하는 전위정당 공산당에서 대중정당의 성격이 강한 노동당으로의 이동이 가진 중요성을 생각하면 오히려 공산당이 흡수된 것으로 볼 수도 있다.

신민당 창당 방침이 정해진 1월 하순 독립동맹은 부주석 한빈을 서울에 보내 이남 지지 세력의 조직을 시도했다. 중립적 성향의 『서울신문』은 독립동맹 서울특별위원회 설립을 보도하며 대단히 큰 기대감을 표명했다.

> 조선독립동맹 부주석 한빈의 입경 이래 그 동정은 각 방면으로 주목

되고 있는 바, 지난 5일 저녁 시내 가회정에서 조선독립동맹 서울특별위원회 설립준비회를 개최하고 38도 이남에서의 독립동맹의 정치적 활동은 근근 표면화할 동 서울특별위원회를 중심으로 하여 전개키로 결정한 후 다음과 같이 위원을 선정하였다.

위원장: 백남운(白南雲) 조직부장: 심운(沈雲) 동 차장: 성대경(成大慶)

선전부장: 고찬보(高贊補) 동 차장: 박동철(朴東喆)

일반이 주지하다시피 8·15 전 우리의 조직된 혁명적 군사력으로써 일본 군국주의에 영웅적 항전을 계속하여온 동맹이 있거니와 이와 같이 실력을 구비한 독립동맹이 환국 이래 오랫동안 지켜오던 무거운 침묵을 깨뜨리고 38도 이남에서 활발한 정치적 활동을 전개하기로 되었다는 것은 크게 기대되는 바가 있다. 우리가 독립동맹에 기대하는 바는 결코 한두 가지가 아니다.

개중에도 절실히 기대되는 것은 좌우 양 진영의 첨예화한 대립의 와중에서 점하는 바, 독립동맹의 비교적 초당파적인 정치 성격에 있다고 할 것이다. 물론 알다시피 독립동맹은 막부 삼상회의 협정 지지를 천명한 바 있어 세간의 일부에서는 혹종의 의혹을 품는 경향도 없지 않은 모양이나 그러나 삼상회의 지지만을 이유로 좌경을 운위함은 속단이라고 할 것이다.

(…) 조선으로 통한 미소의 국제정치 노선을 보나 국내 실정으로 보나 우익만의 또는 좌익만의 단일 정권이 설 수 없다는 것은 삼척동자도 알 수 있는 명약관화한 사실이다. 실정이 이러함에도 불구하고 자율적으로 통일 못하고 중국과 같이 타력으로 통일된다면 이는 조선 정치인으로서 불식할 수 없는 수치라는 견지에서 통일이라는 전 민족적 문제를 해결하고자 용감히 혼란 무쌍한 현 정국에 등장한 것이 독립동맹 서울특별위원회의 사명이 아닌가 생각된다.

> 따라서 동 특별위원회에서는 정치 상층 면에 있어서는 좌우 협조, 민족통일전선 결성에 강력히 매진하는 동시에 대중운동으로서는 38도 이남의 진보적인 중간층을 총망라 포섭하는 조직 활동도 전개하리라는 바, 그 발족은 좌우 양익의 무비판적 대립 격화로 인하여 모래를 씹는 것과 같은 불쾌감이 있는 현 정국에 명랑한 활기를 주입할 것이 기대된다.
>
> (「조선독립동맹 서울특별위원회 설립준비회 개최」, 『서울신문』 1946년 2월 8일)

경제사학자 백남운(白南雲, 1894~1979)이 서울특별위원회 위원장을 맡은 것은 김두봉과의 개인적 친분과 신뢰 때문이었던 것으로 알려졌다. 백남운은 1925년 연희전문 부임 이후 사회경제사 연구를 통해 마르크시즘 이론의 권위자가 되었다. 공산주의 이론에 정통하면서도 민족국가 건설의 중요성을 앞세운 그의 정치노선은 중도 좌파를 위한 강력한 이론적 근거를 제공했다. 『서울신문』에 4월 1일부터 13일까지 연재한 「조선민족의 진로」를 서중석은 "통일전선에 의한 민족국가 건설운동의 이론적 틀"로 중시하여 『한국현대민족운동연구』(366~377쪽)에 상세히 소개했다.

그러나 평양에서 신민당과 공산당이 생산적 관계를 맺은 것과 달리 서울에서 백남운은 공산당의 극단적 배척을 받았다. 그해 11월 공산당과 인민당, 남조선신민당이 합쳐 남조선노동당을 만들 때 그는 참여하지 않고 여운형과 함께 정계 은퇴를 선언했다.

1946. 2. 18.

민주의원, '을사5적(賊)' 못지않은 '병술23적(賊)'

군정청, 3월 1일을 국경일로 결정 발표

기보한 바와 같이 3월 1일 독립선언기념일을 국경일로 정하는 데 있어서 조선에 있는 미군사령부 군정장관 러치 소장은 2월 18일부로 다음과 같이 제2호를 발포하였다.

"재남조선대한국민대표민주의원의 추천으로 1946년 3월 1일을 경축일로 정함. 이 경축일은 일본의 압박과 지배를 기쁘게 벗어나 대한독립을 최초로 선언한 후 제27회 기념일이다. 이날은 대한독립의 대의에 순사한 애국열사를 추념하기 위하여 봉정된 것이다. 이날에는 대한민족의 꽃과 같은 영광을 누릴 자유와 민권의 신대한을 세운 순국열사 제위를 선조와 함께 전 대한 민중은 감사의 뜻을 표할 것이다."

(『조선일보』 1946년 2월 21일)

군정청이 국경일을 결정한다? 그것도 남반부의 군정청이? 미·소군의 한반도 진주는 일본의 항복을 접수하기 위한 것이었다. 한국의 정부 노릇을 하기 위해서가 아니었다. 그런데 38선 이남을 점령하고 있는 미군 군정청이 한국의 국경일을 결정해? 주제넘은 짓이다.

군정청이 무슨 근거로 이런 짓을 했나? "민주의원의 추천"에 따른 것이라고 한다. 2월 14일 개원한 민주의원은 이날 제2차 회의를 열고 있었다. 민주의원은 어떤 기구인가? 비상국민회의의 두 영수 김구와 이승만이 뽑은 28인의 최고정무위원회에 비상국민회의 쪽의 아무런 공식 조치 없이 '민주의원'이란 이름을 붙여 미군정사령관의 자문기구로 만든 것이다. 엄밀히 말해서 김구와 이승만의 사조직을 하지의 자문기구로 제공한 것이다. 28인 중에서도 스스로 조직원이 아니라고 생각하는 사람들은 빠져나갔다.

그런 기구에서 '의결'이란 것을 한다면 의장 선출 등 자기네 조직 운영이나 하면 된다. 일제시대의 자동차 좌측통행을 우측통행으로 바꾸도록 미군정에 건의할 것인지 정도는 의결해도 좋다. 3·1절 기념행사에 공헌하고 싶다면 교통, 차량 통제 등 실무적인 일에나 신경 써주면 된다. 국경일 지정을 군정청이 결정해달라고 나선다는 것은 '을사5적' 못지않은 '병술23적'이다. (2월 14일 회의 참석자는 이승만, 김구, 김규식, 김준연, 이의식, 백관수, 최익환, 김법린, 김도연, 김려식, 박용희, 장면, 조한구, 황현숙, 백남훈, 백상규, 권동진, 황진남, 원세훈, 김선, 김붕준, 안재홍, 오세창이었다. 여운형, 함태영, 김창숙, 정인보, 조소앙은 불참.)

23인 모두가 권력과 출세만 생각하며 무슨 짓이라도 할 사람들은 아니었다. 나름대로 양심을 지키며 주어진 상황에서 민족을 위해 최선을 다하려는 사람들도 있었을 것이다. 그러나 국경일 결정을 미군정에게 추천하다니! 이 가운데 내가 존경하는 분들도 있지만 이 행위 하나만은 용서할 수 없다.

명분에만 그치는 일도 아니었다. 민족 단합의 계기가 되어야 할 해방 후 첫 3·1절을 분열과 대립의 무대로 만드는 뜻이 민주의원의 이 조치에 있었다. 기념행사의 주관을 헤게모니 쟁탈전의 표적으로 삼은 것이다.

김구 · 이승만 진영에서는 1월 25일부터 기미독립선언기념전국대회(이하 '기미대회'로 줄임) 준비위원회를 결성해 기념행사 준비에 착수했다. 여기에 참여한 20여 단체 중 정당은 한민당, 국민당, 신한민족당과 민중당이었다. 다른 단체 중에는 반탁전국학생총연맹(이하 '반탁학련'으로 줄임) 등 '반탁'을 내건 단체들이 많았다. 비상국민회의에서 좌익을 배제하던 당시 분위기 속에서 3·1절 기념행사를 우익단합대회로 만들려는 의도로 보인다.

뒤이어 좌익 쪽에서도 이에 맞서 3·1절기념투쟁위원회(이하 '3·1절위원회'로 줄임)를 구성하고 따로 기념행사를 추진했다. 양측 모두 여론의 비판에 직면하자 기념행사 통합을 위한 회담을 열지 않을 수 없었다. 2월 7일 한민당, 국민당, 신한민족당, 인민당, 공산당과 서울시인민위원회, 6개 단체 대표가 모였으나 명예의장 추대 문제에서 부딪혔다.

기미대회 준비위에서는 김구와 이승만 2인을 명예의장으로 정해놓고 있었다. 좌익 측에서는 독립선언 서명자 33인 중 정계 원로로 남아있는 권동진(權東鎭, 1861~1947)과 오세창(吳世昌, 1864~1953) 두 사람이 더 적합하다고 주장했다. 4인을 모두 추대하자는 의견이 지배적이었다. 그러나 한민당은 김구와 이승만 2인만을 고집했다.

이 의논은 2월 12일 조선민주당과 독립동맹이 가세한 7당 회담까지 이어졌는데, 이 회담에서 한민당과 국민당을 제외한 5개 정당의 공동성명이 나왔다.

> 우리 민족이 포악한 일본 제국주의로부터 해방하기 위하여 투쟁을 개시한 첫날이며 피를 흘리며 싸운 역사적 3월 1일을 해방된 오늘 전 민족이 한 뭉치가 되어 성대히 기념코자 벌써부터 이에 대한 준비가

진척되어오던 중 12일 한국민주당, 인민당, 조선공산당, 국민당, 독립동맹, 신한민족당, 조선민주당 등 일곱 정당의 대표들이 신한민족당 사무소에 모여 협의한 결과 3·1 기념행사를 통일하여 전 민족적으로 성대히 거행하자는 의견이 일치되어 다음과 같은 공동성명을 발표하고(그중 한민당, 국민당은 제외) 즉시 실행에 옮기기로 하였다.

● 공동성명

1) 3·1 기념은 조선 민족이 일제로부터 해방하기 위한 전 민족적 항쟁의 첫날이다. 그러므로 해방 후 처음 맞이하는 3천만 전 민족이 다 같이 이날을 기념하여야 할 것

2) 3월 1일 기념행사를 거행하기 위하여 결성된 양 기성준비회〔기미독립선언기념국민대회 급(及) 3·1기념투쟁위원회〕는 동 기념을 의의 있게 함과 동시 민족 통일 촉성에 이바지하기 위하여 발전적 해소를 단행하고 기념행사 일체를 전기(前記) 5정당에 일임할 것

3) 5정당은 각 당 2인씩 위원을 선출하여 새로 준비위원회를 구성하되 제 대중단체 급 종교단체를 광범히 참가케 할 것

4) 대회의 명예의장은 독립선언에 서명한 33인 중으로 하되 일제 지배하에 변절하지 않은 분 중에서 추대하기로 할 것

(「5개 정당, 3·1 기념행사 통일 거행에 대한 공동성명서 발표」, 『서울신문』 1946년 2월 16일)

33인 출신의 권동진과 오세창은 80대 고령임에도 민족주의 진영에서 원로의 역할을 맡아주고 있었다. 2월 14일의 민주의원에도 참석했다. 그런데 이런 분들은 안 되고 김구와 이승만이어야만 한다니!

민주의원의 군정청을 통한 국경일 추진은 이런 상황에서 나온 행동이었다. 3·1절 기념식을 비상국민회의 영수 김구와 이승만의 권위를

높이는 행사로 만드는 데 군정청의 힘을 빌리려는 것이었다. 3월 1일 양쪽 기념식이 따로 열리고 있을 때 반탁학련 학생들은 좌익 집회장 어귀에서 트럭에 타고 스피커로 이렇게 외쳤다고 한다.

> "여러분은 속고 있다. 이것은 찬탁을 주장하는 민족반역자 공산당들이 모이는 곳이니 어서 발을 돌리시어 서울운동장에 갑시다. 그곳에서는 우리 지도자인 이승만 박사와 김구 선생님이 여러분을 기다리고 있습니다. 그곳에서 그분들의 고귀한 말씀을 들읍시다. 거기서 3·1 정신을 기립시다." (『한국 현대사 산책: 1940년대편 1』, 227쪽에서 재인용)

행사가 사흘 앞으로 다가왔을 때 보다 못한 언론사들이 나섰다. 양측 중 어느 쪽이 옳고 그르고 따질 것 없이, 무조건 함께하라는 것이었다. 이 제안을 거부하는 측의 행사는 보도를 거부하겠다고 선언했다. 극우의 선봉 『대동일보』는 보이지 않지만 『동아일보』까지 끼어 있어서, 여론의 압력이 어떠했는지 알아볼 수 있다.

> 국경일 3·1절은 3천만이 다 한마음 한뜻으로 기념식을 거행해야겠는데 동 기념준비회가 두 단체이므로 이것을 촉진하여 통합하고자 시내 각 신문사에서는 26일 오전에 두 준비 단체에 통일안을 전달하고 단시간 내에 회답을 요청하였다는데 통일안은 다음과 같다.
>
> 가. 3·1과 기미 두 준비회는 그대로 두고 당일 기념행사만은 같이 거행할 것
>
> 나. 두 기념준비회의 행사를 집행할 위원회를 만들어 기념식과 시가행진 순서를 적당하게 배정할 것
>
> 다. 기념식전을 거행할 인원은 동수로 하되 대표는 개인 자격으로

東亞日報

統一된自由民主國의基礎 子孫萬代에세워줌은우리의職責

울려진鐘·휘날리는太極旗

自由의鐘路에는人波도淚海

非暴力革命의結實

國慶의最高式典

追悼！古下宋鎭禹先生

1946년 3월 2일자 『동아일보』 제1면. 우익의 3·1절 '반쪽 행사' 고집에 13개 언론사가 '보도 거부'로 경고했는데 『동아일보』만이 보도 거부 약속을 번복했다.

할 것

라. 본회의 제안인 독립선언기념행사 통일안을 승낙치 않는 편에 대해서는 금후 기사 보도를 일체 거부함

1946년 2월 25일

자유신문·조선통신·중앙신문·한성일보·공립통신·코리아타임스·해방일보·조선인민보·서울타임스·합동통신·동아일보·조선일보·서울신문

(「13개 언론사 대표, 3·1절 행사 준비 두 단체에 통일안 전달」, 『조선일보』 1946년 2월 27일)

우익의 기미대회 측은 13개 언론사 연명의 이 제안까지 거부했다.

독립선언기념행사 통일을 위하여 26일 서울 시내 13 일간·통신 신문 대표자회의에서 4개 항목의 통일안을 3·1기념전국준비위원회와 기미독립선언기념전국대회준비회에 제의하였던 바 3·1기념회에서는 즉일 전적 승인의 회답을 하여 왔으나 기미독립기념회에서는 간부회 통과를 이유로 회답을 1일 연기하였음은 기보한 바이어니와 기미독립기념회에서는 27일 드디어 통일안을 거부하는 불승인 회답을 보내왔으므로 신문 통신 대표자회에서는 당초 기정한 방침에 순응하여 단호한 태도로서 매진하려는 다음과 같은 성명을 27일 발표하였다.

● 성명문 요지

해방 후 처음 맞는 3·1기념일을 앞두고 저간 이 기념행사를 준비하는 단체가 양분되어 진행되고 있음은 민족적 기념일의 모독이요 건국도상의 큰 불상사임을 통탄하게 생각한 나머지 일간신문 통신 13개사 대표는 지난 25일 서울신문사에서 회동하여 최후적 합동안으로 독립선언기념행사 통일안을 작성하여 3·1 측과 기미 측 양 준비회에 제안 권고하였던 바, 동 26일 3·1 측으로부터는 이 제안을 쾌히 수락하였고 기미 측으로부터는 27일 오후 2시 해회(該會) 전체 회의에서 토의 결정하여 태도를 표명하겠다는 회시가 있었다. 본회로서는 기념일을 전기하여 기념행사 보도의 최선을 다하고자 시간 관계상 모든 지장을 무릅쓰고 회답의 1일 연기를 묵인하였던바 기미 측에서는 드디어 27일 오후 3시 30분 본회의 제안을 전면적으로 거부한다는 문서를 제시하여 왔다.

본회가 저간에 있어 가장 공평 타당한 견지에서 정당한 통일안으로 확신하고 제의한 데도 불구하고 동회와의 교섭 경과로 보던지 회답 문서의 내용으로 보던지 기미 측에서는 통일에 관하여 미진의 성의를 발견할 수가 없다. 본회는 기념행사 분열의 책임이 기미 측에 있음을 확인하고 민족적 치욕을 자초하는 기미 측의 고립적 행동을 탄핵하는 동시에 본회는 소정 통일권고안 제4항을 자(玆)에 실시키로 성명한다.

1946년 2월 27일

자유신문·조선통신·중앙신문·공립통신·조선인민보·서울타임스·합동통신·동아일보·코리아타임스·서울신문·한성일보·조선일보

(「언론사의 3·1절 기념행사 통일안에 대해 기미독립기념회 거부」, 『조선일보』 1946년 2월 28일)

3·1절 기념행사는 결국 남산공원과 서울운동장에서 따로따로 열렸다. 대부분 신문은 약속대로 서울운동장 행사의 기사를 싣지 않았다. 『동아일보』는 실었다.

1946. 2. 21.

토지개혁, 좌익만의 과제가 아니었다

일제 경제 침략의 주역이던 동양척식주식회사(이하 '동척'으로 줄임)를 1945년 11월 11일 군정청이 '신조선회사'로 개편할 때 한국인들은 식민지시대 탈피의 기대감에 부풀었다. 개편 방향은 아직 막연했지만, 10월 5일 최고 소작료를 3분의 1로 제한한 법령 제9호에서 농업 부문의 모순을 해결하려는 의지를 느끼고 있었기 때문이다.

> 사십 년이란 긴 동안 우리 농민의 피를 빼앗고 살을 깎아 오던 동양척식회사도 해방과 함께 착취기관으로서의 기능과 성격을 완전히 씻어버리고 명칭도 신조선회사라고 변경하여 조선 농촌의 재건과 조선을 복리시키는 기관으로 새 출발을 시작하게 되었다. 이 회사의 전 재산은 군정청 관리로 되어 일본인 직원 967명도 전부 파면하고 조선 사람의 손으로 강력하고 자유로운 독립 신조선을 건설하는 데 전력을 경주할 터이라고 한다.
>
> (「동양척식주식회사, 신조선회사로 개칭」, 『중앙신문』·『매일신보』 1945년 11월 11일, 12일)

그러나 백여 일이 지난 1946년 2월 21일 법령 제52호로 신조선회사를 '신한공사'로 바꿀 때는 동척의 구조와 기능에 근본적 변화를 가하지 않는다는 사실이 분명히 드러났다. 일본인의 동척 지배를 미군정이 대치할 뿐이었다.

법령 제52호 신한공사의 창립

제1조. 신한공사를 조선 정부에서 독립한 기관으로서 자에 창립함. 공사는 군정장관 또는 그의 수임자가 후임자를 임명할 때까지 10명의 직무를 집행하는 취체역이 차(此)를 관리함. 취체역회는 군정장관 또는 그의 수임자의 동의를 득하여 취체역회에서 규정한 내규와 규칙에 의하여 동 공사를 운영함. 공사 사장으로서의 미국군 장교인 군정장교는 군정장관의 동의에 따라 미국의 이익에 관계있는 정책 문제를 결정하는 전권을 유(有)함. 신한공사의 본점은 조선 한성에 설치하고 지점은 군정장관 또는 그의 수임자의 동의를 득하여 취체역회에서 결정함에 따라 설치함.

제2조. 취체역은 공사 취체역회 회장과 군정장관 또는 그의 수임자가 선임한 각도에서의 1명 또는 1명 이상의 선출자로서 구성되는 고문회를 설치함. 취체역회 회장을 고문회 회장으로 함. 고문회는 회장의 소집으로 회합함. 고문회는 취체역회에 추천 사항을 제출함. 취체역회는 주요한 정책 문제에 관하여 고문회에 상의함.

제3조. 신한공사는 1억 원의 자본금을 소유함. 주권은 매주 50원으로 분배함. 공사 주식 전부는 군정청이 단독 응모하고 동양척식주식회사의 재산 이전에 의하여 조선군정청이 금액을 완전히 지불함. 공사의 책임은 자본 금액에 한함. 공사는 조선군정청만이 해산함을 득함. 취체역의 자격 부여, 각 주의 증명은 각 취체역의 명의로 회사 장부에 의하여 이전함.

제4조. 1945년 8월 9일 이후 동양척식주식회사가 소유한 전 재산 급 1945년 8월 9일 이후 동양척식주식회사가 소유하고 있던 조선 내 법인의 일본인 재산은 전부 신한공사에 귀속함.

(제5조~제9조 생략)

1946년 2월 21일 조선군정장관 미국육군소장 아처 러치

이북에서는 임시인민위원회가 세워져 토지개혁의 막바지 준비가 진행되고 있을 때, 이남에서는 전 일본인 소유 토지의 군정청에 의한 관리가 강화되고 있었던 것이다. 일본인과 일본기관 소유 농지는 토지개혁의 첫 번째 과녁이었다. 사회주의적 토지 소유 원리를 인정하지 않는 사람이라도 농민의 참상을 전면적으로 개선할 필요에는 수긍하지 않을 수 없었고, 일본인 소유 농지는 내국인의 사유재산권을 침해하지 않고도 이 필요에 부응할 수 있는 대상이었기 때문이다. 한민당조차 1945년 9월 16일 결당식에서 발표한 정책 8개항 중에 "토지제도의 합리적 재편성"을 넣었다.

농촌문제의 구조적 개선을 위한 미군정의 유일한 조치가 법령 제9호의 소작료 제한이었다. 그러나 이 조치에도 실효성이 없었다. 식민지시대 말기 소작료가 8할을 넘는 경우도 있었지만, 일반적으로 6할 정도였다. 3분의 1로 제한한다 하더라도 강력한 시행으로 뒷받침하지 않으면 지주가 강자이고 소작인이 약자인 현지 실정에서 엄격히 지켜질 수 없었고, 지켜진다 하더라도 수리(水利) 등 제 비용이 경작자에게 전가되어 실질적인 소작료 차이가 크지 않았다. 게다가 공산품 가격이 치솟는 가운데 쌀의 자유로운 판매를 가로막는 미곡수집령으로 이남 농민들의 경제적 상황은 식민지시대보다도 더욱 악화되어 있었다.

이북에서 1946년 3월 시행된 토지개혁은 새로운 정치체제의 확립을

위한 계기에 앞서 대다수 주민들에게 식민지시대를 벗어난 '새 세상'의 실현이었다. 구체적이고도 획기적인 현실 변화를 겪으며 이북 주민들은 개혁에 대한 자신감과 지도체제에 대한 신뢰를 갖게 되었다. 독립 건국을 위한 최대의 인프라였다.

신한공사를 만들 때 미군정은 토지개혁에 관심이 없었다. 그러나 시간이 갈수록 토지개혁을 향한 안팎의 압력이 거세졌다. 이북의 개혁을 본 이남 주민들의 요구가 갈수록 강해졌을 뿐 아니라, 미 국무부도 일본과 중국 등의 상황을 보며 토지개혁의 필요성을 인식하게 되었다.

이북의 토지개혁과 이남의 개혁 논의 과정은 앞으로 설명해나가겠거니와, 지금은 토지개혁의 필요가 왜 제기되었는지 한 차례 개관해둔다. 통계자료 등 기본적 사실은 따로 표시하지 않는 경우 황한식의 「미군정하 농업과 토지개혁정책」(『해방전후사의 인식 2』, 284~329쪽)을 참고로 한 것이다.

먼저 식민지시대 토지소유관계의 변화를 살펴보면 농가호수 중 소작농 비율은 1919년의 37.6퍼센트에서 1942년의 53.8퍼센트까지 늘어나 있었다. 약간의 자기 농지를 가진 자소작농 비율은 같은 기간 39.2퍼센트에서 23.9퍼센트까지 떨어졌고, 자작농 및 일부 농지를 소작인에게 맡기는 자작지주의 비율은 22.5퍼센트에서 17.3퍼센트로 떨어졌다. 그동안 농지 중 소작지 비율은 50.8퍼센트에서 58.3퍼센트로 늘어났다. 1945년 말에는 논의 70퍼센트와 밭의 56퍼센트로 평균 농지의 63.4퍼센트가 소작지였다.

농업국가에서 농지 소유의 과도한 집중은 체제의 지속성을 위협한다. 1919년의 농지 소유 분포는 이미 농업국가 유지가 어려운 과집중 상태였다. 농민이 왕조시대보다도 열악한 상태에 빠져 있었던 것이다. 그런데 식민지시대 동안 상태가 더욱 악화되었다. 악화된 상태를 폭력적인 공권력으로 지탱하고 있었기 때문에 다른 어떤 부문보다 농업 부문에서 저항운동이 강하게 나타나고 있었던 것이다.

농촌사회의 이러한 극심한 억압 상태를 흔히 '식민지 반(半)봉건성'으로 설명한다. 제대로 된 근대화라면 중세적 봉건성을 극복해야 할 것인데, 주체적 근대화의 길이 가로막힌 식민지 상황에서는 봉건성 중 지배자에게 편리한 요소들이 악용됨으로써 봉건성의 극복을 더욱 어렵게 만드는 것이다. 식민지 조선의 농업 분야에서는 농민의 예속 상태라는 봉건성이 쌀의 증산이라는 식민지배자의 필요에 맞춰 온존되고 심화된 점을 지적한다.

그런데 '반봉건성'이란 말이 '오용'은 아니라도 '남용'되는 것이 아닌가 하는 생각이 든다. 중세적 봉건성을 부정적으로만 보던 근대 초기의 진보주의 신념이 그대로 남아 있는 것 같아서다. 식민지 상태가 독립 상태보다는 못해도 전근대 상태보다는 좋아진 것 아니냐고 하는 식민지 근대화론자들의 주장도 이 신념에 근거를 둔 것이다. 이 신념에서 벗어나지 못하고는 식민지시대 모순의 심도를 제대로 파악하기 어렵다.

중세적 봉건성에는 피지배자에게 유리한 측면도 있었다는 사실을 이해할 필요가 있다. 진보주의 신념에는 전근대인 대다수를 인간 이하의 존재로 보는 문제가 있다. 극소수 지배자에게만 유리한 체제를 수백 년 내지 천여 년씩 바꾸지 못하고 당하며 살아온 못난 존재들. 자유와 평등의 가치를 깨달음으로써 근대인이 비로소 인간다운 인간이 되었다는 믿음이다.

그러나 이제 그런 자기도취가 깨어졌기 때문에 '탈근대' 얘기가 나오는 것이고, 전근대사회를 무조건 깔보던 자세도 반성하고 있는 것이다. 조선 백성 대다수가 근대적 의미의 '공민'으로서 권리를 누리지는

전통시대의 사회안전망은 사라지고 근대적 사회안전망은 만들어져 있지 않았다.

않았어도 지금 대한민국의 대다수 국민보다 국가와 사회의 보호를 더 잘 받고 살았으며 조선왕조가 대부분 기간을 통해 빈약한 다수를 부강한 소수의 폭력으로부터 보호하는 데 지금의 대한민국보다 더 나은 기능을 발휘했다고 나는 본다.

자유가 존재하는 사회에는 부와 권력이 소수에게 집중하는 경향이 있다. 이 경향을 억제하는 것이 중세 국가의 기본 기능이었다. 과도한 집중이 한편으로 국가의 재정 기반과 동원 능력을 잠식하고 다른 한편으로 정부에 대항할 세력을 만들어내기 때문에 이 기능은 국가의 자기 보호를 위한 것이기도 했다. 이 기능이 실패한 상황이 고려 말기에 나타났었다.

향촌의 가난하고 약한 백성도 중세적 '사회안전망'의 보호 대상이었다. 부유하고 세력 있는 자들은 자기 세력권 안의 백성이 생존권을 위협받지 않도록 보호할 책임이 있었다. 이 책임은 기본적으로 도덕적인 것이었지만 또한 법적인 것이기도 했다.

소작관계에서 지주의 소유권을 절대화하지 못한 것도 그런 책임 때문이다. 소작료를 마음대로 올리거나 소작인을 마음대로 바꾸면 손가락질의 대상이 되고 심할 때는 관부의 단속을 받았다. 지주는 소작인에게 가부장적으로 군림하는 대신 가부장적인 보호 책임도 져야 했다.

식민지시대 소작료가 6할을 보통 넘기고 8할 넘게 치솟은 곳까지 있었던 것은 소유권 절대화로 '소민(小民) 보호'의 봉건적 기제를 없애버린 결과였다. 가부장적 권위의 억압 측면만 남고 보호 측면이 사라진 것이니 '반(半)봉건'이란 말이 '오용'은 아니다. 그러나 '반봉건'은 봉건의 폐해가 절반으로 줄어들었다는 인상을 준다. '반봉건'은 봉건이 아니었다. 사이비 봉건이었다.

식민지배의 모순이 가장 심각하고도 광범하게 나타난 것이 해방 당시의 토지소유관계였다. 시장 원리에 맡겨둘 수 없는, 국가의 개입이 필요한 상황이었다. 공산주의나 사회주의 이념 이전에, 사회의 지속가능성을 확보하기 위해 방치할 수 없는 상황이었다. 우익을 자처하는 정당들, 심지어 한민당까지도 외면할 수 없는 것이 토지개혁의 필요였다.

1946. 2. 22.

'냉전의 아버지' 조지 케넌

소련 주재 미국 대사관의 공사고문 조지 케넌이 워싱턴의 재무부로 보낸 '장문전보'가 냉전 이론의 초석이 된 것으로 널리 인정된다. 5,500단어, 우리 식으로 원고지 약 100매 분량의 이 문서는 다섯 개 장으로 구성되어 있는데, 소련의 본질적 침략성을 규정함으로써 미국의 냉전 정책을 뒷받침한 핵심 내용을 제2장에서 뽑아 옮겨놓는다.

> 크렘린의 피해 망상적 세계관의 바닥에는 전통적이고 본능적인 러시아인의 불안감이 깔려 있다. 이 불안감은 원래 광대한 평원 위에서 공격적 유목민과 이웃해 사는 평화적 농경민의 불안감에서 출발한 것이다. 러시아가 서방의 경제적 선진국들과 접촉하면서 더 유능하고 더 강하고 잘 조직된 이웃 사회에 대한 두려움이 이 불안감에 보태졌다.
>
> 후자의 두려움을 품은 것은 러시아의 민중이 아니라 지배자들이었다. 그들은 자기네 지배의 형태가 후진적이고 심리적 기반이 취약하고 조작된 것이어서 서방 정치조직과의 비교나 접촉을 견뎌낼 수 없다는 사실을 알고 있었다. 그래서 (…) 그들은 경쟁 세력과의 연대와 타협보다 그 철저한 파괴를 위한 끈질기고 무자비한 투쟁을 통해서

만 안보를 얻는 길을 익히게 되었다.

서유럽에서 반세기 동안 연기만 피울 뿐, 불길을 일으키지 못하던 마르크시즘이 러시아에서 처음으로 활짝 피어난 것은 우연한 일이 아니다. 경제적 이해관계의 충돌이 평화적 방법으로는 해결될 수 없다고 하는 믿음이 번성할 수 있었던 것은 국내적으로나 국제적으로나 이웃과의 우호관계라는 것, 그리고 세력 간의 관용적 균형이라는 것을 전혀 모르고 있던 이 나라에서였다.

공산정권이 세워진 후 이전의 러시아 지배자들보다도 더 큰 불안감을 가진 볼셰비키들에게 레닌의 해석을 통해 더욱 투쟁적이고 편협한 형태로 바뀐 마르크시즘 교리는 불안감을 표출하는 완벽한 통로가 되었다. (…) 마르크시즘의 명분 아래 그들은 방법과 전술에서 모든 윤리적 가치를 박멸했다. 이제 그 명분 없이는 살 수 없게 되었다. 자기네 도덕적, 지성적 존엄성을 위장해주는 무화과나무 잎사귀가 되었다. (…)

소련의 모든 정책이 마르크시즘의 교리로 엄숙하게 치장되어야 하는 이유도, 소련의 모든 일에서 이 교리의 중요성을 경시해서는 안 되는 이유도 여기에 있다. (…) 소련의 군사력과 경찰력 증강, 외부 세계로부터의 고립, 그리고 과거의 러시아 지배자들이 자연스럽고 본능적으로 필요했던 것과 같은 경찰 권력의 무한한 확대 등, 이 모두가 이 테제에 정당성의 근거가 되는 것이다. 본질적으로 이것은 수백 년간 공격과 방어의 개념이 혼동되어온 러시아 민족주의의 불안감이 연장된 것일 뿐이다. 그러나 이제 국제 마르크시즘의 새 가면을 쓴 이 불안감은 전쟁으로 파괴된 참혹한 상태의 외부 세계에 과거 어느 때보다 더 큰 위협을 제기하고 있다. (http://en.wikisource.org/wiki/The_Long_Telegram)

정치 이념의 전문가라기보다 러시아 전통의 전문가인 케넌은 소련의 위협을 강조하면서도 그 위험성을 전통의 맥락 안에 국한해서 보았다. 요컨대 소련에 '세계 정복의 야욕'은 없다는 것이었다. 그러나 후일의 냉전론자들은 소련의 위험성을 더 확대해서 보았고, 케넌은 자기 관점이 곡해되는 것을 불평했다.

국무부에서의 실제 활동에서도 이 차이가 나타났다. 케넌의 관점을 높이 평가한 마셜(George C. Marshall, 1880~1959) 국무장관은 국무부에 정책기획국을 만들어 케넌에게 맡겼고, 케넌은 이 자리에서 마셜플랜의 시행을 지휘했다. 케넌이 대소련 정책의 기조로 제안한 'containment'가 흔히 '봉쇄'로 번역되는데, 케넌 자신이 기안하고 집행한 정책 내용은 봉쇄보다 '고립'에 가까운 것이었다. 소련을 난처한 입장에 몰아넣기 위해 동유럽 제국에까지 마셜플랜을 제안한 것, 서유럽의 좌익에 대한 소련의 영향력을 줄이기 위해 사회주의 정당을 지원한 것 등이 케넌 정책의 특징을 보여준다.

1949년 초 국무장관이 애치슨(Dean G. Acheson, 1893~1971)으로 바뀌고 미국의 대소련 정책이 경화되면서 케넌의 노선이 배제되기 시작했다. 그는 수소폭탄 개발에 반대했고, 독일의 재무장에 반대했고, 한국전쟁에서 38선 이북으로의 진공을 반대했다. 1946년 당시 주 소련 대사로 그의 상관이었던 해리먼이 그를 이렇게 평한 일이 있다. "그 친구 러시아란 나라가 어떤 나란지는 잘 아는데, 미국이란 나라가 어떤 나란지를 잘 모른단 말이야."

냉전의 출발점을 1947년 3월의 트루먼독트린으로 흔히 보는데, 나는 일본의 항복으로 본다. 트루먼독트린은 이미 존재하던 냉전 상황을 공식화한 것일 뿐이다. 케넌의 장문전보도 새로운 상황을 만들자는 제안이 아니라 존재하는 상황에 대한 대응책을 논한 것이므로 내 관점과 일치한다.

냉전에 관한 내 관점은 에릭 홉스봄의 『극단의 시대』를 따르는 것이다. 냉전의 출발점을 그는 1945년 7월 미국의 원자폭탄 확보로 본다. 제2차 세계대전의 양대 승자인 미국과 소련이 전후 세계 패권의 양대 축이 될 것은 필연이었는데, 원자폭탄의 등장이 두 슈퍼파워 사이에 불균형 요소로 나타났고, 이것을 중심으로 냉전체제가 형성되었다고 보는 것이다(Eric Hobsbawm, 『The Age of Extremes』, Vintage, 1994, 225~237쪽).

우리의 해방공간에 냉전 논리가 이미 작용하고 있었다고 나는 본다. 냉전에 대한 홉스봄의 관점은 아마 한국전쟁에 대한 커밍스의 관점과 마찬가지로 '수정주의'■로 분류될 수 있을 것이다. 냉전시대 서방의 표준적 관점, 이른바 '고전주의' 관점을 뒤집는다는 의미에서다. 고전주의 관점에 너무 편향적으로 노출되어온 우리 사회에서는 수정주의 관점을 잘 검토할 필요가 있다.

냉전은 많은 사람들에게 고통과 희생을 요구한 상황이었으므로 그 상황을 누가 빚어냈느냐 하는 책임론이 냉전관계 논의의 중요한 축이다. 고전주의 관점에서는 소련과 공산주의의 침략 야욕에 궁극적 책임을 둔다. 홉스봄은 미국의 편협하고 이기적인 대외정책에 초점을 맞춘다. 미국에서 '냉전의 아버지'로 통해온 케넌 자신이 소련의 '세계 정

■ 냉전의 기원과 격화의 원인이 소련의 팽창주의적 행태에 기인한다는 전통주의에 대해 비판적 태도인 수정주의는 1960년대 초에 태동하여 베트남 전쟁과 함께 발전해나갔다. 수정주의 싹을 틔운 윌리엄 애플먼 윌리엄스의 『미국 외교의 비극』이라는 저서가 영향력을 끼치면서 위스콘신 대학 중심의 그 동조자들을 가리켜 위스콘신 학파라고 일컬었다. 이 학파는 전통주의자들의 일방주의적 냉전 해석을 탈피해 보다 넓은 시각을 제시했는데 특히 냉전의 책임을 미국의 경제적 팽창 욕구에서 찾았다.

복 야욕'을 부정한 것은 홉스봄의 관점과 일치한다.

이념 대립은 양대 강국의 패권 대립을 포장한 껍데기였을 뿐이라고 보는 홉스봄의 관점에 나는 공감한다. 산업화에 앞선 서유럽 나라들이 최강국의 대열을 이루던 상황은 제1차 세계대전을 고비로 기울기 시작했다. 식민지를 경영하던 나라들의 경쟁력이 약화되는 단계에서 큰 영토를 가진 미국과 소련이 최강국으로 올라서는 변화가 제2차 세계대전을 계기로 고비를 넘겼다. 양대 슈퍼파워의 군림은 필연적 상황이었다.

50년 전에는 '열강'의 꽁무니에도 붙지 못하던 두 나라가 갑자기 최고 슈퍼파워로 올라서려니, 그 힘을 어떻게 휘두를지 갈피를 잡기 어려웠을 것이다. 사람들은 판단에 자신이 없을 때 극단으로 치닫는 경향이 있다. 케넌이 분석한 소련의 '불안감'도 그런 추세를 묘사한 것으로 볼 수 있다. 그런데 해리먼의 논평처럼, 케넌이 소련의 문제는 잘 파악하면서 미국 자체에도 비슷한 문제가 있다는 사실은 제대로 살피지 못한 것이 아닐지…….

루스벨트 시대의 국제주의가 트루먼 시대에 국가주의로 옮겨가는 추세를 이 일기에서 몇 차례 언급한 일이 있다. 이 변화가 바로 미국의 '세계 패권' 장악 과정을 보여주는 것이다. 국제 협력의 틀 속에서 자기 위치를 지키는 방어적 자세에서 자기 길을 자기 손으로 열어가는 패권 국가의 공격적 자세로 바꾼 것이다.

새로 취하는 공격적 자세를 정당화할 명분이 소련도 미국도 필요했다. 소련은 마르크시즘 이념에서 명분을 찾았는데, 미국은 '진보성'이 없는 자본주의를 명분으로 내걸 수 없으니 막연한 '자유민주주의'를 내걸고 그 막연함을 보완할 구체성을 소련의 '세계 정복 야욕'에서 찾았다. 케넌은 소련의 야욕을 부정했지만 미국의 냉전 노선에는 꼭 필요한 것이었다. 소련의 위험성을 지적하는 것이 냉전론자들에게 필요한 케넌의 역할이었고, 그 위험성이 그리 큰 것이 아니라는 케넌의 설명은 그들에게 필요 없었다.

케네디(John F. Kennedy, 1917~63)가 1961년 취임 연설에서 "국가가 그대에게 무엇을 해줄지에 앞서 그대가 국가에게 무엇을 해줄지 먼저 생각하라"고 한 말에 그 당시에는 황홀해하다가 후에 돌아보며 미국이란 나라도 참 한심한 나라였구나, 생각한 일이 있다. 케네디가 선거 과정에서 했던 이야기 두 대목을 홉스봄이 뽑아놓은 것을 보니, 1960년경 미국의 국가주의와 반공주의가 어떤 모습이었는지 실감나게 되돌아볼 수 있다.

> "우리의 적은 공산주의 체제 그 자체입니다. 세계 정복을 향해 중단 없이 나아가는 무절제하고 무한한 야욕의 체제입니다. (…) 이것은 군사력의 우위를 위한 투쟁에 그치는 것이 아닙니다. 두 개의 서로 상치되는 이념 사이의 우위를 위한 투쟁입니다. 하느님 안의 자유냐, 하느님을 부정하는 잔혹한 독재냐 하는 투쟁입니다." (같은 책, 231쪽)

> "우리는 우리의 힘을 키워내 1등의 자리를 되찾을 것입니다. '만약'이 붙는 1등도 아니고 '그러나'가 붙는 1등도 아닙니다. 그냥 1등입니다. 온 세계 사람들이 흐루시초프 씨가 무엇을 하는지 궁금해하는 것을 나는 원치 않습니다. 미국이 무엇을 하는지 그들이 궁금해하도록 나는 만들고 싶습니다." (같은 책, 237쪽)

1946. 2. 23.

소련의 '적화 야욕', 정말 어떤 것이었나?

여론조사를 정치에 처음 도입한 것은 조지 갤럽(George H. Gallup, 1901~84)으로 1936년 미국에서였다. 초창기 여론조사 중 재미있는 것 하나가 홉스봄의 『The Age of Extremes』(143쪽)에 소개되어 있다. 1939년 1월의 한 조사에서 소련과 독일이 전쟁을 벌일 경우 어느 쪽이 이기기 바라냐는 질문을 받은 미국인 중 83퍼센트가 소련을, 17퍼센트가 독일을 지지했다는 것이다.

기묘하게 생각되는 여론이다. 독일은 파시즘에 빠져 있다 하더라도 자본주의국가이고, 소련은 1919~20년에 '빨갱이 소동(Red Scare)'을 겪은 미국이 1933년에야 승인한 나라인데, 어떻게 미국 여론이 압도적으로 소련 편일 수 있었을까? 전 세계에 대한 소련의 '적화 야욕'은 냉전의 핵심 요소인데, 오늘은 그 배경을 한 차례 살펴보겠다.

자본주의 세계의 사회주의-공산주의에 대한 경계심은 1917년 러시아혁명으로 절정에 이르렀다. 소련이 1918~20년에 내전을 겪는 동안 서방국들은 은근히 소련 붕괴를 바라며 반란군(백군파)을 지원하기도 했다. 그러나 소련이 내전을 극복하고 안정기에 접어들자 유럽국들은 1925년까지 모두 소련을 승인했다. 유독 미국만이 1933년까지 버티다가 루스벨트(Franklin D. Roosevelt, 1882~1945)가 집권한 뒤에야 소련을 승인했고, 1945년까지 루스벨트가 대통령직에 있는 동안만 소련과 우호적(최소한 비적대적) 관계를 유지했다.

1939년 시점에서는 미국만이 아니라 서유럽에서도 파시즘의 위협이 공산주의의 위협보다 더 심각하게 인식되고 있었다. 1938년 9월 뮌헨협정■으로 영국과 프랑스가 독일의 야욕에 굴복하자 파시즘 반대자들은 유일하게 독일에 맞서고 있던 소련의 역할에 큰 기대를 걸기도 했다. 이듬해 8월의 독·소 협정에 그들은 엄청난 실망을 느꼈다.

서방국들에 대한 공산주의의 위협은 제1차 세계대전의 파괴라는 배경 위에서 심각하게 느껴진 것이었다. 열악한 경제 상황 속에서 공산혁명의 유혹이 대중의 호응을 얻을까봐 두려웠던 것이다. 그리고 레닌(Vladimir I. Lenin, 1870~1924)이 주도한 볼셰비즘은 혁명의 결과보다 혁명의 과정과 방법에 대한 공포심을 불러일으켰다.

볼셰비즘의 핵심은 전위정당으로서의 공산당이었다. 직업적 혁명가로 구성되는 이 정예 조직은 매우 강력한 정치조직이었다. 조직의 구속력과 구성원의 헌신도가 종래의 정당과 완전히 다른 차원이었다. 레닌이 1902년부터 이런 전위정당 조직을 호소한 것은 러시아에 공산혁명을 위한 여건이 미비해서 강력한 지도체제가 필요하다고 판단했기 때문이다. 1917년 초까지 수천 명에 불과하던 당원을 몇 달 동안 25만 명까지 늘린 것이 10월 혁명의 발판이 되었다. (기초 사실은 다른 표시가 없는

■ 1938년 오스트리아를 점령한 나치스 독일이 체코슬로바키아에 대하여 독일계 주민이 많은 수데텐란트를 넘겨줄 것을 요구하자, 영국은 체코슬로바키아 정부에 타협을 권고하고 프랑스와 함께 히틀러에게 타협안을 제시했다. 독일에 대한 유화책으로 유럽 열강이 회담에 참석했으나 당사국인 체코슬로바키아와 동맹국인 소련은 초청되지 않았다. 회담 결과 영국·프랑스·이탈리아는 독일의 수데텐란트 합병을 승인했고, 기타의 소수 민족 지방을 폴란드와 헝가리에 넘겨주는 뮌헨협정이 체결되었다. 한편 프랑스·소련·체코슬로바키아의 상호 원조 조약체제는 붕괴하여 소련은 국제적으로 고립되었고, 소련의 영국에 대한 불신은 더욱 커졌다.

1939년 독소불가침조약 조인 장면. 서로에게 가장 치명적인 적이었던 두 나라의 관계가 제2차 세계대전의 주축이었다.

경우 홉스봄의 『The Age of Extremes』, 54~84쪽 "The World Revolution"과 372~400쪽 "Real Socialism"에서 참고한 것임.)

이 전위정당의 정예성이 이후 코민테른이 지도하는 세계 공산주의운동의 표준이 되었다. 러시아처럼 척박한 조건 위에서도 혁명을 관철시킨 이 조직적 운동 방법이 보다 산업화된 사회에서 공포의 대상이 되지 않을 수 없었다. 미국의 빨갱이 소동은 유럽국들보다 사회주의에 대한 대응 기제가 미비해서 이 공포심이 더욱 절실했던 상황을 보여준다.

마르크스(Karl H. Marx, 1818~83)도 말년에 러시아가 사회주의혁명의 뇌관 역할을 할 가능성을 언급한 일이 있는데, 산업화와 교육 수준이 낮은 러시아가 혁명의 출발점은 될지언정 혁명의 본산은 될 수 없다는 생각을 레닌을 위시한 러시아 혁명가들도 갖고 있었다. 10월 혁명 이후에도 그들은 혁명이 러시아에서 완결될 수 없다고 생각했기 때문에 '세계혁명' 전략에 노력을 기울였다. 러시아보다 혁명의 여건을 잘 갖춘 사회로 혁명의 물결을 밀어 보내는 것을 혁명의 진정한 성공을 위한 길로 본 것이었다. 1919년 3월 코민테른 결성은 바로 이 목적을 위한 것이었다.

1924년 1월 레닌이 죽을 때까지 코민테른은 세계혁명을 위한 혁명 수출 노선을 지켰다. 이 시기의 코민테른은 각국 공산당을 사회주의 확산의 기지가 아니라 소련공산당과 같은 폐쇄적 투쟁 조직으로 만들기 위해 노력했다. 세계혁명의 진행에 대한 믿음이 뒷받침한 노선이었다.

1924년 이후로는 세계혁명보다 혁명기지 소련의 수호가 코민테른의 우선 과제가 되었다. 그러나 공산당 조직의 폐쇄성은 더욱 강화되었다. 1924년 7월 제5차 대회의 한 참석자는 이 변화를 이렇게 기록했다.

> '볼셰비키화(化)'라는 새 노선이 채택되어 공산당들을 보다 엄격한 관료적 집중체제로 몰고 갔다. 이에 따라 종래의 다양한 여러 급진론이 배제되어 공인된 단일한 형태의 공산당 조직으로 정리되었다. 이에 지역에 따른 광범위한 협력체제가 남아 있는 상황에서도 새 정당들이 비로소 범 좌익의 광장을 빠져나와 그들만의 투쟁적 영역으로 옮겨왔다. 볼셰비키 운동에 대한 경의와 러시아혁명의 수호가 이제 모스크바에 대한 예속과 소비에트의 무류성(無謬性)에 대한 믿음으로 대치되었다. '내부 정화'의 악순환이 계속되는 가운데 지도자 집단들이 꼬리를 물고 규탄과 추방의 대상이 된 끝에 1920년대 말까지 초기 지도자들이 거의 다 모습을 감추기에 이르렀다. 통일성의 가혹한 요구를 통한 이 조정 과정은 1928년 제6회 대회까지 계속되었다. (『Wikipedia』, 'Comintern'에서)

이 기간은 스탈린이 세계혁명의 제창자 트로츠키(Leon Trotsky, 1879~1940)를 밀어내며 '일국사회주의'■ 노선을 확립시킨 시기였다. 1928년 7~8월의 제6차 대회에서는 온건 좌파 공격을 최우선 과제로 하는 투쟁적 극좌 노선이 완성되었고, 박헌영 8월 테제의 기초가 된 12월 테제(1928)도 이 단계에서 나온 것이었다. 코민테른의 극좌 노선은 1930년대 초까지 계속되었지만, 파시즘의 대두에 따라 이에 대한 문제 제기가 늘어났다.

파시스트 세력은 공산주의를 공동의 적으로 삼아 단결을 꾀하면서 '반(反)코민테른 동맹'을 통해 제2차 세계대전에서 추축국 진영을 형성해나갔다. 독일은 1935년 가을 반코민테른 동맹 제안을 꺼내며 영국, 폴란드와 중국(국민당 정부)까지 초대했으나 일본(1936)과 이탈리아(1937)만이 이에 호응했다.

1935년 7~8월의 코민테른 제7차 대회에서 '인민전선' 노선을 채택한 것은 파시스트 세력의 소련 고립 시도를 벗어나기 위한 것이었다. 나치 독일과 소련이 서방국가들의 미움을 상대방에게 떠넘기기 위해 경쟁하는 형국이었다. 1935년 시점에서는 독일의 반공 선전이 서방국에 어느 정도 먹혀들었으나 이후 파시스트 국가들의 침략 행위가 늘어나면서 '공공의 적' 자리를 굳혔다. 1939년 초에 미국인들까지도 독일보다 소련을 압도적으로 지지하게 된 것은 그 결과였다.

소련이 제2차 세계대전에서 자본주의국가들과 연합하여 독일과 싸

■ 종래 사회주의자들은 사회주의의 실현을 위해서는 전 세계적으로 사회주의혁명이 일어나야 한다고 믿었지만 스탈린은 소련만으로도 사회주의 건설이 가능하다는 새로운 사회주의 노선을 주장했다. 이를 위해 스탈린은 가난한 농업국가인 소련을 강대한 공업국으로 변모시켜 사회주의 체제의 우월성을 보여주고자 했다. 우선 산업화 추진을 위해 국가경제계획이 수립되고 공업의 계획화와 농업의 집단화가 동시에 이루어졌다. 이후 강력한 중앙계획으로 막강한 군사력과 경제력을 지닌 공업국으로 도약할 수 있었으나 무리한 산업화 추진은 엄청난 희생을 불러왔다.

1936년 독일과 일본의 반코민테른 협정 서명 장면. 독일을 중심으로 한 파시즘 세력 확대에는 '반공'의 깃발이 이용되었다.

우는 동안 공산주의 확산 의지를 내세우지 않은 것은 당연한 일이다. 1943년 5월 코민테른 해체도 연합국과의 신뢰를 지키기 위한 조치였다. 그렇다면 전쟁이 끝나면서 동유럽에 공산권을 만든 것은 감췄던 발톱을 드러낸 것이었을까?

1949년 8월 소련의 첫 원자폭탄 실험 성공 때까지는 소련이 발톱을 드러내고 싶어도 드러낼 형편이 아니었다. 소련의 영향력 확보 노력은 인접국, 특히 유럽의 인접국에 제한되어 있었다. 동유럽 공산권은 방어 목적으로 만든 것이었다. 이란, 터키, 그리스, 핀란드 등 분쟁이 일어난 다른 모든 지역도 소련 중심부와 접경한 곳이었고, 미국의 강경한 태도 앞에 모두 물러섰다. 스탈린은 미국과의 대결을 극력 피한 것이었다.

1945년 2월 얄타회담에서 스탈린의 아시아 관계 요구도 러일전쟁 이전 러시아의 영토와 권리를 회복하는 것, 그리고 외몽골에 중국과 별도의 나라를 만드는 것뿐이었다. 중국의 공산화는 꿈도 꾸지 않았기에 완충지로 몽골인민공화국이 필요했던 것이다.

일본 항복 시점에 와서는 얄타의 약속이라도 보장받는 데 급급한 마음이었다. 8월 8일 대일본 선전포고는 "독일 항복 후 3개월 내"에 대일본 전쟁에 참여하겠다는 얄타에서의 약속을 칼날같이 지킨 것이었다. 소련이 참전할 때는 원자폭탄이 가공할 모습을 드러내고 전쟁이 실질적으로 끝나 있었다.

소련은 독일과 4년에 걸쳐 3천만 가까운 인명을 잃으며 전쟁을 벌였다. 지금 와서 원자폭탄을 가진 상대와 맞붙는다는 것은 상상할 수 없는 일이었다. 소련의 지상 과제는 그때까지 확보해놓은 권리를 보전하는 것이었다. 산토끼 넘보다가 집토끼까지 잃을 위험을 스탈린은 절대 피하고 싶었다.

그래서 한반도 분할 점령에 미국 제안대로 응했다. 그리고 미국의 신탁통치 제안에도 수동적으로 응했다. 한번 합의된 신탁통치안이 변경되지 않도록 소련이 안간힘을 쓴 것은 불확실성이 늘어나 분규의 소지가 생기는 것을 두려워했기 때문이다. 그 안이 자기네에게 특별히 유리해서라기보다, 적대 세력과 국경을 접할 위험을 피할 수 있는 그 안이 실행되지 않을 경우 더 불리한 상황에 놓일 것을 두려워한 것이다.

인접국 확보에 몰두한 대전 후 소련의 공산권 형성 방침은 1920년대 초의 세계혁명 노선을 완전히 떠난 것이었고, 일국사회주의 노선의 위축된 형태였다. 전쟁이 끝난 후 적어도 당분간은 소련이 서방과의 분규를 최소화하려 한 자세를 보여준다. 그것도 원자폭탄 등장 전의 자세였다. 원자폭탄은 스탈린의 자세를 더욱 위축시켰다. 한국에서도 소련군은 미군보다 일을 저지르지 않도록 더 많이 조심했다.

1946. 2. 24.

군정청의 전염성 후안무치증

1월 19일 새벽 경찰의 학병동맹 습격 사건을 1월 18일자 일기에 적었고, 1월 27일에는 그 사건의 처리 과정을 적었다.

장택상 경기도 경찰부장의 발표와 신문기자회 학병사건진상조사위원회의 조사 결과 발표를 실은 『조선일보』 1월 29일자 기사를 그 일기에 소개했다. 신문기자회가 진상조사위원회를 꾸린 것은 경찰의 발표에서 상식적으로 수긍되지 않는 점들을 추궁하기 위해서였으니, 특검 역할인 셈이다. 1월 28일 기자회의 발표는 신중하고 온건한 태도를 지키면서 경찰 발표의 문제점 몇 가지를 정확하게 지적했다. 이 문제점들이 몇 주일이 지나도록 방치되고 있었기 때문에 기자회는 2월 23일 추가 조사 결과를 발표했다.

> 조선신문기자회에서는 학병사건의 중대성에 비추어 사건 직후 진상조사 발표가 있었는데, 금번 제2회로 사건의 진상을 조사 규명하여 23일 다음과 같이 발표하였다. 조선신문기자회 조사 학병동맹 검거사건이 있은 지 벌써 1개월이 지났고 그 사건으로 참사한 세 학병의 장의도 이미 치른 지 오래이나 이 사건의 진상에 대해서는 경찰부로부터 중간보고식의 발표가 있었을 뿐, 아직 결론적인 발표가 없어 일

반의 의혹과 여론을 풀지 못하고 있다. 본회에서는 사건의 중대성에 비추어 사건 발생 직후부터 가장 공명정대한 입장에서 그 진상을 냉정하고도 철저히 구명하여 당국의 사건 해결에 협력하려고 노력하여 오던 터인 바, 지난번 장(張) 경찰부장 발표(28일부)에 있어서 본회에서도 중간보고를 공표하여 몇 가지 의문된 점을 지적하고 그 해명을 요망한 바 있었다. 그러나 아직도 그에 대한 만족할 만한 해답과 사건의 진상이 밝혀지지 않으므로 다음에 몇 가지 의혹되는 점과 본회에서 조사한 바를 대략 보고하기로 한다. (…)

1) 학병이 참으로 서대문로상의 사건에 참가하였던가?

(가) 진술자 백종선(白宗先), 이창우(李昌雨), 박태윤(朴泰潤)은 현재 유치되어 있으므로 그들 3인을 그들과 함께 참가하였던 학병들과 기자단의 입회하에 대면시켜 확실한 증언을 잡을 것.

(나) 학병 측에서는 전연 서대문로상의 사건을 모르고 그 시간에는 학병일의 행사로 회의를 하고 있었다고 한다. (이것을 취사부가 증언하였다.)

(다) (…) 동맹에서는 백종선은 전혀 모르는 사람이고 박, 이는 약 2월 전부터 소식을 모르는 터이었다고 한다.

(라) 백종선이 납치한 여학생 7명의 성명과 재학 중의 교명 및 최초의 백종선을 검거한 순경의 성명을 발표할 것.

이상의 제점이 정확히 드러나면 서대문로상의 사건에 참가하였던가를 분명히 알 수 있다.

2) 학병이 과연 무기를 소지하였던가?

압수한 종류와 수량을 제시함과 동시에 부상당한 경관을 면회케 한 것을 전번의 중간보고에서 요망한 바 있었으나 아직 없다. (이에 대하여 학병 측에서는 무기라고는 일본도 한 자루 이외에는 없었다고 한다.)

경무과장 담, (21일) "공식 발표는 아니다. 무기는 많지 않다."
종로서 수사주임 담, "현장에서는 일본도 한 자루를 발견하였다. 그리고 변소 속에서 부서진 권총 한 자루를 찾아냈을 뿐이다."
종로서 외무주임 담, "19일 아침 일본도 한 자루밖에 무기라고는 본 일이 없고 권총 한 자루가 있다는 말은 들었다."
취사부 담, "무기라고는 일본도 한 자루밖에는 본 일이 없다. 따라서 학병 측에서 먼저 발사한 일은 없다."
현장에 있던 경관 담, "우리 편의 부상자는 일본도에 코를 베인 사람이 한 사람 있다."
3) 경관대에서 미리 통고를 하였다고 하면 어떠한 형식으로 통고하였는가? (…) 조병옥 경무국장은 22일 기자단의 왜 미리 통고를 하지 않았느냐는 질문에 "증거품 인멸, 기타의 염려가 있어서" 하고 말한 일이 있다.
이상의 제 문제는 본 사건을 해결하는 중요한 관건이거니와 다시 한 걸음 나아가 사건의 전체를 놓고 볼 때
1) 과연 경무 당국은
(가) 치안을 위하여 신중을 기했던가? (주로 야반에 부근 주민에게 끼친 영향)
(나) 학병이라는 젊은 청년학도를 지도하려는 사랑과 위엄을 가졌던가? (…)
(다) 반탁 시위 학생군이 허가도 없이 시위를 하고 제1차로 인민보사와 제2차로 인민당, 제3차로 서울시인민위원회를 파괴하고 다닐 때는 일지(一指)도 대지 못하고 다시 안국정에서 시위를 계속하여 죽첨정으로 향하는 동안에도 아무런 제지도 내리지 않았던 것과(이상은 모두 그 즉시로 MP와 경찰에 보고하였으므로 그때 이를 제지 해산 혹은 처리하였더라

면 학병참사 사건에까지는 발전되지 않았을 것이다) 불과 3명의 청년을 노상에서 검거하여 취조해보고 그들의 진술을 그대로 속단하고 4백여 명의 경관대를 비상 동원하였다는 것을 비교 생각할 때 경찰의 태도가 과연 민주주의적이요 신중하고 공명정대하다고 볼 수 있을까?

(라) 학병동맹을 검거하려거든 4백여 명을 동원하여 포위하기 전에 한두 사람이라도 미리 본부에 보내어 책임자를 당국으로 불러다 취조해볼 수 없었을까? (그렇다면 사건은 이렇게 확대되지 않고 온건하게 처리되었을 것이다.)

2) 경찰 당국은 학병을 어떻게 보았던가?

(가) 동맹본부를 총격하러 갈 때 경관대에 각각 15발씩의 탄환을 나누어주어 결사적 전투를 의미하는 훈시를 하였다고 한다. (학병사건조사위원회 조사 MP의 말에 의한 것.)

(나) 참사한 박진동(朴晉東), 김성익(金星翼), 김명근(金命根, 일명 이달李達) 세 학병은 총에 맞아 넘어진 것을 그 위에 다시 달려들어 칼로 찌르고 총자루로 때렸다는 것. (검시의 결과와 목격자의 입증으로 알 수 있다.)

(다) 학병 측에서 경관대라면 말로 해도 해결할 수 있으니 사격을 중지하라고 손을 들었음에도 불구하고 최후로 결사적 돌격대 종로 서원들을 출동시켰다는 것. (세 학병은 이때 참사하였다.) (…)

대략 이상의 보고를 발표함으로써 본회는 현명한 동포 대중의 엄정한 비판과 당국의 공정한 처리를 기다려 마지않는다.

1946년 2월 23일

조선신문기자회 학병사건진상조사위원회

(「조선신문기자회, 제2회 학병동맹사건 진상 조사 결과 발표」,

『중앙신문』 1946년 2월 25일)

1월 28일 1차 발표에서 제기한 문제점에 더 추가된 것은 별로 없다. 다만 논조가 바뀌었다. 1차 발표에서는 경찰 발표를 존중하는 태도를 취하면서 모순되는 문제점들을 단편적으로 지적했다. 그러나 이번 발표에서는 경찰 수뇌부가 정치적 목적을 가지고 학병동맹을 탄압하고 그 실상을 은폐한다는 혐의를 명확히 밝힌 것이다.

1945년 23일 전 조선신문기자대회의 선언문에 당시 언론계의 분위기를 극명하게 보여주는 대목이 있다.

> "신문이 흔히 불편부당을 말하나 이것은 흑백을 흑백으로써 가리어 추호도 왜곡치 않는 것만이 진정한 불편부당인 것을 확신한다. 엄정중립이라는 기회주의적 이념이 적어도 이러한 전 민족적 격동기에 있어서 존재할 수 없음을 우리는 확인한다. 우리는 용감한 전투적 언론진을 구축하기에 분투함을 선언한다." (『한국 현대사 산책: 1940년대편 1』, 158쪽에서 재인용)

강준만은 이 대목을 인용하면서 "이 선언문이 말해주듯이 언론 분야에서도 중간파가 설 땅은 없었다"며 "중간파가 기회주의자로 몰린 해방 정국의 상황"을 한탄했다. 중도파가 역할을 제대로 맡지 못한 상황을 나도 안타깝게 여기지만, 신문이 '정론지(政論紙)'를 추구하는 자세 자체를 "중립 배격"으로 규정해야 할지는 의문이다. 중립도 하나의 정론 아닌가.

언론의 기능은 사회의 수요에 따라 결정되는 것이다. 일본인의 통치가 갑자기 중단된 시점의 한국 사회에는 '정치'와 '조직'의 인프라에 대한 절대적 수요가 있었다. 그런 상황에서 언론이 정보 제공이나 엔터테인먼트 기능에 그친다는 것은 가능한 일도 아니고 바람직한 일도 아니었다. 위 인용문에서 "이러한 전 민족적 격동기"라 한 것은 명확한 상황 인식을 보여주는 말이다.

"엄정중립이라는 기회주의적 이념"이라는 말에도 생각할 점이 있다. 서양의 주요 언론이 선거에 임해 특정 후보나 정당의 지지를 밝히는 관행을 보며 우리 언론계의 '기계적 중립'이 위선에 불과하다는 지적도 나온다. 정치적 입장을 당당히 밝히면서 보도와 입론의 원칙을 충실히 지키는 것이 자기 입장을 감추는 것보다 언론의 중립 원칙을 더 잘 지키는 길이라는 견해를 나는 지지한다.

당시 언론의 실상을 더 세밀히 살펴보는 것이 『해방일기』 작업을 위해 필요한 일이라는 생각이 든다. 1946년 초 상황에서는 일단 높이 평가할 측면이 크다. 학병사건 진상 조사도 그렇고, 2월 18일자에서 소개한 13개 언론사의 3·1절 행사 통합 요구도 사회의 요구를 적극적으로, 대변한 것으로 보인다. '보도 거부'를 무기로 꺼낸 것이 언론의 사명에 비추어 온당한 것인가 하는 문제가 있기는 하지만 그 명분은 정당한 것이었다. 그래서 우익을 압박하는 이 요구에 노골적으로 우익을 비호해온 『동아일보』조차 동참을 거부할 수 없었던 것이다.

기자회의 압박에 몰린 장택상은 2월 26일 이 사건을 검사국으로 송국하면서 최종 발표를 내보냈다. 『동아일보』는 이 발표문을 3월 5일자에야 게재하며 "그동안 지면 관계로 이제 게시하는 바"라고 설명했다. 이 발표가 1월 28일의 중간발표와 본질적으로 다른 점이 없고 기자회의 지적 사항에 대해서도 제대로 응대하지 않은 무성의한 것이어서 신문들이 게재를 거부하고 있었던 것이 아닌가 생각된다.

그런데 흥미로운 것은 러치 군정장관이 경찰에 대한 신뢰를 밝히는 성명서를 2월 25일에 발표한 사실이다. 러치는 사건 조사가 한창 진행 중이던 1월 23일 발표한 성명에서는 경찰에 대한 신뢰를 표명하지 않왔고, 그 이튿날에는 검사국이 조사에 나서게 했다. 경찰에 대한 불신을 밝힌 셈이다. 그런데 그 당시와 조금도 다르지 않은 경찰의 최종 발표를 앞두고 경찰에 대한 포괄적 신뢰를 밝힌 것이다.

"나는 조선 경찰을 너무 칭찬하였다고 비난하였다. 그러나 현재와 같이 직무를 훌륭히 이행한다면 나는 칭찬을 아니 할 수 없다. 그동안 4개월간에 세계에 손색없는 경찰로 발전시킨 경찰들은 총검을 불고하고 범죄 수사에 직면하기를 두려워하지 않고 활동한 까닭이다. 이미 수주일 내에 조선 경찰력은 그 존재가 엄연히 나타났다. 순직한 경찰의 유가족에게 동정을 금치 못한다. 하지 중장과 나는 일신의 명예만을 생각하는 욕망을 가지고 그로 인하여 우리를 곤란케 하는 소수 정치가로 머리를 앓고 있다. 그러나 현재 남조선을 통하여 정예한 훈련을 받은 1만 8천 명의 경찰이 조선을 위하여 정치에는 간섭치 않고 있다는 것을 볼 때 참으로 기꺼운 바이다. (…)
범죄 또는 무질서한 행위는 지나간 몇 주일을 보면 놀랄 만하게 감소되었으나 아직도 경찰에 잡히지 아니한 자가 약간 있다. 또 무기를 가진 폭력단이 있으나 그들은 곧 체포될 것으로 믿는다. 경찰관 혹은 관리를 협박한 자도 약간 있었다. 현재는 해산되었으나 전 광복군, 국군준비대의 일부 사람들은 법령이 그들 때문에 공포된 것이 아니라고 생각하고 있다. 최근 서울에서 수 명의 아편 밀매자가 경찰의 경계망에 체포되었다. 범인들은 범죄는 아무 이익이 없다는 것을 벌써 알고 있다. 경찰은 그들의 범죄 체포 기록을 자랑하고 또 자랑할 권리가 있다. 그리고 그들이 이런 성적을 계속하여 간다면 나는 그들을 자랑하여 마지않을 것이다."

(「군정장관 러치, 조선 경찰을 절대 신임한다는 성명 발표」,

『조선일보』 1946년 2월 26일)

"일신의 명예만을 생각하는 욕망을 가지고 그로 인하여 우리를 곤란케 하는 소수 정치가"란 누구를 가리킨 것일까? 왜 그런 정치가 이야기가 경찰 칭찬하는 중에 나온 걸까? 한 달 전에 경찰 발표를 믿지 못해 검사국에 수사를 지시했던 러치가 조금도 변하지 않은 경찰의 최종 발표를 앞두고 경찰이 "정치에는 간섭치 않고 있다는 것"을 어떻게 강조할 수 있었을까? 1월 24일 수사 지시를 받은 검사국은 그동안 뭘 하고 있었을까?

러치는 머리를 앓고 있다고 했다. 하지와 함께. 머리를 앓게 만드는 것은 소수 정치가라고 했다. 경찰의 문제점은 그 소수 정치가의 문제점에 비해 아무것도 아니고, 그 소수 정치가의 문제점을 억누르기 위해 필요한 것이라고 하지와 함께 결론을 내린 모양이다.

2월 26일 장택상의 발표문도 밑에 붙여놓을까 잠깐 생각했다. 그러나 1월 28일 발표문에 보탠 것이 정말 아무것도 없었다. 그런 것을 또 붙여놓으면 이 일기가 쓰레기통이 될 것 같아서 붙이지 않는다.

1946. 2. 25.

속셈이 빤했던 미군정의 정당 규제 정책

군정청 법령 제55호 정당에 관한 규칙에 대하여 독립동맹, 무정부주의자총연맹, 중앙인민위원회, 인민당, 공산당, 기타 사회단체·문화단체·학술단체 등 40여 개 단체는 비상한 관심을 가지고 25일 군정청 공보국장 뉴맨 대좌에게 질의한 바 있었는데 이에 대하여 다음과 같은 요지의 성명서를 발표하였다.

"법령 운용 여하는 정치활동 일체를 거부하는 경우를 초래하게 되므로 민족 통일을 분열시킬 위험성이 농후하게 내포되고 있다. 그 결과는 곧 조선임시민주주의정부 수립을 지연시키게 될 뿐 아니라 만일 그 법령이 그대로 실시된다면 연합국 헌장을 근본적으로 무시하는 것이 아닌가 한다. 만일 그대로 실시된다면 우리의 정당한 정치활동을 금지하는 것으로 인정하지 않을 수 없다."

(「독립독맹 등 40여 단체, 법령 제55호 반대 성명」, 『서울신문』 1946년 2월 28일)

2월 20일 발포된 법령 제55호는 정당의 등록 등 '정당에 관한 규칙'이었다. 40여 개 단체의 목록은 나와 있지 않지만 대개 좌익 쪽인 것 같다. 허가제도 아니고 등록제인데 왜 이것을 '정당활동 금지'처럼 엄중하게 보는 것일까? 이북에서는 전년 10월부터 정당등록제가 시행되고 있었는데, 왜 미군정의 정당등록제에만 문제 제기가 있었던 것일까?

법령 제55호의 내용이 너무 까다로웠다. 등록에 관한 제1조 중 등록 사항을 규정한 (다)항의 내용은 이랬다.

> 각 정당은 당수의 서명 날인으로써 정확함을 증명한 좌기 사항을 서류 우편으로 제출할 사(事).
>
> ① 정당의 명칭 또는 칭호 급(及) 기호.
>
> ② 당헌 또는 당의 목적을 표명하는 포고문. 공연히 또는 은밀히 당과 결합한 인원을 표시하는 기왕 발포한 각종 서류 일부를 포함한 것.
>
> ③ 당내에서 보통 당원 이상 다른 직무를 처리하거나 다른 권능과 세력을 행사하는 당원의 당내 지위 급 성명. 만약 정당이 1개 소 이상에서 활동할 시에는 기(其) 장소에서 행한 행동에 책임 담당원의 성명과 기 지위, 정당이 지부 또는 소속단체를 통하여 활동할 시에는 기 장소 급 기 정당원의 성명 지위를 개별적으로 기입할 사.
>
> ④ 정당 또는 정당의 일부가 제반 회합 재료의 준비 사업 수행 급 기타 목적을 위하여 과거 60일간 실제로 사용한 제 사무소의 정확한 주소 급 장소의 기재, 정당이 우편물을 접수할 장소 또는 정당 본부로 등록할 장소도 기입할 사.
>
> ⑤ 정당의 조직 시일 급 정치적 활동 개시일.
>
> ⑥ 과거 60일간 자기 정당과 합동 또는 협력한 정당의 명칭 주소 급 정당기구의 명확한 기재.
>
> ⑦ 정당원 수, 지부가 유(有)할 시에는 각 지부의 당원 수, 정확한 숫자를 알 수 없을 시에는 현재 활동하고 있는 인원의 개수, 정당에 대하여 현금을 거출한 자의 수와는 별도로 재정적으로 기 당의 활동을

원조한 자의 수와는 구별하여 보고하여야 함.

여기까지는 좀 엄격하다는 느낌은 들지만 상식에서 아주 벗어난 것은 없다. 더 심각한 문제는 제2조의 '정당 관리 규정'에 있었다.

제2조 정당 관리 규정

(가) 정당 사무소

각 정당은 공칭하는 당명을 보지할 사(事). 신본부 사무소는 정확한 주소와 제반 기재 사항이 서류 우편을 통하여 등록될 때까지 등록부에 기록한 본부를 이전치 못함.

각 정당은 각 지부 또는 합동된 정당의 사무소를 등록할 사.

각 정당 본부가 신주소의 등록 없이 본부 혹은 지부의 사무소를 이전하는 경우에는 공보국장은 해(該) 정당의 해체를 명할 수 있음. 해체 명령 후에 행한 해 정당 간부 또는 당원의 정치활동은 본령에 위반됨. 단 해체 사무 또는 공보국장이 발포한 규칙에 의하여 정당의 등록을 갱신할 시에는 차한에 부재함.

본조 규정을 준수치 아니하고 공연히 또는 은밀히 정치활동을 하는 단체에 가담한 자는 본령에 위반함.

(나) 당 자금회계

각 정당은 전 자금과 재산에 대한 정확한 회계를 장부에 기입할 사(事). 차(此) 회계부는 당 사무소에 완전히 보관하여 서명 날인한 차 검열 담당 위임장을 소휴한 관리가 공보국 권한을 대행하여 검열할 때는 집무 시간 중 하시(何時)든지 이용할 수 있게 할 사.

당은 재산과 수입 지출에 관한 정확한 보고서를 당년 각기 최후일 이전에 서류 우편으로 소할 등록관서에 제출할 사.

차 보고서에는 당에 대하여 자금 또는 가치 있는 물자를 기부한 각인의 성명 주소(또는 기부의 타 출처)와 각 기부 금액을 기입할 사.

제반 수입의 실제 출처와 제반 지출의 최후 수납자도 알 수 있으면 특기함이 가(可)함.

(다) 부칙

공보국은 정당 관리 부칙을 발포할 수 있음.

정당활동을 해본 일이 없어서 이런 정도의 규정이 '정당에 관한 규칙'으로서 합당한 것인지 여부를 나는 판단할 수 없다. 그러나 대단히 엄격한 기준이라는 것은 분명하다. 그리고 이런 엄격한 관리의 주체가 선거관리위원회 같은 헌법기관이라면 모르겠는데, 군정청 공보국이라면 곤란하다.

군정청이 미군 점령 지역의 유일한 '정부'라고 자칭해왔는데, 그 성격은 엄밀히 말해 '행정부'에 그치는 것이지, 주권을 맡은 '정부'일 수 없다. 1945년 9월 20일 포고문에 군정의 의미를 이렇게 규정했었다.

군정청이라는 것은 "인민의, 인민을 위한, 인민에 의한" 민주주의 정부를 건설하기까지의 과도 기간에 있어서 38도 이남의 한국 지역을 통치, 지도, 지배하는 연합군 총사령관 아래서 미군에 의하여 설립된 임시정부인 것이다. 군정청은 남한에 있어서 유일한 정부이며 군정청 본부의 도, 부, 군을 통하여 기설 각 기관을 운영하는 것이며 군정청 유일의 임무는 한국의 복리상 견실한 정부와 건전한 경제의 기초를 확립하는 데 있다. (송남헌, 『해방 3년사 1』, 까치 1990, 100쪽에서 재인용)

군정청이 "유일한 정부"인 것은 다른 정부가 없기 때문일 뿐, 그 성격은 민주주의 정부, 즉 완전한 주권 정부를 건설할 때까지 그 "기초를 확립"하기 위한 "임시정부"라는 것이다. 이 임시정부를 연합군 총사령관 아래 미군이 세운 근거는 일반명령 제1호다. 일반명령 제1호에 규정된 미군의 임무는 총독부와 주둔 일본군의 항복을 접수하는 것이었다. 따라서 항복 접수 후 총독부와 주둔군의 기존 역할을 미군이 넘어선다는 것은 미군 자체의 기준으로도 용인될 수 없는 일이었다.

군정청이 주권 정부를 자칭한 것이라면 미군의 점령이 곧 '침략'이라는 뜻이다. 군정청이 정당 관련 업무를 보지 않을 수 없다면 정당 운영을 도와주는 범위의 업무여야 했다. 규제 성격의 관리 업무는 삼가야 할 입장이었다.

더구나 미군이 한민당과 밀착해 좌익을 탄압하는 자세는 최근의 학병동맹사건으로 명약관화하게 드러나 있었다. 2월 중순 군정청이 실시한 여론조사에서도 미군정에 대한 한국인의 지지도가 매우 낮게 나타나 당국이 여론조사를 더 실시하지 말도록 지시했다고 한다(『한국현대민족운동연구』, 355쪽). 이런 상황에서 군정청의 엄격한 정당활동 감독 방침에 좌익이 반발한 것은 당연한 일이다.

정당의 난립과 무질서한 정당활동의 문제점은 널리 지적되고 있었다. 코믹하다면 코믹한 장면 하나가 얼마 전 연출되었다. 1월 19일 미국무부 빈센트 극동국장이 한국 신탁통치에 대한 미국의 입장을 설명한 연설 중에 이런 대목이 있었다.

> "조선의 통일된 임시정부를 설치하는 데는 여러 가지 복잡한 문제가 많다. 그 이유는 현재 조선에는 90여 개의 정치단체가 있는 까닭이다."

사흘 후 비상국민회의 주비회에서 빈센트의 연설에 대한 성명서를 발표했는데, 위 대목에 대한 반응으로 이런 대목이 있었다.

"조선 내에 90여 개의 정당과 정파가 있어서 임시정부의 수립을 곤란케 한다고 하였으나 그것은 최근 조선의 사정과는 부합치 않는다. 조선의 군소정당은 56개의 대정당으로 통합이 되었고 기타의 단체는 대개 문화 내지 직업단이다."

정치적 분열에 대한 자격지심을 보여주는 이런 반응은 통일전선의 필요성에 대한 강박에서 나온 것으로 보인다. 1945년 12월 29일 『서울신문』 기자와의 대담에서 홍명희(洪命熹, 1888~1968)가 보인 대범한 태도는 당시로서 매우 이례적이다.

(문) 일부 민중이나 또는 정파 중에는 탁치를 하게 된 원인이 국내 분열에 있으며 또 국내 분열을 일으킨 것을 일부 정당 내지 정치 세력의 책동에 있다고 보는 편도 있는 듯한데?
(답) 나는 그렇게 생각하지 않는다. 만일 우리가 국내 분열을 일으킨 까닭으로 탁치를 실시했다면 우리보다 훨씬 심각한 국내 분열과 항쟁이 있는 폴란드, 프랑스, 이탈리아, 그리스 같은 국가는 왜 탁치를 실시하지 않는가. 또 우리의 국내 분열이란 것은 결코 그다지 심각한 것은 아니다. 또 탁치의 이유가 국내의 분열 까닭이라고도 나는 생각지 않으나 만일 그것도 어느 정도 원인이 되었다면 그것은 극히 교묘한 구실일 것이다. 따라서 우리들은 탁치의 원인이 우리 편에 있다고 생각하는 것은 큰 잘못이다. 그것은 결국 우리가 싸워야 할 진정한 대상을 그르치고 더욱 민주의 귀추를 어지러이 하고 민족의 분열을

일제시대 경성의 시민 회관 격이었던 부민관 건물은 해방 후 오랫동안 남한 의회정치의 보금자리 노릇을 했다.

조장하는 것밖에 안 된다. 그러므로 이때에는 어느 당 어느 파에 분열의 책임이 있다고 구명하고 규탄할 시기가 결코 아니라고 믿는다. 만일 기어이 책임의 소재를 명백히 해야 한다면 어느 당 어느 파라도 허심탄회하게 자기를 반성하여 책임을 진다면 다함께 똑같이 져야 한다고 생각한다.

홍명희는 통일전선이 이뤄지지 않는 사실보다 통일전선의 필요성을 빌미로 다른 당파에게 책임을 물음으로써 대립을 심화시키는 추세를 걱정한 것이다. 2월 20일의 법령 제55호에 대한 그의 논평은 찾아보지 못했지만, 미군정이 정당활동 규제에 나선 것을 반가워하지 않았으리라고 짐작할 수 있다.

법령 제55호의 문제점은 무엇보다 그 발포 시점에서 드러난다. 하지는 1945년 9월 11일 입국 후 첫 기자회견에서 "나는 통일된 의견과 방책을 듣고자 12일 오후 2시 반에 부민관에서 각계 각 조직체의 대표 2인씩을 만나 나의 일에 협조할 것을 희원하고자 한다" 하였고, 그런 자리를 가졌다. 이것이 "정당이여, 오라!" 하는 뜻으로 받아들여져 정당의 난립을 초래했다. 그리고 이제까지 정당에 대한 규제는커녕 최소한의 관리도 하지 않고 있었다.

2월 20일의 법령 제55호 발포는 미소공위에 대비하는 것이었다. 미군정이 원하는 방법으로 이남 지역 민의를 대표할 통로로 민주의원을 만들어놓았다. 그러나 민주의원은 대표성이 극히 부족했고, 가장 두드러진 문제는 좌익 배제였다. 민주의원을 앞세워 미소공위에 임하려면 좌익의 항의와 반대가 불을 보듯 빤한 일이었다. 좌익의 조직적 활동을 억압하는 데 이 법령의 목적이 있었다는 것은 감출 수 없는 사실이었고, 이후 사태의 진행에서도 그 사실은 그대로 드러난다.

안재홍
선생에게
묻는다

국민당이 왜 한민당을 따라가나?

김기협 | 1월 초 '반탁' 문제로 좌우 대립이 첨예화하더니 2월 들어서는 그 대립이 더욱 고착되는 감이 있습니다. 우익은 비상국민회의(국민회의)를 1일에 출범시키고 14일에 민주의원을 연 반면 좌익은 15일에 민전을 출범시켰습니다.

민주의원이 애초에 국민회의 최고정무위원회로 만들어졌다가 군정청 자문기구로서 민주의원이라는 간판을 갑자기 내거는 바람에 국민회의와의 연결이 흐릿해져 버렸습니다. 13일 최고정무위원이 발표된 후 국민회의가 한 일이라고는 15일에 그 선전부에서 민전 결성을 우려하는 성명서 한 장 발표한 것밖에 보이지 않는군요.

모체인 국민회의와의 연결이 약해지고 군정청과의 결속만 강해짐으로써 민주의원의 대표성이 약해지고 폐쇄적인 분위기로 흐르는 것 같습니다. 민전이 예상 외로 넓은 범위의 호응을 받는 것도 국민회의와 민주의원에 대한 기대감이 줄어드니까 통일전선을 바라는 여망이 그쪽으로 쏠리는 결과 아니겠습니까? 통일전선을 중시하는 국민당이 민주의원에 집착하는 것이 넓은 길을 버리고 좁은 길에 매달리는 것 같이 보입니다.

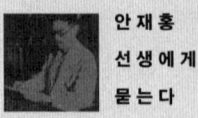

안재홍 | 최고정무위원회에 '민주의원' 간판을 붙인 것은 졸렬한 일이

라고 나도 생각합니다. 군정청과 의논을 하고 협상을 할 주체가 군정청의 부속기구가 된다는 것은 이치에 맞지 않는 일이지요. 이 박사야 워낙 유연한 신념을 가진 분이니 그렇다 치고, 김구 선생이 이에 호응한 뜻이 어떤 것인지 나도 이해할 수가 없습니다.

김성수 씨가 백만 원, 경제보국회가 2백만 원을 기부한 일도 달갑지 않습니다. 국민회의 출범 때가 아니라 민주의원 결성에 맞춰, 국민회의 의장 홍진 선생이 아니라 민주의원 의장 이 박사에게 가져오다니. 이 박사도 그 돈을 국민회의 집행부에 전달해주고 필요한 일이 있으면 절차를 거쳐 받아쓰는 것이 경우에 맞는 일일 텐데.

금년 들어 통일의 기운이 흐려진 것은 참 안타까운 일입니다. 반탁운동의 폭풍이 통일의 희망을 씻어간 것처럼 느껴지기도 합니다. 국민당의 진로를 놓고도 고민을 많이 했습니다. 지금 당장 성과를 바라볼 수 없는 형편이라면 더 좋은 기회가 올 때를 대비하며 차악의 길을 택하기로 했습니다.

김기협 | 차악의 길이라고요? 국민당이 1월 중순 이후 걸어온 길은 한민당과 구별이 되지 않는데요? 1월 7일의 4당 코뮈니케가 좌우합작의 가장 뚜렷한 시도였으며 그 폐기가 좌우합작 실패의 결정적 계기였다고 두고두고 통탄하는 이들이 많았습니다. 한민당의 약속 폐기는 이념 여부에 앞서 정치 도의를 어긴 일인데, 선생님이 이를 옹호하는 듯이 좌익의 고집을 비평하신 것이 이해되지 않습니다.

그리고 2월 12일 3·1절 합동 행사를 위한 7당 회의 때 독립동맹, 인민당, 공산당, 신한민족당, 조선민주당의 5당이 합의한 내용을 국민당은 한민당과 함께 거부했습니다. 3·1 측은 이 합의를 받아들여 기존 준비 조직을 해체하고 새 준비회에 들어온 반면 기미 측은 국민, 한민당과 함께 단독 행사를 강행하고 있습니다. 거족적 행사가 되어야 할 3·1절이 쪼개지는 책임이 기미 측에 있다는 사실은 언론사 연명의 중재까지 거부함으로써 분명해졌습니다. 국민당이 왜 그 대열에 함께 있습니까?

안재홍 | 오늘은 김 선생이 아주 거세게 몰아붙이는군요. 그럴 만한 일입니다. 요즈음의 일에 관해서는 나 자신 마음이 편치 않습니다.

내게는 좌익에 대한 일종의 불신이 있습니다. 20년 전, 신간회 때 절실하게 느꼈습니다. 현실을 있는 그대로 받아들이는 자세가 성실성의 출발점이라고 나는 생각합니다. 그런데 좌익 분들은 관념에 집착하며 현실을 제대로 받아들이지 못하는 경향이 있어요. 현실 인식에 문제가 있는 분들도 있고, 인식을 제대로 하고도 부정하려 드는 분들도 있지요.

신간회에서 저와 많은 동지들은 당시의 현실 속에서도 우리가 할 수 있는 일을 열심히 하려고 노력했습니다. 그런데 좌익 인사들은 우리를 '개량주의'라고 비판하며 극단적인 노선을 고집했고, 결국 운동은 그로 인해 좌초하고 말았습니다.

해방 이튿날인 8월 16일 밤에 나는 여운형 씨와 정백(鄭栢, 1899~1951·장안파 공산당의 일원. 당시 건준 기획국장) 씨 등 좌익 인사들에게 따졌습니다. 건준에는 이름만 걸어놓고 좌익 조직에만 매달려 있는 것이 온당한 일이냐고. 신간회에 간판만 걸어놓고 속으로 딴짓하던 행태를 되풀이할 거냐고.

모두들 이번에는 각오가 다르다고 다짐하더군요. 신간회 당시에는 현실이 너무 암울해서 극단으로 끌렸지만, 해방을 맞은 이제 이념보다 현실을 앞세우겠다는 각오를 피력했습니다.

그런데 20년 전에는 현실을 너무 비관해서 현실을 무시하더니, 이제는 너무 낙관해서 현실을 벗어나는 모양입니다. 4당 코뮈니케 작성 때도 통일전선을 원한다면 무조건 자기네를 따라오라는 배짱이었어요. 어떻게든 합작을 이루려고 국민당은 그 요구에 응했지만, 한민당이 수용하지 못한 것은 충분히 이해가 가는 일입니다. 한민당 대표로 나온 가인(김병로)과 춘곡(원세훈)이 참 애꿎은 고생을 했지요.

김기협 | 좌익에 반성이 필요하다고 본 선생님 생각은 이해하겠습니다. 하지만 상대를 설득하기 위해서는 극단적 대립을 가급적 피하고 유화적인 태도를 취하는 것이 바람직하지 않습니까? 4당 코뮈니케 폐기 이후 국민회의와 민주의원 결성 과정에서 임정—국민당—한민당은 좌익을 무시하는 방식을 취했는데요, 임정과 한민당은 차치하고, 좌우 대립을 고착시키는 노선에 국민당이 따라갈 필요가 있었습니까?

안재홍 | 국민당은 '세력'이랄 것이 없는 정당입니다. 돈도 없고 행동대도 없어요. '명분'을 지킴으로써 민족을 아끼는 사람들의 지지를 얻을 뿐입니다. 국민당의 염원이 현실 속에서 실현되는 길을 나는 임정에서 찾아왔습니다. 임정이 제 역할을 잘하도록 돕는 것을 우리 뜻을 조금이라도 이루는 길로 봅니다.

그래서 국민당의 진퇴는 임정의 행로에 맞추지 않을 수 없습니다. 임정 좌파의 국민회의 이탈은 통탄할 일입니다. 나보다도 더 굳게 임정을 지켜주어야 할 분들인데…….

한민당은 '세력'을 가진 정당입니다. 통일전선이건 독립 건국이건국민당보다 더 큰 역할을 맡아야 하는 것이 한민당입니다. 한민당의 반동적 행태가 세간의 비평을 받고 있지만, 그것은 한민당의 한 측면일 뿐입니다. 가인과 춘곡 같은 양심적인 애국자들이 한민당에 더 많습니다. 그런 분들이 뜻을 펴도록 우당(友黨)의 도움도 필요합니다.

좌익에도 한민당에도 강경파가 있고 온건파가 있습니다. 국민당이 좌익을 따라가면 좌익 내의 강경파가 힘을 얻습니다. 반면 한민당의 우당 자리를 지키면 한민당 내의 온건파에게 도움이 됩니다. 국민당이 가급적 한민당과 보조를 맞추려 애쓰는 까닭입니다.

김기협 | 이북에는 임시인민위원회가 만들어졌습니다. 토지개혁 등 국민당도 지지할 만한 여러 정책을 실시할 준비가 진행되고 있습니다. 민의가 썩 잘 수렴되고 있기 때문에 가능한 일 같습니다. 이에 반해 이남에서는 양심적 정치 세력이 모두 합의하는 일조차 한 가지도 제대로 실현되는 것이 없습니다.

이 차이가 무엇 때문에 생기는 것일까요? 해방 당시 이북과 이남 사정은 서로 그리 다르지 않았습니다. 소련군과 미군의 차이에 이유가 있는 것일까요?

안재홍 | 이북에서 일어나고 있는 변화는 사실 부러운 것이 많습니다. 그러면서도 안타까운 것은, 바람직한 변화라 하더라도 민족 전체가 함께 나아가지 못하고 한쪽에서만 진행되기 때문에 오히려 민족 전체에는 손해가 되는 면도 있다는 사실입니다.

친일파 처단은 좋은 일입니다. 그러나 북쪽에서만 처단이 되니까 모두 남쪽으로 도망 와서 남쪽 사정을 더 나쁘게 만들었죠. 곧 토지개혁이 실시되면 지주 집단이 대거 몰려 내려오겠죠. 이남 상황이 또 어떻게 더 나빠질지 걱정됩니다.

소련군과 미군, 어느 쪽이 잘하고 어느 쪽이 못하고에 앞서서 하나의 민족이 두 나라에 나눠 점령당하고 있다는 사실이 큰 문제입니다. 식민지시대에 민족 아끼는 마음 가진 사람들이 하나의 상대를 놓고도 온건 노선과 강경 노선 사이의 혼란이 있었는데, 상대가 둘이니 문제는 더 복잡할 수밖에요. 더구나 미·소 두 나라 사이가 갈수록 껄끄러워지는 것 같은데, 조선 사람들이 그 사이에 이런 식 저런 식으로 휘말려들 것이 걱정됩니다.

미군이 소련군보다 점령군 역할을 잘 못하고 있는 것처럼 누구에게나 보일 겁니다. 그러나 그것이 미국의 악의 때문이 아니라는 점을 잊어서는 안 됩니다. 미국의 현실과 체제가 이곳 사정과 워낙 동떨어진 것이라서 그들이 이곳 현실을 이해하는 데도 적응하는 데도 어려움이 있는 것입니다. 그처럼 먼 나라 군대가 들어오게 된 것을 우리는 어쩔 수 없는 현실로 받아들이고, 그 조건 위에서 최선을 다할 수밖에 없습니다. 미국은 일본과 달리 조선의 독립을 원하는 나라라고 우리는 믿어야 합니다.

해방의 시공간

일지로 보는 1946년 2월

2월

- 1일 비상국민회의 결성, 민주주의민족전선(이하 민전) 준비위원회 발족
- 3일 군정청, 미곡수집령 공포
- 5일 러치 군정장관, 군표 발행 문제·군정청 재조직 등에 대해 기자회견
- 6일 조선은행, 해방 후 물가지수 발표
- 7일 남양 각지의 징용 동포 290명 귀환
- 8일 북조선임시인민위원회 출범(위원장 김일성)
  대한독립촉성국민회 발족
- 10일 조선일보, 남한 최대 공업지대인 삼척 지방 식량난 사태 보도
- 13일 비상국민회의, 상임위원회를 설치하고 최고정무위원 전형 발표
  조선공산당, 민전 참여를 독려하는 성명 발표
- 14일 미군정 자문기관 민주의원 발족(의장 이승만, 부의장 김규식, 총리 김구)
  인민당, 민주의원 탈퇴 성명
- 15일 민주주의민족전선 결성
  임정 요인 4인(김원봉, 장건상, 성주식, 김성숙), 민전 참가 성명
- 16일 독립동맹, 조선신민당 출범
- 17일 성북 경찰서, 일본인 예금을 부정 지불한 은행원 8명 검거
- 18일 조선민족혁명당 주석 김규식, 동당 탈퇴 성명 발표
  민주의원 2차 회의, 각 전문위원 선정. 이승만 민주의원의 중요성 역설
  38선에 막힌 우편물 80여만 통, 창고에 보관
- 20일 법령 제55호, '정당에 관한 규칙' 공포
- 21일 민전 상임위원회, 강령 채택
  법령 제52호, '신한공사 창립' 공포
- 22일 한미상업회의소 창립

- **24일** 군정청 학무국, 각급 학교에 3 · 1절 기념식순 지시
- **25일** 독립동맹 등 40여 단체, 법령 제55호 정당에 관한 규칙 반대 성명
- **26일** 화신 사장 박흥식, 군정포고령 위반 및 횡령 혐의로 기소
- **27일** 13개 언론사 대표, 3·1절 행사 준비 두 단체에 통일안 전달

| 비상국민회의 · 민주의원 · 민주주의민족전선 |

비상국민회의

김구가 중경 임정을 계승하여 과도정권을 수립하기 위해 소집한 비상정치회의가 비상국민회의로 명칭을 바꾸어 우익의 각계 대표가 참여한 가운데 2월 1일 열렸다. 비상국민회의가 일체의 과도정권 수립 권한을 가진다고 천명했다. 의장 이승만, 부의장 김규식, 총리는 김구였다. 비상국민회의는 과도정부의 내각에 해당되는 최고정무위원회를 설치할 것을 결의하고, 인선은 이승만과 김구에게 맡겼다.

민주의원

이승만과 김구가 선임한 최고정무위원은 김구 측의 반대에도 불구하고 미군사령부에 의해 남조선대한국민대표민주의원의 의원이 되었다. 민주의원은 하지 사령관의 자문기관이었다. 이승만이 조직했던 독립촉성중앙협의회는 대한독립촉성국민회로 바뀌었다.

민주주의민족전선

민주의원이 발족한 다음 날인 2월 15일 결성되었다. 민주주의민족전선에는 공산당, 인민당, 독립동맹(남한 대표 백남운) 및 전평, 전농 등 사회 여러 단체가 참여했다. 공동 의장으로는 여운형, 박헌영, 허헌, 김원봉, 백남운이 선임되었다. 민전 또한 과도적 임시정부 역할을 맡겠다고 선언했다.

3

민심을 읽지 못한 미군정 정책

1946년 3월 1 ~ 11일

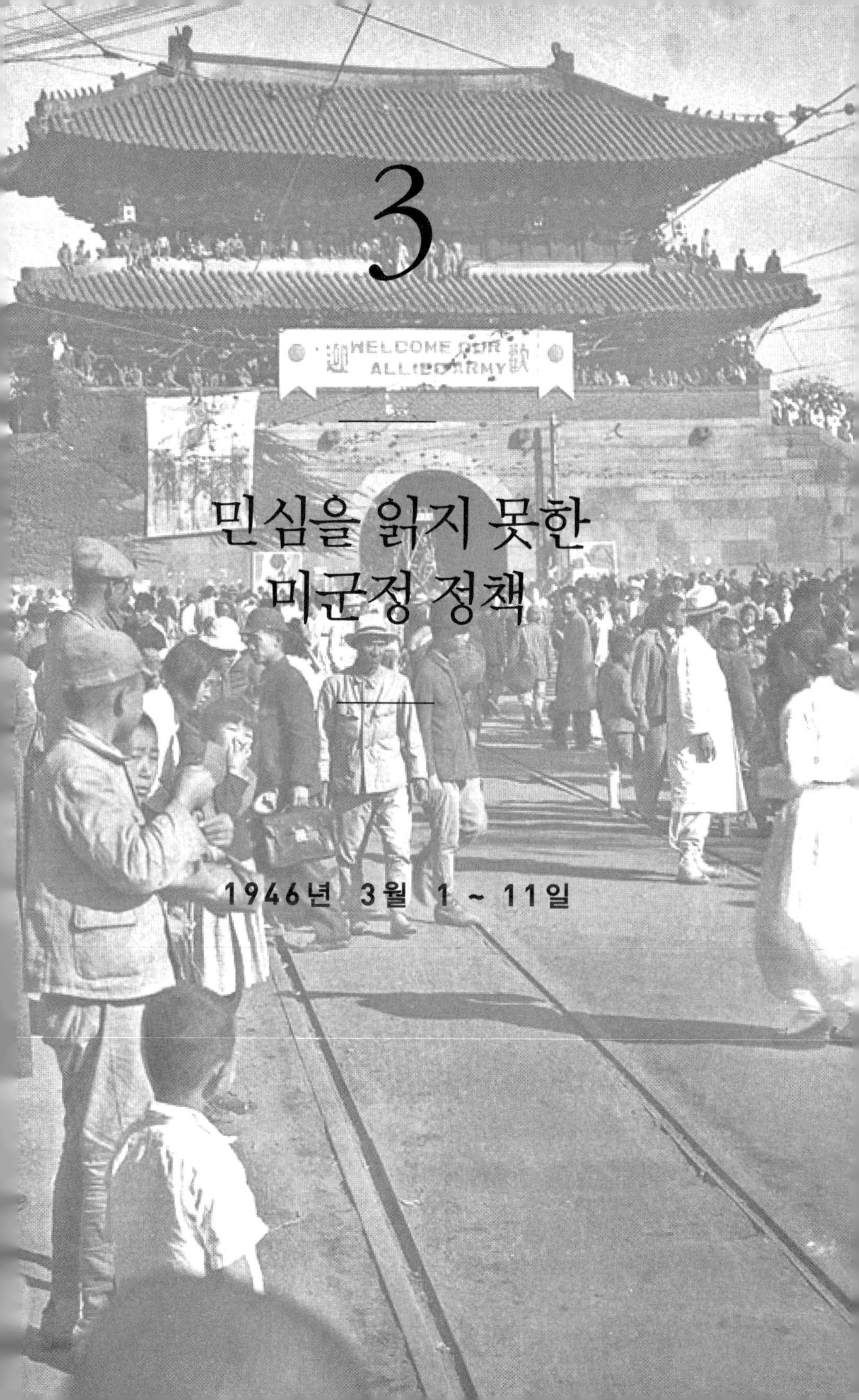

미군 환영 나온 시민들이 남대문 밖 큰길을 메우고 있다.

1946. 3. 1.

분열의 외길로 나아가는 우익 진영

『자유신문』 3월 1일자에는 1면 상단에 「3·1절을 맞으며」 제목의 사설이 있고 중앙에 "단결로 자주독립 빛내자 국경일" 구호가 크게 들어가 있을 뿐 3·1절 관련한 큰 기사가 보이지 않는다. 2일자 1면에는 민주의원의 보신각 행사와 민전의 탑골공원 행사가 크게 보도되어 있고, 양대 군중대회인 기미(우익) 측의 서울운동장 행사와 3·1(좌익) 측의 남산공원 행사 기사가 보이지 않는다. 13개 언론사의 결정에 따라 기미 측 행사 보도를 거부하면서 균형을 위해 3·1 측 행사 보도도 자제한 것으로 보인다. 『서울신문』 1일자에는 남산공원 행사가 크게 보도되었다.

『동아일보』 1일자 1면에는 민주의원 행사만이 크게 나와 있다. 언론사단 결정을 바로 어기지는 않지만 우익 편향성이 엿보인다. 그 편향성은 4~6일자에 3회에 걸쳐 실은 대형 사설 「3·1 행사 문제」에서 분명하게 나타난다. 몇 대목만 뽑아놓는다.

> 민주 진영을 중심으로 한 기미 측이 3·1을 3·1답게 기념할 수 있는 대의와 명분 위에 있음은 재언이 필요치 않다. 그 이념과 지표는 물론이려니와 출발 당초의 경위로 보나 구성 단체의 합의로 보나 행사

진행의 준비로 보나 국민 각층의 향응으로 보나 기미 측이 기념행사의 중심이 되었고 또 되었어야 할 것도 사리에 순평한 결론이다. 공산 진영을 중심으로 한 3·1 측이 3·1을 기념한다 함은 그 포회한 의도 자체로 보아서 또는 종래의 수법과 행동으로 추단하여서 과연 양심적으로 순정으로서 할지가 의문이었음은 물론이다. (4일자에서)

일언으로 결론하면 순정으로 출발한 의도는 신문진의 경거로 인하여 무시되었을 뿐 아니라 작간승시(作奸乘時)의 기회를 주게 되어 기대의 합일은 고사하고 도리어 합일을 방해하고 분립에 가세한 결과를 짓게 되었다. 기미 측의 회답에 가의(可議)할 점이 있었음은 사실이나 그러나 원칙을 시인한 이상 접황을 가기(可期)할 만한 여지가 있었던 것이다. 그러함에도 불구하고 신문진은 분열의 책임을 기미 측에 전가시키는 성명서를 즉각으로 발표하여 다시 어찌할 수 없는 형세를 만들어놓았다. (5일자에서)

기념행사의 주축이 되기에 99퍼센트의 장점과 이편을 가진 기미 측이 절호한 기회를 선용치 못한 무책도 무책이려니와 합일의 명분을 위하여 절대의 우위를 차지하고도 분립의 억울한 책임을 자취한 태도는 아무리 호의로 해석하여도 융통 자재한 정치적 수완의 졸렬이라고 지적치 않을 수 없다. 더구나 기사 거부 운운의 조건을 단순한 자파에 대한 위협으로만 곡해하며 일보를 갱진하여 방패의 양면을 예료치 아니하고 단도직입으로 신문진에 대하여 힐항(詰抗)을 선언하였음은 성급한 조계라 아니 할 수 없다. (6일자에서)

4일자 인용문에서 기미 측의 대의와 명분에 "재언이 필요치 않다"

고 하는 근거가 무엇인지, 3·1 측 의도가 "의문이었음은 물론"이었다 고 하는 근거가 무엇인지 따질 필요는 느끼지 않는다. 굳이 묻는다면 "우리 그런 신문이야. 몰랐어?" 하는 대답이 빤하기 때문이다.

그러나 5일자 인용문에서 기미 측의 회답에 "가의할 점이 있었음"을 말하고 "접황을 가기할 만한 여지"가 있었다고 우기는 것은 너무했다. 회답이 바람직하지 못한 것이었다는 점은 인정하면서 기미 측이 태도를 바꿀 여지가 있었다고 주장하는 것인데, 언론단이 결론을 내린 것은 행사 이틀 전인 2월 27일 오후 늦게였다.

2월 18일자 일기에 적은 것처럼 언론단은 2월 26일 양측에 제안을 보냈고, 3·1 측은 즉각 응낙하였으나 기미 측은 전체 회의를 연 후 회답하겠다고 했다. 그리고 27일 오후 3시 반에 거부 응답을 한 것이다. 그 시점에서 언론단이 기미 측에 회의를 다시 열어서 재고해달라고 부탁해야 했다고 『동아일보』는 생각한 것인가?

기미 측의 움직임은 1월 25일에 시작된 것이었다.

> 3월 1일! 일찍이 28년 전에 이 땅에 독립을 선언하여 민족자결을 세계에 선포한 날이다. 해가 바뀌고 날이 갈수록 오로지 3천만의 뇌리에는 자주독립 하나뿐이 남아 있고 이 초점에 모든 것이 집중하여왔다. 이번 해방 후 처음으로 맞이하는 기념일을 앞두고 각 정당 각 단체에서는 여러 가지 행사를 계획 중이었는데 25일 상오 11시부터 한국민주당 3층에서 국민당, 한국민주당을 비롯하여 각 정당, 청년단체, 부녀단체, 종교단체 대표자 50명이 참집하여 3월 1일을 기하여 기미독립선언기념전국대회를 개최하리라고 결정하고 동회준비위원으로 46명을 선출하였는데 참가 단체는 다음과 같다.
>
> ● 참가 단체

탁치반대국민총동원중앙위원회 · 국민당 · 한국민주당 · 불교청년동맹 · 신한민족당 · 대한독립협회 · 민중당 · 우국노인회 · 반탁전국학생연맹 · 대한민국혁명동맹 · 조선유학생총본부 · 조선여자국민당 · 건국학생회 · 대한혁신청년회 · 대한독당 · 한국우국부인회 · 독립촉성부인회 · 종로부인회 · 북선청년회 · 조선불교중앙총무원 · 수요보본부 · 청년연맹 · 민화자강청년단 · 반탁총동원경성지부 · 삼일동지회 · 대한의열단 · 광업협회대표 · 천도교

(「우익체 각 정당 청년단체, 기미독립선언기념전국대회 개최 결정」, 『동아일보』 1946년 1월 27일)

정당 중 국민당과 한민당만이 참가한 것으로 보아('대한독당'은 기재위치로 보아 정당이 아닌 듯하다) 우익끼리의 행사로 추진한 모양이다. 2월 7일 5대 정당(국민당 · 한민당 · 인민당 · 공산당 · 신한민족당)과 서울시인민위원회 대표가 모여 통합 행사 방침을 의논하고 이튿날 5대 정당 대표가 다시 모여 의논을 계속한 것은 3 · 1절 기념행사만이라도 좌우합작을 하자는 뜻이었다. 12일에 조선민주당과 독립동맹을 더한 7대 정당이 의논을 계속한 결과 국민당과 한민당을 제한 5개 정당의 공동선언문이 여기서 나왔다.

12일 공동성명의 제2항은 "3월 1일 기념행사를 거행하기 위하여 결성된 양 기성 준비회(기미독립선언기념국민대회 급 3 · 1기념투쟁위원회)는 동 기념을 의의 있게 함과 동시 민족 통일 촉성에 이바지하기 위하여 발전적 해소를 단행하고 기념행사 일체를 전기 5정당에 일임할 것"이라는 내용이었다. 이 제안도 3 · 1 측만 받아들이고 기미 측은 거부했다.

국민당, 한독당, 기미대회 측은 행사 통합을 위한 모든 제안을 거듭해서 거부했다. 그래서 해방 후 첫 국경일 기념행사는 서울운동장과

남산공원, 양쪽으로 나뉘어 열렸다. 그나마 다행은 남산공원의 3·1대회 측이 예정된 행사 중 시가행진을 취소한 덕분에 시가전을 피할 수 있었던 것이다.

1946. 3. 2.

"우리 편만 되세요. 박흥식이라도 지켜줍니다"

1942년 12월 박흥식(朴興植, 1903~94)은 전일본산업경제간담회에 참석해서 천황을 알현한 후 12월 16일자 『매일신보』에 「배알의 광영의 감읍」이란 글을 올렸다. 1년 후 1943년 12월 17일자 같은 신문에 「배알 1주년: 지성으로 봉공」이란 글을 또 올렸는데, 그 일부 내용을 『친일인명사전』에서 옮겨놓는다.

> 나는 산업경제계 대표자의 한 사람으로 특히 반도 출신으로서는 오직 한 사람으로서 황공하옵게도 배알의 광영에 욕(浴)하였는데, 지척에서 용안을 봉배한 때의 감격은 일생을 두고 잊을 수가 없습니다. 우리들 산업경제계에 있는 사람들은 이 황공하옵신 대어심(大御心)에 봉부코자 더욱 노력하지 않으면 안 됩니다. (…)
> 대동아전쟁 이래 우리 반도 2500만의 적자(赤子)가 얼마나 황민됨에 자각을 높여 얼마나 성업 익찬을 위해서 지성을 다해왔느냐 하는 데 대하여 나는 새삼스럽게 말할 것이 없습니다. 오직 내지 동포와 같이 참다운 일체가 되어 대동아전쟁의 필승과 더불어 대동아 건설을 위해서 전체를 바치고 있다는 것은 명백히 단언할 수 있어 그것을 경축하는 바입니다.

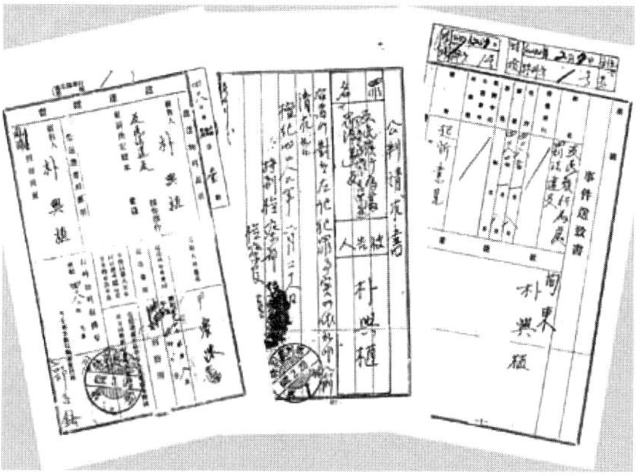

박흥식 반민특위 재판 기록. 친일파의 대명사였던 '박흥식'의 운명은 대한민국과 친일파의 관계 중 한 끄트머리만을 보여준다.

그 무렵 쏟아져나오던 문자 중에 그리 특별할 것도 없는 내용이지만, 경제계 인사의 글로는 두드러진 것이다. 박흥식은 조선 경제계에서 단연 두드러진 친일파였다. 식민지시대를 통해 조선인으로서 "배알의 광영에 욕한" 사람이 몇이나 되는지 모르지만, 진심으로 광영을 느낄 만큼 희귀한 일이었음은 분명하다.

친일파가 할 만한 일을 박흥식은 빠짐없이 찾아서 했거니와, 다른 친일파가 못할 일을 그가 한 것이 하나 있다. 1944년 조선비행기공업주식회사를 세운 것이다. 친일파 재산가들의 최고의 '애국' 행위가 비행기 헌납이었다. '광산왕' 최창학(崔昌學, 1891~1959)이 1941년에 군용기 6대 제작비 40만 원을 헌납하여 '애국'계의 전설적 존재가 되었는데, 박흥식은 자본금 5천만 원으로 비행기 제작회사를 세워 신화적 존재가 되었다. 회사 설립 취지서에 이렇게 적었다고 한다. 역시 『친일인명사전』에서 재인용한 것이다.

우리들은 하루라도 속히 우리들의 땀과 피로써 된 비행기로 전쟁에

> 보내기가 주야 염원이던 바, 더욱이 금년은 징병 실시의 기념할 해이고 보니 지원병 학병에 연이어 충용한 반도 장정은 전원이 들어 황군정강(皇軍精强)에 새로운 위력을 더할 때라. 이때 적 격멸의 제일 무기인 정예한 비행기를 우리 손으로 제작하여 결전장으로 보내어 우리 황군이 이를 구사함으로써 동아의 숙적을 격멸하는 날 그 감격을 어디에다 비할 것인가.

1949년 1월 반민특위의 제1호 체포자가 박흥식이었던 것은 친일파로서 그의 명성에 걸맞은 일이었다. 악질 고등계 형사들도, 총독부 고관들도, 그의 장대하고 호쾌한 전쟁 지원 친일사업 앞에서는 무색할 정도다.

그런 박흥식을 1946년 2월 26일 서울법원 검사국이 기소했다. 혐의는 군정포고령 위반 및 횡령죄. 8·15 이후 일반 시민에게 배급할 포목, 잡화를 부정 매매하여 4백만 원의 폭리를 취득하고 비행기회사를 청산한 정리자금으로 일본 육군성에서 받은 5천만 원 중 2천만 원을 횡령했다는 것이다. 그런데 2월 15일 수감된 박흥식이 몇 시간 만에 풀려났다가 이틀 후 도로 수감되어 물의를 빚은 일이 있었다.

> 화신 사장 박흥식(44세) 씨를 폭리 취체와 배임죄로 서울법원 검사국에서 취조 중 범죄 사실이 확연하고 또 본인으로부터 사실을 시인하여 지난 15일 서울형무소에 수용하였던바 입옥 세 시간 만에 명령계통도 알 수 없게 군정국 국방국장 챔페니 대좌가 직접 검사장을 서울감옥에까지 동행케 하여 가지고 석방시켜 세상을 놀라게 하였는데 이 사건의 전말을 책임 당국자에게 들으면 다음과 같다.
>
> 국방국장 챔페니 대좌가 15일 경기도 경찰부장을 찾아가서 박흥식

自肅하라! 親日群像

叛族輩에 第一彈

逃亡가려든 朴興植逮捕收監

1949년 1월 11일자 『조선일보』에 실린 박흥식 체포 수감 기사. 미군 점령 지역에서는 친일파의 공식적 처단이 없었지만 박흥식 같은 두드러진 친일파의 준동이 간간이 여론을 들끓게 했다.

씨 감금한 이유를 물은 결과, 검사국에서 직접 지휘한 사실을 알자 장 경찰부장의 안내로 다시 대법원장을 찾아가 가지고 그 길로 김용찬 검사장과 같이 서울형무소로 가서 박흥식 씨는 아무런 죄도 없으므로 우리가 맡아서 처리할 터이니 곧 내어놓으라고 하자, 김 검사장은 죄가 있는 것이 사실이고 또 법무국장의 명령이 아니니까 내어놓을 수 없다 하였으나 이는 하지 장군의 명령이라 하므로 할 수 없이 김 검사장은 출옥을 승인하였는데 어느 틈엔지 박흥식 씨의 자동차가 감옥 문에 대기하였다가 그를 태우고 갔다는 것인데 이에 대하여 관계 장관은 다음과 같이 말한다.

● 대법원 검사총장 이종성(李宗聖) 씨 담

"박흥식을 지방검사국에서 취조한 결과 사실이 드러났으므로 최고 방침에 의하여 구금한 것이고 8·15 이전 박흥식의 행동으로 보아 누구나 그의 행동이 타당타고 할 사람은 없을 것이다. 16일 밤에 대법원장에게 이 사실을 듣고 그대로 있을 수 없어 김용무 씨와 경기도 경찰부로 달려갔으나 벌써 일은 지난 뒤라 할 수 없이 그날 밤은 분하여 뜬눈으로 밤을 새웠다. 이래서야 어느 누가 군정을 협력할 수 있겠는가.

그리하여 그 이튿날 3법원 검사장은 전 직원의 총의를 어깨에 지고 법무국을 통하여 사실을 규명하였는데, 결국 박홍식을 일시 맡았을 뿐이고 법원을 무시한 것이 아니라고 하면서 군정청에서 직접 신원을 다시 감옥으로 넘기어 수감케 되었다.

● 서울법원 검사장 김용찬(金瑢璨) 씨 담

하지 장군의 명령을 복종치 않음은 군정을 부인하는 사실이 될 수도 있다. 장관의 명령이 없으니 발표할 수 없다. 하여간 시간이 해결 지을 것이다.

● 서울법원장 김용무(金用茂) 씨 담

법무국의 진력으로 범인은 재수감되었고 수사진의 진의를 그들도 잘 알게 된 것은 이 사건을 계기로 하여 좋은 결과를 낳을 것이다. 다만 이 사건의 발단은 소위 영어 마디나 하는 자의 중간 모략으로 군정을 모독시킨 것이 아닌가 한다.

(「법무국 활동으로 재수감: 의혹의 적(的) 화신 박홍식 사장 사건 진상」,
『자유신문』 1946년 2월 19일)

김용무(金用茂, 1891~1950) 법원장이 "소위 영어 마디나 하는 자"라 한 것은 장택상 경기도 경찰부장을 지목한 것이 분명하다. 기사 중에 챔페니(A. S. Champeny) 대령이 장택상을 찾아갔다가 앞장서서 박홍식을 석방시키며 하지의 명령까지 들먹였다고 하는데, 장택상의 "중간 모략"이 훤히 보인다. 장택상이 챔페니를 앞장세운 것, 하지의 명령을 조작해놓고는 통역 실수로 미룬 것을 누가 짐작치 못하겠는가.

그런데 이 에피소드의 뒷맛을 더욱 씁쓸하게 하는 것이 3월 3일 법무국 형사과장 최종석(崔宗錫)의 담화문이었다. 밑줄은 필자가 강조한 것이다.

> 지난 2월 15일 박흥식의 석방 문제는 우리 사법계에 큰 충동을 주었는데 결과에 있어서는 그 충동으로 말미암아 우리 사법부는 더욱 반성을 굳게 하고 신념을 굳게 하게 되었다. 이러한 의미에서 이번에 역할을 한 무지한 책동배 왜적지배 시대에 일본인이면 무슨 일이라도 실현할 수 있다고 생각하던 버릇을 곧 청산하기를 희망하는 바이며 그리고 일부에서는 박흥식이가 친일파 민족반역자이기 때문에 검거된 것처럼 생각하는 것도 같으나 오늘의 우리 사법기관에는 친일파 민족반역자라는 명목으로 검거할 권한이 없다. 그러므로 그러한 오해가 없기를 바란다.
>
> (「법무국, 박흥식 사건과 폭리 문제에 대해 담화 발표」 중에서, 『서울신문』 1946년 3월 3일)

친일파 민족반역자라서 검거된 것이 아니라는 사실을 왜 굳이 강조해야 했을까? 친일파 처단을 군정청이 가로막고 있는 데 대한 불만을 은연중 토로한 것일까, 아니면 친일파 처단을 바라는 민심에 찬물을 끼얹으려는 것일까? 법무국 쪽에서 나온 얘기인 것을 보면 불만의 토로 같다.

조병옥과 장택상의 경찰이 친일파의 아성이 되고 있는 데 검찰이 불만을 갖고 있던 것이 당시 검·경 대립의 기본 양상이었다. '반공 검사'로 이름 날린 선우종원(鮮于宗源, 1918~)의 회고에도 이 양상이 드러나 있다.

> 게다가 통역관들이 거짓 통역을 해서 죄가 되게끔 만들어버렸어요. '예스'라고 해야 되는 걸 '노'라고 말이야. 그런 식으로 유죄를 만들어서 형무소로 보내는 걸 우리가 봤어요. 그런데 검찰 입장에서는 도저히 묵인할 수 없는 일이거든. 우리 같은 젊은 검사들이 정의감에 불타 통역관을 잡아넣었어요. 그리고 군정장관한테 연락해서 사건을 다시 받아와서 무죄 석방했던 적이 있어요. 그런 일이 많았지요.
> 그렇게 하니까 구속된 놈들이 형무소에 가서 자기를 잡아넣은 검사가 공산주의자니 뭐니 하면서 다른 이야기를 하고 다녔어요. 아마 그때 내가 실언을 좀 했을 거예요. 나도 26살밖에 안 됐을 때니까, 이를테면 이런 얘기할 수 있는 거 아니겠어요?
> "이 자식아, 우리가 일본 놈한테 억눌려 산 것만 해도 분한데, 상전이 바뀌었다고 해서 이제 미국 놈한테 붙어서 한국 사람을 괴롭히냐?"
> 그러니까 그걸 꼬투리 잡아서 '검사가 반미주의자다' 떠들고 다니는 거죠. 재판 끝나면 선우 아무개 검사 구속한다, 몇 년 징역을 보내겠다, 그런 이야기까지 떠돌았어요. (『8·15의 기억』, 116~117쪽)

박홍식 석방 사건은 민심을 크게 자극했다. 대표적 친일 인사를 경기도 경찰부장이 군정청 대령을 끌고 와 하지 사령관의 명령을 빙자해 풀어놓다니, 검사국 최고 간부의 입에서 "이래서야 어느 누가 군정을 협력할 수 있겠는가." 한탄이 나오지 않을 수 없었다.

정말 이해하기 힘든 일이다. 온 백성이 바라는 친일파 처단을 회피하려면 '꼬리 자르기' 전술을 써야 할 때였다. 상징적 인물 몇을 희생시켜 민심을 호도하는 전술. 이승만이 정치자금 조달을 위해 1945년 12월 중순 친일파 자본가들을 주축으로 경제보국회를 만들 때 박흥식이 제외된 것도 친일파로서 상징성이 너무 강했기 때문일 것으로 보인다. 그런 인물까지 감싸는 것은 친일파에 대한 인민의 적개심을 더욱 격화시키는 길이었다.

경제보국회에도 끼워주지 않은 박흥식, 그가 좌익 쪽에도 돈 뿌리는 것으로 소문났던 것은 자구책 강구에 다급했기 때문이었을 것이다. 그런 박흥식까지 풀어주려고 장택상이 나섰던 것은 '정면 돌파' 전략이었을까? 민심을 상대로는 "친일파 처단? 꿈도 꾸지 마!" 오금을 박아주고, 친일파를 상대로는 "우리 편만 되세요. 천하의 박흥식이라도 지켜주지 않습니까!" 메시지를 보내는 것이었을까?

박흥식의 5천만 원에 관해서는 1월 6일자 일기에서도 이야기했었다. 박흥식은 이 사건 재판에서 징역 3년에 벌금 2백만 원을 구형받았으나 5월 무죄를 선고받았다. 1949년 1월 반민특위에 체포되었으나 4월에 병보석으로 석방되었고, 공민권 정지 2년형을 구형받았다가 9월에 무죄를 선고받았다. 1961년 쿠데타 직후 부정축재 혐의로 체포되었다가 7월에 석방되었다.

1946. 3. 4.

대미 예속을 향한 '원조경제'의 길

3월 들어 주한미군의 위상에 관한 하지 사령관의 발언이 몇 차례 나왔다. 아무리 둔감한 사람이라도 미군정에 대한 민심의 악화에 불안한 마음이 들지 않을 수 없었던 모양이다. 그리고 임박한 미소공위에 대비하여 미국의 입장을 정리할 필요도 있었을 것이다.

3일에는 미군 장병을 상대로 미군 명예 옹호를 강조하는 포고문을 내보냈다.

> 하지 중장은 3월 3일 전 주둔 군인에 대하여 포고를 내려 악덕 군인을 근절하여 미군의 명예를 옹호하고 조선 민족 해방과 구제의 신성한 사명 달성에 매진할 것을 강조하였다. 포고문의 요지는 다음과 같다.
> "미군의 명예를 훼상하는 사건이 최근 증가한 것을 우려한다. 지난 수일 동안 서울지구에서 미국군 제복을 입는 자로서 행사된 무장강도로 살인 사건이 1건, 기타 무장강도 사건과 조선인에 대한 불법 폭행 사건이 그사이 수건씩 일어났다. (…) 우리가 지난번 9월에 이곳에 도착하였을 때에는 우리는 구세주로 조선 민족의 민주주의와 자유의 사도로서 왔던 것이다. 그들은 미국인은 모두가 정직하고 솔직하고 믿음직한 줄 알았다. 그러나 어떠한 미국인은 그렇지 않다는 것

을 알고 대단히 놀랬다. (…) 나는 나의 지휘하에 있는 모든 지기를 존중하는 군인이 우리 자신의 진열 중에 있는 것을 절멸하기에 전력을 다하여 협력하기를 요청한다. 그대들이 할 수 있는 몇 가지 점을 이하에 지시한다. (1, 2 생략)

3) 미국인의 범죄행위에 관한 정보나 혐의를 알 때는 즉시 보고하라.

4) 강도질, 가두요리점, 무도장의 싸움 등에 미 군인이 관련되어 불상사가 나거든 관계한 미국인 MP나 그 사령부에 인도하라.

5) 조선인이 어떠한 점으로나 미국인에 떨어지고 그들을 멸시하며 조롱하여도 좋다는 가장 그릇된 관념을 가지지 말라. 조선인은 그러한 사람이 아니다. 그들은 세계의 어떠한 동양 민족에도 지지 않는 4천 년의 문화의 역사를 가지고 있다. 그들은 세계 중의 가장 영리하고 문화적인 민족의 하나이다. 그들은 그대들의 언어를 알지 못하나 그들이 말하는 언어는 그대들의 언어보다 몇 세기나 오래된 것이다. 그들은 우리가 부러워하고 존경하는 문화의 역사와 민족의 순수성을 가진 자랑하는 민족이다."

(「하지, 주한 미군에게 악덕 군인 근절 미군 명예 옹호를 강조하는 포고 발표」, 『중앙신문』 1946년 3월 7일)

당시 금융조합의 간부 한 사람이 기차여행을 하면서 겪은 미군의 횡포를 1월 31일자 일기에 적은 것이 있다. 식민지 헌병이나 순사 못지 않은 안하무인적 횡포다. 하지의 포고문에 그런 횡포까지 제거할 의지는 보이지 않는다. 강도질이나 싸움질 같은 것이 단속 대상이다. 질서 유지를 위해 주둔한다는 군대가 질서를 위협하는 존재가 되었고, 질서 유지 방법의 폭력성 정도는 문제 삼을 여지도 없는 형편이었다.

6일에는 분할 점령이 군사적 목적만을 위한 것임을 다시 확인하는 성명을 발표했다.

> 지난 1일부 뉴욕타임스지가 조선의 남북 분할은 얄타회담에서 결정된 것이라고 시사하는 보도를 하였다는 외전에 접한 이래 조선 민중으로서는 이것을 신빙하는 경향이 농후하다. 그런데 조선 주둔 미군 최고사령관 하지 중장은 이것을 부정하고 38도선은 다만 미·소 양군의 군사적 목적에 의거한 것이라고 6일 야에 다음과 같이 성명하였다. "요즈음 조선 언론계의 논조를 보면 조선인 사이에는 38도선이 얄타협정에서 밀약된 것으로 믿는 경향이 농후한데 38도선 설정에는 그런 역사는 전무하다. 번즈 국무장관은 1945년 12월 13일 방송 연설 중에 조선을 점령함에 있어서 38도선을 경계로 하여 미·소가 남북으로 나눈 것은 순전히 군사적 목적으로 된 것이라고 하였다. 이 경계선은 일본 항복이 기정사실로 된 때에 조선 내의 일본군의 항복과 일인을 철퇴시키고 조선인을 귀환시키는 것을 신속케 하기 위하여 설정된 것이다. 미국으로서는 내주 서울에서 열릴 미소공동위원회에서 조선인을 위하여 38도 경계선을 철폐하도록 되기를 바라는 바이다."
>
> (「하지, 38선 분할은 군사적 목적에 의거한 것이라는 성명 발표」, 『서울신문』 1946년 3월 8일)

분할 점령은 군사적 목적을 위한 것으로 표방되어왔다. 60여 년이 지나 많은 비밀문서가 발굴된 지금까지 이 명분에 대한 반증은 발견된 것이 없다. 강대국에게 점령은 하나의 이권이라는 사실은 당시의 상식이었다. 상식적 사실을 드러내 표시할 필요도 없었다. 한반도에서 이 이권을 두 강대국이 나눠가지는 데 다른 연합국들은 이의를 제기할 힘이 없었다. 다만 점령의 명분을 피점령지 인민을 위한 것으로 명시함

1946년 초 길가에 붙어 있는 반탁 벽보. 반탁운동은 이승만과 친일파 세력이 통일 국가 건설을 방해하는 데 이용당했다.

으로써 노골적인 세력화를 견제하는 정도로 만족할 수밖에 없었다.

'군사적 목적'이라 함은 조선 인민을 위해 일본의 군사력·행정력·경찰력을 해결해준다는 것이다. 그런데 주둔 반년이 되는 시점까지 명분에 어긋나는 미군의 행태가 너무 많이 드러났다. 소련군의 주둔에도 이런저런 문제들이 있었지만, 그래도 소련군이 조선 인민의 '협력자' 자리를 지키려는 노력만큼은 분명했다. 반면 미군정은 자신을 "한반도 남반부의 유일한 정부"로 주장하며 조선 인민의 '지배자'를 노골적으로 자처해왔다.

현실이 상식적으로 이해되지 않을 때 음모론이 활개를 친다. 이때 나온 음모론이 '얄타 밀약설'이었다.

지난 12월 22일자 일기에서 이승만의 얄타 밀약설을 언급했다.

1945년 4월 샌프란시스코회의를 앞두고 미국 반소·반공주의자들의 총대를 멘 일이었다. 그때의 밀약설은 미국이 조선을 소련에 팔아넘겼다고 하는 것이었는데, 모스크바 3상회의 뒤 1946년 들어 다시 제기된 밀약설은 미·소가 한국을 갈라먹기로 했다는 것이었다. 미군정의 이해할 수 없는 정책 때문에 미국의 의도를 의심하는 데서 나온 음모론이었다.

그 무렵 중국에서도 다른 내용의 얄타 밀약설이 퍼져 나왔다. 소련은 국민당 정부와 연합국으로서 협력관계를 맺고 있었는데, 국·공 대립이 심화하는 데 따라 중국에 대한 소련의 애매한 태도가 의혹을 불러일으킨 것이었다.

스탈린은 중국의 공산혁명 가능성을 믿지 않고, 국민당과의 흥정을 통해 실리를 확보하려 했다. 얄타협정에서 소련은 일본과의 전쟁에 참여하는 대가로 1905년 포츠머스조약 이전에 제정러시아의 영토와 이권 회복을 약속받았다. 그런데 얄타협정은 미·영·소 3국 사이에 체결된 것이었고 중국과 관련된 내용은 장개석(蔣介石, 1887~1975)의 동의를 받아 시행하기로 되어 있었다.

그래서 일본 항복 후 소련은 중국의 국·공을 상대로 양면 전략에 나섰다. 공개적으로는 국민당 정부를 지원하면서 암암리에 공산당의 세력 확대를 도와준 것이었다. 만주에서 항복받은 일본군 무기를 공산군에게 넘겨주고 공산군의 진격에 맞춰 만주 철수 일정을 잡았다. 그래서 공산군이 쉽게 만주 지역에 세력을 심을 수 있었다. 공산당의 저항을 강화시켜줌으로써 국민당 정부와의 흥정을 유리하게 하려는 속셈이었다.

공산당은 국민당 정부가 중국의 주권을 팔아넘긴다고 비난했고, 과거 일본의 침략에 대한 국민당의 유화적 대응 방식 때문에 이 비난은 큰 효과를 발휘했다. 이 효과를 제한하기 위해 미·영·소 3국은 1946년 2월 10일에 얄타협정 내용을 동시에 발표하지 않을 수 없었다. 그러나 발표 내용을 넘어서는 밀약이 있지 않은가 하는 의혹은 그치지 않았다.

3월 6일에 하지는 미국의 한국 원조 방침도 발표했다.

> 미 국무성은 건국도상의 조선 경제와 재정 건설을 독립 원조하게 되었다. 이에 대하여 6일 하지 중장은 다음과 같이 발표하였는데 이와 동시에 미 국무장관 번즈도 이 문제에 대하여 동일한 언명을 하였다.
> "일본의 악독한 영향의 감염에서 벗어나 독립하고 강력한 경제를 건설하는 데 조선을 원조코자 하는 문제를 미 국무성에서 신중히 고려 중이다. 재정적 문제에 대하여도 될 수 있는 데까지 원조하게 되었으며 경제발전정책국의 골든·스트롱 씨가 이에 관한 필요한 정보를 수집코자 조선에 파견되었다. 스트롱 씨는 하지 중장의 경제 농업 고문 번스 씨와 협력하여 활약할 것이다.
> 조선의 산업계와 운수계를 재건하고 개선하는 데 조선이 재정적으로나 기타 방면으로 필요한 것을 스트롱 씨는 조사할 것이다. 이리하여 수집된 정보는 일반적으로 이 기획을 수립하는 데 큰 도움이 될 것이고 동시에 조선 임시(과도)정부의 요구로써 특별 부문에 있어서 원조를 할 때에도 큰 도움이 될 것이다. 이 임시과도정부는 미소공동위원회에서 수립하게 될 것이다. 미국의 방침은 조선의 경제 발전을 원조함에 있어서는 조선 임시(과도)정부와의 일정한 조건하에서 할 것이다."

(「하지, 미국은 조선의 경제 건설을 위해 재정 원조를 할 것임을 언명」, 『조선일보』 1946년 3월 7일)

이 방침은 임시과도정부가 수립될 경우를 가정하여 남한만이 아니라 한국 전체를 대상으로 할 것을 표방했다. 그러나 현실적으로는 미군정을 통한 남한에 대한 통제력을 확보하는 것이 목적이었다. 한국 전체를 대상으로 하는 것이라면 소련과 함께 원조 계획을 세워야 할 것인데, 소련과 의논하려는 노력은 이 시점까지 없었다.

강대국으로서 미국의 힘은 군사력에 앞서 경제력에 있었다. 군사력에서는 소련에 대한 우위가 원자폭탄 하나에 걸려 있었지만, 경제력은 압도적인 우위에 있었다. 제2차 세계대전의 가장 큰 피해국인 소련은 자국 산업의 소생을 위해 독일과 만주에서 기계를 걷어가야 할 지경이었다.

한국 경제의 자생력은 분단 상황, 특히 미군정의 잘못된 정책으로 크게 손상되었다. 이남 지역의 가장 중요한 생산품인 쌀 시장이 혼란에 빠져 이북과의 물자 교류가 완전히 단절된 것이 치명적 문제였다. 해방 당시 한국의 경제적 자립을 위한 기반 조건은 아시아 국가 중 그리 나쁜 편이 아니었다. 그러나 군정기간에 '원조경제'의 수렁에 빠진 한국은 수십 년간 미국의 예속 상태에 놓이게 된다.

1946. 3. 7.

민족주의를 적대시한 경찰 2인자 장택상

임종국은 「제1공화국과 친일 세력」의 맺음말에 에피소드 하나를 실어 놓았다(『해방전후사의 인식 2』, 230~231쪽).

> 일제하에서 C씨에게는 본인의 친일 행위는 별로 없었다. 그러나 그 부친은 한말의 관찰사 출신으로 경북에서 갑부로 이름이 높았다. 1915년, 광복단 단장 박상진이 군자금을 청하러 갔을 때 C씨의 부친은 형사에게 밀고해 매복을 하게 하였다. 격분한 박상진이 현장에서 그를 사살해버린 사건 1막이 있었다.
>
> C씨의 부친에게는 아들 3형제가 있었다. 장남은 구한국 관료 출신으로 일제하에서 경북 모 은행장이었다. 차남은 중추원참의를 수차 중임했으며, 대구부의-경북도의-대구상의 회두-총력연맹 평의원-대화동맹 심의원 기타를 한 사람이다. 이러한 계보로서 볼 때 3남인 C씨는 본인의 친일 행위는 없었지만, 그 가문이 친일 계층에 속했던 것만은 부인할 수 없는 사실이다.
>
> 해방 후 C씨가 군정청 XX청장에 기용됐을 때 몇 사람이 국일관에서 C씨를 만나 말했다.
>
> "이제 군정의 XX권을 가지셨으니 독립운동자에게도 잘해야 안 되겠

습니까?"

이에 대한 C씨의 답변은 냉정했다.

"나는 그들을 동정할 수 없어! 내 아버지가 독립운동자에게 죽었는데 어떻게 동정하겠느냐 말이오."

임종국이 『중앙일보』의 「잃어버린 36년」 제29회에서 인용했다는 이 글에서 왜 장택상을 "C씨"라고 적었는지 모르겠다. 장택상이 임정 인사들을 적대했다는 이야기는 온라인 백과사전 『위키피디아』에 『상록의 자유혼』(장병혜, 창랑 장택상 기념사업회 1992) 등을 근거로 이렇게 적혀 있다.

1945년 11월 대한민국임시정부와 임정 요인들이 귀국할 때 장택상은 전폭적 지지 환영을 하여 김성수·송진우·조병옥·김준연·백관수 등과 함께 임시정부 주석 김구를 방문하였다. 오후 3시에 경교장에 도착하자 경비원 5, 6명에게 제지당하였다. 경비원들은 문밖에서 기다리라 하였으나 감감무소식이었고 장택상과 일행은 3시간 동안 영하 15도의 혹한에서 경교장 정문 밖에서 기다려야 했다 한다.

임시정부 인사들의 고자세에 반발한 장택상은 김구를 이후 부정적으로 보게 됐다. 또한 우익 청년단원들이 미군정 경찰청에 감금당했을 때는 김구, 김성수, 조소앙, 신익희 등으로부터 석방하라는 전화를 계속 받으며 장시간 전화 통화에 시달림당하기도 했다.

1945년 12월 2일 장택상은 환국지사후원회를 국민대회 준비회 대표 송진우와 함께 임정 요인들을 예방하면서 후원회 기금 9백만 원을 전달하였다. 12월 29일 새벽의 반탁운동의 방향에 대한 경교장 모임에 참석했다. 경교장 회의에서 송진우는 미군정에 대항하면 무력 충돌이 발생하거나 정권이 돌아가지 않을 것을 경고하고 무력 충돌은 자제해줄 것을 촉구했다. 12월 30일 새벽 2시 송진우와 함께 돌아가던 길에 같이 밤을 보내자는 송진우의 요청을 거절하고 수표동의 자택으로 되돌아갔다. 새벽 6시 송진우가 원서동 자택에서 한현우, 유근배 외 5명의 청년에게 피살당했다는 소식을 듣고 서울 원서동의 송진우 자택으로 찾아갔다. 송진우의 빈소에서 그는 송진우의 원수를 갚을 것을 다짐했는데, 이후 그는 임시정부 측을 부정적으로 보게 되었다.

미군정에 의해 조병옥과 함께 경찰의 중책을 맡은 장택상은 조병옥의 엽기적 행각과 쌍벽을 이루는 저돌적인 자세로 끊임없이 화제를 모았다. 이미 소개한 국군준비대와 학병동맹 습격 사건은 마수걸이일 뿐이었다. 1946년 5월에는 공산당 전면 탄압의 출발점이 된 '정판사위폐사건' 수사를 지휘했고, 서북청년단을 공공연히 지원하기도 해서 '좌익 탄압의 괴수'로 지목되었다.

우익 내에서도 임정 등 민족주의자들과 대립하는 자세를 보인 것은 이승만과 밀착된 파당적 입장으로 보이고, 위에 소개한 일화들은 그 자세를 뒷받침한 것이었다. 1948년의 5·10 선거와 이후의 두 차례 보궐선거에서 큰 영향력과 지명도를 가진 그가 연거푸 낙선한 데서 얼마나 부정적 이미지를 가진 인물이었는지 알아볼 수 있다.

장택상이 조병옥보다 앞서 나간 분야는 검열이었다. 그가 2월 7일 발포한 극장 및 흥행취체령의 기준 중에는 "계급투쟁의 의식을 유발고취하는" 것도 있었다. 좌익을 겨냥한 정치 검열이었다. 취체 방법에는 경찰관이 공연에 임석해서 중단, 수정 또는 삭제를 요구하는 강압적인 것도 있었다. 식민지시대보다 더 심한 조치라는 비판이 쏟아지자

이 취체령은 한 달 만에 취소되었다.

물의가 분분하던 흥행 및 극장 취체 방침에 대하여, 경기도 경찰부에서는 재검토를 거듭한 결과 7일 제일선 경찰서에 통첩을 띄워 흥행 검열제를 일제 폐지하도록 통달하였다. 그리고 만일 흥행 자체가 풍기 도덕을 문란케 하는 경우에는 경찰부 정보과와 소관 서장이 흥행 각본을 신중히 검토하여 확실히 해독을 인정할 때만 비로소 정보과장, 서장의 명령으로 이에 간섭하게 되었으므로 제일선 경관이 자기 마음대로 임석하여 연극을 중지시키거나 취체할 수는 없게 되었다. 앞서 잠시 동안 실시했다는 검열은 어디까지나 3·1 기념 연극을 중심으로 한 잠정적 조치였으며 현재는 이러한 검열 방침은 폐지되고 있다 한다.

(「경기도 경찰부, 극장 및 흥행취체령 폐지 통첩」, 『서울신문』 1946년 3월 10일)

그러나 장택상은 기자단에게 이 취체령이 법령이 아니라 '통첩'일 뿐이었다고 발뺌했다.

"풍기를 문란케 하며 도덕적으로 도저히 용납할 수 없는 일은 흥행을 제일선 경찰에서 적당히 취체하라는 통첩을 띄운 일은 있으나 그와 같은 극장 및 흥행취체령을 공식으로 발표한 일은 없다. 소위 취체령이라고 말하는 10개 조목은 제일선 경찰에서 대략 그와 같은 요령으로 취체하라는 기준 방침이지 이를 법령으로서 적용하라는 명령을 한 것은 아니다. 그중에도 제10조와 같은 계급, 파벌, 투쟁의식을 유발·고취하는 것 운운은 상식으로는 이해 못할 말이므로 단연 전면적 철폐를 하겠다. 그리고 각본 검열제는 절대로 실시하고 있지 않다.

"영어 마디나 한다고" 미군정 밑에서 득세한 장택상. 그가 남긴 수많은 일화들을 훑어보면 그가 왜 정신과 의사의 도움을 받지 않았는지 의문스럽다.

다만 위에 말한 풍기 도덕상 용납 못할 흥행은 때에 따라 각본을 검열할지 모르나 항간에 떠돌고 있는 말과 같은 그러한 몰상식한 연극 금지, 검열 간섭은 절대로 없을 것이다."

(「장택상 경기도 경찰부장, 극장 및 흥행취체령을 공식 발표 없었다고 언명」, 『서울신문』 1946년 3월 8일)

극장 및 흥행취체령의 포기가 거센 반대 때문일 뿐이지, 민주주의에 대한 장택상의 이해가 깊어진 결과가 아니었다는 사실을 불과 십여 일 후의 '집회허가제'에서 알아볼 수 있다.

서울 시내에서 시위 행렬과 집회를 하려면 허가원에 발기인의 집회 이유와 성질, 집회 일자, 집회 장소, 개회 시간, 폐회 시간, 출석 인원 수, 대표자가 집회에 경관을 안내하기 위하여 출두하는 시간과 경찰 서명 등을 명기한 서류를 첨부하여 집회 시간 48시간 전에 경기도 경찰부 정보과에 출원하지 않으면 안 된다.

(「경기도 경찰부, 경성부 내 집회허가제 실시」, 『동아일보』 1946년 3월 19일)

그뿐인가? 장택상은 1년 후인 1947년 1월 31일 '예술을 빙자한 정치 선전의 전면 금지' 특별고시로 이 취체령을 사실상 다시 부활시켰다. 그 상황은 나중에 검토하겠지만, 이승만이 군정청에 대항하고 조병옥과 장택상에게 완전히 장악된 경찰 또한 군정청의 통제를 벗어난 시점이라는 것이 우선 눈에 띈다.

> 반탁·찬탁을 에워싸고 민심이 들뜨고 있는 현상에 비추어 앞서 이에 관련된 포고를 내린 제1경무총감부에서는 31일 다시 흥행업자에 대하여 경고의 고시를 내리어 요즈음 오락을 빙자해서 정치적 선전을 일삼는 흥행업자가 있어 경찰은 엄중히 감시하는 동시에 앞으로 이 방법으로서 치안 교란을 꾀하는 자는 군정 위반으로 엄벌할 것이라고 (요지) 하였다. 이에 출입기자단에서는 이 고시가 혹 문화의 창달을 구속할 염려가 있지 않은가 하고 질문한 데 대하여 장 총감은 이 고시의 취지는 순전히 군정 위반을 방지하기 위한 취지에서 나온 것으로 함부로 흥행의 문화성을 간섭할 의도는 조금도 없다. 요컨대 불온한 객관 정세에 비추어 고시의 본 취지를 선용함에 있다고 말하였다.
>
> (「제1경무총감 장택상, 극장의 흥행취체에 관한 고시 발표」, 『조선일보』 1947년 2월 1일)

당시의 상황을 강준만은 이렇게 적었다.

> 1947년 1월 군정청 공보부의 검열을 마친 '해방뉴스'와 '조련뉴스'가 서울을 위시하여 대도시의 상영을 거쳐 경남 통영에서 상영되던 중, 광복청년단원들로부터 테러를 당하는 사건이 벌어졌다. 경찰이 테러단을 처벌하기는커녕 돌려보냈고 필름 탈취도 그냥 방치하였다.

그간 우익 청년단체들이 전담해오다시피 한 '극장 통제'에 경찰도 발 벗고 나섰다. 1월 30일, 수도경찰청장이자 한성극장협회 명예회장인 장택상은 '흥행취체에 관한 고시'를 발표하였다.

"최근 시내 각종 흥행장소에서 오락을 칭탁하고 정치 선전을 일삼고 있는 흥행업자가 다수한 듯하다. 경찰은 엄중한 감시를 하고 있다. 민중의 휴식을 목적하는 오락 이외 정치나 기타 선전을 일삼아 정치 교란을 양성한 자는 포고령 위반으로 고발하여 엄형에 처함." (『한국 현대사 산책: 1940년대편 2』, 71~72쪽)

1946. 3. 8.

"소련 영화 상영 금지"

민족문제연구소는 『친일인명사전』에 따로 엮어 만든 「금단의 역사를 쓰다, 18년간의 대장정」(149쪽)에서 사전 항목의 선정 기준 중 문학 분야의 기준을 이렇게 제시했다.

> 1. 시·소설·수필·평론·아동문학 등 문필 활동으로 내선일체—황국신민화—대동아공영권 등 일제의 지배 이데올로기를 찬양·미화하고 파시즘 총동원체제를 선전·선동함으로써 일제의 식민 통치와 침략전쟁에 적극 협력한 자.
> 2. 조선문인보국회, 국민총력조선연맹 문화부, 조선문인협회 등 각종 친일단체의 간부로 반복하여 참여한 자.

이에 이어 음악·무용, 미술, 연극·영화 등 다른 문화 분야에도 비슷한 기준이 제시되어 있다. 식민지배와 파시즘의 이념에 적극 복무하였는가, 친일 활동에 조직적·지속적으로 참여하였는가, 두 가지 방향을 따지는 것이다.

내가 『친일인명사전』을 높이 평가하는 것은 무엇보다 그 선정 기준에 절제가 있다는 점이다. 일본의 식민지배는 어마어마하게 거대한 범죄행위였기 때문에 피해자 입장에서는 피해의식 때문에 그 범죄의 본질을 정확히 파악하기 어려운 면이 있다. '엄정한' 비판을 시도할 때, 거대한 범죄의 소소한 구성 요소까지 빠뜨리지 않으려 애쓰게 되기 쉽고, 그러면 범죄성이 애매한 영역까지 포함되어 논란을 일으키기 쉽다. "식민지시대에 숨 쉬고 살기만 한 것도 친일이냐?" 하는 반론이 이런 데서 나오는 것이다.

내가 추구하는 민족주의는 민족의 가치를 절대시하는 강경한 민족주의가 아니라 민족의 가치도 무시하지 말아야 한다는 온건한 민족주의다. 지나치게 강경한 민족주의는 파시즘의 위험성이 있을 뿐 아니라, 쓸데없이 많은 적을 만든다는 점에서 민족의 가치에도 불리한 결과를 가져온다. 강경한 민족주의 앞에서는 온건한 민족주의자도 반(反)민족주의자들과 함께 비(非)민족주의 입장으로 몰리거나 쏠릴 수 있기 때문이다. 뉴라이트의 민족주의 비판은 이런 구조를 이용하는 것이다.

우리 사회처럼 반민족주의가 엄존하는 상황에서는 반민족주의를 고립시키기 위해서도 민족주의 노선에서 온건한 기조를 지킬 필요가 있다. 민족주의 진영이 선명성 경쟁에 빠지는 것은 민족주의 스스로를 고립시키는 길이다.

2009년 11월 11일이었던가? 『친일인명사전』을 다룬 MBC 「100분 토론」에서 사전 편찬에 종사해 온 이들이 어떤 고민을 겪어왔는지, 그리고 그 고민을 어떻게 극복해왔는지 들으며 큰 감명을 받았다(「허물에 매달려 변명만 늘어놓는구나」, 『프레시안』 2009년 11월 13일). 그날 출연한 박한용과 주진우가 사전의 의미를 '미니멀리즘' 기준으로 제시하는 것이 한국 상황에 적절한 태도로 보였다.

그런데 생각해보면, 이만큼 물러선 자세로 여유 있게 친일을 바라볼 수 있게 된 것은 60여 년 세월 덕분이기도 할 것이다. 일본 지배가 막 끝난 시점에서는 친일과 일본에 대한 태도를 취하는 데 적절한 기준을 잡기가 훨씬 어려웠을 것이다. 논리적 판단의 어려움만이 아니었다. 생활 전체를 지배해온 '일본식' 처리는 논리만으로 되는 것이 아니었다.

35년간 일본 지배를 받는 동안 조선은 나름대로 '근대화' 과정을 겪었다. 해방 시점 조선의 '근대 문화'는 일본의 강력한 영향 속에서 형성된 것이었다. 민족문화의 독립은 민족 독립의 중요한 측면이었다. 그러나 그것이 일본 문화의 배격만으로 간단히 이뤄질 수 있는 일이 아니었다. 이제 독립해야 할 민족문화도 전통시대의 민족문화와 달리 근대 문화의 면모를 가져야 하는 것이었고, 배격해야 할 일본 문화에는 그때까지 조선에 근대 문화의 형성을 이끌어온 틀이 담겨 있기 때문이었다.

아래 기사에서 "일본 군국 가요 레코드"라 한 것이 보통 일본 음반이 아니라 '군국(軍國)' 성격의 것만을 제한해서 지칭한 것인지 알 수 없다. 생각건대 일본 지배를 막 벗어난 상황에서 '군국'풍의 것만이 아니라 일본풍의 모든 것에 대한 반감이 널리 일어났을 것 같다. 그런데 해방 후 반년이 지난 시점에서는 근대 문화에 대한 수요를 충족시킬 대안이 충분치 못한 상태에서 일본 음반의 수요가 다시 고개를 들지 않았겠는가.

> 해방 후 일본 잔재 일소와 함께 사라졌던 일본 군국 가요 레코드는 어찌된 일인지 요즈음 거리의 식당, 바, 카페, 카바레, 다방 같은 대중오락장에서 다시 유행이 되다시피 되고 있는데 7일 본정서보안계에서는 관하 각 음식점 조합에 일본 레코드의 사용을 금하라는 통첩

을 발하였다.

동서 고순문(高淳文) 주임은 다음과 같이 말하였다.

"일본 축음기판은 금후 사용치 않도록 조합을 통하여 주의시키는 한 편 방금 2·3식당업자들을 호출하여 주의를 시키고 있다."

(「대중오락장에서 일본 가요 음반 사용 금지」, 『동아일보』 1946년 3월 12일)

문화적 독립을 위해 근대적 민족문화의 성장이 필요했지만, 그 성장은 하루 이틀에 이뤄질 일이 아니었다. 그 성장의 기반을 마련하기 위해 일본 문화에 대한 지나친 의존을 벗어나면서 다른 외국의 근대 문화를 폭넓게 수입하는 것이 당시로서는 현실적으로 최선의 문화정책 방향이었을 것이다. 그런데 며칠 후의 짤막한 기사 하나가 당시 문화정책의 한 모퉁이를 보여준다.

경무국에서는 9일 남조선 전역에 긍(亘)하여 소련 영화의 상영을 금지하라고 발포되어 즉일 실시되었다.

(「군정청 경무국, 남한에서 소련 영화 상영 금지」, 『조선일보』 1946년 3월 12일)

영화는 소련에서 다른 나라와 다른 문화적 무기로써 힘을 가진 존재였다. 그 힘의 근거는 두 가지에 있었다. 하나는 레닌 이래 소련 지도자들이 선전 도구로써 영화를 중시하고 키워왔다는 점이고, 다른 하나는 사회주의 리얼리즘을 중심으로 한 근대예술로서의 선진성이었다. 당시 소련군이 한국에 어떤 영화를 들여왔는지 구체적으로 알지 못하지만, 짐작건대 공산주의 선전성이 강한 것과 예술적 선진성이 뚜렷한 것이 모두 들어왔을 것 같다.

초등학교 들어가기 전인 1955년경 정릉동에서 살 때 마을 복판 고

아원 마당에서 서부영화 보던 생각이 난다. 돌이켜 생각하면 한국인에 대한 교육이나 선전 목적으로 골라온 것이 아니라 미군 오락을 위해 들여온 필름을 대민사업에 썼던 것이 아닐까 싶다. 영화에서는 미국의 힘이 소련보다 약했기 때문에 미군 점령 지역에서는 소련 영화 상영을 '묻지 마' 식으로 금지했을 것 같다. 분단 점령은 한국 문화의 발전 조건에도 제약을 가했던 것이다.

1946. 3. 9.

일본·미국, 참 골치 아픈 이웃들 골라서 만났다

해방공간의 상황을 살핌에 있어서 외적 조건에 대한 관심은 냉전으로 치닫는 미소 관계에 집중되어왔다. 물론 이것이 가장 중요한 배경임에는 틀림없다. 그러나 지나친 집중은 시야에 제약을 준다.

당시 한국인의 욕구가 외적 조건과 일으키는 상호작용의 유기적 측면을 이해하는 데 가장 큰 제약을 느낀다. 한국인의 욕구는 민족주의, 민주주의, 공산주의 등 몇 개의 구호로 포괄되지 않는 복잡한 것이었는데, 미소 관계라는 하나의 거울만으로는 그 다양한 내용을 제대로 비춰볼 수 없다.

해방 시점까지 조선은 일본제국의 일부분이었고 조선인은 천황의 신민이었다. 1945년 8월 15일 천황의 항복 선언은 조선인이 새로운 정체성을 세워 나갈 출발점을 만들어주었지만, 그 자체만으로 새로운 정체성을 부여한 것은 아니었다. 일본인들도 마찬가지였다. '신민'에서 '시민'으로의 진화가 종전을 계기로 시작되었다. 군국주의로부터 해방되었다는 점에서 천황의 항복은 일본인에게도 해방이었다.

일본 군국주의에서 해방되면서 미군의 지배를 받게 된 것은 38선 이남의 조선인과 일본인이 함께 겪은 조건이었다. 천황의 신민 노릇을 벗어나 새로운 정체성을 추구한다는 것도 두 집단의 공통된 과제였다.

궁극적 과제와 일차적 조건을 공유한다는 점은 두 집단의 반응을 비교할 수 있는 기본 조건이 된다.

일본이 지배국이고 조선이 피지배국이었으며 조선에는 38선 이북에 소련군이 진주했다는 것이 두 집단 사이의 가장 중요한 차이였다. 이 차이가 남반부 조선인의 상황 인식을 일본인보다 복잡하게 했다. 첫째, 조선인은 자신이 패전국이라는 사실을 인정하지 않으려 했다. 둘째, 북반부의 소련군 존재가 상황을 좌우하는 하나의 큰 변수로 존재했다.

일본인은 스스로 패전국임을 이의 없이 인정했고 그 대상이 미국임을 명확하게 인식했다. 따져보면 이 점에서 남반부 조선인도 일본인과 근본적으로 같은 입장이었는데도 그 인식은 일본인처럼 명확하지 않았다. 이 차이가 조선인의 반응을 상당히 굴절, 교란시켰다는 점을 염두에 두고 일본인의 반응을 검토하면, 패전 사회 반응의 기본 성격을 살피는 데 큰 도움이 된다.

또 한 가지 전후 일본의 상황에서 한국 현대사의 전개를 이해하는 데 참고가 되는 점은 굳이 언급할 필요도 없을 것이다. 오랫동안 국교단절 상태에 있기는 했어도, 일본의 존재는 한국의 상황을 좌우하는 큰 변수가 아닐 수 없었다. 해방공간에서는 무엇보다 미국의 대한정책이 대일정책에 종속하는 측면이 컸다. 이 책에도 일본 재무장 등 이러한 방향의 시각이 얼마간 담겨 있지만, '해방'에 대한 일본인의 반응으로부터 비슷한 상황 아래 조선인의 반응을 음미하는 것이 훨씬 더 큰 소득이다.

항복 후 일본의 변화를 서술한 존 다우어의 『패배를 껴안고』가 통상적 역사서를 뛰어넘는 장점은 두 가지 면에서 크게 느껴진다. 그 하나는 내부적 시각과 외부적 시각이 효과적으로 엇갈린다는 점이다. 저자

항복 선언문을 읽고 있는 히로히토. 미군을 정복자로 이의 없이 받아들일 수 있었기 때문에 일본이 조선보다 혼란을 덜 겪은 측면도 있다.

는 미국인이며, 스스로 외부인의 시각에서 접근한다는 사실을 분명히 한다. 그러나 그가 외부인의 시각을 가지고 추적하는 대상은 내부인의 경험이다.

> 외부인의 시각에서 본다면 패전과 점령을 일본인의 경험으로 다룬다는 것은 쉽지 않은 일이었다. 하지만 반세기가 지난 오늘날의 우리는 사태를 다른 시각에서 바라볼 수 있게 되었다. 산산조각 난 땅, 뿔뿔이 흩어진 사람들, 산산조각 난 제국, 그리고 무참히 박살난 꿈은 우리 시대가 공유하는 주된 화제이기 때문이다. 패자의 눈을 통해 세계를 바라본다면 배울 것이 있을 것이다. (『패배를 껴안고』, 17~18쪽)

저자는 모든 현대인이 '역사의 패배자'로서 입장을 공유하는 것으로 보고, 여기에서 내부인과 외부인이 만나게 된다. 공유하는 입장을 확인하는 것은 외부자의 몫이다. 설령 일본인이라 하더라도 이런 입장의 공유를 확인하고 나선다면 그것은 외부자의 자세다.

또 하나 장점은 흐름의 표면을 살피는 것이 아니라 문화사와 사회사의 관점을 통해 내면을 보여준다는 점이다. 독자의 감정이입을 쉽게 하는 읽을거리로서의 가치도 이 장점에서 나오는 것이거니와, 변화의 보다 본질적 요소들을 잘 부각시키는 관점이기도 하다. 같은 시기 조선인의 반응을 미루어 살필 수 있는 근거도 이 장점에서 얻는 것이다.

일본 현대사에 대한 다우어의 관점 중 내가 가장 놀란 것은 패전이 일본에 가져온 변화를 통상적 인식보다 작게 본다는 점이다. 그는 1920년대 말부터 1980년대 말까지 관료제적 자본주의가 일본 사회를 주도한 "하나의 큰 순환과정"을 주목한다(같은 책, 730쪽). 전쟁과 패전을 겪는 과정에서 일본 사회의 기본 성격은 변함이 없었다는 것이다. 1975년 한 저널리스트의 "일본의 가치관에 변화가 있었느냐?" 질문에 대한 쇼와 천황의 대답이 상징적으로 느껴진다.

> "전쟁이 끝나고 국민들은 다양한 의견을 개진해왔습니다. 하지만 넓은 관점에서 보면 전전과 전후에 달라진 것이 있다고는 생각지 않습니다." (같은 책, 727쪽)

패전이 일본 사회와 국가에 엄청나게 큰 변화를 가져온 것은 명백한 사실이다. 그러나 변하지 않은 면도 있었고, 거시적으로는 변하지 않은 면에서 더 큰 중요성을 찾을 수도 있다. 항복 선언 당시에는 거의 모든 일본인이 천지가 뒤집히는 것으로 느끼고 있었다. 그러나 다우어의 추적을 따라가면 시간이 흐름에 따라 대다수 일본인은 종래의 세계관과 태도에 최소한의 변화만으로 새로운 상황에 적응하고 있었다는 사실을 확인할 수 있다.

한국인은 역사의 연속성이라는 이 측면을 이해하는 데 더 큰 어려움을 당시에도 가지고 있었고, 지금까지도 가지고 있는 것 같다. '식민지배의 종결'이라는 환상 때문이다. 일본인이 '점령'이라는 7년간의 '신식민주의 지배'를 운명으로 받아들일 때 한국인은 카이로선언이라는 독립 약속에 매달려 미군정의 횡포를 이해하지 못하고 있었다.

맥아더가 1951년 4월 연합군사령관에서 해임된 후 5월 5일 상원 청문회의 답변 중 일본인의 '맥아더 신앙'에 찬물을 끼얹었다는 아래 대목이 흥미롭다.

> 글쎄요, 독일과 일본은 본질적으로 문제가 전혀 다릅니다. 독일인은 성숙한 인종이었습니다. 만일 앵글로색슨이 인간 발달 과정상 과학, 예술, 종교, 문화에서 마흔다섯 살 정도의 연령대라고 하면 독일인도 이와 같습니다. 하지만 일본인은 오래전부터 있어 왔지만 누군가의 지도를 받아야만 하는 상황이었습니다. 근대 문명의 척도로 말하자면 우리가 마흔다섯 살 정도의 성숙한 연령에 있는 것과 비교해서 열두 살 소년 정도일까요?
>
> 지도를 받는 기간이라는 것이 늘 그렇듯이 일본인은 새로운 규범이나 새로운 사고를 받아들이기 쉬운 상황에 있었습니다. 그래서 기본이 되는 사고를 심어줄 수 있는 것입니다. 일본인은 태어난 지 얼마 안 된 아기와 같이 유연하고 새로운 사고방식을 쉽게 받아들일 수 있는 상태에 가까웠던 것입니다.
>
> 독일인은 우리와 비슷한 정도로 성숙한 연령에 도달해 있습니다. 독일인이 근대적 도덕을 포기하거나 국제 규범을 어긴다면 거기에는 그들의 의도가 깔려 있는 것입니다. 독일인이 세계에 대해서 무지하기 때문에 나온 행동이 아닙니다. 혹은 일본인처럼 어쩌다 보니 엎어

> 지게 된 것도 아닙니다. 독일인은 스스로의 군사력을 고려하고 그것을 이용하는 것이 스스로 원하는 권력과 경제 패권의 지름길이라고 생각해서 심사숙고한 끝에 내린 정책을 실행에 옮긴 것입니다. (같은 책, 719~720쪽)

독일인과 일본인의 차이를 이렇게 파악한 맥아더가 조선인과 일본인 사이의 차이는 어떻게 인식했을까? 1853년 페리 제독(Matthew C. Perry, 1794~1858)의 일본 개항 이래 일본은 미국에 상당히 중요한 나라였다. 태평양전쟁을 통해 그 중요성이 엄청나게 커졌다. 슈퍼파워로 올라선 미국의 세계 경영에서 일본은 동아시아 방면의 가장 중요한 지렛대로 떠올라 있었다. 그래서 한국 남반부 점령은 일본 점령의 액세서리일 뿐이었고, "한반도 남부 및 일본 남단(오키나와 및 류큐 열도)의 미군정은 오로지 무자비한 군사전략적 관점에서만 그 지역들을 바라볼 뿐"이었던 것이다(같은 책, 721쪽).

저자가 의식적으로 부각시킨 논점은 아니지만, 읽는 동안 수시로 '미국 예외주의와 일본 예외주의의 만남'이라는 주제가 내 머릿속에 어른거렸다. 참 이웃치고 더러운 이웃들 골라서 만났다는 생각이 든다.

1946. 3. 10.

이북의 토지개혁, 이남은 어쩌나?

2월 8일 북조선임시인민위원회가 출범한 후 이북 각지의 농민조합이 임시인위에 토지개혁 청원을 제출했다. 3월 3일 결성된 농민조합의 연합체 농민동맹은 토지개혁안을 제출했고, 임시인위는 이를 채택해서 3월 5일에 공포했다. 이에 따라 3월 중에 100만여 정보(町步)의 토지가 몰수되어 70여만 가구에 분배되었다. 몰수 대상 토지는 과거 일본인과 민족반역자 또는 친일파의 소유 토지, 부재지주와 종교단체의 토지, 그리고 자작지주의 토지 중 5정보를 넘는 초과분이었다.

시행 준비가 여간 잘 되어 있지 않고는 이 거대한 사업이 한 달도 채 안 되는 기간에 완료될 수 없었을 것이다. 토지개혁이 해방 조선의 가장 긴급하고 중대한 과제임을 부정하는 사람은 없었다. 한민당조차 "토지 소유의 합리적 개혁"을 기본 정책의 하나로 내걸고 있었다. 그러나 이남에서는 개혁의 구체적 방법조차 제대로 논의되지도 못하는 동안 이북에서는 성공적으로 실행해낸 것이다.

미국 측도 토지개혁의 의미를 모를 리 없었다. 찰스 암스트롱은 『북조선 탄생』(127~128쪽)에서 이 무렵 미 국무부의 문서 하나를 소개했다.

> 절반에 이르는 북한 주민들이 새로운 정권하에서 유형의 이익을 얻

> 었으며 동시에 북한 정부는 남한에 대한 선전에 있어서 커다란 무기를 획득하게 되었다.

이북에서 농지개혁이 시작될 때 미 군정청은 일본인 재산의 방매 방침을 발표했다.

> 조선 군정장관 아처 러치 소장은 조선 내에 있는 이전 일본인 소유의 모종 재산을 조선인에게 방매를 허가하는 법령을 발포한 것이라고 금일 발표하였다. 농지 소유자는 농지를 경작하지 아니하면 안 된다. 그러므로 금번 조치는 장래의 부재지주로 인한 많은 폐해를 제외할 것이다. 그리고 토지 대가는 농작물로서 적당히 지불할 수 있는 것이다. 토지가 소수인의 수중에 들어가지 않도록 방침을 취함으로써 다수의 소작농이 자작농이 될 수 있을 것이다. (…)
>
> (「일인 소유의 농지, 주택 등 조선인에게 방매 결정」, 『자유신문』 1946년 3월 8일)

일본인 재산 처분에 관한 미군정의 방침은 혼란스러웠다. 1월 5일자 『서울신문』에 실린 재산관리과장 냅슬리 중령의 기자회견 기사를 보면 전년 9월 25일의 일반지령 제2호는 민간의 매매를 인정하였으나 12월 6일 발포한 일반지령 제33호는 금지했다고 한다. 그리고 이북의 농지개혁이 시작되자 '자작농 육성'을 앞세워 매각 방침을 밝힌 것이다.

민전의 3월 10일자 담화문에는 이 방침에 대한 불신이 드러나 있다.

> "농지 방매, 주택과 소규모 산업기관의 방매는 일부 자본가의 모리행동을 조장할 뿐이요, 토지 없는 조선 농민으로 하여금 토지를 갖게 하는 방법은 오직 무상으로 적당히 분배하기를 바랄 뿐이고 일정한

수입이 없는 노동자와 근로 소시민에게 주택을 방매 운운은 전연 공언에 불과하다. 이것은 일부 자본가 간상배들의 모리 행동을 조장하고 말 것이다. 이러한 문제는 민주주의임시정부가 수립된 후 비로소 가장 적당한 방법으로 해결될 것으로 확신하며 임시정부 수립을 미구에 앞두고 이러한 정책을 실시할 필요는 없다고 우리는 명언하는 바이다."

(「민전, 일인재산방매허가령은 모리 행동 조장한다는 담화 발표」, 『조선일보』 1946년 3월 11일)

이 불신이 어디에서 온 것인가. 3월 10일자 『동아일보』 사설 「일인 재산 처분 문제」의 뒷부분에서 알아볼 수 있다.

또한 주택의 처분과 소규모 산업기관의 매도에 있어서도 우리가 충분히 경계하지 않으면 아니 될 점은 8월 15일 해방 이후에 일본인의 주택이나 산업기관이 어떻게 점유되었느냐 하는 사실을 직시하여야 하겠다는 것이다. 그 대부분은 모리배의 준동으로 말미암아 집이 없는 자에게 집이 얻어지지 않고 진정으로 운영하려는 자에게 산업기관이 제공되지 못하였다. 선량한 시민은 민족의 체면을 앞세우는 동안에 모리배는 어떻게 도량하였던가? 그 타기하지 않을 수 없는 행동에 대하여서는 오늘까지도 증오심을 버릴 수 없다.
이리하여 그들은 법망만을 피하여서 많은 주택과 산업기관을 점유하여 투기의 대상으로 삼고 있으니 이런 사실을 충분히 인식하고서 이에 대한 엄중한 경계를 하지 않는다면 집 없는 자에게 집을 주고 적정한 운영자에게 산업기관을 주겠다는 군정 당국의 성의는 모리배로 말미암아 성색만 좋은 것이 되고 말 우려가 없지 않나니 그 실시에 있어

> 서 먼저 모리배의 준동을 봉쇄할 대책이 서지 않으면 아니 될 것이다. 요컨대 일본인 재산의 처리 문제는 졸속에 흘러서는 아니 된다. 이상에 논급한 제점을 충분히 고려하여 그것이 우리의 자율적인 방촌(方寸)에서 과히 어그러지지 않도록 노력할 뿐더러 대중의 복리에 적지 않은 도움이 되도록 운용에 주의하지 않으면 아니 될 것이다.

군정청은 행정 인력이 넉넉지 못할 뿐 아니라 기강도 잘 잡혀 있지 못했다. 그런데 일본인 재산에 대한 방침마저 오락가락하니, 의지와 능력을 가진 자들이 재산 확보를 위해 온갖 재간을 펼치고 있었던 것이다. 그러다가 이북의 토지개혁 실시에 임해 일본인 소유 농지라도 농민들에게 방매하겠다고 나섰지만, 주택과 산업체도 함께 방매할 방침을 내놓음으로써 의구심을 불러일으켰다.

3월 13일에는 전농(全農)도 방매 방침에 반대하는 결의문을 내놓았다. 전농은 농지뿐 아니라 주택도 판매 대신 수요자에게 무상분배할 것을 주장했다.

> 전 일인 소유의 토지는 전선(全鮮)적으로 85만 에이커나 되는데 이에 대한 적절한 처분은 수립될 자주정권의 주요한 과제로 그 기준은 빈농 중심으로 귀환 동포에게도 무상분배할 것을 우리 전농은 주장한다. 연부상환 자작농 창정(創定)은 과거 일제시대에 너무나 오래 기만된 문제다. 주택은 전재 동포, 노동자, 도시 세궁민에게 적절한 배정은 하되 자유 판매는 반대한다.
>
> (「전농, 전 일인 소유 토지방매 반대하는 결의문 발표」, 『조선일보』 1946년 3월 13일)

각 방면에서 비판이 쏟아지자 3월 15일 러치 군정장관이 나서서 일본인 소유 농지 방매 방침을 다시 밝혔다. 이번 발표에서는 농지를 획득한 영세농이 농지를 도로 잃지 않도록 15년간 전매 금지 방침을 내놓은 것이 눈에 띈다. 그러나 군정장관과 농무국장이 그 15년 동안 농지가 누구 소유인지에 대해 서로 다른 이야기를 하는 것을 보면 구체적 시행 방법은커녕 정책의 기본 개념조차 세워져 있지 않은 것을 알 수 있다. 이남의 군정청이 이북의 토지개혁 때문에 궁지에 몰린 모습이다.

지난 7일에 군정장관 러치 소장은 일인 재산 중 대기업을 제하고는 전적으로 조선인에게 방매할 것을 언명하여서 일반의 비상한 주목을 끌고 불일간 그 법령이 성문 발표될 것이 예상되었다. 그런데 다시 군정장관은 15일 다음과 같이 일인 소유 농토 양도에 관한 근본 대강을 발표하였다.

"일단 조선인 소농가에 방매한 전 일본인 소유 농지가 대지주의 손에 들어가지 않도록 만반 보호 방침을 취하게 될 것이라고 금일 군정장관 러치 소장은 언명하였다. 이것은 부재지주 시대를 끝막음에 있어서의 일대 조치이다. 농지는 직접 농부에게 소부분으로 방매할 것이다. 법률에 의하여 농지를 실지로 경작하는 사람이 금반에 방매하는 농지를 살 혜택을 입게 될 것이다. 매득한 농지를 다시 전매하는 것은 15년간 허가하지 않을 것이며 (…) 소농가가 그 농지에서 나온 수입으로 대가를 지불할 수 있도록 장기 상환 방법을 취할 것이다. 또 대가를 농작물로 지불하고 농지의 가치에 따라서 대가를 결정하고 군정청 또는 장래에 조선 정부가 수립되면 조선 정부로 하여금 그 농지를 관리하도록 할 계획안도 있다. (…)"

조선의 일본적 봉건제도를 파괴하고 농지를 농지 경작인의 손으로 들어가도록 하는 것은 민주주의에 있어서 일대 진보적 조치라고 러치 소장은 부언하였다.

전 일본인 소유의 농지는 직접 조선인 농부, 즉 소농가에 방매하기로 되었다는 러치 군정장관의 성명서가 15일 발표되었는데 이에 관하여 이훈구 농무국장은 다음과 같이 부언해 말한다.

"일인 농지는 소농가에 방매하는 것이 아니고 정확히 말하면 15년 동안의 시험기간을 두어 아무 고장 없이 잘 경작하면 그 경작인에게 그대로 주는 것이다. 즉 농지소유권은 정부에서 가지고 있고 경작인은 15년 동안 경작권을 법적으로 허가를 받아서 경작하는데 다만 3·7제에 의한 농작물로서의 소작료와 세금, 수리조합비 등을 낼 뿐이고 따로 농지 대금을 지불하지 않는다. (…) 요약해 말하면 농지는 작인에게 주는 것이다. 그러나 15년 기한부가 아니고 그대로 무상으로 농부에게 나누어준다는 것은 일반 국민에게 이익을 균첨하는 정신에 배치됨으로 누구나 혜택을 입게 하기 위하여 소작료만은 15년간 정부에 바치게 한 것이다."

(「군정청, 전 일본인 소유 토지방매에 대해 발표」, 『서울신문』 1946년 3월 16일)

신한공사 설립을 위한 2월 21일의 법령 제52호도 비판의 표적이 되었다. 3월 11일 좌익의 민전 사무국에서 동척과 신한공사를 동인도회사에 비유하며 공격한 것은 말할 것도 없고, 3월 10일에 우익의 비상국민회의 정무위원회에서까지 문제를 제기했다. 3월 12일 이훈구(李勳求, 1896~1961) 농무국장이 해명에 나섰으나 역부족이었다. 결국 3월 14일 군정청 공보국에서 법령을 개정하겠다는 특별 발표를 하기에 이르렀다.

조선 착취의 아성이던 구 동척의 후신으로 신발족한 신한공사가 법령으로써 조선 정부와는 독립해서 미국의 이익을 위하여 운영되고 미국인만이 주주 독점, 이에 부수하여 그 추진력을 권력화하려는 외부에 대한 제재 벌칙 등 해방이 공약된 조선에서 도저히 이해키 어려운 세론으로써 군정 당국의 재조치를 기대하여 오던 바 저반 동 법령이 오역으로 인하여 본의 아닌 표현이라는 언명에 뒤이어 14일 군정청 공보국에서는 조선인의 불안을 해소하기 위한 다음과 같은 특별 발표를 하였다. 그리고 개정된 동 법령의 원문 내용이 불일 중 정식 발표될 터이다.

● 군정청 공보국 특별 발표

군정장관 러치 소장은 금일 세론이 분분하였던 법령 제52호는 수일 전 발표 당시의 많은 비난을 풀기 위하여 완전히 개정되었다고 발표하였다.

개정 법령에서는 군정청의 본래 방침을 수행할 것이나 많은 오해를 일으킨 문구는 삭제한다. 이 신법령은 신한공사는 군정청의 종속 대행기관이라는 것을 명확히 하는 동시에 군정청이 폐지되면 신한공사는 조선 정부의 종속 대행기관이 될 것이다. 또 모든 조선인의 불안을 풀기 위하여 벌칙을 규정한 제7조는 완전히 삭제하였다.

미국은 이면에 여하한 의도도 가지고 있지 않다는 것을 조선인에게 명백히 하기 위하여 금반 조치를 취한 것이라고 러치 소장은 부언하였다.

(「군정청 공보국, 신한공사령의 개정에 대해 특별 성명 발표」, 『조선일보』 1946년 3월 15일)

1946. 3. 11.

'유흥사업가' 김계조의 배후는 누구였나?

1월 6일에 '김계조 사건' 이야기를 했다. 막노동 하러 일본에 갔다가 일본 정계의 굵직한 인물들과 관계를 맺고 조선에 돌아와 총독부 고관들을 배경으로 광산업을 벌이던 청년사업가 김계조(金桂祚)가 해방 직후 총독부 쪽에서 현금 250만 원 등 1천만 원 상당의 자본을 받아 댄스홀 등 호화 유흥업소를 차리려다가 체포, 기소되었다. 그의 혐의는 횡령, 배임 등 경제 범죄에 그치지 않고 (1) 조선 정부에 친일파를 잠재시켜 친일적 시정을 하도록 하며 (2) 배일 친미파를 암살하며 (3) 조선 정부 비밀정책을 탐지하며 (4) 조선과 미국과의 이간을 책동하고 (5) 조선 국내 치안 교란 등 '간첩죄'까지 포함하고 있었다.

그런데 공판 막바지에 재판장 오승근(吳承根, 1908~2002)이 느닷없이 민사부로 발령이 났다. 얼마 전 박흥식 체포 때 장택상이 하지의 명령을 빙자하여 무단히 풀어주었다가 여론이 비등하자 황급히 도로 구속한 일도 있었던 만큼(3월 2일자 일기), 이번에도 김계조를 비호하는 세력이 개입한 것이 아닌가 하는 의혹이 널리 퍼졌다. 3월 19일 징역 5년 추징금 310만 원의 판결이 내린 후에도 이 의혹이 걷히지 않자 법원 당국은 이례적으로 진상을 밝힌다고 나섰다.

김계조 사건의 담당 판사인 오승근 판사 전임 문제에 대하여 일반은 의아를 느끼고 있는데 이에 대하여 서울재판소 당국에서는 다음과 같이 그 진상을 천명하였다.

"김계조 사건 심리 중에 오승근 판사가 민사로 전임케 된 것은 김계조 사건에 악영향을 주려는 의도에서 나온 것이 아니다. 판사가 사건 취조 중에 직무 부담을 변경하는 것은 소속 장관의 직권에 속하는 것으로 항상 있는 일이며 오 판사를 민사로 전임시킨 후도 김계조 사건과 이에 관련된 사건을 전부 취급시켜온 것을 보더라도 공명정대한 당국의 조처에 일반은 오해 없기를 바라는 바이다. 또 전일 발표된 오승근 판사 담화에 김계조 사건 취조에 있어 내부의 간섭이 있는 듯이 말하였는데 이에 대하여는 오 판사 스스로 이러한 말을 한 일이 없다고 함으로 전일 기사는 사실의 오보이니 이 문제에 관하여 일반은 추호도 오해함이 없이 우리 사법부를 절대 신뢰하고 협력하기를 바란다."

(「김계조 사건 담당 판사 오승근 전임 진상에 대한 당국의 발표」,
『서울신문』 1946년 3월 27일)

그러나 오승근 본인은 같은 날 이와 다른 내용의 담화를 발표했다.

"사법부에서도 암흑 면이 있다면 솔직히 지적 시정해야만 일반의 신뢰도 더할 것이며 명랑한 사법부가 될 것으로 믿는다. 나는 개인적 입장에서 말하면 민사가 전문이었던 만큼 민사 전임을 희망한다. 따라서 전임에 대하여 일반이 의아스럽게 생각함을 심히 유감으로 여긴다. 나는 일반의 의아를 일소하기 위하여 전임의 원인을 말하지 않을 수 없다. 즉 대법원장 김용무 씨는 판사에 대한 훈령 제1호를 법적 근거로 하여 지방법원판사 직무 분담에 간섭할 권한이 있다 하여(실은 이 훈령에는 간섭할 수 있다는 규정이 없다) 나의 전임을 지방법원장에게 지시 간섭한바 지난 2월 20일경에 지방법원장으로부터 전임을 발표하였다.

김용무 씨는 김계조가 음모의 소굴로 이용하고자 한 국제문화사의 중역으로 참가하게 되었을 뿐 아니라 사건 수사 중에 김정목과 검사국 3장관을 회합시킨 후 사건 내용을 말하여 모 장관은 들을 수 없다고 퇴장까지 한 사실이 있는 김계조 사건을 나는 심리하고 있었다. 이 미묘하고 명랑치 못한 관계에 있는 김용무 씨가 나의 전임을 지시하였다는 것이 대법원장의 부당한 소위라고 다수의 판검사는 이를 지적하여 대법원장 불신임의 많은 이유 중 보조적 한 가지 이유로 했다. 그리고 불신임의 많은 이유는 차차 발표되리라고 믿고 우선 나에 대한 일반의 의아를 일소하기 위하여 이상의 정도로 발표하는 바이다."

(「민사 전임한 김계조 사건 담당 판사 오승근의 담화 발표」,
『서울신문』 1946년 3월 28일)

오승근은 5월 18일자로 장흥지원으로 발령되었고 바로 사직했다. 그 직후에는 정판사위폐사건 변호인단에 참여했다. 그는 1937년 일본 고등문관시험 사법과에 합격한 후 해방 때까지 식민지 사법기구에서 복무한 경력으로 『친일인명사전』에도 등재된 인물이다. 명백한 '친일' 행위자라도 새로운 상황에서 새로운 역할을 위해 나설 수 있다는 하나의 사례로 생각된다. 한편 대법원장 김용무는 식민지시대에 변호사로 활동했고 『친일인명사전』에는 등재되지 않은 인물이다. 경력 중 동아일보사 취체역과 보성전문 교장이 눈에 띈다.

김계조는 10월 15일 상고심에서 대부분의 죄목에 무죄 판결을 받고 징역 10개월의 가벼운 선고를 받게 된다.

> 세인의 이목을 끌고 있는 세칭 국제문화사 김계조 사건의 그 진상과 마지막 운명을 결정하는 상고 언도공판은 15일 오후 서울 공소원 법정에서 개정되었는데 김우열(金又說) 재판장은 지난번 검사로부터 징역 5년을 구형한 데 대하여 1심에서 넘어온 죄명은 횡령·사기·장물수수·간첩 예비 등 여러 죄명이나 하나도 그러한 혐의가 없을 뿐더러 그 죄가 성립이 되지 않고 다만 배임죄만 구성된다는 확연한 견지 아래 징역 10개월(3월 18일부터 미결 통산) 언도 판결이 드디어 내리었다. 이로써 해방 직후 가장 세상의 충동을 주고 1심에서 여러 가지 죄명 아래 징역 5년 추징금 310만 원이라는 언도를 받아 불복 상고한 김계조는 결국 단순한 배임죄로써 이 사건의 종막을 고하였다.
>
> (「김계조 사건 상고심 언도공판에서 배임죄로 징역 10월 언도」, 『서울신문』 1946년 10월 17일)

김계조 사건의 정황으로 볼 때 사실 '간첩죄'는 좀 지나친 것이 아닌가 하는 인상이 든다. 김계조는 댄스홀 등 유흥사업이 주둔군의 성적 욕구를 충족시킴으로써 성범죄를 예방하려는 목적이라고 변명했다. 해방 전에도 일본군사령부 연회를 자기 집에서 정기적으로 여는 등 '접대업'의 달인이던 김계조가 '부녀자 보호'를 핑계로 수익성 높고 권력에 줄 대기 좋은 사업을 노린 것으로 보인다. 파렴치범 체질이지, 정치범 체질은 아닌 것 같다.

그런데 점령군으로부터 부녀자를 보호하기 위해 유흥사업을 벌인다는 기발한 아이디어는 어디에서 나온 것일까? 존 다우어의 『패배를 껴안고』(148~149쪽)를 보면 일본에서 그 배경을 찾을 수 있다.

> 수십만 명에 달하는 연합군 요원들에게 봉사해야 한다는 사실이 지니는 성적 함의는 무시무시한 것이었다. 전쟁 중에 수많은 비일본인 여성들이 강제로 '이안후(위안부)'가 되어 제국 군인의 노리개 역할을 했다는 것과 자국 군대가 해외에서 강간 행위를 일삼았다는 것을 알고 있던 이들에게 이 공포심은 엄청난 것이었다.
> 천황이 항복을 선언한 직후에는 "일단 상륙이 시작되면 적군은 여자들을 하나도 남김없이 차례로 겁탈할 것이다"라는 소문이 들불처럼 번져나갔다. 내무성 정보과의 분석관들은 이러한 소문의 확산과 일본군이 해외에서 자행한 만행 사이에 연관이 있음을 즉각 알아차렸다. 내사과의 한 경찰관이 지적했듯이 "약탈이니 강간이니 떠들어대며 불안을 부추기는 자들 중 대다수는 전선에서 돌아온 사람들"이었다. (…) 결국 문제는 한마디로 이것이었다. 누가 봉사할 것인가?
> 정부는 발 빠르게 이 질문에 대한 답을 내놓았다. 8월 18일 내무성은 일본 전국의 경찰에 비밀 무전을 보내 각지에 점령군 전용의 특수 '위안 시설'을 설치하라는 지시를 내렸다. 그 준비는 철저히 비밀리에 이루어졌다. 대체로 지방 장관이나 경찰이 이 시설들을 건설할 책임을 졌으며, 이들은 각 지역에서 이미 성매매 산업에 종사하고 있던 업자들이나 개인을 동원했다. 같은 날 도쿄의 고위 경찰관들은 도쿄·요코하마 지역에서 활동하는 '업자들'과 만나 5천만 엔의 재정 지원을 할 테니 그들도 그에 맞먹는 금액을 기부해야 할 것이라고 당부했다.

일본군이 침략 지역에서 어떤 만행을 저질렀는지 대략이라도 알고 있던 일본인들은 이제 자기네가 패전국으로서 같은 만행을 당할 것을 걱정하지 않을 수 없었다. 반면 조선인들에게는 그런 걱정이 없었다. 외국 군대 주둔에 따른 우발적 사고는 있을 수 있지만, 온 국민이 몸 바쳐 책임질 일은 없는 입장이니까. 사고를 줄이기 위해 주의를 기울일 필요는 있어도, '봉사'를 위해 조직적 노력을 기울일 필요까지는 없었다.

8월 18일 일본 전국 경찰에 보낸 비밀 무전 수준의 정보는 조선총독부에도 들어와 있었을 것이다. 총독부 관리들은 조선인 부녀자보다 일본인 부녀자 보호를 위해 대책을 세울 필요가 있었다. 이북 지역에서 약탈, 강간 등 소련군의 횡포도 실제로 일본인에게 집중되었다. 소련군은 일본을 적국으로 여기고 조선을 해방의 대상으로 여겼기 때문이었다. 총독부에서 김계조에게 재정 지원을 한 것은 일본 정부가 성매매업자들을 지원한 것과 같은 맥락으로 이해된다.

안재홍
선생에게
묻는다

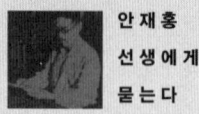

이남이 이북보다 앞선 점 한 가지, 정치 테러

김기협 3월 15일 이전에 시작하기로 한 미소공위 본회담이 늦어진다는 군정청 발표가 어제 있었습니다. 미소공위는 카이로회담 이래 조선 독립을 지지하는 국제적 협력을 구체화하기 위한 회담입니다. 조선의 독립은 조선인의 노력과 국제적 협력이 합쳐질 때 순조로운 길을 찾을 수 있다는 점에서 미소공위는 조선 독립을 위해 극히 중요한 회담이지요. 본회담 개시의 지연이 나쁜 징조가 아니기를 빕니다.

안재홍 소련군 수석대표 스티코프(Terenti F. Stykov, 1907~64) 대장에게 무슨 일이 있어서 2, 3일 입경을 늦췄다고 하니 심각한 일은 아닌 모양입니다. 모스크바 3상회의가 일본 항복 후 석 달이나 지나서 열렸고, 그로부터 석 달이 지난 이제야 미소공위가 열리게 된 것이 우리 입장에서는 답답하죠. 그러나 이런 회담에서는 모든 국제관계가 고려되는 것이라는 점을 생각해서 조급한 마음을 억눌러야죠. 포츠담회담도 독일 항복 후 석 달 뒤에 열렸지 않았습니까?

회담 일정이 늦고 빠른 것보다 좋은 결과를 얻는 것이 더 중요한 일입니다. 가장 큰 목표는 임시과도정부 수립이고 가장 시급한 목표는 38선 문제 처리입니다. 임시과도정부 수립 방안을 도출하는 데도 38선의 장벽이 큰 장애가 되고 있기 때문에 회담의 초반부에서 그 처리를 빨리 결정하는 것이 바람직합니다. 그 문제 정도는 지난 예비회담에서 처리하기 바랐는데, 그것 때문에 제일 마음이 조급합니다.

김기협 분할 점령이 오래 가면서 단순한 '분할'을 넘어 구조적 '분단'으로 굳어지고 있습니다. 지금 이북에서는 토지개혁이 순조롭게 진행되고 있답니다. 오랫동안 이 땅 농민들의 숙원일 뿐 아니라 이 사회의 앞날을 걱정하는 모든 사람들에게 최대의 과제였던 토지개혁입니다. 이 개혁으로 대다수 인민이 혜택을 입으면서 임시인민위원회가 '인민의 정부'로서 신뢰를 모으고 있습니다. 이남의 군정청 역할을 인민위원회가 맡고 있으니, 실질적으로 '점령' 상태를 많이 벗어난 셈입니다.

그런데 이남에서는 미군의 '점령'이 식민지시대보다 더 심한 '통치'의 양상으로 출발했고, 아직도 그로부터 벗어날 길이 보이지 않고 있습니다. 식민지시대에는 군대 계급으로 50세 전후의 장성급에 견주던 기관장이나 관직을 30세 전후의 대위나 소령급이 맡고 있죠. 조선인의 역할을 늘린다고 하지만, 채용하는 조선인 대부분이 일본인인지 조선인인지 자기 스스로도 헷갈릴 만한 사람들 아닙니까?

38선 장벽으로 인해 이북과 이남이 이질적인 변화를 겪고 있습니다. 저쪽에서 잘하는 것이 있으면 이쪽에서 배우고 이쪽에서 잘못하는 것이 있으면 저쪽에서 깨우쳐주고 해야 하나의 사회로서 함께 발전해갈 수 있는데, 이쪽은 우리 길 가고 저쪽은 저희 길 가고, 시간이 갈수록 화합이 힘들어질 것이 걱정됩니다.

안재홍 지난달 몽양이 평양 가서 김일성 위원장을 만났을 때 이북만의 토지개혁을 보류해달라고 부탁했답니다. 워낙 중대한 사업이니 조금 늦어지는 한이 있더라도 남북이 함께 추진해야 할 것이다. 그러지 않으면 남북의 이질화로 인해 건국에 지장이 올 수도 있다는 뜻으로요. 그러나 금년 농사철을 놓치면 실효를 보는 데 1년을 더 기다려야 하는 일이니 그쪽에서 서둘러 진행하는 것을 탓할 수는 없습니다. 해방 후 반년이 지나도록 거기에 보조를 맞추지 못한 우리 자신을 탓해야죠.

그리고 형편 되는 쪽에서 먼저 진도를 나가 두는 편이 좋은 점도 있습니다. 지금 이남 사정을 봐서는 토지개혁을 언제쯤 해낼 수 있을지 막막합니다. 이북에서 성과를 거두어 이남에 개혁의 압박을 줄 필요도 있는 것 같습니다.

몽양이 걱정하는 것은 이남의 토지개혁이 이북과 다른 식으로 되는 것입니다. 이북에서는 '무상몰수 무상분배'를 했지요. 이남에서는 '무상몰수'에 한계가 있습니다. 최선의 방책이 '유상매입 무상분배'지요. 이것이 남북 간의 이질적 요인이 될 수 있습니다. 그러나 그 정도 이질성은 어떻게든 극복할 수 있는 것이리라 믿습니다.

김기협 | 선생님이 '유상매입'을 지지하는 까닭이 무엇인지요? 그리고 이질성 극복의 길을 어떻게 내다보시는지요?

안재홍 | 나는 지금 조선 상황을 60년 전 일본 상황과 비슷하게 봅니다. 영세농민을 살려줄 토지개혁이 절실하고, 또 한편으로 급속한 산업 진흥이 필요한 상황이죠. 메이지시대 일본에서는 영주와 대지주가 땅을 내놓는 대신 국채를 받아 산업자본가로 역할을 바꿨습니다. 조선의 지주들이 그런 변신을 꾀하는 것이 조선의 발전을 위해 필요한 일입니다.

이북에서는 극단적인 산업국유화 노선을 바라보기 때문에 산업자본가 육성의 필요를 부정하고 있습니다. 그러나 상공업 분야는 민간의 자발적 노력이 극히 중요한 분야입니다. 국유화 범위를 너무 넓게 잡으면 사회의 안정성에는 도움이 되지만 발전성이 제한됩니다. 이북의 개혁이 사회주의 쪽으로 치우치는 것과 달리 이남에서 자본주의 쪽으로 개혁 방향을 잡아 양자 사이에 선의의 경쟁이 일어난다면 인민의 선택 폭이 더 넓어질 것입니다.

김기협 | 토지개혁의 근본 목적이 국민의 대다수를 점하는 소작농 등 영세농민의 활로에 있다는 점을 생각하면 '무상분배'는 양보할 수 없는 원칙입니다. 영세농민에게 땅 살 돈이 있는 것도 아니고요. 그러나 '유상매입'과 '무상분배'가 양립하려면 국가의 거대한 재원이 필요하지 않습니까? 그 재원을 어떻게 만들어내지요?

안재홍 | 메이지유신의 농지개혁 방법을 참고로 할 수 있습니다. 지주에게 채권으로 보상해주고 채권 만기 기간 중에 그 농지의 수입으로부터 재원을 마련하는 것이죠. 이훈구 농무국장이 일인 소유 농지의 방매 방침을 이렇게 설명하고 있습니다.

> "일인 농지는 소농가에 방매하는 것이 아니고 정확히 말하면 15년 동안의 시험기간을 두어 아무 고장 없이 잘 경작하면 그 경작인에게 그대로 주는 것이다. 즉 농지소유권은 정부에서 가지고 있고 경작인은 15년 동안 경작권을 법적으로 하가를 받아서 경작하는데 다만 3·7제에 의한 농작물로서의 소작료와 세금, 수리조합비 등을 낼 뿐이고 따로 농지 대금을 지불하지 않는다."

(「군정청, 전 일본인 소유 토지방매에 대해 발표」 중에서,
『서울신문』 1946년 3월 16일)

이 방침을 조금 조정해서 모든 분배 토지에 적용하면 됩니다. 지주에게 보상가는 한 해 소출량의 3배 정도면 충분합니다. 대지주와 부재지주에게는 더 낮게 할 수도 있고요. 15년의 임대 기간에 소출의 3할을 농민이 낸다면 세금과 수리조합비를 그 안에 포함하더라도 2할은 사업 재원으로 돌릴 수 있지 않겠습니까? 그러면 15년에 소출량의 3배를 뽑을 수 있지요.

그리고 영세농민이 토지를 분배받더라도 궁핍 때문에 그 토지를 바로 처분하는 길을 막아야 합니다. 토지개혁의 성과를 지키기 위해 꼭 필요한 일입니다. 이북의 토지개혁에서도 분배받은 땅을 상당 기간 되팔지 못하게 한답니다. 그리고 현물세를 소출의 25퍼센트로 한다고 합니다. 15년간 임대제로 하여 임대 기간 중에는 임대료 포함해 30퍼센트를 내게 하고 임대가 끝나 완전히 분배받은 뒤에는 세금과 비용 10퍼센트만 내게 하는 것이 농민에게 더 유리합니다.

김기협 | 토지개혁뿐 아니라 이북에 비해 이남 사회의 혼란이 심한 것도 문제입니다. 무엇보다, 경찰의 역할에 차이가 너무 큽니다. 이북에서는 인민위원회의 통제 아래 경찰이 정상적 기능을 발휘하고 있는데, 이남에서는 일제시대 악질 경찰을 주축으로 한 경찰 세력이 커지고 민심에 어긋나는 짓을 많이 하고 있습니다.

이남의 경찰 인원은 반년 동안 갑절 가까이 늘어났습니다. 그러나 경찰이 제 구실 하려면 인원보다 신뢰가 필요하지요. 금년 들어서도 국군준비대 습격, 학병동맹 습격 등 경찰이 정치 테러에 앞장서는 꼴

을 보이고 있습니다. 며칠 전 조병옥 경무국장이 유치장 개선 지시를 내렸고, 또 엊그제는 러치 군정장관이 고문과 악형 금지 지시를 내렸습니다. 문제가 있으니까 지시를 내린 것이지요. 이것이 일제시대보다 좋아진 경찰이라고 할 수 있습니까?

안재홍 | 나는 미군정 정책에 아쉬운 점이 있어도 가급적 선의로 해석하려 애씁니다. 미군은 힘을 가지고 우리를 해방시킨 존재입니다. 우리가 나라를 세우고 힘을 갖춘 뒤에는 미국, 소련, 어느 나라와도 대등한 관계를 가질 것입니다. 그러나 지금은 우리 방식을 그들에게 요구하기보다 그들 방식에 우리가 맞춰야 합니다. 일본을 패퇴시킨 힘도, 우리의 건국을 지원할 힘도, 힘을 가진 것은 그들이기 때문입니다.

그러나 경찰 문제는 정말 잘못됐습니다. 친일파 척결은 건국 뒤로 미루더라도, 지금 당장 그들에게 힘을 실어주어서는 안 됩니다. 넓은 범위를 배제할 필요도 없고, 악질 친일파로 이름난 사람들만 빼놓아도 됩니다. 그런데 지난 연초 서울 시내 경찰서장 임명 때 소문난 악질 경찰관들을 줄줄이 앉혀 놓았으니…….

다른 관리들에게도 좋지 않은 영향을 미치고 있습니다. 총독부에서 일하다가 군정청에 눌러앉은 사람들, 사람은 같은 사람이라도 옛날 일을 반성하고 심기일전해서 민족을 위해 열심히 일할 수 있는 사람들입니다. 그런데 소문난 악질 친일파들이 활개를 치게 하면 반성하려던 사람들도 흔들리게 됩니다. 조병옥과 장택상, 일제시대에는 별 악행이 없던 사람들이지만, 지금 하는 일이 후세에 민족반역자의 오명을 남기지 않을까 걱정됩니다.

김기협 | 3·1절 때 평양에서 김일성 등 요인들을 표적으로 한 몇 차례 폭탄 테러가 있었습니다. 임시인민위원회 서기장 강양욱(김일성의 외종조부로 기독교계 지도자)의 집에서는 가족들의 희생이 있었지요. 이 테러를 자행한 백의사(白衣社)■가 김구 선생의 추종자 집단이라 해서 이북 민심이 임정과 김구 선생에게 적대적으로 돌아섰다고 합니다. 체포된 범인이 임정 내무부장 신익희(申翼熙, 1894~1956) 명의의 '승차편의 공여에 관한 의뢰장'과 신임장을 갖고 있었다니(『한국 현대사 산책: 1940년대편 1』, 230쪽) 근거 없는 의심이 아닌가 봅니다.

지난 11월 이래 이남 사회에서 테러가 일상화되어왔습니다. 그런데 지금 인민 대중은 38선에 막혀 편지조차 주고받지 못하고 물자 교류의 단절로 경제가 불구 상태인 지금 38선 넘어 보내는 것이 고작 정치 테러라니…… 이남 상황의 문제점이 단적으로 드러난 사건입니다.

임정과 김구 선생도 문제입니다. 건국의 구심점이 되어야 할 임정이 내부 단합조차 지키지 못하다가 이런 일에 연루되다니, 환국 당시의 여망이 무너지고 있습니다.

안재홍 | 백의사는 장개석의 비밀 조직 남의사(藍衣社)를 본떠 만든 것이라더군요. 임정이 중국 있는 동안 이런저런 일로 남의사의 도움도 받은 일이 있어서 임정 인사들 중에 그것을 부러워한 사람들이 있었나 봅니다. 그러지 않아도 해공(신익희)이 그런 의심을 받아왔는데, 이번 일로 그 의심이 굳어지겠습니다.

■ 1945년 11월 월남한 청년과 학생들을 중심으로 서울에서 조직된 극우 테러단체이다. 백의사 총사령 염동진이 해방 직전 평양에서 항일 비밀결사단체인 대동단(大同團)을 만들어 활동하다 1945년 9월 조선공산당평남지구위원장 현준혁을 암살한 후 월남해 백의사를 조직했다. 백의사는 중국 장개석의 지하 공작단체인 남의사(藍衣社)를 본떠 백의민족을 상징하는 뜻을 갖고 있다.

하지만 김구 선생에 대한 의심은 무리하다고 봅니다. 그분이 독립운동에 테러를 사용한 일이 있어서 고하(송진우) 저격 때도 그분을 의심하는 말이 일각에서 나왔는데, 그분은 그 시절에 친일파라도 조선인에 대해서는 테러를 쓰지 않는 원칙을 지킨 분입니다. 다른 투쟁 수단이 없을 때 부득이 테러를 사용하셨지만, 해방된 지금 그런 수단을 쓰실 리 없습니다. 다만 주변 사람들 단속을 더 잘하실 필요는 있는 것 같습니다.

4

미소공동위원회 개막

1946년 3월 15 ~ 31일

미소공동위원회가 열린 덕수궁 석조전. 대한제국의 상징으로 삼기 위해 1900년 착공한 이 건물이 10년 만에 완공되자 바로 합방을 맞았으니 한국 현대사의 비극을 상징하는 건물인 셈이다.

1946. 3. 15.

대한민국 '배금(拜金) 풍조의 아버지' 이승만

짤막한 기사 하나를 보며 어리둥절해한 사람들이 많았을 것 같다.

> 재남조선대한국민대표민주의원 의장 이승만은 시간적 여유와 신병을 이유로 수일 전 동 의원에 정식으로 사표를 제출하였던바, 동 의원에서는 19일 창덕궁에서 (…) 이 의장의 사표를 접수치 않기로 결정하였다. 그리고 이 박사의 건강이 회복될 기간 이 의장은 휴직하고 동 의원 부의장 김규식이 의장을 겸섭하게 되었다.
>
> (「민주의원 의장 이승만 휴직으로 부의장 김규식이 직무 대리」, 『서울신문』 1946년 3월 21일)

민주의원 의장직은 이승만이 몇 달 동안의 치밀한 공작으로 쟁취한 성과였다. 이것을 불과 한 달 만에 내놓겠다는 것이 어찌된 일인가? 건강이야 자고로 널리 쓰여온 거취의 핑계이거니와, "시간적 여유"까지 이유로 내놓는다는 것이 별난 일이다. 민주의원 의장직보다 중요한 볼일이 뭐가 있기에? 드러누워 아픈 시늉할 틈도 없이 사의를 표명해야 할 급박한 사정이 있었나 보다.

3월 15일자 기사 하나에서 그 열쇠를 찾을 수 있다.

> AP통신이 전하는 프라우다지의 이승만 공격에 대하여 서울 주재 AP 특파원 렌스벅은 14일 상오 돈암장을 방문하고 이승만의 심경을 타진한 바 있었는데 회견석상 이승만은 다음과 같이 석명(釋明)하였다 한다.
>
> "프라우다지는 내가 미국 자본대표자와 연락하여 광산권을 허가하였다는 것은 허위의 보도이며 나는 이런 성질의 교섭을 한 일도 없고 또 장래 하지도 않을 것이다. 나는 소련 기관지가 나의 개인 공격을 한 이유를 이해치 못하는 것이다. 세계평화를 위하여는 조선 상호간의 친밀이 필요한 것이며 또 소련은 조선의 우호국이다. 우리는 이 관계를 유지할 것이다. 우리는 독립 획득 투쟁을 동정하지 않는 어떤 나라와도 우호적 관계를 보유할 수 없는 것이다."
>
> (「이승만, 프라우다지의 인신공격에 대해 성명」, 『서울신문』 1946년 3월 15일)

정병준은 이 상황을 이렇게 설명했다.

> 이승만은 미소공위의 개막으로 정치적으로 매우 예민하던 1946년 3월 18일에 건강 악화를 이유로 내세워 돌연 민주의원 의장직에서 사임했다. 이승만이 실각한 원인은 그가 한 미국인에게 광산 채굴권을 팔았다는 소식이 국내 언론에 보도되었기 때문이었다. 보도의 핵심은 이승만이 새뮤얼 돌베어라는 미국인을 한국의 광산 고문으로 임명하고, 한국 광업권에 대한 광범한 권리를 양여한다는 약속하에 미화 100만 달러를 받기로 약속했다는 것이었다. (『우남 이승만 연구』, 537쪽)

3월 12일 국내 13개 신문이 이 내용을 대대적으로 보도했다고 하는데, 내가 이용하는 국사편찬위원회 한국사데이터베이스의 '한국근현

1903년 서양인 기술자가 운산금광에서 일하는 모습. 서양인이 운영하는 광산은 1920년대까지도 실질적 치외법권으로 남아 있어서 항일 투사들의 도피처가 되기도 했다.

대신문자료'에 제공되는 PDF 화면으로는 확인할 수 없었다. 이승만이 지적한 『프라우다Pravda』지 기사는 3월 13일자에 실린 것이었다고 한다. 돌베어와의 거래는 성공할 경우 매국 행위가 되고 실패할 경우 사기 행위가 될 것이었는데, 『우남 이승만 연구』(537~548쪽)에 그 내용이 소상히 밝혀져 있다.

돌베어는 조선 최대의 금광인 운산금광■을 경영하던 동양광업개발주식회사(OCMC)의 대리인으로, 1939년 운산금광의 독점권이 만료되었을 때 채굴권을 일본광산회사에 매각하는 계약을 체결한 인물이었

■ 1895년 미국인 실업가 모스(J. R. Morse)가 조선 금 생산량의 4분의 1을 담당했던 평안북도 운산군 일대 금광 채굴권을 획득한 이후 40여 년간 금광이 개발된 곳이다. 1897년 동양광업개발주식회사(OCMC, Oriental Consolidated Mining Company)가 설립되고 첨단 광업 장비를 대대적으로 투입하여 운산금광 개발에 나섰다. 계약 조건은 고종이 OCMC 지분 25퍼센트를 넘겨받는 대신 20만 원을 지불하고 매해 2만 5천 원을 상납한다는 내용이었다. 운산금광은 매년 수백만 원어치의 금을 쏟아냈고, 동양 최대의 금광으로 군림했지만 OCMC는 단 1달러의 세금도 내지 않았다. 1939년 OCMC는 대유동금광을 경영하던 일본광업주식회사에 800여만 달러를 받고 운산금광에 대한 권리 일체를 양도했다. 이후 해방 때까지 채굴은 계속되었다.

1945년 10월 이승만 귀국 환영식. '반공의 동지' 이승만을 잔뜩 키워준 하지가 15개월 후 그 동지에게 '용공주의자'로 몰리면서 얼마나 황당했을까?

다. 매각대금 817만 4천 달러 중 227만 달러만을 받은 상태에서 전쟁이 터지자 돌베어는 미수금 590만여 달러 회수에 목을 매게 되었다.

곤경에 빠진 돌베어에게 이승만이 접근해 '광산 고문'이란 명목으로 조선의 광산 이권을 약속해주고 돈을 받았다는 이 스캔들은 재미동포 사회에서 이승만과 대립해온 한길수(韓吉洙)가 터뜨린 것이었다. 한길수가 이 정보를 루스벨트 대통령의 비서 스티븐 얼리에게서 얻었고 스캔들이 터졌을 때 미군정의 조사도 있었다는 이야기를 정병준이 곽임대(郭林大, 1885~1971)의 『못 잊어 화려강산』에서 인용한 것으로 볼 때 근거가 분명한 스캔들이다.

역시 정병준이 인용한 1945년 3월 23일자 『상하이 이브닝 포스트 앤드 머큐리Shanghai Evening Post and Mercury』지 기사도 이승만과 돌베어 사이의 관계를 보여준다.

> 조선 임시정부의 제1차 대통령 이승만 박사는 새뮤얼 H. 돌베어를 조선의 광산 고문으로 임명하였다. 이승만 박사는 선언하기를 전후 조선의 수다한 광산공업들을 부흥시키며 발전시키며 또는 운전시키는 데 협조하기 위하여 다수의 광산 기사들과 야금학자들이 요구될 것이라고 하였다. 돌베어 씨는 특히 조선 안에서 경험을 가졌던 광산 기사들과 접촉하려고 애쓰고 그것은 그들로 하여금 프로그램을 작성하여 뒤에 실제로 운전하는 데 협조하게 하려고 하는 것이다. 이 계획에 취미를 가진 분들은 뉴욕시 존넘버 4 브로드웨이 11번지에 있는 돌베어 씨와 통신하기를 바란다.

한길수는 이 문제를 1945년 4~6월의 샌프란시스코회의 때 이승만에게 물었고, 이승만은 임시정부의 승낙을 얻어 돌베어를 광산 고문에 임명했다고 대답했으며, 한길수는 7월에 샌프란시스코회의를 결산하는 한인 집회에서 이 사실을 폭로했다. 그리고 1946년 1월 23일 민족혁명당 미주지부 기관지 『독립』■에 폭로 기사를 실었다. 이 기사가 국내로 흘러들어와 3월 12일 여러 신문에 보도되었고, 뒤이어 『프라우다』지 기사가 나왔다.

이승만은 돈의 힘을 잘 알고 매우 중시하는 사람이었다. 해방 전 재미동포 사회의 분열을 일으킨 것도 늘 돈 문제였다. 1923년에는 자신

■ 1943년 미국 로스앤젤레스에서 미주 내 진보적 조선인들이 창간한 주간 신문. 조선민족혁명당 미주지부 기관지로서 해방 이후 냉전이 본격화되면서 좌경 성향의 논조를 분명히 했다. 1950년대 매카시 선풍과 미국 정보 당국의 사찰이 심해지면서 1955년 폐간되었다.

이 운영하던 한인기독학원 학생들로 구성된 하와이 모국방문단의 조선 방문 때 호놀룰루 주재 일본 영사관과 교섭해 방문단원들이 일본 여권을 발급받게 한 일도 있었다. 그 대가로 자기 학교 건축비를 지원받았다. 임정 대통령 직함을 가지고 있을 때의 일이었다.

1945년 10월 귀국 후 제일 먼저 한 일이 친일파로 몰릴 개연성이 높은 사업가들을 자기 거처인 돈암장으로 불러모아 경제보국회를 결성한 것이었다. 경제보국회가 한 가장 큰 일이 1946년 4월 30일 이승만과 굿펠로의 주선으로 2천만 원을 은행에서 융자받은 것이었고, 그중 1천만 원은 이승만의 주머니로 들어갔다.

이승만은 돈에 관해 노골적이었다. 1945년 11월 1일 독립촉성중앙협의회(이하 '독촉중협'으로 줄임) 회의에서 이렇게 공언했다.

> 미국에서나 군정청에서도 나를 존경하고 내 의사를 존중히 생각합니다. (…) 최후로 한 가지 얘기하랴는 것은 일을 하랴면 돈이 있어야 돼요. 돈 있는 부자들께 돈을 많이 내도록 합시다. 그러타고 빼앗지는 마시오, 우리들이 불한당이 될 테니깐, 우리가 우리의 힘으로 경제적으로도 큰돈을 모와 놓으면 저네들도 우리의 실력 있다는 것을 알 것이요, 그리고 자주독립할 실력이 있구 하면 모든 일이 다 일우워질 것이 아니오. (『우남 이승만 연구』, 580~581쪽에서 재인용)

큰돈을 모아놓을 수 있는 것이 이승만에게는 실력의 기준이었다. 재화를 창출하는 것이 아니라 집적하는 것을 그는 목표로 했다. 인민이 생활고에 시달리는 동안 모아놓은 큰돈으로 실력을 과시하는 것이 "모든 일이 다 이루어질" 조건으로 그는 보았다. 모든 일이 누구를 위해 이뤄진다는 것이었을까?

배금(拜金) 풍조가 대한민국에서 만악(萬惡)의 근원이라고 나는 생각한다. 양극화 현상도, 이건희의 단독 사면도, 정치의 퇴행도, 권력의 괴기성도 배금 풍조를 발판으로 이뤄지는 일이라고 생각한다. 인사청문회 때마다 확인되는 사실이다. 이승만 같은 배금주의자를 '국부'로 십여 년간 받든 사실과 이 풍조 사이에 어떤 관계가 있을까?

1946. 3. 17.

해방공간 경제의 키워드 '횡령'

1945년 10월 30일 발포된 군정청 법령 제19호는 "국가적 비상 시기의 선언", "노무자의 보호", "폭리에 대한 보호", "민중의 복리에 반한 행위에 대한 공중의 보호", "신문 기타 출판물의 등기" 등 미군정의 기본 정책을 밝힌 것이다. 제1조 "국가적 비상 시기의 선언" 중에 경제 부문과 관련된 아래 내용이 들어 있다.

> 군정청의 계획에는 조선 민중의 복지를 위하여 가급적 속히 모든 일본인의 재산을 접수하는 것, 과거 40년간의 절대적 노예 상태로부터 노동자를 구출하는 것, 일본인의 간휼배신 행위에 의하여 약탈되었던 토지를 농민에게 반환하는 것, 농민의 한(汗)과 근로의 결정을 공평 정당한 할당으로 분배할 것, 자유시장의 원칙을 회복할 것, 국내 남녀노소에게 이 미려한 국토에 천부된 대부원의 공평 정당한 분배를 향유하는 기회를 주는 것 등이 포함되어 있다.
> 미국군이 진주한 후 즉시 일본이 전쟁을 유지하기 위하여 조선이 기아로부터 쇠약하여지기까지 그 식량과 생활필수품을 고갈시킨 것을 발견하였다. 소비품의 생산은 거의 다 정돈되었다. 정부의 자금은 대략 횡령 소비하였다. 통화는 고의로 팽창시키었다.

맨 밑줄에 나오는 "횡령", 이것이 해방공간의 키워드 중 하나였다. 해방 직후 얼마 동안은 일본인 관리들의 횡령 사건이 줄을 이었다. 3월 20일 유죄판결을 받은 총독부 보호관찰소장 나가사키 유조(長崎祐三)의 경우가 대표적이다.

> 조선 해방운동을 탄압하는 데 갖은 포학한 수단을 감행했던 대화숙과 보호관찰소장인 나가사키 유조의 횡령 사건 제2회 공판이 20일 지방법원 법정에서 개최되었는데 전회 공판 시 검사의 1년 6개월 구형에 대하여 이천상(李天祥) 판사로부터 구형대로 1년 6개월 언도가 있었다.
>
> (「경성지방법원, 일인 나가사키 유조에게 횡령죄 적용 징역 1년 6월 언도」, 『서울신문』 1946년 3월 21일)

1945년 12월 5일에는 이런 사건들을 다룰 별도의 기구를 법무국 내에 만들기도 했다.

> 군정청 법무국장 매트 테일러 소좌의 5일 발표에 의하면 전 일본인 관리가 공금을 부당하게 사용한 사건을 조사하기 위하여 법무국 내에 특별범죄수사위원회가 새로 설치되었다 한다. 이 위원회 위원장은 레이푸 힐 대위이고 조선인 위원은 다음과 같다. 대법관 이인(李仁), 조선특별검찰청장 전규홍(全奎弘). 지금까지 조사한 결과는 전 일본인 관리의 공금횡령 사건이 30여 건이나 되어 동위원회 보고에 의하여 서울지방법원에서 판결되리라고 한다.
>
> (「법무국, 일인 관리 공금횡령 사건 특별조사위원회 설치」, 『중앙신문』 1945년 12월 7일)

가장 규모가 큰 사건의 범인은 총독부의 돈줄을 쥐고 있던 회계과장 우에노 다케오(上野武雄)와 출납계장 우에야마 도시오(上山敏雄)였다. 『동아일보』 1945년 12월 19일자 기사에 따르면 이들은 공금 6,400만 원을 38도 이북에 있는 일인 관리에게 지불할 특별위로금이라 하고 9월 초에 야스다 은행을 통해 일본에 송금했다고 한다. 당시 한국 최대의 부호 중 한 사람인 박흥식이 자기 재산을 1천만 원 규모로 밝힌 것과 비교해보라.

일본인 관리들의 횡령은 대개 수백만 원 단위였고, 개인적 범죄가 아니라 총독부의 '현금 살포' 작전의 일환으로 보인다. 개인적 범죄라면 작전에서 파생된 '배달 사고'일 것이다.

총독부는 8월 15일 이후 기존 통화량의 70퍼센트에 이르는 엄청난 거액의 조선은행권을 찍었는데, 미군정은 일본에서처럼 군표도 발행하지 않고 조선은행권을 유일한 통화로 인정했다. 소화되지 못한 채 여기저기 쌓여 있던 뭉칫돈을 그대로 살려준 것이다. 식민지시대의 문제로 남아 있던 '부의 편중' 현상이 이로써 더욱 심화되었고, 생산 활동과 아무 관계없는 뭉칫돈은 새로 형성되는 권력의 기반이 되었다. 박흥식이 받은 5천만 원, 김계조가 받은 1천만 원은 이때 풀려나온 돈 중 빙산의 일각으로 봐야 할 것이다.

현금 횡령에 이어 현물 횡령이 고개를 들기 시작했다. 공장과 창고에 쌓여 있던 재료와 제품이 그 대상이었고, 범인은 조선인 새 경영자들이었다.

일본의 패망으로 대다수 공장의 경영에 공백이 생겼는데, 직원과 공원들이 운영위원회 같은 조직을 만들어 경영을 넘겨받으려는 움직임이 있었다. 그런 조직이 경영을 맡는 경우 효율성에는 문제가 있을지 몰라도 물건을 마구 빼내는 일은 막을 수 있었을 것이다. 그런데 미군

1945년 10월 일본에서 출항하여 인천항에 도착한 군수물자 수송선. 항복 후 일본인들은 극심한 식량난에 시달렸지만 산업용 설비와 재료는 조선에 비해 훨씬 풍성했다.

정은 이 자율운동을 공산주의 성향으로 보아 군사력과 경찰력으로 탄압하고 경영진을 임명했다. 갑자기 큰 책임과 권한을 맡은 경영자들 중에 책임을 등지고 권한을 남용하는 풍조가 널리 일어났는데, 가장 뚜렷한 사례가 물자 횡령이었다.

3월 20일 군정청 감찰부가 산업계의 비리 적발 내용을 발표했다. 엄청난 규모였다. 경인 지역의 110개 회사와 3개월 동안 공장을 조사한 결과 70여 개 회사—공장에서 1억 4천만 원의 사취 금액을 파악했다고 한다. 각종 공장을 접수한 후 알맹이가 되는 현품을 처분하고 군정청에 보고하여야 할 적산을 거짓으로 보고한 채 감춰두고 방매하는 등의 수단이 널리 쓰였다는 것이다.

"조선피혁회사 3천만 원"을 비롯해 수십 개 회사의 적발 금액을 나열한 긴 기사의 끄트머리에 아리송한 내용이 붙어 있다.

● 일본인 중역의 횡령액 5천만 원

이 땅의 백성들을 착취하고자 방대한 자본을 가지고 들어온 미쓰이(三井), 미쓰비시(三菱) 계통의 회사 공장은 그대로 조선 산업을 독점하고 있었거니와 한 번 이것이 꺼꾸러지면서 그대로 있을 리 없다. 미쓰이, 미쓰비시 계통의 큰 회사 공장의 일인 중역들은 해방 후 무질서한 상태의 틈을 타서 혹은 제 마음대로 회사 공장의 재산을 횡령 처분한 것이 감찰부 조사에 드러난 것만도 실로 49,129,384원이라는 막대한 금액에 달한다. 그런데 이들은 전부 발각될까 두려워 대개가 일본으로 도망을 하고 없으므로 회수할 길이 없다.

(「군정청 감찰부, 해방 후 부정 사취한 회사와 공장 적발」 중에서, 『동아일보』 1946년 3월 20일)

해방 후 시점에서 현금은 몰라도 물자를 일본인 경영자들이 어떻게 빼돌릴 수 있었을까? 제값을 받을 수 있었을까? 1천만 원 가치의 물자라면 1백만 원 받고 넘겼을 것 같다. 넘겨준 자들보다 넘겨받은 자들의 죄가 더 큰 일이다. 경영을 인수한 자들은 횡령 사실을 모르는 채로 인수받았을까? 결국 경영을 인수한 자들이 대개 횡령 물자도 넘겨받았을 것 같다. 1억 4천만 원의 적발 금액 중 5천만 원은 귀국한 일본인들이 뒤집어쓰고 넘겨받은 자들의 책임이 호도된 것으로 보인다.

이후 몇 달 동안 전형적 횡령 사건의 몇 가지 사례를 국사편찬위원회 한국사데이터베이스(http://db.history.go.kr)에서 뽑아 본다.

(1) 관리관을 매수하느라고 70여만 원의 공금을 횡령하여 유흥을 하고 석탄회사의 물건을 정실 배급하여 일반 시민의 가정 배급은 돌보지 않아 지난겨울 동안 120만 시민을 울려 놓은 조선 석탄 사건은 조

사가 끝나 6일 중앙청으로부터 전 사장 천응규(千應奎, 47), 현 부사장 신승균(申承均, 38)은 송국되었다. 이 사건은 작년 9월 각 석탄업자가 가지고 있던 석탄 1만 3,700톤을 1톤에 22원에 사들여 가정과 일반에는 배급하지 않고 1톤에 350원까지 받고 정실로 판매한 것이다. (『동아일보』 1946년 7월 8일)

(2) 서울 용산에 있는 풍국제분사 지배인 김민홍(金旻洪, 42)은 군정청으로부터 시민에 배급할 밀을 그 공장에서 제분해 가지고 다시 생필영단에 넘기게 된 것을 기회로 그동안 수천 포대를 시내 상인에게 팔고 그 대금 약 2백만 원을 횡령한 것이 폭로되어 4일 용산서에 검거되었는데 배후에는 연루자가 있을 것이라 한다. (『조선일보』 1946년 8월 6일)

(3) 조흥은행 두취(頭取) 정운용(鄭雲用)과 동 영업과장 신현욱(申鉉旭)은 자본금 백만 원의 동건무역회사에 1,500만 원을 부정 대부하고 수수료 40만 원을 취득한 사실이 탄로되어, 수일 전부터 검사국 지시 아래 종로서에서 사건을 조사 중 드디어 30일 검사국의 구인장을 집행하였는데 사건 발단은 사기 혐의로 취조 중인 동건무역 사장 강장렬(康長烈)에게서 탄로되었다 하며, 정은 재계의 거두인 만큼 구인장을 집행하기까지는 경찰 사법 양 당국에서 상당히 신중을 기하였다 하며, 정은 해방 후 수많은 일인 재산을 접수하여 애첩을 시켜 요리점을 경영하는 등 경찰에서 압수한 일산만 하여도 4천 점에 달한다. 그리고 취조 결과에 따라 조흥은행을 에워싼 배임 횡령 사건은 의외에 확대될 듯하다. (『서울신문』 1946년 9월 3일)

(1)에서는 석탄, (2)에서는 밀가루, 생필품이 협잡의 도구가 되었다. (3)의 조흥은행은 군정청이 적산(敵產) 관리 사무를 맡겨놓은 기관이었다. 경제 분야의 최대 과제인 적산 처리에서 가장 긴급한 과제인 생필품이 모리배들의 손에 있었으니, 그야말로 '총체적 난국'이라 하지 않을 수 없다.

모리배의 난동은 조선에서만의 일이 아니었다. 존 다우어는 이 시기 일본의 암시장 상황을 이렇게 서술했다.

> 정부는 다섯 가지 주식(主食)을 포함한 쉰 가지 생필품의 암시장 가격을 지속적으로 감시했는데, 그 결과를 보면 암시장 가격이 얼마나 폭리를 취한 것이었는지를 대충 알 수 있다. 항복 이후 6개월간 암시장 가격은 같은 상품의 공시 가격의 38배에 달했고 그 뒤 조금씩 격차가 줄어들었다. 1946년에는 쉰 가지 생필품의 경우 암시장 가격은 공시 가격의 14배, 1947년에는 9배, 1948년에는 5배 이하, 마지막으로 1949년에는 2배 정도로 인하되었다.
> 하지만 소비재는 암시장에서 유통되던 수많은 상품 가운데 일부에 지나지 않았다. 석탄, 코크스, 휘발유, 목재, 시멘트, 판유리, 다다미, 선철, 압연강, 아연판, 동판, 알루미늄, 주석, 전선, 모터, 비료, 공업용 화학약품, 기계류, 타이어, 농기구, 알코올, 페인트, 염료, 직물, 종이 등의 생산재 또한 암시장에서 매매되었기 때문이다. 손수 수확한 쌀이나 감자를 암시장에 유통시킨 농민들은 이러한 상황과 아무 상관이 없었다는 것은 말할 필요도 없을 것이다. 그러면 이 모든 생산재들은 어디서 온 것인가? 대답이야 분명했다. 군수물자를 착복해서 숨겨왔던 군인, 기업가, 관료, 정치가들 외에 누가 있겠는가! (…) 이 모든 양상들이 지속될 수 있었던 것은 힘 있는 자들이 여기서 막

> 대한 이익을 올릴 수 있었기 때문이다.
>
> 1946년에 이르러 군수물자의 착복 문제가 심각하게 제기되기 시작했고, 내무성 관료이자 나중에 중의원 의원으로 선출되는 세코 고이치 주도로 비공식적 조사가 시작되었다. 하지만 대중에 대한 이 배신행위가 공공연히 알려진 것은 다음 해인 1947년 후반에 접어들면서부터였다. 일단 사건이 불거지자 담당 조사관들은 내각, 중앙 정부 관료, 국회의원, 악명 높은 정치 브로커, '졸부들'뿐 아니라 하위직 공무원과 지방경찰에 이르기까지 각계각층으로부터 '엄청난 저항'에 직면해야만 했다. 착복한 군수물자를 암시장에 흘려보내서 얻는 이익의 상당 부분은 정치활동 자금으로 전용되었고, 이러한 루트를 거쳐 자금을 확보한 사람들의 대부분은 보수당과 관련 있는 인물이었다. (『패배를 껴안고』, 137~138쪽)

직접 군정이든, 간접 통치든, 일본과 남반부 조선의 최고 권력은 미군이 쥐고 있었다. 미군 가운데 경제 범죄에 끼어든 자들도 많이 있었겠지만, 미군이 정책적으로 경제 범죄를 장려하지 않았다는 것은 분명한 사실이다. 범죄의 주역은 일본인과 조선인이었다. 그러나 미군이 이런 범죄에 어떤 자세로 임했는지에 대해서는 생각할 점이 있다. '부의 집중' 자체에 대해서는 미군에게 별 경계심이 없었을 것으로 생각된다. 하지 사령관의 명령을 빙자해 박흥식을 석방한 일(3월 2일자 일기)도 그래서 일어날 수 있었을 것이다.

1946. 3. 18.

하지의 미소공위 사보타주 전술

미소공위 소련군 대표단이 서울에 도착했다. 첫 회담은 3월 20일 수요일 예정이다.

> 미소공동위원회 소련 측 대표는 지난 17일 아침에 도착된 선발 전령대에 이어서 동 정식 대표단이 18일 입경하였다. 즉 동 선발대 220여 명이 상오 9시 10분에 서울역에 도착하고 계속해서 동 10시 40분 소련 측 수석위원 T. F. 스티코프 중장 이하 위원 5명 등 20여 명을 실은 특별 열차가 역시 서울역에 닿았다. 동 역두에는 동 공동위원회 미국 측 수석대표 아놀드 소장 이하 전 위원이 출영하여 굳은 악수를 교환하였다. 곧 동 일행은 이종림(李宗林) 서울역장의 선도로 자동차에 분승하여서 시내 정동 소련영사관 인근과 미 제7사단 병영 내의 숙사로 각각 향하였는바, 막부 삼상회의 결정 제3조 제2항에 의하여 조선에 임시정권을 수립하여서 3천만 민족의 운명을 좌우할 중대한 건약을 쥔 동 공동위원회는 역사적 개막이 될 것으로 예상된다.

(「미소공위 소련 측 대표 입경, 회담의 일시·장소·양측 대표 명단 발표」 중에서, 『서울신문』 1946년 3월 20일)

모스크바 3상회의 결정 중 조선에 관한 내용의 실행을 위한 구체적 결정을 맡은 미소공동위원회가 근 석 달 만에 열리는 것이다. 그 가장 중대한 과제는 조선의 임시과도정부를 세우는 것이었다. 미소공위에 관한 3상회의 결정은 이런 것이었다.

> 조선에 주재한 미소 양국 군사령관은 2주간 이내에 회담을 개최, 양국의 공동위원회를 설치 조선임시민주정부 수립을 원조한다. 또 미국(美), 영국(英), 소련(蘇), 중국(華) 4국에 의한 신탁통치제를 실시하는 동시에 조선임시정부를 수립케 하여 조선의 장래 독립에 비(備)할 터인바 신탁통치 기간은 최고 5년으로 한다. 미소공동위원회는 임시정부와 조선 각종 민주적 단체와 협력하여 동국의 정치적·경제적 발달을 촉진하고 독립에 기여하는 수단을 강구한다. 이 신탁통치제에 관한 외상이사회의 제안을 검토키 위하여 미국, 소련, 영국, 중국 각국 정부에 회부된다.

소련 측은 이 결정이 그대로 실행되기를 바랐다. 그래서 공산당 등 소련의 영향을 받는 조선 내 세력이 3상회의 결정을 지지하도록 유도해왔다. 이 결정이 나온 후 이북 지역의 좌익 세력이 임시인민위원회를 수립한 데도 이 결정의 실행을 뒷받침하고 유리한 결과를 이끌어내려는 뜻이 있었다.

한편 미군의 하지 사령관은 이런 결정이 나오지 않기를 바라고 있었다. 하지는 맥아더와 같이 미국 국익의 극대화를 일방적으로 추구하는 국가주의 입장에서 국제주의 입장의 이 결정에 반대했던 것이다. 막상 결정이 나오자 정부 간 공식 합의에 정면으로 반대할 수는 없었다. 이제 공동위원회 일방의 대표자로서 일종의 사보타주 전술을 구사하는 기색이 며칠 후 드러난다.

> 소식통에 의하면 조선 주둔 미군 사령관 존 R. 하지 중장은 현재 서울에서 진행 중인 미소공동위원회는 대체로 성공적이 아니라고 보고하였다고 한다.
> 이에 의하면 미국 대표는 소련군이 조선으로부터 기계를 반출하였다는 보도를 충분히 토의하기를 요구하였으나 소련 대표는 자기들이 지실하는 범위 내에서 기계를 반출한 사실은 없다고 하여 이상의 문제를 토의하기를 거부하였다. 그러나 소련 측에서는 이 문제는 그다지 중대한 것이 아니며 기계의 관리는 각 점령 지대 내의 주둔군 사령관에게 달려 있다고 동 소식통은 말하였다. 또한 육군성 방면의 견해에 의하면 조선에 있는 미군은 조선의 통일을 위한 모든 방침을 지지하는 입장을 견지하고 있다.
>
> (「하지, 미 본국에 미소공위가 성공적이지 않다고 보고」, 『조선일보』 1946년 3월 31일)

세계대전 중 큰 산업 피해를 입은 소련에게는 전후 재건을 위해 기계류 확보가 큰 과제였다. 독일의 전쟁배상을 기계류로 가져갔고, 만주를 점령한 동안에도 많은 기계류를 반출했다. 그래서 이북 지역에서도 기계류를 반출하지 않았나 하는 의심을 받았다.

실제로 이북 지역에서 기계류 반출은 거의 없었던 모양이다. 정황으로 봐도 그렇다. 동유럽에서도 소련은 '우호적' 정권 수립이 예상되는 점령 지역에서는 심한 약탈을 하지 않았다. 적국이었을 뿐 아니라 앞으로도 재기를 막아야 할 독일, 그리고 국민당 정권의 중국에 돌려주어야 할 만주에서만 적극적 약탈정책을 시행했다.

기계 반출 보도의 "충분한 토의"를 미국 대표는 왜 요구했을까? 기계 반출이 사실이었다 해서 그것이 임시과도정부 수립에 결정적인 장애가 될 문제도 아니지 않은가. 점령군은 각자의 점령 지역에서 알아서 처리할 업무가 있었다. 소련군의 기계 반출보다는 미군의 인민위원회 탄압이 임시과도정부 수립에 더 큰 장애가 될 문제였다. 소소한 문제는 각자의 재량으로 미뤄두고 임시과도정부 수립 등 주어진 과제에 몰두해야 할 공동위원회였다.

공동위원회의 실패를 원하는 미국 측 속셈을 드러낸 것으로 보인다. 기계 도둑맞을까봐 걱정해주기보다 식량문제 잘 처리하는 것이 더 급하고 중요할 뿐 아니라 자기네 관할의 과제였다. 충분한 생산량을 갖고도 대다수 인민이 기아에 시달리게 만들어놓은 주제에 상대방 관할 지역의 시설 유지 상황을 점검하러 나서겠다고? 회담 상대방을 화나게 하고 피곤하게 하려는 속셈으로밖에 보이지 않는다.

1945년 12월 모스크바 3상회의 때까지 미 국무부에서는 국제주의 노선이 우세를 지키고 있었다. 그러나 원자폭탄으로 일본을 신속하게 항복시킨 승리감이 미국인들의 생각을 바꾸어갔고, 극동국장 빈센트는 미 국무부 안에서 고립되어 가고 있었다. 그는 하지 사령부의 잘못된 정책을 비판하기 위해 하지의 고문으로 파견된 베닝호프, 랭던 등 국무부 요원들까지 "헐 장군과 내가 바라는 수준에 이르지 못한 인물들"이라고 깎아내려야 했다.

커밍스는 이 이야기에 이어 빈센트의 곤경을 이렇게 설명한다.

> 그러나 국무부의 점령군사령부 비판에는 다른 문제들도 있었다. 1943년 이래 국무부 자체의 한국 관계 계획에 하지의 관점과 부합하는 요소들이 들어 있었다. 한국, 또는 그 남반부가 소련의 영향이나

포츠담에서 만난 스탈린과 트루먼. 이 회담 중 트루먼이 원자폭탄 개발 소식을 스탈린에게 알리며 얼마나 회심의 미소를 지었을까.

통제를 받지 않도록 보장하기 위해서는 현지에서 확보할 수 있는 자원에 의지하지 않을 수 없었다. 그런데 소련에 반대할 것으로 믿을 수 있는 자원이 이승만과 경찰과 한민당뿐이었다.

빈센트가 베닝호프와 랭던의 수준을 깎아내린 것, 마틴이 "군인 기질"의 속성을 지적한 것도 주관적 관점일 뿐이다. 베닝호프와 랭던은 1943년 이래 한국 관계 정책 기획에 참여해왔고, 베닝호프는 1945년 8월 초 3부조정위원회(SWNCC)의 극동소위원회 책임자이기도 했다. 그뿐 아니라 하지의 국가주의적 봉쇄 지향 노선은 존 매클로이(국방부 차관), 딘 러스크(국무부 중견 관리), 조지 케넌(냉전 이론가), 애버럴 해리먼(주 소련 대사) 등 전후 미국 외교정책 결정에 극히 중요한 인물들이 지지하는 것이었다. 트루먼 대통령 자신도 같은 노선이었던 것 같다.

(『The Origins of the Korean War』, 229~230쪽)

2월 23일자 일기에서 이 무렵의 소련은 '세계 적화 야욕'이 없었다는 점을 설명했다. 스탈린은 1920년대부터 '일국사회주의'를 표방해왔고, 제2차 세계대전이 끝난 뒤에는 국가 재건과 안전 확보에 여념이 없었다. 냉전을 몰고 온 '상황 변화'는 소련의 변화가 아니라 미국의 변화에 말미암은 것이었다. 소련은 '현상 유지'에 급급했다.

제2차 세계대전 기간 중 주요 산업국 중 유일하게 생산력을 향상한 나라가 미국이었다. 향후 십여 년 동안 미국의 공업 생산은 전 세계 생산의 절반 이상을 차지하게 된다. 게다가 미국은 유일한 핵무기 보유국으로서 군사적 절대 우위를 차지한 나라였다. 생산력과 군사력의 압도적 우위에 선 미국은 국제주의의 속박에서 벗어나려는 성향이 있었다.

1946년 미국의 연방 예산은 620억 달러로, GDP의 30퍼센트 선이었다. 대공황 전 1920년대에는 3퍼센트 선이었던 것이 뉴딜정책과 전쟁을 거치면서 팽창된 결과였다. 전쟁이 끝났지만 방대한 예산을 급격히 줄이지 못하게 하는 관성이 작용했다. 이 관성에 명분을 붙여준 것이 '공산주의의 위협'이었다. 120억 달러의 마셜플랜 자금은 소련의 위협에 대비하기 위한 군사비 유지와 함께 미국의 예산 규모를 지탱해준 큰 기둥이 되었다.

트루먼 시대의 미국은 루스벨트 시대의 미국과 달라지고 있었다. 국제주의 노선은 약화되어 갔고, 하지의 미소공위 사보타주 전술에 대한 암묵적 지지와 동의가 미국의 정책 결정 관계자들 사이에서 폭을 넓혀가고 있었다.

1946. 3. 21.

일본의 '새 국가 건설'은 어떻게 되어가고 있었나?

미소공동위원회 회의가 어제 시작되었다. 다섯 시간에 걸친 회의의 결과로 공동성명 제1호가 발표되었다.

> 미소공동위원회의 본격적인 회의 진전과 함께 3천만의 관심은 이에 총집중되어 자못 그 추이를 주시하고 있는데 21일 동 위원회 본부로부터 별항과 같은 공동성명 제1호를 발표하여 동 회의가 자못 순조롭게 협조적으로 진행되고 있다는 인상을 주고 있다. 그런데 이에 의하여 특히 주목되고 기대되는 것은 미소공동위원회가 조선 문제에 관한 막부 결정에 의하여 조선의 독립이 확립될 때까지 그 임무를 계속할 것은 물론이나 금번 제1차 회의에서는 동 제3조 제2항에 의한 조선의 임시과도정부 조직에 협력할 뿐 아니라 나아가서 동 제3항에 의하여 금번 조직될 임시정부를 참가시켜 조선의 정치, 경제, 사회 문제를 비롯한 원조 협력(신탁) 문제도 협의 성취시키기 위한 회담이라는 것이 명확히 된 것이다. 이로써 금번 회의를 계기로 하여 민주적 임시과도정부 조직을 볼 것은 대체로 명확시되며 금후 정국의 동향은 물론 3천만의 이에 대한 적극적인 추진이 더욱 활발할 것으로 보인다.

● 공동성명 제1호

서울시에서 열린 미소공동위원회에서는 모스크바 3상회의에서 결정된 제3조 제2·제3항의 조항을 성취하기 위하여 회담을 시작하였다. 제1차 회의는 1946년 3월 20일 13시에 시작되었다. 하지 중장과 스티코프 중장이 개회식에서 연설하였는데 연설은 라디오로 중계되었다. 차 회의에 참석한 기타 위원은 다음과 같다.

소련군사령부 측 대표: 차라프킨 씨, 레베데프 소장, 발라사노프 씨, 카쿨렌케 중좌.

미군사령부 측 대표: 아놀드 소장, 랭던 씨, 데이버 씨, 부스 대좌, 브리튼 대좌.

그 외에 고문들과 전문 부문 기술자들과 조선인과 미국인 기자도 참석하였다. 정식 개회식이 끝난 후 미소공동위원회 회원들은 위원회의 회의 진행 방법에 관한 회의 사항을 토의하기 시작하여 완전한 의견 일치를 보았고 또 모스크바 3국외상회의에서 결정된 본 위원회의 임무를 완수할 최선 방법에 있어서 의견을 교환하였다. 제1차 회의는 18시 5분에 종료하였다.

(「미소공동위원회 공동성명 제1호 발표」, 『서울신문』 1946년 3월 23일)

공동성명 제1호의 내용은 회의가 시작되었다는 사실을 밝히는 정도뿐이었다. 주목할 사실은 '공동성명' 형식으로 중간발표를 열심히 하겠다는 양측 의지가 밝혀진 것이다. 미소공위는 '점령국'이 아닌 '점령군' 사이의 회담이었다. 정책을 결정하는 것이 아니라 주어진 과제의 실행 방법을 검토하는 실무적 성격의 회담이었기 때문에 그 진행 과정을 명확히 밝혀나가는 방침을 세운 것이다.

미소공위의 당면한 최대 과제는 임시과도정부 수립이었다. '과도',

'임시'의 수식어가 붙기는 하지만 새 국가 건설의 첫 단추였다. 어찌 보면 실무적 성격의 회담에 주어진 과제로서는 무리할 정도로 정치적 고려가 많이 필요한 과제였는지도 모른다.

앞으로 미소공위의 진행을 살펴봄에는 역시 이 과제의 고찰이 중심이 될 것이다. 새 국가 건설의 과제는 미군 점령하의(명목상으로는 연합군 점령이지만) 일본에도 있는 것이었다. 일본에서는 이 무렵 이 과제가 어떻게 진행되고 있었는지 한 차례 살펴본다.

패전은 일본인에게도 '해방'의 의미가 있는 일이었다. 조선인에게는 식민지배로부터의 해방이기도 했지만, 일본인에게는 군국주의로부터의 해방이었다.

군국주의로부터의 해방에는 양면성이 있었다. 일본인은 군국주의의 피해자이기도 하고 가해자이기도 했기 때문이다. 어느 측면을 중시하느냐를 점령자가 자의적으로 결정할 여지가 있었다. 오스트리아는 독일의 일부로 제2차 세계대전 도발의 책임이 있었다. 그런데 연합군은 오스트리아를 피해자로 인정하고 독일에만 책임을 물었다.

미국은 일본을 살려내고 싶었다. 그래서 일본인의 피해자 측면에 중점을 두었다. 그러기 위해서는 가해자를 명확히 규정할 필요가 있었다. 이 규정을 피할 수 없는 것이 군국주의 국가였다. 모든 죄를 국가에 돌리고 죄 많은 국가를 없앤 다음 새 국가를 세우는 것이 일본인에게 면죄부를 주기 위해 필요한 일이었다.

연합군은 일본 정부와 일본군의 항복을 받았다. '일본국'의 항복을 받은 것이 아니었다. 일본국을 대표하는 천황의 8월 15일 '항복 선언'이란 국민과 정부와 군에 대한 항복 명령일 뿐, 연합군을 직접 상대로 한 메시지가 아니었다. 천황을 정점으로 하는 일본 국가체제는 그대로 계속되었다.

8월 10일 천황제의 존속을 전제로 포츠담선언을 수용하겠다는 일본의 통보에 대한 미국의 회답은 천황제 존속 여부를 명확히 하지 않았다. 회답의 원문 "항복 이후 국가를 통치하는 천황과 일본 정부의 권위는 연합군 최고사령관에게 예속된다" 중에서 "예속(be subject to)"을 일본 관리들은 "제한 아래 둔다"고 축소 번역했고, 점령 이후에도 '예속'과 '제한' 사이의 애매한 상태가 계속되었다(허버트 빅스, 『히로히토 평전』, 오현숙 옮김, 삼인 2010, 575쪽).

연합군 최고사령부(SCAP, Supreme Command of the Allied Powers)는 일본 정부를 그대로 두고 감시 역할만 맡는 간접통치 방식을 취했다. 새 국가 건설까지의 임시과도정부로 기존 정부를 인정한 셈이다. 새 국가 건설도 기존 정부와 의회가 개헌의 방법을 통해 이뤄 나가도록 맡겨놓았다. "앞에서 기술한 제반 목적이 달성되고, 일본 인민이 자유로이 표명한 의사에 따라 평화를 애호하며 책임을 다할 수 있는 정부가 수립될 때에는 연합국 점령군이 즉시 일본에서 철수할 것"이라 한 포츠담선언 제12항이 새 국가 건설의 지침이었다(『히로히토 평전』, 555쪽).

개헌이 전범 재판과 함께 연합국을 만족하게 할 필요조건이라는 사실은 점령 초기부터 분명했다. 그러나 일본 정부는 개헌 과제 앞에서 맥아더의 기대에 부응하지 못했다. 이 문제를 다루기 위해 10월 25일 정부가 만든 기구의 이름은 '헌법문제조사위원회'였다. '개헌'의 당위성을 인정하지 않는 이름이었다. 마쓰모토 조지(松本烝治) 위원장은 보수성이 극히 강한 인물이었다.

마쓰모토 위원회는 56년 전 제정된 메이지헌법에 근본적 문제가 없다는 입장이었다. 군국주의의 발호는 헌법의 잘못된 운용 때문일 뿐이라는 것이다. 미군이 보다 자유주의적 개헌을 원하고 있다는 충고에 대해 마쓰모토는 이렇게 대꾸했다고 한다. "헌법개혁은 자발적이고도 독립적으로 진행되어야 하므로 나는 미국인들의 의향이 어떤지 떠보거나 사전 양해를 구할 필요는 없다고 본다." (『패배를 껴안고』, 458쪽)

지당한 말씀이다. 그러나 두 가지 점에서 현실을 무시한 발언이다. 하나는 미군이 실제 결정권을 가지고 있다는 사실이고, 또 하나는 대다수 일본인들이 대대적 개혁을 바라고 있었다는 사실이다.

마쓰모토 위원회는 1946년 2월까지 22회의 비공개회의를 거쳐 개헌안을 제출했다. 그 밖에도 여러 정당, 기관과 개인이 이 무렵까지 13개의 개헌안을 내놓았다. 공산당의 개헌안이 가장 급진적 개헌안의 하나였고, 이보다 훨씬 보수적인 개헌안도 있었지만 마쓰모토 위원회 개헌안의 보수성은 단연 독보적이었다. 당시의 민심과 완전히 겉돈, '수구적' 개헌안이었다.

2월 4일 맥아더의 전격적 명령에 따라 SCAP 민정국이 새 일본 헌법의 초안을 작성하기 시작했고, 엿새 만인 10일에 작성된 초안이 맥아더에게 제출되었다. 이것이 일본의 '평화헌법'■이 되었다.

초안이 주둔군사령부에서 작성되었다는 점, 작성에 일주일밖에 시간이 걸리지 않았다는 점에서 평화헌법 반대자들은 그 타율성과 졸속성을 비판하기도 한다. 그러나 겉보기와 달리 이 초안은 상당히 민주적이고 생산적인 작성 과정을 거친 것으로 존 다우어는 본다(『패배를 껴안고』, 465~483쪽). 초안 작성에 동원된 24인 요인 중 직업군인은 한

■ 제2차 세계대전에서 패한 일본이 1946년에 공포한 헌법 9조의 별칭이다. 헌법 조항에는 일본 국민은 정의와 질서를 기조로 하는 국제 평화를 성실히 희구하고, 국권의 발동에 의거한 전쟁 및 무력에 의한 위협 또는 무력의 행사는 국제분쟁을 해결하는 수단으로서는 영구히 이를 포기한다. 이러한 목적을 성취하기 위하여 육해공군 및 그 이외의 어떠한 전력도 보유하지 않는다. 국가의 교전권 역시 인정치 않는다고 기술되어 있다.

사람도 없었고, 일본인들이 그동안 제출한 개헌안, 특히 진보적 개헌안의 내용이 잘 반영되었다는 것이다.

SCAP의 전격적인 헌법 초안 작성은 맥아더의 정략적 조치였던 것으로 다우어는 해석한다. 연합국의 다국간 구성체인 극동위원회(FEC, Far Eastern Commission) 개회가 임박했기 때문이었다는 것이다. 2월 하순 FEC가 개회하면 개헌 등 중요 사안에 대한 관할권을 SCAP로부터 넘겨받을 전망이었다. 포츠담선언이 요구한 자유주의적 내용을 담으면서도 천황제 존속 등 일본 국체를 온존시켜 미국의 영향력을 유지하려는 맥아더의 구상을 실행하기 위해 개헌 작업을 서두를 필요가 있었다고 다우어는 본다.

한국에서 미소공동위원회가 개막할 무렵까지 일본에서는 이런 과정을 거쳐 헌법 개정 작업이 진행되어왔다. 한국과 일본의 상황에는 두 가지 중요한 차이가 있었다. 하나는 일본에 '임시과도정부'가 존재하고 있었다는 사실이고, 또 하나는 한국이 두 나라에 분할 점령되어 있었다는 사실이다. 이 차이 때문에 일본에서는 인민의 개혁 욕구가 점령군사령부에도 상당히 원활하게 수용된 반면, 한국에서는 이념적 색안경을 피할 수 없었다. 패전의 피해를 일본보다도 오히려 해방된 조선이 더 많이 짊어지기 시작한 것이었다.

1946. 3. 22.

국민당을 김구에게 갖다 바친 안재홍

그저께(3월 20일) 국민당이 한국독립당(한독당)과의 합당을 위한 당 해소 결의문을 발표했다. 작년 11월 1일 "아당은 민족통일전선의 전면적 완전 통일 결성이 적정 타당한 형태에서 진취된다면 이에 적응하기 위하여 무조건 해소할 용의가 있다"고 한 선언을 실천한 것이다. "해내, 해외에서 조국 광복을 위하여 풍상 20여 년을 혁명운동으로 일관하여 온 빛난 역사를 가졌고 또 그 정치 이념이나 정강정책이 아당과 혼연일치할 뿐만 아니라 혁명의 선배가 지도하는 한국독립당과 합동하기로 한다"는 결의문이었다.

한독당과 국민당은 오늘 공동 명의로 합동 선언을 발표했다.

> 포학한 일본 제국주의는 도괴되었건만 우리 민족 해방은 아직 성취되지 못하였고 자유인 조국의 광휘 있는 재건설을 위하여는 전 민족 총력의 집결로써 정체 없는 감투가 요청되고 있다. 국민당은 작년 9월 6단체의 합동으로 신출발을 할 때 이미 이 의도에서 귀일집중을 지향하고 왔었다. 한국독립당은 3·1운동이 있은 이후 거의 30년 동안 해외에 본거를 둔 민족 해방의 지도단체로서 다수한 혁명전사가

집결되어 있다. 그 혁명의 대의는 거론할 바 없고 정강, 정책에 있어서도 독립당과 국민당은 대부분이 일치되어 관여한 바 없다.

여기에서 우리들은 무조건 합동으로써 그 질과 양에서 앙양 발전함을 꾀한다. 우리들은 온 것을 방하(放下)함에서만 모든 것을 전취할 것이다. 대중적이고 진취적인 그리고 전투적인 회통 종합의 행정에는 전 민족 통합의 자주독립의 신성 조국이 손들어 부르고 있다. 우리들은 우렁찬 아우성과 함께 호호탕탕하게 지쳐 나오는 민족 대중의 선두에서 피와 생명과 영예로써 맹투하리라. 우리들은 이 취의와 방식에 공명하고 합류하여 오는 모든 민족주의 집단에 향하여 일률로 심절한 대망을 하고 있다.

대한민국 28년 3월 22일 국민당 한국독립당

(「한국독립당과 국민당 합동 선언 발표」, 『조선일보』 1946년 3월 23일)

밑줄 친 대목에 토를 달 필요가 있다. 상해 임정이 3·1운동 반년 후에 수립되었으니 그것을 놓고는 "거의 30년 동안"이라고 할 수 있다. 그러나 한독당의 역사는 그와 다르다. 임정과 한독당, 그리고 김구를 동일시하는 통념을 좀 정리할 필요가 있다.

1930년에 이동녕(李東寧, 1869~1940), 안창호(安昌浩, 1878~1938), 김구, 조소앙 등이 만든 한국독립당을 '1차 한독당'이라 할 수 있을 것이다. 그로부터 시작해도 1946년 시점에서 한독당의 역사는 17년에 불과했다. 그나마 이 한독당은 1935년 7월 민족혁명당(민혁당) 창당에 참여하기 위해 해체되었다가 몇 달 후 민혁당 노선에 불만을 품고 탈퇴한 조소앙 등이 재건했다. 재건된 미니 한독당을 '2차 한독당'이라 할 수 있다.

민혁당 결성에 반대했던 김구는 2차 한독당 기간 중 한국국민당을 이끌었다. 1940년 4월 임정의 중경 정착을 앞둔 시점에서 김구의 국민당과 조소앙의 한독당을 포함한 우익 세력이 뭉쳐 만든 것이 '3차 한독당'이다. 김구가 이끄는 임정 주류 세력으로서 한독당은 바로 이 3차 한독당이었다. 해방 시점에서 임정의 역사는 26년이었지만, 김구가 임정을 이끈 기간은 10년이었고, 한독당이 임정의 주류였던 기간은 5년이었다.

임정 비주류를 흔히 '좌파'라 부르고 1941년 이후 비주류의 임정 참여를 '좌우합작'이라 하는데, 이 통념도 조정할 필요가 있다. 비주류의 주축인 민혁당은 1935년 창당 당시 민족통일전선의 성격을 지닌 조직이었다. 1927년 제정된 임시정부 약헌의 "대한민국의 최고 권력은 임시의정원에 있다. 단 광복운동자가 대단결한 당이 완성될 때는 국가의 최고 권력은 차당(此黨)에 있는 것으로 함"이라 한 제2조에 의거해 임정 국무위원 7인 중 5인이 임정 해산을 요구하며 사직할 정도로 민혁당의 '대단결'이 널리 인정받고 있었다. 김구는 이 '대단결'을 외면하고 위기에 빠진 '꼬마 임정'을 지켰다.

창당 후 의열단 세력의 비중이 커지면서 다른 요소들이 떨어져나가기도 했지만 민혁당은 연합정당의 성격을 지켰다. 그러다가 1941년까지 민혁당 내의 좌파가 중국공산당과의 연계를 바라보며 북상하여 떨어져나간 뒤 잔류자들이 임정에 합류한 것이었다. 1945년 10월 6일자 일기에서 이 과정을 설명할 때 '김붕준 탄핵 사건'을 언급했는데, 비주류 합류 당시의 임정 분위기를 보여주기 위해 이 사건에 대한 약간의 설명을 옮겨놓는다.

> 1941년 10월 제33회 임시의정원회의에서는, 외신기자와의 인터뷰에서 임시정부의 결함을 지적하고 타 세력의 의정원 참여에 협조한 의

1942년 10월 중국 중경에서 찍은 대한민국 임시정부 제34회 임시의정원 기념사진. 해방 당시의 임정 모습은 이 무렵에야 완성된 것이었다.

장 김붕준을 탄핵하고, 새로이 당선된 27명의 의원을 제명해버렸다. 원래 한독당 측은 임시의정원 개회를 앞두고 결원된 의정원의 보선에 관한 통지를 발하지 않음으로써 민족혁명당의 참가를 막으려고 기도하였었다. 이에 의장 김붕준이 의장 직권으로 중경 거주 각 도 선민(選民)에게 의원 보선을 할 것을 통지하여, 각 도 선민은 의원을 보선하여 의회에 출석케 하였던 것이다. 그러자 임시정부는 중국 헌병을 청하여 무력으로 보선된 의원을 축출하고 김붕준의 의장직과 의원직을 박탈하였다.

김붕준 의장 탄핵안에는 김구 의원이 표결 처리하자고 동의하였고, 박찬익 의원이 재청하였으며, 김붕준의 의원직 제명 처리에는 조완구 의원이 동의하여 김구 의원이 재청하였다. (『한국현대민족운동연구』, 170~171쪽, 주 44)

민혁당은 1941년까지 장개석 정부의 지원을 받고 있었다. 그런데 민혁당이 주축을 이루고 있던 조선민족전선연맹과 조선의용대의 상당 부분이 공산당 지역으로 넘어가면서 장개석 정부는 민혁당 세력이 임정에 참여하도록 양측에 압력을 넣었다. 경제적 지원이 압력의 중요한 수단이었다. 한독당 세력은 임정의 통제력과 장개석 정부의 지원을 독점하기 위해 민혁당 세력의 참여를 봉쇄하려 했고, 그 과정에서 김구는 이력에 큰 오점을 남겼다.

국민당은 '합동'이 아니라 실질적으로 한독당에 '흡수'당했다. 이 합동을 주도한 안재홍은 그 과정을 3년 후 이렇게 회고했다.

> 중경 임정 입국 이후 임정 부내 5개당의 병립 있는 줄로 듣고 다소 실망을 느낀 바 있었으나, 한국독립당이 그 역사, 그 구성 인물로서 최대한 대표적인 당인 것으로 인정되어 일찍부터 국민당과의 합동을 내의하였던 것이다.
>
> 국민당은 남한뿐 아니라 북한에도 7, 8군의 지당부 및 그 준비처가 있었고, 진보적인 사녀(士女)들이 다수 입당 포섭되어 상당한 대중을 가진 터로서, 한독당과의 합동 당시 각 지방에서 그 기성 미성의 모든 지당부 인물들이 그 토대를 이루게 되었었다.
>
> 그러나 합동 선언이 겨우 발표되자, 원 한독당의 간부 제씨, 돌연 너무 고답적으로 나왔던 까닭에, 국민당의 간부와 당원 또는 그 지지자 제씨들은 섯덜하고 들레면서 합동을 도로 무르고 국민당대로 복당하자고 강경 주장하는 편이 퍽은 많았었다. 그러나 나는 "처음부터 계획한 바이고, 또 이미 천하에 선포 공약한 바이니, 그새 또 뒤집는 것은 불가하다"고 믿어, 1개월을 끌어 결국 그를 단행하였다.
>
> 이때에 한독당 간부 제씨의 언동은 너무 국민당계 기타 동 신한당계

안재홍은 해방공간에서 여러 가지 중요한 역할을 수행했는데, 후세의 우리에게 특히 중요한 것은 많은 기록을 남긴 사실이다. 그의 기록은 『민세 안재홍 선집』(전 8권)으로 출간되었다.

> 의 자존심까지 깨뜨리는바 많으므로, 나는 당수이신 백범께 만나 그러한 연유를 말씀하고, 합동의 정상화를 역설하였던바, 백범도 자못 그 부하 동지의 사려 적은 언동을 분개하면서 함께 당의 전도를 위해 진력할 의사를 말씀하여, 나도 얼마큼 안심하면서 합동 추진의 정당성을 의심치 않았다.
>
> (…) 1947년 2월 말경에 백범 당수는 한민당과의 급속한 합당 단행을 거의 명령하다시피 주장하였으나 그렇게도 못되었고, 멀지 않아 우리들은 대량 제명을 당하는 막에까지 가고 말았었다. (『민세 안재홍 선집 2』, 438~439쪽)

안재홍은 성선설의 신봉자였을까? 그의 겸양지덕은 정말 대단하다. 해방 전 일본인들에게 유사시의 대응 원칙으로 '호양협력'을 내세운 것도 정치적 이념이 아니라 도덕적 신념에서 나온 것이었다. 일본인들은 이 원칙을 이용하면서도 자기네 몫의 협력에는 충분한 성의를 보이지 않았다.

해방 후의 혼란 속에서도 그는 스스로 퇴양(退讓)하는 것이 혼란을 줄이는 길이라고 믿었던 모양이다. 그가 상대한 한국인들도 그의 퇴양을 이용만 하면서 보답을 하지 않는 데는 일본인들과 별 차이가 없었던 것 같다. 그렇다면 그의 퇴양은 송양지인(宋襄之仁)처럼 세상에 도움 안 되는 '어리석은 어질음'일 뿐이었을까? 겉보기에는 그렇게 보일 수 있다. 그러나 더 깊이 살펴보고 싶다.

비상국민회의 추진 과정에서 비주류의 탈퇴로 임정은 그림자만 남았다. 임정의 최고 권력은 원래 의정원에 있는 것이었는데, 임정원이 1945년 8월 22일 회의를 끝으로 실질적으로 소멸되었으니 3개월 후 귀국한 '임정'이란 실제로 집행기구인 국무위원회일 뿐이었다. 그 국무위원회마저 파탄을 드러낸 이제 김구 일파는 한독당을 세력 근거로 내세우게 되었다. 중경을 떠나기 전 8월 28일에 당의–당강–당책을 발표한 후 거의 아무런 움직임도 없고 국내 기반도 없던 한독당이 1946년 3~4월 중 국민당과 신한민족당을 통합하면서 모습을 드러냈다.

안재홍은 민족주의가 혼란을 극복하는 열쇠라 생각하고 강력한 민족주의 지도력의 출현을 바랐다. 그래서 임정 추대를 일관되게 주장해왔다. 임정의 지도력이 무너진 이제 한독당에 힘을 실어주기 위해 국민당을 갖다 바친 그는 천금을 주고 천리마의 뼈를 사는 심정이었을까?

1946. 3. 23.

새 국가 건설에서 학문의 역할

군정청 학무국에서 학술 관련 중요한 조치가 거듭해서 나오고 있다. 그저께(3월 21일)는 고전 편수를 위한 번역과 설치가 있었고, 오늘은 학술용어제정위원회가 열렸다.

> 잃었던 고전 문화를 새롭게 살려 계승하기 위하여 학무국에서는 이번에 번역과를 신설하고 고전의 부흥을 꾀하기로 되었다. 동 과는 21일부터 간판을 내어 걸었는데 주로 고전을 번역하여 편수할 것으로 부문을 조선고전, 동양고전, 서양문헌의 셋으로 나누어 조선고전 부문에서는 삼국사기, 삼국유사 같은 우리나라의 귀중한 사기 등을 취급하고 동양고전 부문에서는 유교 불교의 경전 같은 고전을 캐어낼 것이며 서양문헌 부문에서는 주로 우리가 뒤떨어져 있는 서양의 자연과학에 관한 고전을 번역할 터이다. 고전의 선택은 위의 예와 같이 종교, 역사, 문학, 자연과학의 각 부문에 걸쳐 널리 고전문학의 심오한 경지를 개척하여 현대말로 알기 쉽게 번역하며 널리 보급함으로써 우리 새로운 문화의 기반을 삼으려는 것으로 근일에 착수할 것이다.
>
> (「고전 문화 부흥과 계승을 위해 학무국에 번역과 설치」,
> 『서울신문』 1946년 3월 25일)

> 38년의 장기간에 걸친 왜족 문화의 침투로 말미암아 우리의 일상용어와 학술용어 전반에 걸쳐 끈질기게 숨어들은 왜말 냄새를 일소하고자 학무국에서는 이번에 학술용어제정위원회를 설치하고 전혀 우리 국어로는 확정되지 못한 학술용어를 제정하고 이와 아울러 사회용어 중 왜말 냄새나는 말을 추려내어 교정하기로 되었다. 동 위원회에서는 23일 오후 2시부터 군정청 제1회의실에서 첫 총회를 열고 심의를 개시하였는데, 각 과별로 20부문을 나누어 각 과에 그 권위자 8명 내지 12명씩 도합 2백여 명의 전문위원을 임명하여 연구케 하고 그 결과를 토의 결정할 터인데 일상용어에 관한 것은 제20부문의 언어과학과를 두고 사회생활 용어를 담당키로 되어 있다.
>
> (「군정청 학무국, 학술용어제정위원회 설치」, 『서울신문』 1946년 3월 25일)

민족의 당면 대과제 '독립'을 학문 분야에서 이루기 위해 꼭 필요한 조치들이다. 미군정의 그동안 어지러운 행각을 놓고 보면 이런 요긴한 조치를 지금이라도 취한다는 것이 뜻밖으로 느껴질 정도다. 어떤 사람들의 어떤 작용을 거쳐 이런 조치가 나오게 되었는지 구체적 과정은 들여다보지 못했지만, 조선인 학자들의 '학문적 독립'을 향한 의지가 어떤 방법으로든 관철된 결과로 이해한다.

뜻있는 학자들이 해방 다음 날인 8월 16일에 모여 '조선학술원'을 결성했다. 『매일신보』 1945년 9월 14일자 기사 일부를 옮겨놓는다.

> 유지 학도와 기술자들은 전 조선의 각계 전문학도와 지도적 기술자들을 대동 집결하여 16일 경성에서 조선학술원을 창설하였다. 그 당면한 임무는 첫째로 이론적으로나 기술적으로나 조선 경제체제 재건과 국토 계획에 관한 근본적 검토를 가하고, 둘째로 정치 경제와 사

회 문화의 성격을 규정할 수 있는 핵심 문제에 대한 과학적 토의를 거듭함으로써 신정부의 요청에 대한 국책적 건설안을 준비하고, 셋째로는 장래의 학술체제와 고차적인 사회 연구 태세를 확립하려는 것입니다. 이에 따라 학술원에는 이학부(5분과) 공학부(6분과) 농림학부(4분과) 수산학부 의학부 약학부 기술 총본부(7문) 경제법률학부 역사철학부(7분과) 문학언어학부(5분과) 등 10부가 설치되었고 (1) 학술 연구 급(及) 조사 (2) 자원 조사, 국토 계획, 기타에 대한 창의적 건의안 (3) 연구 발표 (4) 학술 강연 급 강좌 (5) 기관잡지 간행 급 내외 문헌 출판 (6) 외국학계와의 문화적 교섭 등 구체적인 사업을 해나가기로 된 것이다. (…)

학술원위원장 백남운은 다음과 같이 그 포부를 말하였다.

"조선학술원의 취지는 근본적으로 부과된 사명이 학술 연구에 있는 것이다. 그러나 신국가 건설기를 당하여 상아탑에 칩거하고 방관하는 태도를 취하는 것은 오히려 무책임할 뿐 아니라 실천과 유리된 반동적 결과로 돌아가기 쉬운 것이다. 그러므로 차제에 조선 민족으로서는 1인이라도 신국가의 건설적 위업에 협력하지 않으면 안 될 것이다. 그러므로 조선학술원으로서는 각 방면의 전문학도와 지도적 기술자들을 집결하여 우선 당면한 특수한 임무를 다하기 위하여 대동적으로 매진하는 중이다. 평소부터 학술 방면에 종사하시는 인사 제위는 이 점을 양찰하시고 적극적으로 협력하시는 동시에 허심탄회하게 고견을 피력해주시기를 간절히 바라는 바이다.

그리고 끝으로 한 가지 언명할 것은 조선학술원은 외부의 여하한 정치단체와도 하등 관련을 맺지 않고 불편부당의 엄숙한 태도를 견지하고 가는 점을 강조하는 것이다. 그러므로 나 개인으로서도 본원의 학술적 사명을 달성키에 적응한 내용 충실을 기도하는 동시에 전기

"선생님! 어서 돌아오십시오." 미군정청의 포스터. 일본이 26년간 지배한 조선의 교육기관은 만주보다도 빈약했다. 더구나 해방 후 일본인 교원의 귀환으로 조선 교육계는 참혹한 상황에 빠졌다.

한 당면 임무를 수행하기에 헌신적으로 노력할 뿐이고 한동안 세간의 정치적 단체와는 하등의 관계를 맺지 않고 있다는 점을 언명하여 둔다. 학술 관계 이외의 인사 제위도 직접 또는 간접으로 많이 후원해주심을 간원하는 바이다."

엄밀히 볼 때 8월 16일의 모임은 '준비 모임'의 성격이었을 것 같다. 조선학술원의 정식 결성은 그 규장이 심의된 9월 3일 이후로 보아야 할 것이다. 그러나 해방 바로 다음 날 상당 범위의 연구자들이 모여 막연하게라도 신국가 건설에 조직적으로 참여할 의지를 모은 것은 적어도 상징적 의미는 분명한 일이었다.

일본의 패망에는 '해방'의 기쁨과 함께 '체제 붕괴'의 충격이 함께 들어 있었다. 개혁 의지를 가진 운동가와 일반 서민들에게는 해방의 기쁨이 앞서는 일이었겠지만, 체제의 핵심 구성 분자들에게는 붕괴의 충격이 더 클 수 있었다.

학문 연구자들은 일반인에 비해 체제에 대한 소속감이 강한 사람들이다. 그런 사람들이 해방 후 즉각 적극적 의지를 집단적으로 표명했

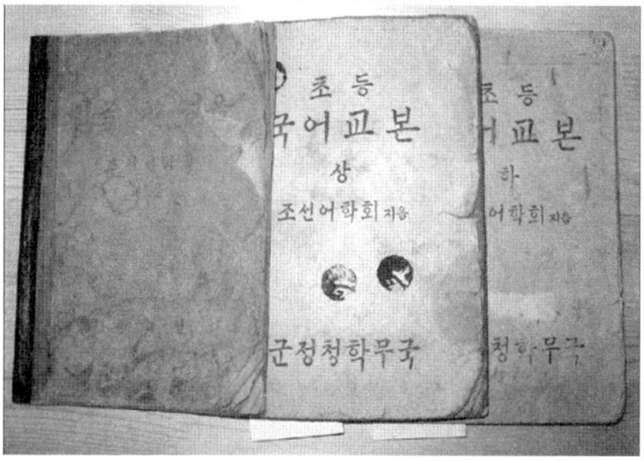

1947년 미군정청이 발행한 초등 국어 교본. 해방을 계기로 민족 독립의 뜻이 가장 잘 살아난 영역이 아마 한글문화의 발전일 것이다.

다는 것은 놀라운 일이다. 비판적 고찰에 중점을 두는 인문·사회 분야 연구자들만이 아니라 과학·기술 분야 연구자들 사이에도 조선학술원 참여가 대세였다.

1930년대 초반에 일어나 1937년 중일전쟁 발발 이후 일본제국을 완전히 장악한 군국주의 체제가 학술계에도 억압을 가하던 사정을 생각하게 된다. 한국인은 '해방'이라 하면 흔히 이민족 지배로부터의 해방만 생각한다. 그런데 1945년의 해방은 군국주의로부터의 해방이기도 한 것이었다. 해방 직후의 조선학술원 운동에서는 이 측면을 크게 느낄 수 있다.

식민지 체제하에서도 조선의 학술계는 나름대로 자라나고 있었다. 그 성장이 어느 단계에 이르러 도약을 바라보게 된 것이 1935년경이었다. 일본을 통해 들여온 근대 학문과 민족문화의 본질을 추구하는 전통 학문이 상호작용을 일으켜 '조선 학술'의 체계화와 조직을 바라보게 된 것이다. 『동아일보』 1936년 1월 1일자 학술 특집호에 실린 여러 글에서 그 추향을 이해할 수 있다(국사편찬위원회 한국사데이터베이스의 '한국근현대신문자료'에는 이 특집호가 들어 있지 않아 김용섭, 『남북 학술원과 과학원의 발달』, 지식산업사 2005, 22쪽 주 4에서 목록을 옮겨놓는다).

백남운, "학술기간부대의 양성—중앙 아카데미 창설"
백락준, "학술조선의 총본영—조선문고를 세우자"
안창호, "조선학회(조선학원)의 설립과 농촌, 도제문고 발행"
이춘호, "실지 응용, 상품화를 목표로 하는 이화학연구소의 설립"
유억겸, "전조선체육연맹—조사 연구 지도의 적극화"
이헌구, "과학박물관—명칭의 통일"
고희동, "아쉬운 대로 회화(繪畵)연구소"
이묘묵, "종합도서관을 건설하자"
오긍선, "연구 창작을 위한 학자아파트"
송석하, "민속의 진작—조사연구기관을 설치"
이종륜, "사회위생학연구소 설립"
현제명, "약진 예원(藝苑)의 상징 종합예술학원"
문석오, "연구와 응용을 겸한 공예학원 창립"

1935년 무렵은 정약용(丁若鏞, 1762~1836) 서거 100주년 기념행사를 통해 민족주의 역사관이 당당한 모습을 드러낸 시기이기도 하다. 조선의 역사와 전통을 부정적으로만 보는 식민주의 역사관에 대항하는 전통에 대한 자부심이 정약용의 넓고 깊고 진취적인 학문을 통해 표출되었던 것이다. 이런 배경 위에서 조선의 학술을 민족 차원에서 조직하고자 하는 염원과 의지를 위에 열거한 글 제목에서 느낄 수 있다.

이 염원과 의지가 근 10년간 군국주의에 억눌려 있다가 해방과 함께 풀려나온 것이었다. 조선학술원 운동에는 '민족 해방'의 의미를 추구하려는 동기도 크게 작용했지만, '학문 해방'의 의미가 그 밑바닥에 깔려 있었다. 학문이 정치에 억압받던 군국주의 시대를 벗어나 학문의 역할을 능동적으로 추구하겠다는 의지였다.

1945년 조선학술원 운동 참여자들이 1952년 설립된 대한민국 학술원과 조선민주주의인민공화국 과학원의 주축이 되었다. 그러나 그들이 학술원과 과학원으로 향해 움직여가는 길은 서로 달랐고, 그것이 이후 남한 학술원과 북한 과학원의 성격 차이를 가져왔다.

북쪽에서는 백남운, 홍명희, 김두봉 등 학술의 조직 운동에 주동적인 인물들이 국가 건설에서도 주동적인 역할을 맡았다. 그래서 이 조직 운동이 1949년 말 설립된 정치경제학 아카데미야를 거쳐 과학원 설립으로 이어지면서 학술 연구와 교육이 국가 기능의 핵심적 요소가 되었다. 반면 남쪽에서는 학술 조직 운동이 국가 건설 과정에 별 영향을 끼치지 못했고, 그 결과 학술원이 상징적 의미만을 가진, 국가 기능과 무관한 존재가 되었다.

분단 건국 이후 학문의 자유가 많은 억압을 받아온 것은 남한도 북한도 마찬가지였다. 그러나 학문이 국가 기능에서 차지하는 비중에는 큰 차이가 있었다. 남한에서는 학문이 실용적 기준으로만 평가받은 반면 북한에서는 이념 차원에까지 학문의 역할이 있었다. 그 득실을 한마디로 잘라 말할 수는 없겠지만, '학문적 독립'이라는 기준에서는 남한의 학문 풍토에 아쉬움이 많다.

1946. 3. 25.

범죄의 공포에 떨며 살게 된 이남 주민들

3월 24일에 두 건의 큰 조직 범죄단이 서울에서 검거되었다. 마포서에서는 위조지폐단을 검거했고, 본정서(本町署)에서는 강도단을 검거했다.

> 경인간을 횡행하고 여학생을 노리던 대담무쌍한 27인 강도단이 체포되었다. 작년 11월부터 금년 2월 말까지 경인간에 횡행하여 잔악무도한 수단으로 주민을 노리던 27인 강도단이 체포하려는 인천서원을 권총으로 사살하고 서울 시내에 잠복하였다는 정보를 접한 시내 본정서에서는 사법주임 지휘하에 무장경관대가 그들이 잠복하고 있는 사헌정 71번지를 습격하고 27인 중 수괴 전과 6범 강채석(姜彩錫, 34) 외 19명을 일대 격투 끝에 일망타진하여 취조 중인데, 그들은 총 범죄 건수 74건으로 강도한 총금액이 1천만 원이나 되고 특히 서울 시내에서는 모 여학교 학생을 잡아 4명이 강간한 것을 비롯하여 여학생과 가정 부녀에게 가해를 한 사실이 많다. 그런데 이들 범인을 체포한 동서 김성환(金成煥) 형사부장은 바른편 팔에 범인들이 쏜 탄환을 맞았으나 용감하게 추격하여 체포한 것이라 한다.
>
> (「경인간을 횡행하던 27인 강도단 검거」, 『서울신문』 1946년 3월 24일)

얼마 전에 120만 원 지폐위조단을 검거한 마포보안서에서는 계속하여 활동을 개시하여 이번에 또다시 60만 원의 지폐위조단을 체포하였는데, 범인은 시내 봉래정 김연성(金然成, 42세 가명), 신당정 안경국(安景國, 28세 가명), 평정 윤정창(尹楨彰, 35세 가명) 외 6명으로서 이들은 작년 12월 초순부터 지난 하순에 걸쳐 전기(前記) 윤정창의 집 2층에서 백 원 지폐 2호 68만 원을 위조하여 소비하는 한편 그중 22만 원은 38도 이북으로 비밀히 반출하였다. 이 사건은 인천, 수원 등을 비롯하여 각지에까지 확대될 모양이다.

(「마포경찰서, 위폐단 검거」, 『서울신문』 1946년 3월 24일)

또 하나 위조지폐단의 검거는 3월 16일에 있었다.

통화팽창의 인플레를 더욱 악화시키는 위조지폐단 일당이 서울 마포서에 검거되었다. 시내 마포서에서는 위조지폐단 일당의 보고를 탐지하고서 약 20일 전부터 극비밀리에 맹활동을 계속 중이던 바, 16일 밤 도 경찰부의 협력을 얻어 한강통 3정목 151번지에 거주하는 위조지폐단의 수괴 김재기(金在基, 41)를 비롯하여 김병희(金炳熙 28, 공덕정 9의 52), 최인집(崔麟集, 돈암정 153의 100), 김계길(金桂吉, 본정 2정목) 등 4명을 체포하고 안암정 100번지의 6호에 있는 김계길의 별가에서 석판으로 만든 위조지폐기, 약품 다수, 현금 천여 원을 압수하였는데 이들의 자백에 의하면 수개월 전부터 지폐 120여만 원을 인쇄하여 유흥에 소비한 것이 판명되었다.

(「서울 마포경찰서, 위조지폐단 검거」, 『서울신문』 1946년 3월 18일)

지폐 위조가 중요한 범죄 현상으로 부각되었다는 사실은 5월 15일

터질 정판사위폐사건의 배경으로 의미가 큰 것이었다. 공산당에 대한 공개적이고 전면적인 탄압의 출발점이 되는 정판사사건은 나중에 세밀히 살펴볼 것인데, 중요한 사건인 만큼 언급하는 김에 사건 개요를 담은 기사를 우선 소개해둔다.

> 3백만 원 이상의 위조지폐로써 남조선 일대를 교란하던 지폐위조단 일당이 일망타진되었다고 조선경찰 제1관구경찰청장 장택상 씨가 발표하였다. 경찰보고에 의하면 이 지폐위조단에는 16명의 인물이 관련되었는데 조선공산당 간부 2명, 조선정판사에 근무하는 조선공산당원 14명이라고 한다.
> 이 지폐위조단의 소굴인 해방일보를 인쇄하는 조선정판사 소재지 근택빌딩은 조선공산당본부이다. 이 근택빌딩에서 지폐를 위조하였는데 상기 공산당 간부 2명은 아직 체포되지 않았으나 이미 체포장이 발포되어 있는 중이며 그들은 조선공산당 중앙집행위원·조선공산당 총무부장 겸 재정부장의 이관술(李觀述, 40세)과 조선공산당 중앙집행위원·해방일보 사장 권오직(權五稷, 45세)이다. (…)
> 경찰 당국의 말에 의하면 이 위조단은 절취한 조선은행권 평판을 사용하여 위조지폐를 인쇄한 것이라고 한다. 이 지폐를 인쇄한 용지도 일본 것으로 조선에서 생산되지 않는 것이다. 경찰의 보고에 의하면 이와 동일한 용지가 위조지폐가 최초로 출판하기 전에 인천 부두에서 도난을 입었다고 한다.
> 이 평판은 작년 9월에 100원 지폐를 인쇄하기 위하여 조선은행으로부터 조선정판사에 이전되었는데, 기후 은행에서는 그 평판을 조선도서주식회사에 이관하도록 명령하였다. 그리하여 이 평판을 이전하는 중에 행방불명이 된 것이다. 경찰에서는 분실되었던 평판 9개를

발견하였다.

경찰의 보고에 의하면 해 위조지폐 3백만 원의 대부분은 근택빌딩 지하실에서 위조한 것이라고 한다. 경찰은 평판의 잔해인 듯한 철재와 지폐 인쇄에 사용되는 평판 초크 염료·잉크·기타 제 재료를 발견하였다고 한다.

(「정판사위폐사건 진상 발표」, 『조선일보』·『서울신문』·『동아일보』 1946년 5월 16일)

한편 맨 위의 기사에서 잔인하고 악랄한 조직 폭력의 모습을 볼 수 있다. 일개 조직의 강도 액이 1천만 원이라니, 조선정판사의 (경찰이 부풀린 것이 분명한) 위조 액수와 맞먹는 규모다. 이 시기 범죄단 중에는 '치안 유지'를 앞세워 조직 활동을 벌인 경우도 많았다. 3월 8일 검거된 '돈암청년단 사건'이 그런 예다.

시내 돈암정 산 11번지에 있는 돈암청년단은 8월 16일 단원 170여 명으로 결성 조직하여 관내 치안을 유지한다는 것을 표방하고 해방 후 질서 혼란기를 악용하여 불법 접수, 불법감금, 고문 등 악독한 행동이 있어 일반의 원성이 자자한 소문이 성북서에 들어와 동서에서는 지난 2월 16일 밤에 청년단 간부 수명을 검거 취조한 결과 주소를 돈암정 177의 9에 둔 단장 박근성(朴根性, 23)과 돈암정 261에 둔 치안부장 주동준(朱東俊, 36) 외 6명이 주모가 되어 8월 25일 숭인면 정릉리에 있는 중앙약품회사에서 수은 도난 사건이 있자 범인을 체포하고 물품을 회수케 되는 때에는 상당한 사례금이 있을 것을 예상하고 동회사 고용인 염용신(廉用信) 부부를 불법체포했다.

11일 내지 16일 동안이나 불법감금하고 혹독한 고문을 한 사실과 또 이 수은 사건의 용의자로 시내 안암정 142의 2에 사는 운반업 문덕모

> (文德模, 52) 집에 수은이 있음을 탐지하고 전기(前記) 회사의 도난품이 라고 추측하여 문덕모와 그의 딸 문성운(文成雲, 19) 사위 장재현(張在賢, 24)의 3명을 불법감금하는 동시에 그 집에 있는 수은 559근과 자동차 타이어 6개, 튜브 2개, 현금 2천 원 등 합 약 20만 원을 강탈한 다음 일방 전기(前記) 사람들을 이틀 내지 사흘 동안 불법감금과 고문하고 또 문성운은 강간까지 당하여 분통한 나머지 1월 4일 음독자살까지 한 사실이 있으며 8월 말경에 숭인면 미아리 397에 사는 박원순(朴元淳)이가 쌀 20가마를 운반하는 도중 청년단원이 불법체포하여 고문을 감행하여 쌀과 현금 8천 원을 강탈하였으며 그도 부족하여 그의 집을 수색한 후 쌀 30가마와 양회 3백 부대, 재목 만 원가량 등을 불법 압수한 사실 등 이외에 10여 건의 범죄 사실이 드러나 그 피해는 막대하다.
>
> 무기는 일본도 6개가 압수되었으며 부정하게 강탈한 금품 등을 경마, 주색잡기 등에 소비하였다.
>
> (「불법폭력단체 돈암청년단원, 경찰에 검거」, 『조선일보』 1946년 3월 8일)

이 조직의 범죄 활동이 해방 직후 시작되어 피해자 자살 등 큰 파장을 일으켰음에도 여러 달 동안 계속된 데는 경찰의 비호가 있었음을 짐작할 수 있다. 그래도 피해자 자살로 여론이 비등하자 검거하지 않을 수 없었던 것을 보면, 여배우 장자연 씨 자살처럼 피해자만 있고 가해자는 없는 지금보다 상황이 나았던 모양이다.

일본의 퇴각으로 말미암은 권력의 공백 속에 나타난 '자율 치안' 움직임에는 공익을 위한 건전한 운동도 있고 사익을 노리는 범죄 집단도 있었다. 범죄 집단은 말할 것도 없고, 건전한 공익운동도 혼란한 상황에서는 지나친 독단으로 폐단을 일으키기 쉽다. 외부의 힘이 작용하지 않으면 주민들의 판단에 따라 차츰 옥석이 가려질 수 있다. 소련군이 자치운동을 존중했던 이북에서는 그런 정화 과정이 상당히 순조롭게 진행되었다.

이남에서는 자치운동을 교란하는 외부 작용이 훨씬 더 많았다. 점령군 진주가 이북보다 늦었고, 미군 진주 후에도 일본인의 행정·치안체제를 지속시켰기 때문에 일본 경찰과 군이 범죄 집단과 결탁하고 건전한 자치운동을 탄압하는 일이 많았다. 미군도 공산주의에 대한 경계심 때문에 자치운동을 지나치게 억압하는 경향이 있었고, 조병옥과 장택상이 지휘권을 맡은 경찰은 그 경향이 더욱 심했다.

3월 3일 검거된 임념 일당 사건은 일본 헌병대와 결탁한 사례를 보여준다.

> 8·15 해방을 기화로 일본 헌병 간부와 결탁하여 일확천금을 꿈꾸다 필경은 유치장 신세를 지게 된 자가 있다. 즉 시내 계동에 주소를 가지고 있는 임념(林稔)이란 자는 해방 이전부터 청부업 하야시구미(林組)의 사장으로 있으면서 내용으로는 아편 밀매를 해오던 상습자로서 해방이 되자 곧 자기 부하들을 가지고 중구 치안대를 조직하여 자기가 치안대장이 되어 가진 나쁜 짓을 해오던 중 일본 헌병 간부와 결탁하여 동 헌병사령부에 압수해둔 아편 2트럭 시가 1천 5백만 원어치를 자기 치안대본부 지하실로 운반해놓고 밀매하다가 2월 중순경에 용산서원에 탐문되어 그 일당 대부분이 이미 체포되었으며 아편도 38도 이북으로 밀매한 것 외에는 대부분 압수된 것으로 보인다.
>
> (「일본 헌병과 결탁하여 아편 밀매한 임념 일당 검거」, 『서울신문』 1946년 3월 3일)

해방 후 이남 지역의 경찰 인원은 갑절로 늘어났다. 그럼에도 이남 주민들이 범죄의 공포에 떨며 지내야 했다는 사실은 치안의 효과가 경찰의 힘보다 경찰의 신뢰감에서 나온다는 사실을 보여준다.

우익단체의 폭력도 치안 교란의 큰 요인이었다. 3월 18일 종로서에서 조선건국청년회 본부와 지부를 급습하여 기관총 6정, 장총 133정, 지휘도 189자루를 압수하고 관계자 5명을 검거한 일이 있었다(『동아일보』 1946년 3월 20일). 어쩌다 이런 장면이 벌어지게 되었는지는 모르지만, 저렇게 많은 무기가 서울 시내에 버젓이 깔려 있었던 것이다. 좌익 행동단체로 몰린 학병동맹에서 고장 난 권총 한 자루 나온 것과 대조된다.

3월 25일 경기도 경찰부장 장택상은 고문을 폐지할 것, 주민을 친절하게 대할 것, 기강을 확립할 것 등 내용을 담은 '경찰잠(箴)'을 만들어 관내 부서에 배포했다. 이튿날 경무국장 조병옥은 경찰관의 반성과 새로운 각오를 촉구하며 공복으로서 의무 이행을 요구하는 담화문을 발표했다. 경찰의 문제점들이 속속 드러나고 있었던 것이다.

1946. 3. 28.

새 국가 건설에서 예술의 역할

강준만은 『한국 현대사 산책: 1940년대편 1』(156~181쪽)에서 해방 직후 조선 사회에서 "둑이 무너진" 현상을 거듭거듭 묘사했다. "언론의 둑", "출판의 둑", "문화의 둑"…….

사실 둑이 무너진 것은 문화 현상만이 아니었다. 정치에도 과열 현상이 있었고, 경제에도 걷잡을 수 없는 인플레이션이 일어났고, 사회 질서도 상상 못했던 혼란을 겪고 있었다. 일본의 군국주의 식민지배가 억압체제이기는 했지만, 엄연한 하나의 체제(regime)였다. 이 체제의 대안을 미군정은 제공하지 못했다.

미군정 당국자들이 생각하는 '질서'란 혼란을 힘으로 억누르는 소극적 개념에 그친 것이었다. 인민의 요구가 조화롭게 어울리도록 이끄는 적극적 개념의 '질서'를 그들은 생각하지 못했다. 그들은 정치가가 아닌 군인들이었으니까.

일본인의 억압체제에 눌려 있던 온갖 욕구가 해방을 계기로 터져 나왔다. 38선 이북에서는 소련군의 협조와 지원 아래 인민위원회 체제가 북조선임시인민위원회로 발전해가는 과정에서 이 욕구도 정비되어갔다. 반면 이남에서는 미군정이 힘에만 의존하는 식민지 억압체제의 틀을 지키면서 실질적 효율성은 저하했기 때문에 인민의 욕구가 효과적으로 통제될 수 없었다. 경찰, MP, 관리 등 군정청 측은 사회 전체와 유리된 존재이므로 그들이 막지 못하는 일은 무엇이든지 해도 된다는 사회 분위기가 형성되었다.

3월 28일 문화계 8개 단체가 군정청에 제출한 건의서에서 이 분위기의 한 단면을 살펴볼 수 있다. 서울 시내 극장 관리권을 문화인들에게 맡겨달라는 건의서다.

> 서울 시내에 있는 전 일본인 소유 10군데 극장을 새로이 대여 입찰을 한다는 경기도 적산관리과의 발표는 각 방면에 커다란 파문을 일으키어 앞으로 조선의 극장 예술을 길러 나아갈 중요한 문화재를 순전히 상품적인 입장에서 처리를 하는 것은 조선 예술의 돋아나는 순을 꺾어버리는 일이라고 특히 연극, 영화, 음악, 무용 등 무대 예술 부문으로부터 당국에 건의를 하여 한시바삐 잘못된 시책을 수정하도록 진정을 하기로 되었었는데 마침내 28일 연극동맹, 조선무용가 일동, 영화동맹, 조선음악가협회, 가극동맹, 국악원, 문학동맹, 미술가동맹 등 8단체 대표가 군정청에 건의서를 제출하였다. 건의를 한 요점은 대략 다음과 같다.
>
> 1) 극장 예술의 발전을 위하여
>
> 세계의 어느 연극사를 들춰보더라도 극장과 극장 예술의 이해를 달리하고는 발전하지 안했다는 사실을 심심히 양해하여 극장 전부를 극장 예술가에게 일임할 것.
>
> 2) 극장 관리에 대하여
>
> 극장 관리는 조선 현상에 비추어보아 문화를 잘 이해하고 그 발전을 위하여 희생적으로 헌신할 수 있으며 극장 운영에 정진할 수 있는 양심적인 문화인이라야 할 것.

3) 종전 관리인의 결함

극장 관리인이 아무런 근거 없이 문화인으로 자처하더라도 앞날의 진정한 극장 예술의 발전을 위하여 유해한 존재라 하겠으니 그 이유는 종전에 극장 관리에 경험이 있다는 사람의 다대수는 문화면을 떠나서 진부하고 비속한 모리적 목적과 방법을 습득하였기 때문이다.

4) 인선에 대한 우리들의 희망

이러한 이유로 공정한 극장 관리인을 선택하는 데 있어 극장 예술가로 하여금 추천케 하고 심사, 고선에 참여케 하여 주기를 바란다.

(「각 문화단체 대표, 극장 관리권의 극장 예술가에게 일임 건의서 제출」, 『서울신문』 1946년 3월 30일)

해방 후 많은 문화 분야 단체들이 결성되었고, 이 단체들의 통합체가 38선 이남에서는 조선문화단체총연맹으로(1946. 2. 24), 이북에서는 북조선문화예술가동맹으로(1946. 3. 25) 나타났다. 이남에서 초기에 나타난 단체들을 좌익 성향으로 분류하는 데는 문제가 있다. 이들보다 늦게 작은 규모로 나타난 소위 우익단체들과 평면적으로 대비할 수 없기 때문이다. 초기의 단체들은 정치색이 강하지 않았는데, 미군정이 이들에 대한 좌익의 영향력에 경계심을 품고 비협조적 태도를 보였기 때문에 좌익의 영향력이 커지게 되었고, 그 사이의 빈틈을 노리고 기회주의적인 우익단체들이 나타난 것이다.

위의 8개 단체 건의서는 문화단체들과 미군정 사이가 벌어지는 과정의 한 장면을 보여준다. 미군정은 주인 없는 적산 극장을 수익성 위주로 관리하려 하고, 일제시대의 극장 관리인들은 자금력을 앞세워 운영권을 확보하려고 나섰다. 돈만을 기준으로 하는 입찰에는 문화인들의 설 땅이 없었으니, 군국주의 시대에 일체의 비판의식이 배제된 퇴

폐적 오락에만 익숙한 관리인들에게 극장을 내맡기겠다는 것이 미군정의 방침이었다.

단 하나의 극장만을 골라 '국립극장'을 입주시킬 계획이 있었다. 연극, 영화, 가극, 음악, 무용을 단 하나의 '종합 극장'에 수용한다는 것이었다.

> 해방 후 좋은 오락과 예술을 통한 대중 계발을 위한 극장 예술의 내용 충실과 아울러 민주주의 문화 추진이 요청되던 중 금반에 군정청 교학과의 알선으로 서울에 국립극장이 나타나게 되었다. 동 극장에는 연극, 영화, 음악, 가극, 무용의 5분과위원회를 두어 각 수 명의 권위 있는 위원으로 하여금 부문별의 향상 발전을 위한 제안과 부문별 단체 및 상연물의 질적 심의를 하도록 되었는데 여러 가지 준비 관계로 이 국립극장의 신발족은 대체로 5월 초순경쯤 되리라는 바 동 극장은 서울에 있는 극장 중에서 가장 시설이 좋고 지리적 위치가 좋은 극장을 군정 당국이 선택 알선하기로 되었다. 특히 주목되는 것은 이번에 군정 당국으로부터 임명된 동 극장 운영위원 제씨가 유명한 문화인이며 이 방면의 권위자로 망라된 점인데 그 운영위원은 다음과 같다.
>
> 극장장 서항석(徐恒錫), 부극장장 이창용(李創用), 사무국장 채정근(蔡廷根), 연극 이서향(李曙鄕), 영화 김한(金漢), 가극 박노홍(朴魯洪), 음악 김재훈(金載勳)(임시), 무용 조택원(趙澤元)
>
> (「새로 발족될 국립극장의 운영위원 임명」, 『서울신문』 1946년 3월 24일)

예술인들이 극장 운영권을 요구하고 나선 데는 '밥그릇 싸움'의 측면도 있었을지 모른다. 그러나 있었다 하더라도 하나의 측면일 뿐이고, '사명감'이 더 크고 중요한 측면이었다. 해방과 독립의 과업 수행에 더 큰 역할을 맡으려는 사명감이다. 더 큰 밥그릇을 바라더라도, 민족 과업 수행에서의 더 큰 역할을 통해 밥그릇을 키우려 했을 것이다.

억압적 군국주의 지배를 벗어난 대중은 오락 방면에도 억눌렸던 욕구를 쏟아내고 있었다. 극장 사업도 수익성이 높은 분야로 떠오르고 있었다. 일제시대 극장 사업의 관행에 편승한 수익성 위주 운영 행태를 이렇게 적은 글이 있다.

> (흥행 모리배들은) 자기네들의 이익이 되는 흥행을 위해서는 8월 15일(해방) 이전에 우려먹을 대로 우려먹었던 악극단의 연출 형식과 곡조에다 가사만 슬쩍 갈아 붙여놓은 "사랑에 속고 돈에 울고"를 그대로 상연하고 심지어는 일본 제국주의 시대의 "지원병"이라 하는 영화를 "희망의 봄"이라고 갈아 내어놓을 만큼 타락했다. 이밖에도 연극이나 영화를 통해서 과연 세상에 내놓아야 옳으냐가 문제될 만한 작품까지 하등의 제재도 받지 않고 흥행할 정도였다. (『한국 현대사 산책: 1940년대편 1』, 326쪽에서 재인용)

상업성이나 선정성에 대한 규제가 별로 없었던 모양이다. 그러나 3월 7일, 8일자 일기에서 본 것처럼 소련 영화 상영 금지령과 '정치적 선전'에 대한 흥행취체령이 내려졌다. 인민의 정치적 교육이 필요한 상황에서 군정청을 등에 업은 장택상의 경찰은 '정치적 선전'을 봉쇄하기에 바빴던 것이다. 그들은 일제 말기의 사상 통제를 계속하고 있었다.

이북 사정은 면밀히 살펴보지 못했다. 그러나 1945년 10월 29일 소련과 맺은 첫 무역계약이 영화 수입계약이었다는 사실이 인상적이다.

이효인의 「해방 직후의 민족영화운동」(『해방전후사의 인식 4』, 한길사 2006, 469쪽)에는 1947년 초 이북 영화계 상황을 서술한 글이 한 대목 인용되어 있다. 소련군은 문화 매체를 통한 '정치적 선전'에 꾸준히 힘쓴 것으로 보인다.

> 밀화사탕과 라이터의 홍수를 만나는 광영은 못 입었어도 북조선은 할 수 있는 사회주의 문화예술의 무비한 자양을 미각할 기회가 군사적으로 허여되었던 것이다. 모스크바 국립예술극장이 오고 교향악단이 오고 영화인이 오고 (…) 한번에 화차로 둘씩 모스크바로부터 정치·경제·사회·문학·예술·과학·부인·아동 등에까지 이르는 각 방면의 서적·잡지가 도입되고 (…) 보는 사람에게 새로운 진리적 인간사회의 박력 있는 실태를 여실하게 또 경이적으로 계시하는 수많은 영화가 (…) 영화는 기재 등 소련의 적극 원조에 의해서 본격적인 촬영소가 건설되어가고 있다는 것 (…)

이남의 미군정 역시 미국 영화 수입에 애를 썼다. 진주 직후에 중앙영화배급사를 설립하고 미국 영화 상영 우대 조치로 백 편 넘는 미국 영화를 수입·배급했다(『한국 현대사 산책: 1940년대편 1』, 328쪽). 그러나 1955년경 정릉리 고아원 마당에서 내가 감상한 십여 편 서부활극을 돌이켜보면 미국 영화에는 소련 영화 같은 정치적 교육 효과가 없었던 것 같다.

『한국 현대사 산책: 1940년대편 1』 321쪽에 인용된 1946년 3월 23일자 『동아일보』 기사가 재미있기에 '국사편찬위원회 한국사데이터베이스'에서 찾아 옮겨놓는다. 소오생(小梧生)이란 필명의 이 칼럼 기사에서 당시의 "둑이 터진" 분위기를 짙게 느낄 수 있다.

북한에서 제작된 최승희 딸 안성희의 무용 공연 포스터와 소련 영화 포스터. 예술의 정치적 활용은 좌익 쪽에서 두드러진 현상이었다. 미군이 주로 들여온 서부활극보다 선전 효과가 뛰어난 영화들이 소련에서 들어왔다.

신문이 쏟아지고 잡지가 밀린다. 삐라가 깔리고 포스터가 덮인다. 쓰는 대로 글이 되고 박히는 대로 책이 된다. 활판과 석판이 몸부림친다. 사진판, 등사판까지 허덕거린다. 8·15 이후의 장관은 실로 유흥계와 쌍벽으로 출판계였다. 종이의 소비량으로는 아마 조선 유사 이래에 처음일 것이다. '출판 홍수'라 함이 단순한 형용이 아니요 과장이 아닐 듯싶다. 배수구의 준비와 방파제의 필요를 운운케 됨도 지당한 일이다.

홍수도 터짐 즉하리라. 입이 있어도 말을 못하였고, 붓이 있어도 글을 못 씀은 40년 동안 통한이 뼈에 사무쳤거든, 자유를 얻은 바에야 무엇을 꺼릴 것인가? 눌렸던 것이 일시에 터진 것이니 세고당연(勢固

當然)이라, 한동안 그대로 방치해 무방하리라. 옥석이 자재한 것이니 외력으로써 구태여 정리할 필요가 없으리라. 이렇게라도 하여서 실컷 설분함도 현 단계의 쾌사라.

1946. 3. 29.

좌익의 제3세력으로 등장한 신민당

조선공산당 총비서 박헌영이 UP통신 호이트 기자가 서면으로 보내온 질문에 27일 답변을 보냈다. 미소공위 개최 시점에서 공산당, 특히 박헌영 일파의 입장과 자세를 집약적으로 보여주는 문답이다.

1. 미군정하의 공산당원 수 여하? 또 북조선에는?
• 약 3만 명이며 북조선의 것은 북조선공산당에 문의할 것.

2. 조선공산당은 일본공산당과 직접 연락이 있는가? 또 소련공산당과 무슨 연락이 있는가?
• 조선당이나 일본당이나 모두 해방 후 합법당으로써 나오게 되었으니, 상호 연락 관계를 맺을 만한 처지와 시간을 갖지 못하였다. 소련공산당은 반세기 간이나 자라난 위대한 당이다. 그런데 우리 당은 아직 발전이 적고 경험도 적어 연락할 정도에 달하지 못한 형편이다.

3. 중국공산당과 어떠한 관계를 가지고 있는가?
• 관계를 가질 만한 정도로 자라지 못하였다.

4. 공산당은 민주의원에 가입하려는 관심을 갖고 있는가?

• 민주의원은 비민주주의자로 구성된 반민주적 조직인데, 의장 이승만 씨의 사직 소동으로 그 내부가 붕괴의 운명을 면치 못할 형편으로, 이 의장 시대에는 미군정의 자문기관이라고 하더니, 김규식 씨가 주관하면서부터는 자문기관이 아니라고 성명하니, 도대체 그 내용을 알 수 없다. 우리 당에서는 이러한 반민주적 조직에는 가입치 않는다.

5. 이승만 박사의 민주의원 사임에 관한 감상은?

• 친일파를 옹호하는 무원칙한 통일을 주장하고, 노동자 농민을 근거 없이 중상하고, 반공 반소 반민주적 연설을 방송하고, 3상회의 결정을 반대하는 외 기타 여러 가지로 반인민적 친파쇼적 반동 정치가, 이 같은 시대에 뒤진 완고 반동 정치가를 조선 인민들이 원치 않을 것이며, 박사도 결국 이 명백성에 눈을 감을 수 없게 된 것이 아닐까?

6. 김구 씨의 임시정부는 어찌 되었느냐? 조선에서 이것이 아직도 힘 있는 세력인가? 김구 씨는 유력한가?

• 김구 씨 정부는 반일투쟁에 참가하였다거나, 조선 인민과 연락이 있었던 것도 아니므로 조선 인민 속에 토대를 가지지 못하였다. 김구 씨의 임시정부가 이렇게 된 것은 보수적 반민주주의자들로서 지도되었기 때문이 아닐까?

7. 김규식 씨는 민주주의적 지도자이냐, 반동적 지도자이냐?

• 그는 이것도 아니고 저것도 아니다.

8. 조선민주주의임시정부가 조직되는 때에 그 대통령으로 김일성을

지지하겠는가?

• 김일성 씨는 전시에 항일 빨치산 지도자로 민족적 영웅이다. 우리 당에서는 인민과 함께 지지한다.

9. 조선공산당은 어떤 종류의 공산주의 철학을 따르느냐? 마르크스주의냐? 트로츠키주의냐? 스탈린주의냐?

• 질문 내용이 알 수 없고 혼동을 일으켰다. 우리 철학은 당 강령에 명시되어 있으니 이것을 연구하면 알 수 있다. (『이정 박헌영 일대기』, 305~306쪽에서 재인용. 9번 문답은 『자유신문』 1946년 3월 28일자에서 보완함.)

질문 1의 답변에서 공산당 북조선총국을 '북조선공산당'이라 부른 것이 눈길을 끈다. 번역 과정에서 나온 실수가 아닐까 하는 생각도 얼핏 들었지만, 당원 수를 그쪽에 직접 물어보라고 한 것을 보면 박헌영조차 이 시점에 와서는 북조선총국을 별개의 정당으로 인정한 것으로 생각된다.

그렇게 생각하면서도 쓴웃음을 금할 수 없다. 적어도 형식상으로는 북조선총국을 거느리고 있는 조선공산당 총비서 입장에서 당원 수를 대신 말해줄 수 없다니. 당시 북조선에서는 임시인민위원회 수립과 토지개혁 실시를 계기로 공산당원이 폭발적으로 늘어나고 있었다. 이 사실을 자랑스럽게 내세우는 대신 대답을 회피한 데서 그의 국량 크기가 느껴진다.

질문 2, 3에 대해 인접국 공산당과의 관계가 없음을 밝혔는데, 소련공산당과의 관계는 있더라도 비밀로 하고 있었을 수 있다. 그런데 일본—중국공산당과 이 단계까지 연락이 없었다는 것은 사실로 보이고, 이 사실에 박헌영의 전위당 노선이 비쳐 보이는 것 같다.

박헌영과 여운형. 남조선 좌익의 두 지도자는 극히 대조적 성향을 가진 인물들이었다.

당시 일본공산당은 연안에서 중국공산당과 함께 활동하다가 1월에 귀국한 노사카 산조(野坂參三, 1892~1993)를 지도자로 추대하고 '사랑받는 공산당'을 제창하고 있었다. 중국공산당의 대중당 노선에 접근하는 것이었다. 이북의 공산당도 중국공산당과 접점을 가진 독립동맹과 협력하면서 대중당 노선으로 전환하고 있었다. 그런데 박헌영의 조선공산당은 홀로 대중당 추세를 외면하고 있었던 것이다.

5~7번 질문에 대해 공산당 외의 지도자들을 깎아내린 것은 그런가보다 하고 넘어갈 일인데, 김규식(金奎植, 1881~1950)에 대해 "이것도 아니고 저것도 아니다"라고 한 것은 너무 무성의한 답변이다. 구두 인터뷰도 아니고 서면 문답인데……. 민주주의자도 아니고 반동분자도 아니라면 뭐란 말인가?

그냥 자기 마음에 들지 않는다는 뜻을 모욕적으로 표시한 것일 뿐이다. "이것도 아니고 저것도 아닌" 김규식이 좌우합작에서 맡을 역할에 대한 기대감을 원천적으로 배제하는 대답이었다. 한민당과 박헌영이 좌우 양쪽에서 좌우합작을 기피하는 태도를 공유했다는 것은 깊이 음미할 필요가 있다.

이 시점에서 박헌영은 조선 좌익의 가장 강력한 지도자였다. 그러나 그의 지도력은 조직력에 근거한 전술·전략적 우위일 뿐이며 이념·철학 방면은 취약하다는 인상을 UP통신과의 문답에서도 확인하게 된다. 불확실성이 큰 상황은 확실한 지도자를 필요로 한다. 과연 당시의 조선 좌익에는 보다 생산적인 지도력을 제공할 대안이 없었던 것일까?

좌익의 거물로 박헌영 외에 여운형이 있었다. 한 개인으로서는 여운형이 더 큰 신망과 넓은 식견을 가지고 있었지만 그에게는 박헌영과 같은 조직력이 없었고, 해방 직후부터 전면에 나선 까닭으로 여러 방면에서 집중 견제를 받아 수세에 몰려 있었다. 좌익 안에서 박헌영이 여운형을 압박해 우세를 장악하고 있었던 것이다. 이북에서 1945년 말까지 조직력을 가진 국내파가 김일성 일파에 맞서던 것과 비슷한 상황이었다.

좌익의 이런 상황에 등장한 제3세력이 독립동맹이었다. 이북에서는 독립동맹의 등장이 국내파를 누르고 김일성 일파의 주도권 확립에 도움을 주었다. 독립동맹을 기반으로 한 신민당의 경성특별위원회가 이남에서 비슷한 역할을 맡기 위해 나섰다.

신민당 경성특별위원회 위원장 백남운이 3월 29일 기자회견에서 토지개혁과 식량대책에 관한 견해를 발표했다. 토지개혁은 당시 조선의 가장 중대한 과제였고, 식량대책은 가장 시급한 과제였다. 조선의 가장 뛰어난 공산주의 이론가로 널리 인정받고 있던 인물이 정치활동을 시작한 것이었다.

식량대책에 관한 백남운의 견해에는 두 가지 주목할 점이 있다. 첫째, 한민당이 주장하는 가격 자유화가 일시적으로는 문제를 완화하는 것처럼 보여도 궁극적으로는 양곡 매점 현상을 더 격화시키는 길임을 지적했다. 한민당의 절대적 자유시장론에 대한 경제학자로서의 본격적 비판이라 할 수 있다.

둘째, 군정청 관리와 경찰에만 미곡 수집 업무를 맡기지 말고 정당, 농민조합, 협동조합 등 사회단체로 구성된 전 인민의 총의를 대표하는 식량긴급대책위원회를 조직하여 수집령 발동의 권한을 부여할 것을 제의했다. 권력자의 정책집행권 독점이 가지는 실효성의 한계를 지적하며 민간의 자발적 역량을 강조한 것이다.

토지개혁에 관해서는 11개항의 논점을 제시했는데, 그중 제3, 5항에서 일본인 지주만이 아니라 조선인 지주의 농지도 무상몰수해야 한다고 주장했다.

> 3) 조선 토지문제는 일본인 소유 토지만 해결한다면 토지문제의 대부분이 해결되는 것으로 속단하는 사람이 많은 모양이나 절대로 그렇지 않다. 문제의 중점은 차라리 조선인 지주 소유 토지의 처분 방법 여하에 농민의 운명이 달렸고 그것이 실로 민주 경제의 지반이 될 것이다. 그것은 일본인 소유 토지 40만 정보는 총 경지면적 450만 정보의 약 1할에 불과하고 조선인 지주 소유 토지 260여만 정보는 그 총경지의 5할 8푼 이상을 점령하고 있는 사실로 보아 분명하다.
>
> 5) 15만 6천여 명 되는 대, 중, 소지주가 202만 정보를 소유하고 있는데 만일에 10 정보 이상의 지주만 가려 본다면 4만 7천여 명에 불과한데, 중지주의 소유 토지 108만 정보에 대한 처리 방법이 문제다. 그러나 이것을 유상국유로 한다면 건국 초의 신국가가 적어도 80억 원 이상의 국채를 부담할 것이며 재정대책에 치명상을 줄 것이다. 그러므로 무상몰수 이외의 국유제는 지주를 반민주적 산업자본가로 전화시킬 뿐이고 민주 경제 확립에 대한 새로운 지장이 될 것을 언

명한다.

(「신민당, 토지정책과 식량대책에 대한 견해 발표」 중에서,

『동아일보』 1946년 3월 29일)

일본인 소유 농지가 1할에 불과하다면 그것만으로는 효과적인 개혁을 바라기 어렵다. 그런데 황한식의 「미군정하 농업과 토지개혁정책」(『해방전후사의 인식 2』, 300쪽)에서 표 10 '민족별 토지소유면적별 농가 호수'에는 1945년 조선 남반부 농지 중 외국인 소유가 18.1퍼센트에 이르는 것으로 나와 있다. 일본인 소유 토지의 비율이 높았다면 민족 모순에 치중해야 하고, 그렇지 않다면 계급 모순에 치중해야 할 상황이었다.

지주 토지의 유상 매입이 "반민주적 산업자본가"를 만들어낼 것이라는 백남운의 주장이 보수주의자인 내게는 납득되지 않는다. 메이지 유신 때 국채로 보상받은 지주층이 산업자본가로 전화한 것이 우파 토지개혁론자들의 모델이었다. 백남운이 모든 산업자본가를 반민주적 존재로 본 것이라면 극좌적 시각이라 하지 않을 수 없다.

맨 끝의 제11항에서 당시 진행 중이던 북조선 토지개혁에 부분적 비판을 가한 점이 주목된다. 부분적 비판이라 하지만, 현실적 측면에서 보면 상당히 심각한 비판이었다. 특히 시행시기에 대해 백남운이 민족국가 수립 후를 주장한 것은 공산주의보다 민족주의에 치우친 인상을 준다.

11) 북조선 토지개혁안은 원칙적으로 찬동이나 기술적 조치 방법에 있어서 고려를 요할 점이 있다. 즉 경제정책 일반이 상호 연관성을 가진 것인즉 그 시행시기와 경작 능력 있는 토지소유자의 생활보장

문제 등이며 남조선에서는 용인할 최소한도 면적도 북조선과는 좀 달리 고려할 필요가 있을 듯하다.

1946. 3. 31.

궤도에 올라선 미소공동위원회

3월 30일 미소공위 제3호 공동성명이 나왔다. 개회 사실을 알린 21일의 제1호 성명, 회의 진행 방법을 알린 23일의 제2호 성명에 이은 제3호 성명은 회의 의제를 명확히 규정하고 그 구체적 논의 방법을 밝힌 것이었다.

● 공동성명 제3호

1946년 3월 25일부터 29일까지 덕수궁에서 열린 미소공동위원회 회의는 소련 수석위원 스티코프 중장 사회하에 개최되어 모스크바 3상회의에서 결정된 제3조 제2항·제3항에 관하여 상세히 연구하고 검토하였다. 미·소 양 대표 간에 이 문제에 대하여 연구 토의한 결과 공동위원회는 이하의 순서로 2계단에 분하여 하기로 결정하였다.

1) 제1계단, 막부회의 결정 제3조 제2항의 실천

2) 제2계단, 막부회의 결정 제3조 제3항의 실천

제1계단은 이하의 제 문제를 포함함

① 민주주의 제 정당 급(及) 사회단체들과 협의할 조건 급 순서

② 조선민주주의임시정부의 기구 급 조직 원칙과 임시헌장에 의하여 조직될 각 기관에 대한 제안의 준비 토의

③ 장래 조선민주주의임시정부의 정강 급 적의한 법규에 관한 준비 토의

④ 조선민주주의임시정부의 각원에 대한 제안에 관한 토의 (…)

미국 수석위원 A. V. 아놀드 소장

소련 수석위원 T. F. 스티코프 중장

(「미소공동위원회 공동성명 제3호 발표」 중에서, 『서울신문』 1946년 3월 31일)

토요일에 발표된 성명 내용이 알려진 뒤의 각계 반응이 월요일(4월 1일)자 『서울신문』에 실렸다.

● 민주의원 김준연 담

금차 미소공동위원회가 우리 과도정권 수립에 그만큼 구체적으로 회의가 진전된 것은 크게 감사하는 바이다. 우리 민의는 앞으로 공동위원회가 더욱 호성과를 발휘하도록 3천만과 함께 힘쓸 따름이다.

● 민전사무국 발표

1) 미 · 소회담은 반민주 진영의 분열 선전에도 불구하고 착착 진행되고 있는 것을 우리는 명확히 인식할 수 있는 동시에 이 회담 진행에 감사한다. 현재 우리 민족은 첫째도 정부 수립이오 둘째도 셋째도 정부 수립이다. 하루 빨리 실현의 날을 기다린다.

2) 삼상회의 결정을 반대하는 경향을 배제하고 인민을 토대로 한 인민정부가 수립되기를 기대한다.

● 공산당 중앙위 발표

첫째, 그것은 우리 민주주의 진영의 큰 성공이다. 우리 민주정부가 정말 조직되는 것이고 삼상회의 결정안이 법문으로 실현되는 단계에 든 것이고 조선은 동맹국의 성심과 호의로써 독립국가가 되었다.

1차 미소공동위원회. 아직 누구도 감히 '단독정부'를 거론하지 못하던 이때가 통일 건국의 마지막 기회였다고 생각하는 사람들이 많다.

둘째, 반민주적 반동분자들은 지금까지 삼상회의를 반대하고 미소공동위원을 이간 중상했고 자기를 따라오는 대중을 속여왔다. 속아온 반동분자 영향하의 대중들은 자기 지도자의 잘못을 비판하고 그들의 반동성을 폭로 투쟁하고 그들의 지도를 거부하고 민주노선으로 나가야 할 것이다.

셋째, 연합국은 호의적으로 조선의 독립 달성을 원조하는데 조선인은 자발적으로 활동하면서 연합국에 감사하는 동시에 그에게 적극 협력하지 않으면 안 된다. 이것이 조선민주주의정부 수립의 유일한 길이다.

● 한민당 김병로 담

기왕의 막부 삼상회의 결정 조항 중 임시정부 수립에 관한 것까지는 본당으로서도 이의가 없다. 따라서 만약 미소공동위원회로부터 초청이 있다면 본당으로서는 물론 출석하여서 협의에 응할 것인바 우리로서는 각 당 각파의 종합적 대표기관인 민주의원에서 당연히 미소공동위원회와 협의하게 될 것으로 생각한다. 현하 식량문제 정치적 현상 등이 긴박한 상태에 직면하고 있으므로 하루바삐 각 정당 각 단체가 협조해서 남북통일 정권이 수립되기를 3천만 민중이 학수고대하고 있는 바이니 본당으로서도 임시정부가 급속히 실현되기를 절망한다.

● 조선신민당 발표

양군 대표의 정치적 호양으로서 이만한 단계로 구체화되도록 추진시킨 점에 대해서 양군 대표의 노력을 감사하며 유종의 미를 맺도록 기대하는 바이다. 그리고 동 위원회 성공을 위하여 우리 당은 다음의 제안을 하고자 한다. 민주정권은 민주적 경제에 입각해야만 하고 민주 문화는 민주정치와 민주경제의 산물인 만큼 그 3번은 불가분의 통일적 관련성을 맺고 있는 만큼 건국 초기에 큰 성격을 규정하는 결정권은 민주정권 그 자체가 담당하고 있다.

그러한 의미에서 민주적 정권의 구성인 민주적 인물 배치가 기본 조건이 되느니만큼 그를 망라하는 방법으로서 민주적 각 정당, 문화·학술단체는 물론이고 무소속 개인이라도 민주적 기능 본위의 인물을 망라하기를 제안하는 것이다. 한 가지 부언할 것은 공동위원회의 진행 도중에 다소라도 자극적인 언동과 필설은 조선 민족에게 불리한 영향을 주는 것이 아니면 민중을 선동함으로써 자당의 당세 확장을 꾀하는 것으로 생각되는 바인즉 그러한 점에는 구태여 귀를 기울일 필요가 없이 조선 민족의 절실한 요청인 민주정권 수립은 촉진 완성하도록 노력하여 주기를 바라는 바다.

● 신한민족당 유기열(兪驥烈) 담

그전부터 예상되던 것이 발표된 것뿐으로 그 내용이 아직 막연하여서 앞으로 다소간 구체적 결정이 있기 전에는 별로 소감이라고 말할 것이 없다. 물론 미소공동위원에서 혹 초청을 한다면 본당으로서 동위원회와 의견 교환을 하는 것은 무방하겠다.

(「미소공위 제3호 성명에 관해 각 정당 담화 발표」, 『서울신문』 1946년 4월 1일)

반응의 초점이 임시과도정부 수립에 모여 있다. '임시과도'라 하지만 상해·중경의 임정과 달리 제한적이나마 실효적 지배권이 있는 정부를 36년 만에 가진다는 것은 '독립'의 첫걸음 정도가 아니라 실질적으로 독립 그 자체가 될 수 있는 일이었다. 해방이 되고도 반년 넘도록 애태우며 독립을 기다리던 끝에 드디어 독립이 구체화된다는 것은 반가운 일이 아닐 수 없었다.

그러나 반가움의 표명 이면에 당략적 태도가 엿보이는 점은 임시과도정부 수립에 걸림돌이 될 만한 걱정거리다. 공산당의 "반민주적 반동분자" 비난과 민전의 "삼상회의 결정을 반대하는 경향" 배제 주장은 한민당—이승만—김구 세력의 반탁운동을 겨냥한 것인데, 시정을 촉구하는 정도라면 몰라도 임시과도정부 수립 과정에서의 원천적 배제를 요구하는 것은 지나치다. 설령 반탁운동에 과오가 있었다 하더라도 큰 일이 잘 되도록 하기 위해서는 일단 함께하려는 자세가 필요했다.

민전은 제1차 성명이 나온 21일의 담화에서 이미 반탁 세력의 배제를 주장한 바 있다.

"하지 중장의 개회사에 대하여 우리는 만강의 사의를 표하며 스티코프 대장의 규정에 대하여 절대의 찬의를 표한다. 실로 우리의 평소 주장과 완전히 일치되는 데 저으이 만족을 느낀다. 삼상회의 결정에 반대한 개인 또는 정당 급(及) 단체도 또한 임시정부 수립에 발언할 수도 참가할 수도 없다는 것을 다시 한 번 더 주장하는 바이다. 정당 등록법에 대하여서는 절대로 거부한다. 동시에 미소공동위원회의 협의 상대 규정에 있어서 이 정당등록법에 구애되지 말 것을 굳게 주장하는 바이다."

(「민전, 미소공위에 3상안에 대한 반대 세력 배제 등의 담화 발표」, 『서울신문』 1946년 3월 21일)

한편 한민당의 김병로(金炳魯, 1887~1964)는 미소공위의 협의 상대로 "각 당 각파의 종합적 대표기관"인 민주의원을 내세웠다. 김병로 본인은 지난 1월의 '4당 코뮈니케' 사태 때도 보였고, 나중에 토지개혁안 문제로 한민당을 탈당한 데서도 알아 볼 수 있듯 합리적 민족주의자였다. 하지만 범 우익 대표기관으로 막 출범한 민주의원을 앞세우는 자세에서 벗어날 수 없었다.

'협의 상대' 결정이 미소공위를 끝내 좌초시킨 난제였다. 미소공위의 형식상 주인은 미·소 두 나라였다. 그러나 조선의 일을 결정하는 데 조선인을 배제할 수 없으므로 '협의 상대' 자격으로 회담에 참가시키는 것이었다. 그러니 '협의 상대'란 실질적으로 조선인의 회담 대표인 셈이다. 누구를 협의 상대로 참석시킬지 어떤 방법으로 결정할 것인가?

이북 지역의 대표를 정하는 데는 문제가 비교적 적었다. 북조선임시인민위원회가 토지개혁에서 실효를 거둬 주민들의 폭넓은 지지와 신임을 확보하고 있었고, 공산당의 주도권을 중심으로 신민당, 조선민주당, 청우당 등 주요 정당들 사이의 관계도 안정되어 있었다. 조선민주당 조만식 계열에 대한 탄압 정도가 눈에 띄는 문젯거리였지만, 이남에서 미군정의 좌익 탄압에 비하면 경미한 문제였다.

이남 지역의 대표성 문제가 훨씬 더 불안정했다. 결성된 지 두 달 되는 우익의 최대 조직 비상국민회의는 민주의원에 가려져 존재감을 잃고 있었다. 4월 3일 홍진 의장의 기자단과의 회견은 이런 내용이었다.

> 비상국민회의 의장 홍진은 3일 오전 11시 출입기자단과 회견하고 다음과 같은 문답을 하였다.
>
> (문) 비상국민회의를 소집한다는데?
>
> (답) 부의장과 여러 번 협의해본 일도 있었고 4일에 개최하는 상임위원회에서도 문제가 논의될 것으로 생각된다.
>
> (문) 각 분과위원회는 종료되었는가?
>
> (답) 아직 보고가 전부 들어오지 않았으므로 자세히 모르겠으나 아직 종료되지는 않은 듯하다.
>
> (문) 미소공동위원회에서 각 단체의 자문을 요청한다는데 귀 회의에는 무슨 소식이 있는가?
>
> (답) 아직 아무것도 없다.
>
> (문) 남조선에 있어서 비상국민회의를 제한 정당과 사회단체도 자문에 응할 수 있다고 생각하는가?
>
> (답) 민주주의적 단체라면 용인한다느니보다 당연히 응해야 될 줄로 생각된다.
>
> (「비상국민회의 의장 홍진, 시국 문제 회견」, 『조선일보』 1946년 4월 5일)

한편 민주의원은 비상국민회의의 최고정무위원회로 출발했으면서도 군정청 자문기관으로 변신함으로써 비상국민회의를 제치고 전면에 나섰지만 '국민대표민주의원'이라는 이름이 무색하게 '대표' 의미도, '민주' 의미도, '의원' 의미도 살리지 못하고 있었다. 대표성에는 우익에 제한되는 한계가 있었고, 민주성에는 '영수' 2인의 지명으로 구성되었다는 한계가 있었고, 의회 역할에는 자문기관으로서의 한계가 있었다. "고궁에서 한담"만 하는 조롱의 대상이 되었다고 그 핵심 인물 안재홍이 탄식할 정도였다.

대표성과 민주성에서는 민전이 비상국민회의·민주의원보다 우월한 고지를 점령하고 있었다. 민전을 구성한 단체들 중에는 정치색이 약한 학술·문화·사회단체들도 많았고, 정치단체 중에도 중도 노선이 많이 수용되어 있었다. 좌익 주도 통일전선으로서 민전이 거둔 성공 때문에 그 앞서 존재하던 인공은 저절로 폐기될 정도였다.

그러나 민전의 결정적 한계는 미군정의 승인과 협조 대신 경계와 탄압의 대상이었다는 사실이다. 민전의 편협하고 과격한 노선을 문제 삼기도 하지만, 이것은 미군정의 비협조에 부수된 문제로 볼 수 있다. 진주 후 7개월이 되어 가는 시점에서 미군정은 이남의 민의가 (이북에 비해) 효과적으로 대변될 수 있는 기반 조건을 만들지 못했을 뿐 아니라 민의의 표출을 계속해서 교란시키고 있었다.

제3차 공동성명이 나온 3월 30일에 하지가 부정적 전망의 보고를 본국에 보낸 사실을 3월 18일자 일기에 적었다. 이제 겨우 시작된 회의가 성공을 거둘 것 같지 않다고 하는 재수 없는 판단의 이유가 소련군의 기계류 반출 소문의 진위 확인에 소련 측이 협조하지 않는다는 것이었다.

1946년 3월 30일 시점에서 미소공위의 성패를 장담할 확실한 근거는 보이지 않았다. 그러나 만일 실패할 경우 그 책임의 한 부분이 적어도 하지에게 있으리라는 점은 분명한 일이었다.

한독당으로의 우파 통합

김기협 | 선생님께서는 반년 전 국민당을 만들 때부터 "나는 당수가 아니니, 해외의 혁명 영수들이 들어오시면 어느 분이든지 정말 당수로 추대하고, 일대 정치투쟁을 전개할 것"이라고 겸양의 자세를 보이다가 이제 한독당과 합당을 맞이했습니다. '합당'이라 하지만 당명도 한독당을 따르고 강령 조정도 한독당을 위주로 하기 때문에 실질적으로는 국민당이 한독당에 흡수되는 형국입니다.

국민당 당원들이 불만을 품을 수 있지 않습니까? 지금까지 국민당은 조선에서 가장 성공적인 대중정당으로 커왔습니다. 대부분 정당들이 명망가 몇 사람을 중심으로 중앙부를 구성할 뿐 대중조직을 갖추지 못했는데, 국민당은 수만 당원이 모여 이남뿐 아니라 이북에까지 여러 곳 지당을 꾸려왔습니다. 우파 정당 중 한민당이 꽤 세력을 이루고 있어도 한민당은 이해관계로 모였고 국민당은 이념으로 뭉쳤다는 평판입니다.

한독당은 머리만 있고 몸통이 없는 정당입니다. 흡수하면 국민당이 한독당을 흡수해야 할 판인데, 당명부터 강령까지 한독당 위주로 하고 당직도 한독당 사람들이 우선적으로 차지할 기세이니, 국민당 간부들 입장이 난처할 것 같습니다.

안재홍 | 국민당은 몸통만 있고 머리가 없는 정당이니 한독당과 합쳐서 한독당을 머리로 삼지 않을 수 없습니다. 한독당 위원장 김구 선생은 말할 것도 없고, 부위원장 조소앙 씨를 비롯해 이시영, 조완구, 엄항섭 등 혁명 선배들이 한 분 한 분 나보다 뛰어난 지도자입니다. 그분들 귀국 전에 당을 만들려니 아쉬운 대로 내가 관리 역할을 맡은 것이고, 이제 그분들의 지도를 받는 것이 우리 당원들의 바라는 바입니다.

간부들의 거취에는 일반 당원들과 다른 어려움이 있는 것이 사실입니다. 다른 일 제쳐놓고 당 일에 몰두해온 간부들이 합당 후에도 의욕과 역량에 합당한 역할을 맡을 수 있어야 할 텐데……. 당 조직을 애써 일궈온 분들이 대거 물러나야 한다는 사실은 그분들에게 미안한 일일 뿐 아니라 합쳐진 당의 장래를 위해서도 아쉬운 일입니다. 구체적 절충에서 한독당 간부들이 너무 일방적으로 우리 쪽 양보만 요구하는 점은 좀 서운한 일입니다.

그러나 뭐든 일이 되려면 양보하는 사람이 있어야죠. 합당 선언 후 한민당과 신한민족당에서도 합당 논의가 활기를 띠게 되었는데, 역시 간부들의 거취가 어려운 문제로 남았지요. 그래도 국민당은 김 선생 말대로 이념으로 뭉친 당이기 때문에 문제가 가벼운 편입니다. 한민당은 훨씬 더 힘들지요. 아쉬운 대로 우리가 결행해야 다른 당의 결심에도 도움이 될 겁니다. 조직 문제는 합당 이후에 차츰 개선해나가야지요.

김기협 | 우파 정당 통합 문제는 반년 전 정당들이 결성될 때부터 계속 제기되어온 것인데 몇 주일 전부터 강하게 부각되었고, 국민당의 3월 20일 합당 선언을 계기로 현실화되었습니다. 무엇이 이런 분위기 변화를 가져온 것입니까?

안재홍 10월 중순 이승만 박사가 돌아왔을 때도, 11월 하순 김구 선생이 돌아왔을 때도 그분들의 영도 아래 정계를 통합하려는 움직임이 있었습니다. 그러나 그때는 우파 통합이 아니라 민족통일전선을 바라보는 것이었기 때문에 그분들이 정당과는 다른 차원에서 임정이나 독촉을 통해 영도력을 발휘하는 쪽으로 가닥이 잡혔었지요.

그런데 비상국민회의 결성 과정에서 전면적 좌우 통합에 실패하고 한독당 외의 임정 요인 몇 분이 이탈하면서 지금까지 가장 큰 구심점이던 임정이 깨어지고 말았습니다. 임정의 주류인 한독당으로 초점을 옮겨 새 구심점으로 키울 필요가 생겼습니다. 김구 선생도 이 필요를 인정하고 한독당 영도에 노력을 더 쏟게 되었으므로 국민당도 그 노력에 힘을 보태 드리고자 합당을 결정한 것입니다.

김기협 비상국민회의와 민전이 따로 세워져 즉각적이고 전면적인 좌우 통합을 바랄 수 없게 된 상황에서 우파 통합이라도 이루고 보자는 뜻에서 합당 운동이 일어난 것이군요. 이 논의가 한독당과 국민당 외에 신한민족당과 한민당까지 포함한 4개당 통합을 바라보는 쪽으로 일어났다가 지지부진하는 동안 국민당의 합당 선언이 나왔습니다. 이를 계기로 다른 두 당에서도 합당 논의가 활발해졌고요. 그 전망을 어떻게 보시는지요?

안재홍 국민당이 몸통만 있고 머리가 없는 정당이라고 했는데, 머리가 없다는 점에서 신한민족당과 한민당 다 마찬가지입니다. 지난가을 정당 통일운동의 결과로 22개당이 모여 신한민족당을 만들 때 국민당이 불참한 것은 확실한 지도자가 없기 때문이었습니다. 총재를 맡은 권동진 옹이 물론 훌륭한 혁명 선배이기는 하지만 고령으로 활동력이 없는 분이고, 한민당에는 유능한 간부들이 많지만 전술전략을 이끄는 능력뿐, 이념의 깃발을 멜 지도자가 없습니다. 두 당 모두 한독당과의 통합이 필요합니다.

그러나 실제 합당에는 현실적 문제들이 있지요. 아까도 말한 것처럼 간부들의 거취가 제일 어려운 문제입니다. 통합된 정당이 한독당 영도자들의 영도를 받으려면 정당 운영에도 한독당 요원들이 앞장서지 않을 수 없습니다. 3개당의 지도자와 간부들이 모두 한두 등급 낮은 역할을 감수하거나 아예 간부진에서 제외된다는 것이 본인들에게는 모두 어려운 일입니다.

국민당은 이념이 분명하기 때문에 현실적 문제에 구애받는 정도가 덜합니다. 이익과 출세를 위해 모인 것이 아니니까 통합된 힘으로 우리의 이념 실현이 촉진된다면 작은 손해를 감수할 수 있습니다. 그러나 다른 두 당은 우리보다 결단이 힘들지요.

신한민족당은 국민당의 뒤를 따를 것이 분명합니다. 합당 아니고는 존립 기반을 유지하는 데 어려움이 많으니까요. 한민당의 결단이 더 힘들 겁니다. 버려야 할 것이 더 많으니까요. 그러나 다른 3개당의 통합 움직임이 한민당의 결단에도 도움이 되리라 믿습니다.

김기협 | 미소공위의 개막도 우파 정당 통합의 계기로 작용하는 것이리라 생각됩니다. '협의 상대' 결정이 중요한 문제로 떠오르고 있지 않습니까? 미군정 고위층에서는 민주의원이 협의 상대로 채택되기 바라는 마음에서 '남조선국민대표'라는 간판을 붙여놓았지만, 형식적으로나 내용적으로나 대표성이 없다는 것은 삼척동자도 아는 일 아닙니까? 민주의원만으로는 미소공위 참여에 한계가 있으므로 정당 통합을 통해 우익의 참여 자세를 정비할 필요가 있다는 점을 이해

하겠습니다.

그런데 미소공위에 대한 한독당 수뇌부와 국민당의 입장에 차이가 있지 않습니까? 국민당은 1월에 불발된 4당 코뮈니케에서 "신탁통치는 반대하지만 3상회의 결정 전반에 대해서는 지지한다"는 입장을 인정했습니다. 미소공위의 임시과도정부 기획에 참여하면서 신탁통치에 대한 반대는 다음 단계의 일로 미뤄놓을 수 있습니다. 그런데 김구 선생 이하 한독당 지도부는 3상회의 결정 자체를 반대하고 미소공위를 보이콧하려는 분위기입니다. 이것은 당장 통합된 당의 노선 결정에 대단히 중대한 문제 아닙니까?

안재홍 | 작년 말 3상회의 결정에 처음 접했을 때 나도 분노 속에서 그 결정을 반대했습니다. 그러나 연합국의 힘으로 해방된 우리로서 연합국의 결정을 현실로 받아들여야 하지 않겠냐는 생각을 했고, 또 3상회의 결정이 신탁통치를 확정한 것도 아닌 만큼 이 현실 속에서 신탁통치가 실현되지 않도록 최선의 노력을 기울여야겠다는 생각을 했습니다.

그래서 미소공위에 적극 참여해야겠다는 생각을 합니다. 그러나 한편 신탁통치의 가능성을 조금이라도 품고 있는 미소공위를 인정하지 않겠다는 자세도 그른 것은 아닙니다. 나는 통합된 한독당이 미소공위에 참여하는 쪽으로 의견을 내겠지만 참여를 거부하는 쪽으로 당이 결정할 경우 그 결정에 따를 것입니다.

김기협 | 선생님은 민족주의 원리에 따르는 것이 이 나라의 독립을 향한 가장 순조로운 길이라 생각하고 누구보다도 김구 선생과 이승만 박사 두 분에게 민족주의 영도력을 기대했습니다. 그런데 귀국

후 몇 달 동안 두 분의 영도력이 적지 않은 손상을 입었습니다.

김구 선생은 3상회의 결정이 전해지자 반탁 여론을 등에 업고 군정청에 대항하는 '국자' 조치를 취했다가 하루 만에 거둬들여 체통을 잃었습니다. 현실을 무시한 조치였기 때문에 실패로 돌아간 것이었죠. 지금 김구 선생이 3상회의 결정 전면 반대를 내세우고 있는 것을 많은 사람들이 불안하게 여기는 점도 그 경험 때문인 것 같습니다.

반대로 이승만 박사는 현실을 너무 중시하는 것이 병폐일까요? 현실적 힘을 가진 사람들을 너무 가까이해서 친일파를 비호한다는 비판을 많이 받더니, 광산권 문제를 제대로 해명하지 못하고 민주의원 의장에서 물러났습니다. 식견 있는 사람들은 이 박사의 능력은 믿을지언정 그의 도덕성은 믿지 못하겠다는 분위기입니다.

이렇게 영도력이 손상된 분들에게 선생님은 아직도 너무 큰 기대를 걸고 있는 것 아닙니까?

안재홍 | 안타까운 일이 많았습니다. 두 분은 서로 다른 측면에서 약점을 드러냈습니다. 그래도 두 분의 영도력을 대신할 만한 지도자는 따로 없습니다. 나는 두 분이 서로의 약점을 덮어주면서 장점이 잘 살아나도록 함께 협력하는 것이 최선의 길이라 생각합니다.

지난 연말 이래 두 분의 협력관계가 잘 이뤄지고 있는 것은 그런 의미에서 반가운 일입니다. 딱 하나 아쉬운 점이라면 김구 선생이 형 노릇을 하고 이승만 박사가 아우 노릇을 하면 좋을 텐데……. 김구 선생의 우직함이 체(體)가 되고 이승만 박사의 꾀가 용(用)이 되는 편이 더 바람직한 배합 아니겠습니까? 두 분의 생일을 서로 바꿀 수 있다면 정말 좋겠습니다.

해방의 시공간

일지로 보는 1946년 3월

3월

- 1일 기미독립기념회와 3·1기념회가 3·1절 기념식을 각각 거행
  민전, 3·1기념대회 분열 원인에 대한 성명 발표
- 3일 하지, 주한 미군에게 미군 명예 옹호를 강조하는 포고 발표
- 4일 김규식, 3·1 행사 보도 문제로 신문인에 경고
- 5일 북조선임시인민위원회, 토지개혁 단행
- 9일 군정청 경무국, 남한에서 소련 영화 상영 금지
- 11일 민전, 신한공사 법령 일부 철폐를 주장하는 성명서 발표
  민주의원 의장 이승만, 미소공위 등 당면 문제에 대해 기자회견
- 13일 전농, 전 일인 소유 토지방매 반대하는 결의문 발표
- 14일 이승만, 프라우다지의 인신공격에 대해 성명
- 15일 군정청, 전 일본인 소유 토지방매에 대해 발표
- 18일 미소공위 일정 및 대표 명단 발표
  서울 잔류 일본인 5백여 명
- 19일 신한공사, 전 일본인 소유의 과수원과 농장의 경영권 인수
- 20일 덕수궁 석조전에서 제1차 미소공동위원회 개막
  군정청 감찰부, 산업계의 비리 적발 내용 발표
- 21일 미소공동위원회 공동성명 제1호 발표
- 22일 한독당과 국민당 합동 선언 발표
- 24일 마포서, 위조지폐단 검거. 본정서, 27인 강도단 검거
- 28일 각 문화단체 대표, 극장 관리권의 극장 예술가에게 일임 건의서 제출
- 29일 신민당, 토지정책과 식량대책에 대한 견해 발표
- 30일 미소공동위원회 공동성명 제3호 발표

| 미소공동위원회 주요 일정 |

모스크바 3상회의 결정에 따라 한국의 독립정부 수립 과정으로서 임시민주주의정부 수립을 위해 설립된 공동위원회이다.

1. 16.~2. 6.	미·소 예비회담 개최
3. 20.	제1차 미소공동위원회 개막 미소공위는 개막과 동시에 미·소의 입장 차이로 난관에 부딪혔다. 소련 측은 반탁 투쟁을 한 정당·사회단체를 임시정부 구성에서 배제할 것을 강조했고, 미국 측은 민주의원 중심으로 임시정부를 구성할 것을 주장.
4. 5.	소련 양보안 제출 반탁 투쟁을 했더라도 3상회의 결정을 지지하겠다고 밝히는 정당·사회단체와도 협의하겠다는 양보안.
4. 6.	미군 당국이 남한 단독정부 수립설 보도 미군 당국은 부인했지만, 소련과 협의가 잘되지 않으면 분단 정부가 들어설 것이고, 분단 정부 수반은 이승만이 될 것이라는 점을 시사.
4. 18.	미·소 공동성명 제5호 3상회의 결정을 지지하여 미소공위에 협력한다면 과거의 반탁 행위를 불문에 부친다는 내용.
4. 27.	하지, 특별 성명 발표 공동성명 제5호에 서명하더라도 반탁의 의견 발표를 보장한다는 내용. 소련 측은 하지의 특별 성명 등을 문제 삼아 공동성명 제5호에 서명하면 반탁 의사 표명을 포기해야 한다고 공박.
5. 6.	미소공위 휴회

5

미소공동위원회의 구조적 문제

1946년 4월 4 ~ 30일

덕수궁 앞에서의 반탁 시위 광경. 독립 의지의 왜곡된 표현인 반탁운동은 민족의 분단과 식민지 체제 청산 실패라는 비극적 결과를 몰고 왔다.

1946. 4. 4.

이승만보다도 팔자가 좋았던 비서실장

"떴다 봐라 안창남, 굽어보면 엄복동!"

민족의식이 고양된 1920년대 초 비행사 안창남(安昌男, 1901~30)과 사이클리스트 엄복동(嚴福童, 1892~1951)은 조선 대중의 영웅이었다. 엄복동은 자전거포 점원으로 일하다가 1913년 일본인들의 잔치이던 전조선자전거경기대회에서 우승하고 3·1운동이 탄압받은 직후인 1922년 대회에서 다시 우승하여 조선 민중의 패배 의식 극복에 일조했다.

안창남은 1921년 일본의 첫 민간인 비행사 자격시험에 합격한 두 사람 중 하나로 일본에서 우편비행에 종사하다가 1922년 12월 일시 귀국하여 여의도 백사장에서 시범 비행으로 장안의 화제가 되었다. 첨단 분야인 항공계에서 조선인의 당당한 성공이 온 민족의 자랑거리가 된 것이다.

안창남이 '조선 최초의 비행사'였는지에 대해서는 이론이 있다. 1920년에 미국의 독립운동가 몇 사람이 비행학교를 수료하고 캘리포니아에 비행사 양성소를 만든 일이 있기 때문이다.

그러나 안창남이 '프로페셔널 파일럿'으로서 조선 대중의 마음을 뒤흔든 것과는 비교할 일이 아니다. 안창남은 관동대지진(1923) 후 귀국

했다가 이듬해 중국으로 망명, 독립운동 관련 활동을 하다가 1930년 비행 사고로 죽었다. 그의 중국 망명은 여운형이 주선한 것으로 알려져 있다.

안창남과 정반대의 길을 걸은 또 한 명의 비행사가 있었다. 1925년 비행기 면허를 취득한 신용욱(愼鏞頊, 1901~61)은 1927년 모국 방문 비행대회 이후 일본 제국주의와 결탁한 항공사업에 매진했다. 그가 1936년에 세운 신(愼)항공사업사를 대한항공의 출발점이라 할 수 있다. 1941년 조선항공사업사로 개칭한 신항공사업사를 모체로 1944년에 자본금 1천만 원의 조선항공공업주식회사가 만들어졌기 때문이다. 새 회사 주식 20만 주 중 전시금융금고가 10만 주, 조선식산은행과 신용욱이 각 3만 4천 주, 동양척식이 1만 9천 주, 방응모와 김연수가 2천 주, 민규식과 고원훈이 1천 주를 불입했다고 한다(『친일인명사전』, '신용욱').

가장 두드러진 친일파의 한 사람인 신용욱이 해방 후 조선항공을 장악하게 된다. 주식의 76.5퍼센트를 차지하고 있던 일본 기관들이 비운 자리를 17퍼센트 주주를 가진 신용욱이 넘겨받은 것이다.

> 군정청 운수국장 코넬슨 중좌의 11일 발표를 보면 이번에 민간 회사로 재단법인 국립조선항공회사가 조직되었다 한다. 사장은 윤치영, 부사장 겸 상무취체역에 신용욱으로 결정되었다는데 미국제 비행기로 여객과 화물을 수송한다. 준비만 되면 두 달 안에 업무를 시작할 것이며 미국항공회사에서 많은 경험을 가지고 있는 군정청 운수국장 코넬슨 중좌와 쾨크 대위는 이 회사를 미국항공회사와 같은 수준에 올린다고 자신 있게 말하고 있으며 처음 계획으로 서울—강릉 간, 서울—대전—군산—광주—제주도 간, 서울—대전—대구—부산

1920년 일본 오쿠리 비행학교 시절의 안창남. 조선의 첫 비행인 안창남은 온갖 유혹을 뿌리치고 중국으로 망명, 조선 민중의 환호에 부응했다.

으로 3선을 개척하여 결국은 이 회사가 동경, 마리나, 상해 등 국제항공로와도 연락하고자 한다.

(「국립조선항공회사 설립」, 『조선일보』 1946년 2월 12일)

이승만의 비서 윤치영(尹致瑛, 1898~1996)을 앞장세워 미군정을 구워삶은 것이다. 그런데 너무 심하게 구워삶았는지, 군정청이 오버를 하는 바람에 물의를 일으켰다. 신용욱의 비리를 감시하는 입장에 있던 조선항공협회의 해산 명령을 군정청이 내리자 협회에서 성명서를 발표하고 진정서를 제출한 것이다. 항공협회는 1945년 10월 초순 항공사업 관계자들이 공익을 위해 결성한 비영리단체였다. 성명서는 이런 내용이었다.

1958년 대한국민항공사의 국내선 광고. 한국 항공계의 개척자 안창남과 신용욱은 서로 대비되는 길을 걸었다. 그러나 부귀영화를 좇은 신용욱도 결국은 비참한 최후를 겪고 말았으니…….

• 본 협회를 해산시키는 이유를 명백히 할 것.

• 민주단체요 문화기술단체인 항공협회가 조선에서만 불필요한가, 그 가부를 검토하고 이에 대책을 세울 것.

• 신용욱과 윤치영은 그들이 범한 죄상을 사과 개전하고 장래 조선을 위하여 항공계에서 인퇴시킬 것.

• 신 군과 윤 군만을 타도하려는 협소한 목적이 아니고 동류의 행위와 불순한 의욕을 가진 자는 단연 제외 청산할 결의를 표명한 것.

• 영리단체인 대한국제항공사와는 하등의 경쟁 또는 이해관계가 없다.

• 항공은 국가와 국민 전부의 복리를 위한 공공기관이 되어야 하며 만약 개인 또는 일부의 이용물이 되어서는 사회에 해독을 끼칠 것을 강조한 것.

(「조선항공협회, 해산 명령에 대해 관계 당국에 성명서 제출」,

『동아일보』 1946년 4월 10일)

진정서에서는 협회 해산 책동의 주체로 신용욱과 윤치영을 지목하고 해방 전 신용욱의 민족반역자와 전쟁협력자로서 행각을 서술해 그가 조선 항공사업계의 암적 존재임을 밝혔다. 해방 후의 일을 적은 진정서 뒷부분만 옮겨놓는다.

● 8·15 이후의 신 군과 윤 군의 비행

신 군은 해방 직후 일시 도망하여 잠재하였다가 연합군이 서울에 진주하는 9월 상순경에 이면공작을 시작하고 영어가 능하고 정치 배경을 가진 윤치영 군을 매수하여 대한국제항공사에 대표 명의를 세우고 모 혁명가의 영식을 총무부장 지위에 이용하여 신 군은 항공부장이라는 새 가면을 쓰고 과거 왜정 시에 쓰던 간계와 야욕책을 반복하기 시작하였습니다.

대한국제항공사는 기시 실질에 있어 인재도 기재도 없었으며 다만 조선 항공건설에 진력하겠다는 의지는 추호도 없었던 것이다. 과거 신(愼)회사에서 근무하던 20~30명의 종업원은 해방 후 전부 조선항공협회에서 활동하고 있습니다. 기후(其後) 신 군은 종업원을 매수하려 부하를 시키어 동분서주하고 있었습니다.

1945년 10월 10일경에 항공과장대리와 협회 측 수 명과 신 군과 여의도비행장 기재를 시찰하러 갔을 때 정비하면 사용 가능한 기재인데도 불구하고 협회 측의 정비 사용 주장에 대하여 신 군은 '노굳·노굳'이라는 한마디의 영어로 파괴를 주장하였습니다. 그러나 이에는 흉계가 있었던 것이다. 곧 정비하려면 신 군에게는 인재가 없는 관계상 착수치 못하여 허위가 폭로됨을 두려워한 것이며 한편 파철로 만들어 폭리를 남기려는 심저이었다.
이러는 이면에 신 군은 과거 전조선항공은 자기가 경영하였다고 과장하고 사망자를 열거한 허위의 인명부와 항공수송계획서를 항공과장에게 제출하고 일방 미인 항공과장에게 모든 간책과 비합리적 수단을 써서 본 협회를 방해하기 시작하였다. 이 의지를 전달하고 옹호하고 선전하여 동포를 중상시킨 책임자는 통역인 이승만 박사의 비서인 윤치영 군이다. 윤 군은 이 박사의 명예와 윤 군 자신이 민주의원의 비서장인 명예를 생각하여도 신중한 태도를 취함이 당연할 것인데 경거망동하고 다니는 것은 참으로 본 협회에서 유감으로 생각하는 바이다.
참으로 유감하다고 말하고 있다. 본 협회에서 동 항공과장의 허가로 비행장에 출입하는 것도 이유 없이 정지당한 후 본 협회에서 출입치 못하는 사이에 신 군은 수 명의 사원을 데리고 여의도비행장을 정비한다고 하고 비행기를 파괴하고 알루미늄 뭉치와 파철을 불하 맡아서 상인들에게 막대한 폭리로써 매각하는 등 건국도상에서 용서할 수 없는 이상과 같은 그간의 동정을 본 협회에서 주목하고 있었던 것이다.

● 윤치영 군의 비인도적 파렴치 행위
1946년 2월 6일 윤 군과 신 군은 이유 없이 본 협회 분관을 윤 군 자신이 수색하였으며 다음 날 2월 7일에는 본 협회의 중요 간부이며 우리 항공계의 선배인 장덕창(張德昌) 씨가 8·15 이전부터 거주하시던 주택임에도 불구하고 역시 윤 군 자신으로 가택수사를 하며 심지어 장씨 부인의 핸드백까지 탐색하고 윤 군이 장씨 가족을 우 주택으로부터 엄동설한에 축출케 하여 노상에 방황하게 한 비인도적 행위를 감행하였다.

1946년 2월 상순에는 항공과에서 본 협회 인가신청서를 제출하라 하여 본 협회장이 출두하여 서류를 제출하였음에도 불구하고 동년 2월 16일경 항공과에서는 아무 이유 없이 본 협회가 종래부터 사용하던 사무소와 기재를 압수하며 금년 2월 19일엔 항공과장으로부터 본 협회를 해산하라는 도저히 민주주의국가에서 이해가 곤란한 명령이 내렸다.

● 본 협회와 윤·신 양 군과의 관계

본 협회에서 이상과 같은 사실에 비추어 신 군의 개전을 누차 권유하였으나 갈수록 그의 사악한 행위는 가중하여 갈 뿐 아니라 조선의 건실한 항공계의 장래 발전을 괴손하고 있으므로 그의 반성 개전이 있을 때까지 본 협회에서 제명을 하였으며 또 윤 군은 항공과는 아무 관계없는 사람일 뿐더러 불순한 이욕을 가지고 무뢰한적 존재인 신 군과 협력하고 있으므로 이 또한 순정한 항공인과의 협력을 거절하였던 것이다. 이상과 같은 제반 경위를 명철하시고 공평하신 각하께옵서는 냉철히 판단하시와 선위 선처하여 주시옵기 바라며 자에 진정하는 바이다.

1946년 3월 7일 조선항공협회

(「조선항공협회, 해산 명령에 진정서 제출」 중에서, 『서울신문』 1946년 4월 3일)

이에 대해 신용욱과 윤치영은 이렇게 변명했다.

"대한국제항공사는 내가 20여 년이나 개인으로 경영해오던 조선항공사업사를 이번에 명칭을 고치고 윤치영 씨를 사장에 내세워 전력을 조선의 항공사업에 바치려고 한 것인데 협회의 태도는 나를 중상하며 또 사업을 방해하고 있다. 그리고 파괴한 비행기의 알루미늄과 파철로 폭리를 취했다 하나 이도 부당한 말이다. 광공국에서는 알루미늄 1톤에 6천 원을 말했으나 나는 그것을 3천 원에 사서 팔았을 뿐이다."

(「조선항공협회 해산 명령에 대한 각 인의 입장 표명」 중에서,

『조선일보』 1946년 4월 6일)

"조선항공사업사는 군정청 지시와 우리 항공기술자의 총의에 의하여 중임을 응낙하고 대한국제항공사라 개칭하였다. 그런데 자가의 세력을 부식하고자 전연 무근한 사실을 날조하여 친일이니 모리니 하는 그들의 모략적 중상도 현명하신 애국 동포에게는 마이동풍이며 도리어 빈축을 사게 되리니 구태여 반박할 필요조차 없다."

(「윤치영, 조선항공협회 담화에 대해 성명 발표」, 『동아일보』 1946년 4월 11일)

신용욱은 그 후 1948년 10월 대한국민항공사(KNA)를 설립하고 사장에 취임했다. 1949년 2월 반민특위에 체포되어 조사를 받고 4월 불기소처분을 받았다. 자유당 소속으로 1950년에서 1958년까지 국회의원을 역임하고 4·19혁명 후 부정 축재 혐의로 수사를 받았다. 5·16군사정변 직후 행방불명되었다가 8월 26일 여의도비행장 부근에서 익사체로 발견되었고, 경영난을 비관한 자살로 추정되었다. KNA는 이듬해(1962) 정부 출자에 의해 대한항공공사로 전환되었다가 1969년 한진그룹에 매각되었다.

윤치호(尹致昊, 1866~1945)의 사촌동생이며 윤보선(尹潽善, 1897~1990)의 손아래 숙부인 윤치영은 신용욱보다 훨씬 널리 행적이 알려진

인물로, 그 약력을 『친일인명사전』에서 간단히 뽑아놓는다.

1915~1922 일본 유학(와세다대학 법과 졸업).

1922~1935 미국 유학(아메리칸대학 국제법 석사, 동지회 활동).

1938년 5월에 흥업구락부 사건으로 체포, 9월 기소유예로 석방.

1940~1945 전쟁협력 활동.

1945년 10월부터 이승만 비서실장.

1948년 5월 이후 제헌의원, 초대 내무부장관, 국회부의장, 국회의원 등.

1961년 5월 이후 군사정권 참여, 공화당 의장, 서울특별시장, 국회의원 등.

1982년 독립운동에 참여한 공로로 건국포장 받음.

1946. 4. 5.

미국 국가주의의 전초병 이승만과 굿펠로

미국에서 조선 민족운동의 초기 지도자 중 박용만(朴容萬, 1881~1928)과 안창호가 먼저 세상을 떠나 이승만 혼자 해방을 맞았다. 그래서 미국의 다른 민족운동가들에 비해 이승만의 지명도가 높기는 했지만 그가 미국의 민족운동을 대표한 것은 아니었다. 그에게는 많은 반대자들이 있었기 때문이다.

1928년 박용만이 암살당하고 1932년 안창호가 체포될 무렵 이승만 역시 지도자의 위상이 무너지고 있었다. 지지자들의 후원으로 운영하던 동지식산회사■의 1929년 파산이 결정적 계기였다. 1930년대에는 제1세대 지도자들이 사라지거나 지도력을 잃은 공백 속에서 다음 세대 지도자들이 자라나고 있었다.

차세대 지도자들은 대개 '신도인(新渡人, 새로 건너온 사람)'이었다. 초기 이주자의 2세들은 대개 미국화되어 민족운동에 호응은 하더라도

■ 1921년 미국 하와이의 호놀룰루에서 조직된 독립운동 단체인 동지회는 이승만을 총재로 추대하고, 임시정부의 자금 후원 및 경제적 자립의 터전을 마련하고자 새로운 한인촌 개간, 벌목 사업 등 여러 가지 사업을 벌이기 위해 자본금 7만 달러로 동지식산회사를 설립했다. 고정 자본금이 1만 2,500달러가 되면 주식회사로 인가를 얻어 동지촌(同志村)을 건설하려고 했으나 잇따른 사업 실패로 파산하고 만다.

적극적으로 나서는 일은 별로 없었다. 1910년대 이후의 이주자로 활동력과 경제력의 여유가 있는 사람들이 민족운동의 중추부를 이뤘다. 그러나 그들에게 초기 지도자들 같은 카리스마는 없었다.

차세대 지도자의 한 사람인 김용중(金龍中, 1898~1975)은 '조선사정소개협회'를 만들어 조선 문제를 미국 언론에 부각시키는 작업에 진력했다. 미국 언론이 그의 홍보 사업에 상당한 호응을 보인 것은 그의 논설에 설득력이 있었기 때문인 것으로 보인다. 4월 5일 그의 발언에서도 흥미로운 관점이 엿보인다.

> 〔워싱턴 5일 모리스·해리스 AP특파원발 합동〕 당지 조선사정소개협회 회장 김용중은 기자단에게 조선 상황에 대하여 다음과 같이 말하였다.
>
> "미·소의 조선 공동 점령은 선의의 원조 목적이 본의인데 실제에 있어서는 원조가 아니요, 지배가 되고 말았다. 현재 서울서 개최 중인 미소공동위원회가 만일 조선의 원하는 바를 실행치 못하고 미·소 각 대표 측이 화부(華府)나 막사과(莫斯科)에서 요구하는 바를 실행할 것 같으면 이 회의는 불성공에 돌아가고 말 것이다.
>
> 조선 문제는 본질적으로 조선인에 의하여 해결될 것인데 미·소 양국이 자진하여 조선의 자주독립 국가를 수립하려고 함에 의하여 미·소 양국뿐이 아니라 각 관련국의 문제가 될 것이다. 그러므로 현재 미·소 양국은 자진하여 자국에 부과된 중책으로 인하여 곤란한 경지에 빠지고 있는 것이다. 이 문제가 양국의 중책인 만치 만약 양국이 이에 대한 책임을 이행치 못한다면 조선 문제에 대한 책임은 필경 UNO가 질 수밖에 없을 것이다.
>
> 미·소는 당초에는 조선의 원조자이었으나 현재는 조선의 주인 행위

를 하고 있다. 또 조선은 2국의 분쟁 요소가 될 가능성이 있다. 이것을 방지하는 데는 책임 양국의 정치적 수완 여하에 달린 것이다. 미·소 양국의 화합은 조선의 화합을 의미하고 반면 미·소의 알력은 조선의 분열을 의미하는 것이다. 미·소는 친선적 태도로 조선을 원조하려 하였던 것이나 조선을 재건설하는 데 있어서 자기네들 각자의 이념으로 하고 있다. 상위한 이념이 많으면 많을수록 오직 혼란만을 초래할 것이다. 사실상 조선 문제는 미소공동위원이 다만 조선의 권리를 존중한다면 용이하게 해결될 문제이다.

(…) 예약된 독립은 조선에 수여되어야 할 것이고 조선을 해방함은 미·소가 미묘한 상호 책임 관계에서 해방됨을 의미하는 것이다. 또 조선 문제를 해결할 유일한 방침은 조선의 군사 점령을 중지하는 데 있으며 만약 이것이 실행된다면 미·소 양국은 성스러운 목적을 달할 것이며 전 세계의 유사한 문제를 해결하는 데 있어서 훌륭한 전례를 만들 것이다."

(「조선사정소개협회 김용중, 조선 문제 해결에 관해 기자회견」,
『조선일보』 1946년 4월 6일)

이 발언의 흥미로운 점은 조선 문제의 책임을 미·소 두 나라에 직접 묻고 있다는 것이다. 입장은 조선인의 편에 있지만 관찰의 위치가 조선 밖이기 때문에 이런 관점이 가능했던 것으로 보인다. 조선 안에 있는 관찰자에게는 조선 안의 문제들이 먼저 보이게 마련이다. 점령을 왜 하는 것인가 하는 더 근본적 문제는 밖에 있는 관찰자에게 더 잘 보였을 것이다.

점령은 조선인을 위한 것이었는가? 손해를 봐가면서 해주는 점령을 한 나라가 몽땅 해주기가 너무 벅차서 두 나라가 부담을 나눠 가지기 위한 분할 점령이었는가? 점령군 사령관의 포고문들은 그렇게 생색을 내고 있었다. 조선인의 행복을 위해 자기네 손익을 돌아보지 않고 점령하러 와줬다는 것이다.

사실에 있어서 두 나라 모두 점령을 '의무'가 아니라 '권리'로 인식하고 있었다. 단독 점령을 못하는 것이 피차 아쉬웠고, 상대방에게 단독 점령을 허용하지 않았기 때문에 분할 점령이 된 것이었다. 조선은 두 나라가 서로 챙기고 싶어 하는 '전리품'의 하나였다.

물론 벌거벗은 국가 이기주의가 분할 점령 사태의 모든 것은 아니었다. '세계평화'라는 이념의 측면도 있었다. 그러나 이 이념도 이타적인 것만은 아니었다. 미국의 경우 국제주의(다변주의) 노선이 추구한 이 이념은 국가주의(일방주의)의 적나라한 이기주의에 비해 보다 거시적이고 장기적인 관점에서 국익을 추구한다는 것이지, 국익을 도외시한다는 것이 아니었다.

해방된 조선을 둘러싼 국제적 대립은 자본주의와 공산주의의 대립 이전에 국제주의와 국가주의 사이의 대립이었다. 추축국을 상대로 한 전쟁 중에는 연합국 사이에 국제주의 기조가 유지되었다. 전쟁이 끝나 국제 협력의 필요성이 줄어들면서 국가주의가 고개를 든 것은 피할 수 없는 일이었다.

홉스봄은 냉전의 주축인 두 나라가 각자의 진영을 장악하는 데 만족하고 실제로 3차 대전을 불사하는 자세를 가진 것은 아니었다고 냉전이 끝난 시점에서 되돌아본다. 다만 냉전 '체제'가 아직 완전히 안정되지 못한 단계에서는 상당히 큰 위험이 있었다고 지적한다.

> 너무 얇은 얼음 위에서 너무 오래 스케이팅을 할 때 어쩔 수 없이 발생하는 우발성 사고의 위험을 제외하고, 이 기나긴 긴장의 시기 동안

> 세계대전의 진정한 위험성이 존재했을까? 판단하기 어려운 문제다. 가장 폭발성이 강한 시기는 아마 1947년 3월 '트루먼독트린'의 공식 발표로부터 1951년 4월 한국전쟁의 미군 사령관으로서 군사적 야욕을 지나치게 앞세웠던 더글러스 맥아더 장군을 트루먼이 해임하기까지의 기간이었을 것이다. 소련의 지배를 받지 않는 유럽과 아시아의 여러 지역에서의 사회 붕괴 또는 혁명에 대한 미국인들의 두려움이 상당한 근거를 갖고 있던 기간이었다. 결국 중국은 1949년에 공산주의자들 손에 떨어지지 않았던가.
> 한편 소련은 핵무기를 독점 보유한 미국으로부터 호전적이고 위협적인 반공 선언이 늘어나는 상황에 직면해 있는 가운데 티토의 유고슬라비아 이탈(1948)로 공산 진영의 균열이 나타나기 시작하고 있었다. 게다가 1949년 이후 중국을 장악한 공산정권은 한국전쟁에 전력으로 뛰어들 뿐 아니라 (다른 어느 나라 정부와도 달리) 핵 공격을 포함한 전쟁까지도 실제로 겪어낼 각오를 하고 있었다. 어떤 일이라도 일어날 수 있는 상황이었다. (『The Age of Extremes』, 228~229쪽)

홉스봄이 지적한 '폭발적 시기'는 1947년 3월 트루먼독트린으로 시작하는 것이었다. 트루먼독트린은 미국에서 국가주의의 승리를 확인하는 선언이었다. 독일과 일본의 항복 후 국제주의에서 국가주의로 돌아서는 추세는 소련에도 있었다. 냉전은 미·소 두 나라의 국가주의에 기초를 둔 것이었다. 그러나 변화 단계에서 소련은 더 큰 힘을 가진 미국과의 정면 대결을 늦추기 위해 전략 차원에서 국제주의에 집착하지 않을 수 없었다. 미국의 국가주의 전환이 냉전체제의 구축을 이끌어낸 것이었다.

해방 조선의 미소공위는 소련의 국제주의와 미국의 국가주의가 부딪친 현장이었다. 소련 측은 제2차 세계대전 중의 미·소 협력체제가 미소공위에서 지켜지도록 애쓰는 반면 미국 측은 회담이 결렬되어도 괜찮다는 배짱으로 소련 측 양보를 요구하고 있었다. 이런 상황에서 4월 6일 남한 단독정부 추진설이 처음으로 언론에 나타났다.

〔상항 6일 AP발 합동〕 당지 정보에 의하면 현재 조선 서울에서 개최 중인 미소공동위원에서 남북통일의 조선자치정부 수립이 졸연히 해결되지 아니하며 미 점령군 당국은 남조선 안에 한하여 조선정부 수립에 착수하였다고 한다. 미 국무 당국은 이 정보에 대하여 의외의 감을 표시하고 우안은 미소공동위원회 미 대표위원이 제의한 바가 아니요, 미군정 당국이 제의한 것이라고 추측하고 미 대표위원의 독단적 행동을 원치 아니한다 하며 조선의 미군정 당국은 남조선정부 수립 계획에 있어서 미국인은 자문 격으로 참여하여 전면적으로 지도하고 조선 문제는 조선인에게 일임되리라 한다. 또 일부 정보에 의하면 민주의원 의장을 사임한 이승만은 재차 출마하여 남조선정부의 주석이 되리라 하며 남조선정부 수립안을 미 측이 제의한 중요 원인은 다음과 같다.

1) 소련 측이 정치적 이유로 미소공동위원을 천연(遷延)시키려고 하는 것

2) 미군의 복원 계획에 의하여 조선 미군정 당국의 미군 장교급이 축차(逐次) 귀국하여 그 수가 희소하여지는 것

(「군정청이 본국에 남한 단정 수립을 제의했다는 소식의 외신 보도」, 『서울신문』 1946년 4월 7일)

러치 군정장관이 당일 중에, 그리고 미 국무성이 이튿날 이 설을 부

南方만의臨時政府
或은委員會組織이必要
單獨政府樹立說에
우리黨은贊成不能
李博士講演

이승만의 정읍 발언 보도 기사. 1946년 6월 이 발언이 나올 때까지만 해도 "단독정부"는 금기어였다. 이승만이 분단 건국 방침을 언제부터 세우고 있었는지에 대해서는 아직도 학설이 분분하다.

인했다. 그러나 아니 땐 굴뚝에 연기가 나겠는가? 연기를 피운 것이 누구였을까? 이승만과 결탁된 인물로 하지의 정치고문이던 굿펠로가 5월 하순 한국을 떠나면서 "미소공위가 조속히 재개되지 않을 경우 미국은 남한 단독정부 구성을 추진해야 할 것"이라고 선언했다. 며칠 후인 6월 3일 이승만은 "남한만이라도 임시정부 또는 위원회 같은 것을 수립할 것"을 제기하는 '정읍 발언'을 터뜨렸다.

1차 미소공위는 5월 8일 끝나고 무기한 정회에 들어갔다. 굿펠로와 이승만은 4월 초순 시점에 미소공위가 성공하고 단독정부가 필요 없게 되기를 바라고 있었을까? 아니면 단독정부 추진의 걸림돌인 미소공위의 실패를 바라고 있었을까? 정용욱은 당시 상황을 이렇게 정리했다.

> 굿펠로와 이승만의 단정 발언은 당시 새로운 정책 변화를 모색하던 미국에 대해 그들 나름의 해석과 희망을 표현한 것이었다. 이는 미국의 새로운 구상을 자신들의 행동 계획과 일체화시키려는 이승만의 선제 행동이었다. 그리고 이승만과 굿펠로가 이전의 약속을 들먹여가

> 며 하지에게 남한 단독정부 수립을 촉구하였다는 것은 미군정의 구상이 남한만의 정부 수립도 배제하지 않았다는 추측을 가능케 한다.
> 이들의 주장은 민주의원 설치 과정에서 드러난 미군정과 이승만의 내밀한 관계를 생각한다면 그다지 무리도 아니었다. 이승만과 굿펠로의 발언은 자신들의 정략적 이해관계가 많이 반영되어 있지만 부분적으로 미군정의 과도정부 구상이 처음 제기되던 시점의 의도와 발상법을 반영했다. 또 미군정 일각의 구상은 과도정부 구상이 단순히 과도적 단계의 조치에 그치지 않았고, 단독정부안과도 완전히 절연되지 않은 상태였음을 암시한다. (『존 하지와 미군 점령통치 3년』, 117~118쪽)

미국이 국가주의로 기울고 그에 따라 세계가 냉전체제로 휩쓸려 들어가는 것은 피할 수 없는 추세였다고 볼 수도 있다. 그러나 1946년 봄의 상황은 아직 미국의 국가주의가 지배적 위치에 올라서기 전이었다. 국제주의 원리는 모스크바 3상회의를 거쳐 미소공위에서 자리를 지키고 있었다. 맥아더 이하 미국의 국가주의자들은 국제주의 원리를 폐기하고 싶어도 아직 명분이 부족했다. 이승만은 그 명분을 채워주기 위해 할 수 있는 짓을 다했다.

1946. 4. 7.

해방공간의 경찰을 '막가파'로 만든 자들

1월 19일 새벽 경찰의 학병동맹 습격은 충격적인 사건이었다. 미군 진주 이래 권력과 폭력의 독점자인 미군정의 정책과 조치가 조선인들의 불만과 분노를 일으킨 일은 끊임없이 있었지만, 학병동맹 습격 사건만큼 충격적인 일은 없었다.

전해 연말까지 미군과 경찰의 크고 작은 사고 중 가장 큰 것이 11월 중순의 '남원사건'이었다. 그 무렵 전국적으로 진행되고 있던 인민위원회 탄압 과정에서 불거진 것이었다.

10월 말 미군이 남원에 진주할 때까지 남원인민위원회는 지역 일본인들에게 재산 관리 위임장을 받아놓고 있었다. 그 재산을 넘겨달라는 군정청의 요구를 인민위원회가 거부하자 11월 15일에 도 경찰부장이 경찰대를 이끌고 와서 인민위원회 간부 몇 사람을 체포해 전주로 압송하려 했다. 마을 외곽에서 1백 명가량의 몽둥이 등을 든 주민들이 경찰 차량을 가로막고 경찰대를 구타하자 체포되었던 사람들을 풀어주었다.

이튿날 미군이 증파된 가운데 주민 16명이 체포되고 그 다음 날 더 많은 체포가 예상되는 가운데 1천 명 가까운 주민이 모여 경찰서를 에워쌌다. 이 군중을 해산시키는 과정에서 주민 2명과 경찰 1명이 목숨을 잃었다.

경성변호사회에서 진상 조사를 위해 파견한 홍순엽(洪淳曄, 1911~92)이 작성한 보고서 중 사건의 원인에 대한 김응조 전북 경찰부장의 주장 부분을 옮겨놓는다.

> 이번 사건의 도화선은 11월 15일 남원인민위원회 위원 5명을 검거한 데서부터 시작된다. 이 검거는 전북 경찰부장 김응조(金應祚)의 지휘하에 행해진바 검거의 이유와 경과를 당 부장에게 물어보기로 하였다. 남원인민위원회는
> (가) 인민공화국이란 국자(國字)를 사용한 인민위원회 간판을 군청에다 게(揭)하고 청사를 불법 사용 하였으며 8월 15일 이전부터 군수이던 임충정(林忠正)을 추축한 것,
> (나) 각 면을 접수하며 경찰관주재소란 간판을 떼고 보안부란 간판을 사용한 것,
> (다) 남원인민위원회 산하에 있는 건국군이 무기를 불법 소지하고 야간 강도를 범행하는 것,
> (라) 민중에게 세금 소작료 불납을 종용한 것,
> (마) 경비를 인민에게 부과시킨 것,
> (바) 민심을 교란한 것
> 등의 추상적인 설명을 하고, 구체적 인례를 요구한 데 대하여 기억치 못한다고 대답하였다.
>
> (「남원사건 진상(상)」 중에서, 『자유신문』 1945년 12월 3일)

오늘 남원사건 얘기를 꺼낸 것은 학병동맹사건과 대비시키기 위해서였는데, 꺼낸 김에 아쉬웠던 설명을 풀어놓겠다. 사건을 일으킨 인

물 김응조(金應祚, 1909~96)는 해방 전 만주군 중위였고, 해방 후 경찰에 투신해 전북 경찰부장을 지내다가 1946년 2월 말 불법행위를 저지르고 죄수를 학대했다는 이유로 해임됐다. 대한민국 정부 수립 후 육사 7기로 특별 입학하고 준장으로 예편, 대한재향군인회 사무총장을 지냈다(『친일인명사전』, '김응조').

커밍스는 김응조가 남원사건 때부터 군대 수준의 경찰력 육성을 바라던 사실을 중시하고 국방경비대 창설 배경의 일부로 이해한다.

> 이 군사력 창설 조치의 직접적 계기는 11월 15일의 남원사건이었다. 남원인민위원회 구성원들과 국군준비대의 한 지대가 한국 경찰 및 미군 작전부대와 충돌한 사건이다. 이 사건 직후 경찰의 미국인 고문 리머 아고가 전북 경찰부장 김응조를 만나 경찰의 질서유지를 지원할 '경찰상비대' 창설 이야기를 꺼냈다. 그런 기구가 국군 창설의 구심점이 되어야 할 것이라고 김응조가 대답했다. 아고는 그런 이름은 붙일 수 없다고 말했다. "미국과 소련이 함께 한국을 점령하고 있는데, 어떻게 한쪽에서 일방적으로 군대를 만들 수 있겠소?" 한국은 다국 신탁통치를 받을 것이며, 그동안에는 군대 조직이 금지될 것이라는 사실을 아고는 또한 김응조에게 가르쳐주었다. 이것을 불만스럽게 여긴 김응조는 전북 경찰관들 사이에 반탁운동을 조직하기로 결심했다. (『The Origins of the Korean War』, 169~170쪽)

남원사건과 비슷한 유형으로 미군과 경찰이 인민위원회 등 주민 자치운동을 탄압한 사례가 도처에 일어난 것을 커밍스는 같은 책 제9장(293~350쪽)에서 광범하게 서술했다. 이런 충돌이 서울 아닌 지방에서 먼저 일어난 데는 몇 가지 이유가 있었다. 미군이 늦게 도착해서 자치

1946년 국방경비대 창설식. 경찰에 뒤이어 군대도 식민지시대 특권 세력의 보루가 된다.

운동이 조직을 갖출 시간 여유가 있었다는 점. 미군 도착 초기에는 군사력도 약하고 경찰력도 많이 복원되지 못하여 주민의 대항이 어느 정도 가능했다는 점. 그리고 초기에 도착한 부대는 군정 훈련이 전혀 없는 작전부대여서 정치적 판단력이 없었다는 점이다.

1946년으로 넘어오면서 서울에서도 시작된 미군과 경찰의 자치운동 탄압은 이전 지방에서의 탄압과는 다른 차원의 것이었다. 지방에서의 탄압이 치안 차원의 소극적인 것이었다면 이제 서울에서는 정치 차원의 적극적인 탄압이 시작된다. 첫 표적은 여러 지방에서도 자치운동과 연계되어 탄압 현장에 나타났던 국군준비대였다(1월 7일, 10일자 일기).

국군준비대 탄압 작전은 비교적 순조로웠다. 1월 3일 본부를 습격하고 그 이튿날까지 사령관 이혁기 등 핵심 간부들을 체포했다. 장택상은 1월 19일 학병동맹 습격에서도 비슷한 성공을 바랐을 것이다. 그러나 국군준비대 탄압을 본 바 있는 학병동맹원들은 치열하게 저항했고, 서울 시내를 발칵 뒤집어놓은 소란 끝에 경찰의 무리수가 대거 드러나며 여론의 표적이 되었다(1월 18일, 27일, 2월 24일자 일기).

조선신문기자회가 여론을 대표해 진상 조사에 나섰고, 1월 28일과 2

월 23일 두 차례 조사 결과 발표를 통해 많은 의혹을 제기했다. 경찰은 이를 묵살하고 자기네 시나리오대로 관계자들을 송국해 4월 6일 제1회 공판이 열렸다.

세상에 큰 충동을 준 지난 1월 19일 새벽 삼청정 학병동맹본부에서 일어난 불상사는 더욱 일제 때에 강제로 끌려나가 사선을 돌파하고 온 학병들이니만치 이들의 조국인 이 땅에서 서로 피 흘리게 한 슬픈 사실은 아직도 우리 기억에 새로운 이때 해방 후 처음으로 세인의 이목을 총집중한 학병사건은 포고령 위반, 불법체포 감금죄로 제1회 공판이 6일 지방법원 대법정에서 박근영(朴根榮), 정의화(鄭義和) 담당 검사 입회 박원삼(朴元三) 판사 주심으로 11시부터 개정되었다.

이날 새벽부터 모여든 피고들의 가족과 동무들과 사회 인사들로 대혼잡을 이루었고 방청석에는 피고들의 가족과 청총, 부총, 학병동맹, 문학자동맹, 혁명자구원회, 기타 각 단체 관계자 5백여 명의 방청객으로 입추의 여지가 없었다. 변호사석엔 이번 사건의 변론을 담당한 조진만(趙鎭萬) 변호사 외 15명의 변호사가 열석한 뒤 피고인 학병 신요철(申堯澈), 김병환(金炳煥), 오석운(吳錫運), 최무학(崔武學), 이효섭(李孝燮), 최만진(崔萬鎭), 최문환(崔文煥), 박태윤(朴泰潤), 이창우(李昌雨) 등 9명이 간수에게 인도되어 법정에 들어서자 방청석에서 우레 같은 박수소리로 법정을 진동케 하는 감격된 장면을 빚어내었다.

심리가 시작되기 전에 피고 오석운으로부터 1월 19일 새벽 불행하게 희생당한 고 이달, 김성익, 박진동의 영령을 위로하는 묵상의 허락을 재판장에게 받은 후 피고 일동이 눈물 어린 얼굴을 숙이고 묵상에 잠기자 멀리 경상도에서 몰려온 고 박진동의 모친과 부인 구씨 외 유족 속에서 새어 나오는 울음소리는 보는 사람의 가슴까지 아프게 하였으며 이를 따라 소리 없이 수건으로 눈물을 닦고 있는 광경이 방청석이 구석 저 구석에 벌어졌다. 재판장으로부터 피고들에게 학병으로 나가게 된 동기와 학병동맹의 목적과 활동에 대한 심문이 있어 피고들은 각각 우렁찬 소리로 솔직히 답변한 후 오후 1시경에 폐정하였는데 오는 13일에 제2회 공판을 열기로 되었다.

(「학병동맹사건의 1회 공판 개정」, 『서울신문』 1946년 4월 7일)

간단한 기사에서도 공판정의 열기가 느껴진다. 4월 13일 개정하려던 제2회 공판은 "새벽부터 모여든 천여 명의 방청객으로 말미암아 4호 법정은 재판소 창설 이래의 처음 보는 초만원을 이루었는데 채 들어오지 못한 방청객과 이를 정리하는 정리 사이에 분규를 일으켜 법정은 마침내 대혼란 상태에 빠져 개정할 수 없게 되었으므로" 공판을 개정치 못하고 무기한 연기되었다(『조선일보』 1946년 4월 14일).

4월 20일에 열린 제2회 공판에서 변호인단은 경기도 경찰부의 장택상 부장과 노덕술 형사과장 등 많은 증인을 신청했으나 재판부는 이를 거의 다 기각했다(『서울신문』 1946년 4월 21일). 4월 24일 제3회 공판에서 변호인단은 장택상과 노덕술의 증인 신청을 다시 제출했으나 다시 기각되었고, 검찰은 3명에게 징역 1년, 6명에게 징역 10개월을 구형했다(『서울신문』 1946년 4월 26일). 그리고 5월 8일의 언도공판에서 박원삼 판사는 1명에게 "징역 1년 집행유예 3년"을, 8명에게 "징역 10개월 집행유예 3년"을 선고했다(『서울신문』 1946년 5월 9일).

이런 수준의 '범죄'를 단속하기 위해 세 사람의 목숨을 빼앗고 서울 시내를 발칵 뒤집는 '작전'을 벌여야 했단 말인가? 학병동맹사건은 당시 경찰이 불법 폭력단체라는 사실을 적나라하게 밝혀주었다(2월 11일, 3월 7일자 일기에서 당시 경찰의 속성 일부를 서술했다).

어떤 조직이든 조직의 확대를 위해 움직이는 경향을 내재적으로 가진다는 경영학 이론을 어디서 본 듯한데, 당시의 경찰이 바로 그런 속성을 보여주었다. 홍순엽 변호사의 남원사건 조사 보고서 중 앞에 인용한 김응조의 주장을 보더라도 자치운동 탄압의 이유는 탄압할 이유가 안 되는 것(청사 점령, 간판 등)이거나 근거가 없는 것들이었다. 경찰은 민의에 일부러 맞서서 경찰력 강화가 필요한 상황을 만들어냈던 것이다. 그래서 일제시대보다 경찰력을 갑절로 늘리고도 치안 유지를 할 수 없었던 셈이다.

4월 7일자 『동아일보』에 「경무부, 경찰제도 개혁」이란 제목으로 이런 기사가 나왔다.

> 기왕의 관권경찰제도의 잔재를 송두리째 없애어 새로운 경찰로 개편하는 한 방편으로 군정청에서는 각 도 경찰부를 일반 행정과 분리 독립시키고자 그 구체안을 고구하는 중이다. 지금까지의 지방경찰은 도지사의 명령으로 움직이었던 것인데 앞으로는 군정청 경무부 직속으로 하고 도지사의 권한에서 경찰부를 독립시켜 군대식으로 사단구를 설치하려는 것이다. 새로 될 제도에 의하면 경무부를 최고사령부로 하여 남선 각 도를 8구로 나누어 각 도에 한 개의 사단구를 두고 그 명칭을 제1사단구 (…) 제7사단구라 하며 관직명도 최고사령관·사령·부사령 등 군대식의 위계 칭호를 습용한다. 현재 이 관제의 제정에 대하여서는 경무부에서 예의 토의 연구 중인데 어느 정도는 이미 각 도에서 이에 의하여 실시하고 있다.
>
> 조병옥은 다음과 같이 말한다.
>
> "우리 경찰 진용은 사회 추천에 의한 민선 기관이 아니고 그 직원은 군정관이 부여한 경무부장의 임명권에 의하여 그 신분이 보장된다.

조병옥 경무부장(가운데). 그보다 심한 반민족행위자는 더러 있지만 그보다 심한 반민주행위자는 별로 없었다.

사회와 타협하고 구합할 권리도 없고 의무도 없는 것이다. 군대와 같은 명령 계통을 가지고 규율적으로 복무를 다함으로써 의무를 다하게 되어 있다. 따라서 앞으로 그 명칭과 기구도 경무부와 일원적 연락 아래 두고자 준비하고 있는 터이다."

지방자치가 없는 바에야 강원도 경찰부장이 강원도 지사의 지휘를 받거나 서울의 경무국장 지휘를 받거나 '민주경찰'의 수준은 도토리 키 재기일지도 모른다. 그러나 경찰 업무를 지방행정에 종속시키는 편이 경찰과 인민의 사이를 좀 더 가깝게 하는 길이고 문명국에서 취하는 제도다. 그런데 군국주의 일본에서도 도지사에게 맡겨두던 경찰 업무를 전국적으로 일원화하겠다는 극단적 파시스트 정책이 해방 한국에서 펼쳐진 것이다. 그때 만들어진 파시스트 경찰제도가 아직까지 대한민국 경찰을 시민사회와 대립시켜 놓고 있다.

조병옥의 말을 들어보라! 경찰은 사회와 타협하고 구합(苟合)할 권리도 없고 의무도 없으며 임명권자에게만 충성해야 한다는 말을 버젓이 하고 있다니, 그 머릿속은 어떻게 되어 먹은 것일까? 조병옥보다 더 심한 반민족행위자는 있었을지 몰라도 그보다 더 심한 반민주행위자는 찾아보기 어려울 것이다.

조병옥은 임명권자인 군정관에게 스스로 충성을 맹세하고 모든 경찰에게 같은 충성을 요구한 것일까? 일본 제국주의자들이 그에게 권력을 쥐어줬다면 그들에게도 같은 자세로 충성을 바쳤을 것인가? 과연 그런 맹목적 충성을 진정한 '충성'이라 할 수 있을까?

충성은 '충(忠)'과 '성(誠)'이 합쳐지는 것이다. '충'은 타인에 대한 진정성이고 '성'은 자신에 대한 진정성이다. 임명권자에 대한 맹목적 충성은 진정성이 없는 충성이다. 자기 이익 챙기는 길을 분식하기 위해 이용하는 충성이다. 이 진정성 없는 맹목적 충성이 대한민국에서 권력을 둘러싼 또 하나의 전통이 되었다.

1946. 4. 8.

음산해져 가는 사법부 분위기

괴상망측한 모습의 경찰이 남반부 조선에 나타나는 상황을 어제까지 몇 차례 그려보았다. 공권력의 다른 담당자인 검찰과 법원은 경찰보다는 '원칙과 상식'을 지키는 편이었다는 사실을 학병동맹사건 처리에서도 알아볼 수 있다. 장택상이 미군정 간부를 끼고 박흥식을 석방시켰을 때 검찰과 법원 관계자들의 반응을 3월 2일자 일기에서 소개했는데, 거기에서도 법원과 검찰이 경찰처럼 형편없는 지경에 이르지는 않았음을 알아볼 수 있다.

당시 김용무 서울법원장의 "이 사건의 발단은 소위 영어 마디나 하는 자의 중간 모략으로 군정을 모독시킨 것이 아닌가 한다"는 문제의 정곡을 찌른 발언은 공직자로서 당당한 자세를 보여준다. 그러나 3월 11자 일기에서는 바로 그 김용무가 김계조 사건의 담당 판사 오승근을 다른 부서로 전임시켜 오승근에게 혹독한 비난을 받는 장면을 소개했다. 김용무는 1945년 10월 서울법원장(대법원장)에 취임하면서 법원의 중립을 위해 한민당을 탈당했지만 그 정치적 중립성에 대한 의심이 사라지지 않았던 모양이다.

2월 25일 재판소 현직 판검사 전원의 8할 이상의 연명으로써 대법원장 불신임안을 법무부 당국에 제출한 바 있었는데, 그 후 오늘에 이르기까지 1개월이 가깝도록 대법원장과 법무 당국으로부터 아무런 태도 명시가 없으므로 다시 이 문제를 촉진시키고자 22일 정오부터 오후 2시까지 재판소 회의실에 판검사 40여 명이 모여 그간의 중간 보고와 목적 관철을 위한 중대 토의를 하였는바, 대법원장 불신임의 이유는 일전 모지에 발표된 바와 같은 정치적 관련 문제가 아니라 순전히 대법원장 개인이 신성한 사법권을 그르치게 한 중대 이유라 하며 유야무야로 해결될 경우엔 총 사직까지도 결행할 단호한 각오를 가지고 있으나 건국도상의 치안의 중대성에 비추어 직장을 사수하고 끝까지 공명정대한 사법권 독립을 위하여 불신임 문제를 관철하고자 하는 바 앞으로 결과가 극히 주목된다.

(「경성재판소 판검사 40여 명, 대법원장 불신임안 관철 결의」, 『서울신문』 1946년 3월 24일)

김용무는 4월 3일에 사임하고 물러났다. 그러나 5월 16일 러치 군정장관이 사직서를 반환하고 그를 유임시켰다. 그리고 이틀 후 오승근 판사가 장흥지원으로 발령받고 바로 사직했다. 그 직후 오승근이 정판사위폐사건 변호인단에 들어가 활약한 것을 보면 좌익에 가까웠던 것으로 보이고, 김용무의 진퇴를 둘러싼 갈등은 좌우익 간의 알력이 투영된 것으로 생각된다. 법원이 경찰처럼 철저히 타락하지는 않았어도 정치투쟁에 휘말리고 있었던 것이다. 당시 법원 분위기를 보여주는 기사 하나를 붙인다.

서울 3법원 판검사의 대법원장 김용무에 대한 불신임 문제에 관하여 그 귀추가 주목되고 있었는데, 2일 휴직 중이던 김용무의 재등청에 따라서 문제는 또다시 급진적 전환을 보이고 있다. 즉 이 김용무 불신임안 제출에 앞장을 선 판검사의 좌천설과 아울러 사법부 요직과 또한 중요한 판검사의 자리에 모 정당의 요인들의 기용설 등이 떠돌고 있어, 사법부 내의 공기는 심히 미묘할 뿐만 아니라 세간의 이에 대한 유언이 구구한 이때에 문제의 초점이 되어 있는 인사 관계에 대하여 사법부 총무국장 강중인(姜仲仁)은 6일 오전 10시경 법조기자단과 다음과 같은 일문일답을 하였다.

(문) 근일 중에 사법부에 인사이동이 있다는데 사실인가?

(답) 인사 문제에 대해서는 미리 말할 성질의 것이 아니거니와 요즈음 신문 지상에 말썽이 되어 있는 상부층의 인사이동에 대해서는 나는 아직 듣지 못하였다. 총무국에 인사과가 엄존한 이상 그 기구를 거치지 않는 암흑 인사가 있을 리 없다.

(문) 그러나 항간에는 모 정당 요인들이 사법부 요직을 대부분 차지하게 된다는 풍설이 있는데?

(답) 그것은 억측이다. 만약 그런 풍설이 있다고 하면 그것은 민주주의 임시정부 수립을 앞두고 하는 반동 세력의 모략일 것이다. 우리가 가장 가증하게 생각하는 과거 군국주의 일본의 정당정치 시대에 있어서도 정당 세력이 사법부 내에 침투한 사실이 없거늘, 장차 삼권분립제도가 가장 확립되고 따라서 사법권 독립을 어느 나라보다 존중하는 미국 군정하에 있어서 사법부를 일개 정당에 내맡길 리가 없지 않은가.

(문) 그러면 얼마 전 판검사 6, 7명이 모 기관의 조사를 받았고 그들이 이번 이동에 좌천된다는 설이 있는데 그것은 어떤가?

(답) 판검사 6, 7명이 모 기관에 조사를 받은 일이 있는지 없는지는 잘 알 수 없으나 만일 있다고 하면 조사를 받은 그들의 불유쾌와 그

영향을 생각할 때 그 책원지를 알고 싶다. 그들이 좌천된다는 모략선전에 있어서는 놀라지 않을 수 없다. 이 점에 대해서는 빛이 불의 생명이라면 공명정대는 사법의 생명이다. 사법의 생명인 공명정대, 즉 불편부당을 지속하는 데는 사법부 내의 정당 색을 일소하는 동시에 판검사의 신분을 보장하지 않으면 절대로 안 될 것이다.

민주주의 나라 사법권 독립의 나라인 미국의 군정하에서 아무런 허물도 없이 또 그 허물에 대한 증좌도 없이 판검사를 좌천시킨다는 것은 상상도 할 수 없는 일이다. 여러분은 이런 질문을 하기 전에 이런 가증스러운 모략선전을 하는 책원지를 추궁하라. 그리하여 사법부를 망치고 조선의 자주독립을 지연시키는 그들 모략배를 추궁하여야 하는 것이 선결문제일 것이다.

(문) 최근 사법부 공기에 대한 소견은 어떤가?

(답) 사법인의 심경은 명경지수(明鏡止水)에 비할 수 있다. 평시에는 모든 사물이 바로 영상되므로 족하다. 그러나 지수에 돌을 던져보라. 파동이 일 것이다. 그리고 지수를 교환하여 보라. 노도가 일어날 것이다. 우리 사법인은 언제나 지수의 경지에 머물러 있기를 즐긴다. 그러나 이제 말한 것과 같은 모략의 돌을 우리의 가슴에 던져온다면 약간의 파동을 느끼는 데 그칠 수 있으나, 그 이상 불측의 사태가 부닥쳐 온다면 우리 가슴에 파사(破邪)의 광풍 노도가 일어날 것이다. 나는 최근 음산해진 사법부의 공기에 적지 않은 피로를 느끼고 있는 것은 사실이나 그러나 그럴 때마다 창문을 열고 덕수궁의 석조전을 건너다보면서 스스로 자위와 용기를 얻고 있다.

(「사법부 총무국장 강중인, 내부 인사 문제에 대해 소견 피력 회견」,
『서울신문』 1946년 5월 7일)

"음산해진 사법부의 공기"에 착잡한 마음을 은근히 표명하던 강중인(姜仲仁, 1908~?)은 일제시대의 검사 경력으로 『친일인명사전』에도 이름을 올린 인물이지만, 민전 토지문제 연구위원으로 활동했고 1949년 법조프락치사건으로 구속되어 3년형을 선고받고 항소 중 전쟁이 일어나자 풀려나와 월북했다. 법정에서 남로당 가입 동기를 밝힌 진술에서 당시 한 '좌익 법조인'의 모습을 알아볼 수 있다.

> "일정(日政) 당시에는 내가 내 한 몸을 구하기에 여력이 없었습니다. 8·15 해방을 맞이하자 피고는 이때야 깨달은 바가 있었습니다. 이는 다름이 아닙니다. 내가 어찌하면 국가와 민족을 위하여 일할 수 있을까 함이었습니다. 해외에서 국가와 민족을 위하여 투쟁하던 위대한 애국자들이 해방된 조국을 찾아 들어옴을 볼 때 무어라고 표현할 수 없는 느낌이 있었습니다. 그 후 피고는 남로당에 가입을 작정하였던 것이며, 법맹에도 초창기부터 가입하였습니다."
>
> (『서울신문』 1949년 11월 27일자, 『오마이뉴스』 2002년 11월 10일자 「연행 날짜, 수사관, 배후 세력은 알지만 구속한 검사 이름만 기억나지 않는다?」에서 재인용. http:// www.ohmynews.com/NWS_Web/view/at_pg.aspx?CNTN_CD=A0000093183)

강중인이 위 인터뷰가 있은 직후 터진 정판사위폐사건의 변호인단에 오승근과 함께 참여한 것을 보면 총무국장 자리를 그 사이에 그만둔 것 같다. 위 인터뷰에서 부당한 인사가 없을 것이라고 장담하고, 모종의 조사를 받은 판검사 몇 사람의 좌천설을 '모략선전'이라고 부정했는데, 김용무 복귀 직후의 법관 인사를 보고는 물러나는 길밖에 없게 된 것이 아닐지.

강중인이 말한 '모략선전'의 '책원지'는 좌익이었을 것이다. 한민당이 법원을 말아먹을 것이라는 소문, 좌익에 동정적인 법관들이 숙청될 것이라는 소문을 그는 있을 수 없는 일로 생각하고, 그런 터무니없는 소문을 퍼뜨리는 좌익에 반감을 품었을 것이다. 사법부의 공기가 음산해진 것도 그런 무책임한 선동가들 책임으로 여겼을 것이다. 1949년의 법정 진술에서 "해외에서 국가와 민족을 위하여 투쟁하던 위대한 애국자들"에게 경의를 표한 것도 굳이 따지자면 우익 취향이다.

그런데 불과 십여 일 후 터무니없다고 생각했던 법원 인사가 행해졌다. 그는 3월부터 민전 사업에 참여하고 있었는데, 당시 민전 참여는 좌익만 한 것은 아니었지만 민전 활동을 통해 좌익과의 접점이 생겼을 것이다. 정판사위폐사건이 조작된 것으로 보고 공산당 옹호를 위해서가 아니라 정의감에서 변호인단에 참여했을 것이다. 그러면서 '좌익 법조인'의 딱지가 붙여졌을 것이다. 그러다가 끝내 '법조프락치'로 몰려 터무니없는 재판을 받다가 전쟁이 터지자 북쪽으로 갔을 것이다.

그때도 법조인은 엘리트 집단이었다. 엘리트 의식은 두 갈래로 나타날 수 있다. 강중인처럼 그동안 "내 한 몸 구하기에 여력이 없던" 세월을 반성하며 사회를 위한 엘리트의 책임을 생각할 수도 있고, 어떤 상황 속에서도 남들보다 잘 먹고 잘 살아야 한다는 엘리트의 권리를 생각할 수도 있다. 책임을 생각한 사람들은 터무니없는 일만 벌어지는 특권체제를 견디지 못해 물러났고, 권리를 생각한 사람들은 후일의 대한민국 법조인들에게 전통을 남겼다.

당시 사법부의 어수선한 상황을 보여주는 사건 하나가 또 터졌다. 경제사범 한 사람의 불기소 방침을 검사총장이 발표했는데, 담당 검사와 형사국장은 납득하지 못한 것이다.

작년 10월부터 검사국에서 착수한 조준호(趙俊鎬) 폭리사건은 반년이 넘도록 세인의 주목 리에 취조가 진행되어왔었는데 일전에 드디어 취조가 일단락이 되어 기소 여부 결정이 주목되던 중 13일 검사총장으로부터 동 사건을 불기소처분에 부친다는 다음과 같은 결정 이유를 법조기자단에게 발표하였는바 이 사건 불기소처분에 대하여 담당 검사는 지금껏 전연 알지 못하는 일이라 하여 물의가 분분한데 이에 대하여 담당 검사인 박종근(朴宗根)과 사법부 형사국장 최종석(崔宗錫)은 별항과 같은 담화를 기자단에게 발표하였다.

● 검사총장 이종성 담

조준호 사건은 오늘 불기소처분이 되었다. 그 이유는 다음과 같다.

1) 1945년 10월부터 1946년 2월까지 섬유품 매매에 총 매입금 8,330,216원, 총 매각금 10,240,598원, 매매 이득금 1,910,382원으로 그 이윤 2할 2부에서 매각 비용, 즉 구문, 운반비, 인건비, 금리 등을 공제하면 순 이윤은 1할 5부에 가깝다. 이 정도는 폭리행위로 볼 수 없는 것이다.

2) 8·15 이전 조월(繰越) 상품에 대하여는 과대한 이익이 있었으나 8·15 이후 경제계의 변조로 화폐가치가 떨어지고 일반 물가가 대폭 등된 시대인 만큼 고려할 필요가 있으므로 폭리로 인정하지 않았다. 4월 11일 모 지상에 이 검사총장 담으로 중간 이득 1할 이상 불가라고 한 기사는 오보다. 검사국에서는 먼저 발표한 도매상에 대하여는 1할 5부 정도의 순 이득을 적정 이윤으로 본다는 방침은 변하지 않았다. 일반은 오해 없기를 바란다.

● 담당 검사 박종근 담

담당 검사인 나는 전연 모르는 일이다. 다만 검사 성질상 장관의 명령에는 복종할 의무가 있다는 것만은 일반은 알아주기 바란다. 그러나 나는 기소 여부를 아직까지 결정하지 않았다.

● 최 형사국장 담

담당 검사가 모르는 사건 처분이 있을 수 없다. 물론 사건 결정권은 상관에게도 있다. 그러나 담당 검사가 불기소처분장에 날인치 않고서 어찌 상관만이 날인하고 결정하였다고 할 수 있는가. 나는 이 사건을 좀 더 규명하여 처리하겠다.

(「조준호 폭리사건에 대해 검찰총장이 불기소처분 결정 발표」, 『서울신문』 1946년 4월 14일)

(…) 15일에는 또한 형사국으로부터 이 사건에 대하여 일시 중지를 명령하였다 하며 형사국장 최종석은 이 사건에 관하여 13일부터 우달 사법부장과 상의하고 15일 법조기자단에 다음과 같이 말하였다.
"우달 사법부장의 요청으로 이 사건의 상세한 전말 보고서를 작성하여 금명일 중 제출할 예정이다. 여하간 이 정도의 사건을 구태여 검사총장이 발표하였다는 것도 부자연한 일이며 또 담당 검사도 모르게 결정하였다는 것은 그 전례가 없다. 그리고 폭리에 대한 검사총장의 견해에도 의문되는 점이 있다. 물론 아직 불기소처분이 미확정이라는 것은 사실이다."

(「조준호 폭리사건에 대한 불기소 건과 관련 형사국장 기자회견」, 『서울신문』 1946년 4월 16일)

1946. 4. 11.

미군정 비판으로 구속당하는 임정 요인

미군정과 경찰의 좌익 탄압이 일상화되어 가고 있었다. 미군정의 힘이 미치지 않던 지방의 자치운동이 제일 먼저 집중포화를 받았다. 4월 9일에 경상남도 공보실에서 피검자 21인의 명단을 발표했는데, 이런 검거는 전국 각지에서 일어나고 있었다.

> 민간단체가 정부 행세를 하였다는 이유로 9일 시내 각처에서 검속 선풍으로 말미암아 피검된 11정당 관계자 21명의 씨명 소속을 16일 경남 도 공보실에서 다음과 같이 발표하였다.
>
> ● 피검자 씨명
>
> 조선공산당 부산위원회 서중덕(徐鍾德), 도 인민위원회 노백용(盧百容)·윤일(尹一)·강진순(姜鎭順), 시 인민위원회 이성만(李聖萬)·신덕균(申德均), 인민당 도 지부 석영하(石泳夏)·전두만(田斗萬)·이종문(李鍾文), 인민당 시 지부 이상수(李相壽)·오재일(吳載一)·김상기(金相基), 도 농민조합 박종범(朴鍾凡), 부녀동맹 노남교(盧南僑), 노조전평 지한종(池漢鍾), 청년동맹 이영근(李英根), 도 민전 김동산(金東山), 전재동포구호협회 임용길(林龍吉)·임수길(林守吉)·박승도(朴勝道)·고건승(高建升)
>
> (「경상남도 공보실, 검거 선풍으로 피검된 사람들의 성명과 소속 발표」,

『동아일보』 1946년 4월 18일)

군정청과 경찰의 민의 억압정책이 극단적으로 나타난 것이 4월 10일의 집회금지령이었다.

경기도 경찰부에서는 10일 정오 러치 군정장관 명령이라 하여 10일 이후 결혼식, 종교적 단체의 예배 이외의 일체 집회를 미소공동위원회가 끝날 때까지 금지한다고 발표하였다. 이 금지령에 의하여 이날 종로 기청(基靑)에서 개최 중인 대한독립촉성국민회와 용산에서 개최 중인 민전 순회강연회는 중지시켰다고 부언하였다.

● 루 경기도지사 담화

이것은 별로 신법령이 발동된 것이 아니다. 지금까지에 있어서 일체의 집회에는 나의 허가를 요하였는바 이후 나로서는 집회를 허가하지 않으려 하는 것이다. 그것은 어떤 집회가 허가되고 아니 되는 것은 그 집회 허가 신청서를 접수한 후 내가 고려하여 결정할 뿐이다.

● 조(趙) 경무부장 담

미소공동위원회가 시작될 때 이미 결정되었던 것으로 지금 발동된 것뿐이다. 그 의도는 다만 온건한 분위기 속에서 미소공동위원회를 진행시키려는 데 있다. 그리고 그 실시 구역은 전 조선에 긍(亘)한 것으로 정치적 색채를 띤 집회는 일체 금지하는데 식량문제를 취급하더라도 그것을 대중화시키려는 것은 물론 금지된다.

(「경기도 경찰부, 공위 회기 중 정치적 집회 시위 금지령 발표」, 『서울신문』 1946년 4월 11일)

3월 19일부터 시행된 집회허가제를 3월 7일자 일기에서 언급한 바 있다. 그런데 이제 아예 집회를 금지한다는 것이다! 기사 첫 줄을 읽으며 내 눈을 믿기 어려웠고, 이어 떠오른 생각은 장택상이 제멋대로 금지령을 내리면서 러치를 팔아먹은 게 아닐까 하는 것이었다. 아무리 군인이라도 미국 같은 자유민주주의국가에서 자라난 사람이 '집회금지령' 따위를 상상할 수는 없으리라는 생각에서다.

그런데 경기도지사의 담화를 보니 그게 아니었다. 허가제는 기정사실이고, 허가권자인 도지사가 허가를 안 해주면 바로 금지라는 것이다. 집회 금지 결정을 내린 러치의 사상도 의심스럽지만, 자기가 허가권자니까 금지 여부는 자기 맘에 달린 것일 뿐이라는 도지사의 말은 더욱 가관이다. 미군 장교라고 다 저런 수준은 아닐 텐데, 24군단에는 희한한 장교만 모아놓았나 보다.

이튿날 신문에는 이 금지령에 대한 각계 반응을 모은 기사와 장택상 경기도 경찰부장의 금지령 수정 발표 기사가 실렸다.

> 경기도 경찰부 정보과장으로부터 10일 결혼식 급(及) 종교단체의 예배 이외 일체 집회를 10일부터 미소공동위원회가 끝날 때까지 금지하게 되었다고 발표하였는데 이것은 현재 민주주의 조선의 건국을 위하여 언론, 출판, 집회 결사의 자유 확보가 절대 조건인 금일에 있어서 그 운영은 극히 주목되는 바로 각계의 소견을 들으면 다음과 같다.
>
> ● 조선체육회 김영술(金永述) 담
>
> 참으로 의외의 일이다. 체육단체의 집회까지 중지케 됨으로 유감이다. 순수한 스포츠인들이 모이는 단체의 회합까지 중지케 될 것이니 무어라 말할 수 없다. 자유국가에는 있을 수 없는 일이며 우리 조선의 체육계의 발전을 위하여서도 지장이 될 것이라고 생각하며 앞으

로 각 경기단체의 활약은 그 기대가 적지 않은데 언어도단이다.

● 문화단체연맹 담

어떤 정치적 이유가 있는지는 모르나 해방 조선에 있어 집회 금지란 유쾌치 않은 조치다. 집회란 민주주의 토의나 중의를 모으는 데 반드시 필요한 형식인데 이것이 금지된다면 민주주의적 훈련과 민주주의 건설에 퍽 지장이 많을 것이다. 더구나 미소공동위원회의 계속 중 이런 집회를 금지한다는 것은 일반 대중의 여론과 공동위원회를 분리하는 것으로 연합국과 우리 조선 인민과의 연계를 절단시키는 인상을 주지 않을 수 없을 것이다. 우리 연맹으로서는 오는 5일부터 5일간 개최 예정인 최초의 역사적 회의인 민족문화건설 전국회의가 이 금지령으로 중지하지 않을 수 없게 되면 이것은 민족문화 발전상 큰 희생이다. 집회의 자유 없이 민주주의의 발전은 곤란한 것이다.

● 한독촉성회 이관운(李觀運) 담

일제시대에도 없던 집회 일체 금지라는 것은 언어도단이다. 방금 집회를 금지한다는 통첩은 왔으나 하등 예고도 없는 이러한 조치는 참으로 유감이다. 이미 허가를 받은 우리 회의는 오늘만은 계속할 작정이다.

● 법학자동맹 김중산(金中山) 담

이 중대한 사실을 단순히 법적 해석이니 법 이론을 가지고 논할 성질의 것이 아니고 우리 전체의 문제다. 일찍이 일제시대 가혹한 경찰법이나 치안유지법에도 이러한 예를 볼 수 없던 일로 참으로 언어도단의 조치다.

더욱이 미·소회의가 방금 진행 중이고 이런 때일수록 우리 민족의 진정한 총의를 반영시켜야 되고 또한 이것을 받아주어야 할 이때 결혼식, 종교집회와 장례 이외는 일률로 미·소회담이 끝날 때까지 중지한다는 것은 반민주주의적 조치로써 당국에서 급속히 적당한 조치가 있기를 바란다.

● 민전 담화

시민대회 불허가 관계로 민전의 대표가 러치 군정장관과 재교섭을 하는 중이다. 집회가 활발해야 민의의 소재가 반영될 수 있다고 생각되는 이때 집회 금지란 의외 천만이다.

● 문학가동맹 임화(林和) 담

금지할 것은 삼상회의 결정을 반대하고 미소공동위원회에 지장되는 집회와 언론을 금할 것이지 삼상회의를 지지하고 미소공동위원회를 원조하려는 회합을 금지한다는 것은 민주정부 수립을 위한 조선 민족의 의사 표시의 기회를 막는 것이다.

● 한국민주당 김병로 담

전적으로 금지한다는 것인지 지금까지 계출제(屆出制)였던 것을 허가제로 한다는 것인지 자세히 알 수 없으며 또 미소공동위원회의 종료까지를 기한으로 한 데 비추어 그 내막을 상세히 알기 전에는 무어라 말할 수 없다.

(「경기도 경찰부, 공위 회기 중 정치적 집회 시위금지령 발표」, 『서울신문』 1946년 4월 12일)

> 민주주의 조선 건설 도정에 있어 언론, 출판, 집회, 결사의 자유 확보는 절대적 조건임을 3천만 민중이 확신하고 있는 이때 10일 러치 군정장관의 명령이라고 경기도 경찰부에서 발표한 집회금지령은 각계에 충동을 주었는데 당국에서는 동일 오후 5시 정치적 시위 행렬만을 금지한다고 거듭 시정 추가 발표하여 일반은 그 경위에 의아하고 있는데 11일 장(張) 경찰부장은 집회금지령을 시정 발표하게 된 경위를 다음과 같이 기자단에게 말하였다.
>
> "10일 오전 10시 군정청 간부회의에서 일체의 집회를 금지하기로 결정하였으나 민간 측의 진정도 있고 하여 동일 오후 4시 다시 회의를 열어 집회는 종래와 같은 허가원에 의하여 허가하기로 하고 정치적 색채를 띤 시위행진만을 미소회담 기간 중에 한하여 금지하기로 되었다."
>
> (「장택상 경기도 경찰부장, 집회금지령 발표 경위에 대해 기자회견」, 『서울신문』 1946년 4월 12일)

오전 회의에서 결정해 발표한 것을 오후 회의에서 뒤집다니, '조령모개(朝令暮改)'를 말 그대로 실천한 것이다. 정말 이상한 일이다. 집회 허가제만 하더라도 민주주의 사회에서 비상사태 중 일시적으로나 시행할 만한 것인데, 허가제를 강화해서 운영하겠다는 것도 아니고 어떻게 '금지령'이란 것을 당당히 공표하겠다고 결정했다는 것인가.

미소공위 개막에 임해 민주의원에 대한 지지가 미약하고 군정청에 대한 민심이 험악하니까 입을 틀어막겠다고 설치는 판이다. 이런 분위기에서 좌익 탄압이 강화되었고, 그런 중에 임정 국무위원으로 비상국민회의에 반대하고 민전 부의장이 된 김성숙이 구속당했다. 지방을 돌며 미군정을 비난하는 연설을 하다가 포고령 위반으로 걸려든 것이다.

귀국 직전 중국 중경 임시정부 청사 앞에서 찍은 임정 요인들의 기념사진.

〔전주 9일 전화 합동〕 전주에서 구화(口禍)로 인하여 검거되어 6개월의 체형 선언을 받은 민전 부의장 김성숙, 안기성(安基成) 양씨에 대한 재심 군정재판은 3월 20일 전북도청 지사실에서 개정 초심 6개월 체형을 그대로 언도하여 확정하였는데 그간 지사의 상경으로 인하여 결재를 얻지 못한 관계로 진상이 발표되지 아니하였던바 이번에 귀임한 지사 가포불치 중좌는 동 공보과를 통하여 양씨에 대한 군정재판의 진상과 결과를 다음과 같이 발표하였다.

"김성숙, 안기성은 군정포고 제2호 법령 제19호에 저촉된 것이 판명되었다. 그들은 기만적이고 허위의 선동을 하였는데 그러한 행동은 사회의 안녕질서를 교란시키는 것이다. 그들은 판사의 언도대로 6개월의 체형을 받게 되었다."

(「전라북도지사, 김성숙·안기성의 군정재판 진상 발표」,

『서울신문』 1946년 4월 11일)

김성숙(金星淑, 1898~1969)은 임정 요인들 중에서도 가장 파란만장한 곡절을 겪어온 사람의 하나다. 19세에 승려가 되고 3·1운동 직후 2년간 옥살이를 하고 나와 사회주의 운동을 시작했다. 1923년 중국으로 건너간 뒤 승복을 벗고 북경 민국대학에서 공부하며 혁명단체 활동을 시작했다. 1925년 광동으로 옮겨 활동하다가 1927년 광동코뮌에도 참여했다. 이 시기에 그와 가까이 활동한 사람들이 김원봉(金元鳳, 1898~1958), 장건상(張建相, 1883~1974), 장지락(張志樂, 1905~38) 등으로, 님 웨일스(Nym Wales, 1907~97)의 『아리랑』에 '김산'이란 이름으로 등장하는 장지락이 '스님'으로 지칭한 인물이 바로 김성숙이었다.

김성숙은 1937년부터 김규식, 김원봉 등과 함께 조선민족전선연맹에서 활동하다가 1942년 임정에 함께 합류해서 국무위원과 내무차관을 맡았다. 김재명의 『한국현대사의 비극: 중간파의 이상과 좌절』(선인 2003, 50쪽)에는 김성숙을 다룬 한 장이 들어 있는데, 그 글 끝에 이런 논평이 붙어 있다.

> 김성숙이 70평생 일관해서 걸어간 길은 이데올로기의 편향성과는 얼마간 거리를 둔 것으로 평가된다. 그는 극단적 좌우익을 함께 배제하고 온건한 민족주의 세력과 사회주의 우파 세력(온건 좌파)의 합작으로 민족의 통일정부를 세워야 한다는 신념을 갖고 있었다. 굳이 그를 특정 사회과학 용어로 규정한다면 '민족사회주의자'가 적절하겠지만, 무엇보다 민족의 통일을 소망했던 진보적 민족주의자였다.

김성숙은 1월 21일 비상정치회의가 비상국민회의로 선회할 때 우익 편향성에 항의하며 김원봉, 성주식(成周寔, 1891~1959), 장건상과 함께 탈퇴했다. 그들은 이때 좌익에서 추진하고 있던 민전에도 참여하지 않겠다는 불편부당의 뜻을 밝혔으나, 그 후 민전의 문호 개방을 조건으로 참여했다. 김성숙은 민전 지도부의 일원으로 지방 순회강연에서 미군정을 신랄하게 비판하다가 3월 30일 구속되어 미군정의 정치범으로 6개월 복역했다.

임정 국무위원이 귀국 4개월 만에 미군정에 체포되어 체형을 받는 상황이 벌어진 것이다. 민주의원 총리로 들어가 있던 김구는 이 상황을 어떻게 받아들였을까? 주류와 비주류 사이의 거리가 있다 하더라도, 임정 국무위원이 소신에 따른 발언으로 체포당해 실형 선고를 받는 상황은 임정의 권위가 흔적도 남아 있지 않음을 보여준다.

1946. 4. 12.

돈 때문에 험악해진 해방공간

3월 25일자 일기에서 두 차례 위조지폐 사건을 언급했다. 당시 사회에서 위조지폐에 대한 의심이 얼마나 심했는지 최고액권인 백원권의 유통에 지장이 있을 정도였다.

> 조선은행권 (1)호에서 (5)호까지의 백원권 지폐는 쓰느니 못쓰느니 받느니 안 받느니 하고 항간에는 별의별 유언낭설이 떠돌고 있어 큰 사회문제를 일으키고 있는 동시 경제계에 적지 않은 파문을 일으키고 있는데 12일 조선은행 발행과장 오정환(吳正煥)에게 그 진상과 대책을 들어보면 다음과 같다.
>
> "요사이 위조지폐가 돌아다닌다는 바람에 백원권 위조지폐와 비슷하다는 소위 조선은행권 기호 (1) (2) 두 종류 지폐를 잘 안 받는다는 말을 듣고 우리 은행에서는 의심을 품고 이런 지폐를 가지고 오는 사람에게 한하여는 감정하고 바꾸어주었다.
>
> 이 문제가 이렇게 크게 된 원인의 하나는 일부 은행 가운데서 무조건하고 백원권 지폐는 예금도 안 받고 바꾸어주지도 않는 점도 큽니다. 적어도 은행 출납계에 있는 사람으로 위조인지 아닌지를 구분 못할 정도의 교묘한 위조지폐는 아직 없습니다. 문제의 기호 (1)과 (2)는

일인이 패전 이후 미군 진주 전에 찍어낸 것인 만큼 그 기술에 있어 원지 또는 인쇄에 있어 똑똑지 못한 점도 있으나 (3) (4) (5)는 미군 진주 이후 인쇄한 것이라 불량한 지폐라고는 할 수 없습니다.
여하간 위조지폐의 기술이 해방 전보다 교묘하게 된 것도 사실이나 일반 시민은 유언비어에 속지 말고 안심하고 종전과 같이 사용하기를 바라며 의심되는 것은 언제나 조선은행에서 발행한 지폐는 책임지고 본점은 물론 지방 지점에서도 교환하여 드릴 터이니 안심하기를 바라며 은행 당국을 신뢰하여 협력하여 주시기를 바랍니다."

(「조선은행 발행과장, 위조지폐 진상과 대책에 대해 언급」, 『조선일보』 1946년 4월 13일)

일반은행에서 백원권을 취급하지 않기 때문에 조선은행에서 교환을 보장한다고 나설 정도라면 시중의 상인들이 어떻게 마음 놓고 백원권을 받을 수 있었겠는가. 백원권에 다섯 개 판형이 있었는데, 미군 진주 전에 찍은 두 개 판형은 원지나 인쇄에 결함이 있다고 조선은행 당국자도 인정하고 있지 않은가. 손님이 엉성하게 생긴 백원권을 내놓는데, 그것을 조선은행 점포까지 들고 가는 것도 성가신 일일 뿐 아니라, 들고 가면 바꿔줄 물건이라고 누가 보장해준단 말인가. 조선은행에서 내보낸 지폐가 품질이 좋지 않으니 위폐범들에게도 일이 쉬웠을 것이다.

해방 전 조선의 통화량 50억 원 수준에 비해 엄청난 추가 발행이 이뤄진 사실을 여러 연구자가 지적했다. 미군 진주 때까지 20여 일 동안 30억 원 이상의 지폐가 풀려나간 것이다. 해방 조선의 경제를 교란시키려는 악의로 저지른 짓이라고 흔히 지적하는데, 그것을 넘어서는 다른 의미가 있었을 것 같다. 권력의 의미가 있는 뭉칫돈을 대규모로 여기저기 심어놓는 데는 인플레이션 같은 단순한 경제 교란을 넘어 조선

조선은행은 해방 직후 엄청난 분량의 지폐를 발행했다. 비정상적으로 발행된 그 지폐가 남조선의 경제적 혼란을 불러왔을 뿐 아니라 일제시대의 특권층을 보호하는 무기가 되었다.

사회의 권력 구조에 영향을 끼치는, 총체적 질서 교란의 효과가 있었을 것으로 생각된다.

괜찮은 직장의 월급이 몇백 원이었다. 당시의 백원권은 지금의 5만원권보다 훨씬 고액권이었다. 서민들의 일상생활에서는 만져볼 일이 없는 돈이었다. 그런데 어떤 사람들은 그 고액권을 훨훨 뿌리며 살았다. 16세에 해방을 맞고 고향 평양을 떠나 서울에서 이북학련에 참여했던 채병률의 회고 중 한 대목을 다시 들여다본다.

> 그 당시 특별히 기억나는 일이 있다면 김두한이 종종 오토바이를 타고 와서, 하여튼 얻어왔는지 뺏어왔는지 우리한테 돈을 줬어. 더 마음에 들었던 것은 한 번도 돈을 세서 주는 법이 없고 호주머니에서

손에 잡히는 대로 줬어요. 당시에 5원, 10원, 100원짜리가 있었으니까 100원짜리라도 몇 장 받는 날이면 감격이지. 1원짜리야 열 개 받아봤자 고작 10원밖에 안 됐지만. 아무튼 그 어른한테 우리 이북학련이 많은 도움을 받았어요. 그래서 과거에도 그분하고 상당한 인연을 맺고 살았고, 지금도 존경하고 있어요. (『8·15의 기억』, 353쪽)

오늘 『프레시안』에서 서상철의 글 「서남표는 어떻게 카이스트를 좀먹었나?」를 재미있게 읽었다. 인간의 행동에 대한 '보상 동기'와 '근원적 동기'를 구분해서 보는 것은 우리 사회의 세태를 반성하는 데 매우 중요한 관점이다. 보상 동기가 근원적 동기를 마비시키는 현상은 자본주의사회의 큰 약점인데, 이 현상이 한국 사회에 매우 심하다. 그냥 좋아서 하는 일, 그것이 사람을 사람답게 만들어주는 행위다. 사람들이 모든 일에서 보상을 바라게 되는 세태는 인간적 가치를 등질 뿐 아니라 효율성마저 떨어지는 사회를 만든다.

그 글이 김두한(金斗漢, 1918~72)의 '돈 뿌리기' 솜씨를 이해하는 데 도움이 되었다. '꼬붕'들에게 보상을 치밀하게 해주면 당장의 보상 동기는 극대화할 수 있겠지만 근원적 동기를 약화시킬 것이다. 운에 따라 많이 받을 수도 있고 적게 받을 수도 있는 상황에서 운과 '오야붕'을 믿고 시키는 일을 한다면 보상 동기의 역할이 제한된다. 돈이 좋아서 하는 일일 뿐 아니라 오야붕이 좋아서 하는 일이 되고, 여기에는 근원적 동기가 활발하게 작용할 여지가 있다. 오야붕이 미워하는 놈을 나도 미워하게 되고, 병신 만들어놓으라고 보냈는데 자기 기분에 따라 죽여버릴 수도 있는 것이다.

그 분야에서 김두한의 성공에는 보상의 효과를 오야붕—꼬붕 관계로 전환시키는 기술도 한몫했을 것이다. 사실 그에게는 행동과학을 공부할 필요도 없이 본능과 습관으로 빚어진 행동이었을 것이다. 해방공간에는 통화량의 3분의 1에 달하는 엄청난 거액의 돈이 정상적 경제 관계를 벗어난 이곳저곳에 뭉칫돈으로 널려 있었고, 이 돈으로 대중을 의존적인 룸펜 심리로 몰아넣는 작업에 김두한을 포함한 많은 사람들이 매달려 있었다.

백여 일 전 송진우(宋鎭禹, 1890~1945)를 암살한 사람들은 어떤 동기에 의해 움직인 것일까? 이 무렵에 암살자들이 체포되었다.

> 작년 12월 30일 한국민주당 수석총무 고하 송진우 씨를 저격한 진범인을 체포코자 경기도 경찰국에서는 약 2개월 전부터 비밀리에 맹렬한 활동을 거듭하여 한때는 부녀동맹 간부들도 암살 혐의를 받고 취조를 당하는 등 범인 수사의 귀추가 주목되었는데 8일 밤부터 돌연 단서를 잡고 특별 무장대원들이 수사를 개시하여 9일 정오까지 진범인 한원률(韓元律) 일명 한현우(韓賢宇, 29), 유근배(劉根培, 20), 김의현(金義賢, 20) 등 3명을 체포하였다. 주범 한원률은 일찍이 일본 조도전 대학에서 수업을 하고 당시 일본 수상 도조 히데키(東條英機)를 암살하려다 일본 관헌에 체포되어 복역 중 해방을 맞아 출옥하고 귀국 후 국민대회준비위원회에서 고 송진우 씨를 돕고 있던 자인데 한원률의 지휘하에 유근배, 김의현 두 사람이 권총을 발사하여 암살한 것이다.
>
> ● 체포 경위: 도 경찰부 발표
>
> 그런데 범인을 체포하게 된 경위는 이렇다.
>
> 경기도 경찰부 수사과장은 사건 발생 후 과원 이만종, 노훈경 양인을 지휘하여 각종 정보를 수집하던 중 2월 13일 오후 3시경 장(張) 경찰부장으로부터 송진우 신변 보호자로 있던 자가 해안경비대에 입대하게 되었다니 그 관계를 조사하라는 명령이 있었는데 해안경비대원으

로 입대하게 된 자는 미국인이 인솔하여 가게 되었으므로 장 경찰부장이 스톤 부장의 양해를 얻어 미군 2명을 파견하여 노 형사과장과 과원 이만종은 동 오후 2시에 경성역에 출장하여 송진우 신변 보호 책임자 정종칠(鄭鍾七)과 해안경비대 대원으로 입대하게 된 김일수(金日洙) 양명을 동행하여 취조한 결과, 송진우 신변 보호자이던 백남석(白南錫), 김의현, 신동운(申東雲), 박민석(朴閔錫), 유근배 등이 작년 11월 말경에 주의 주장이 상치됨으로 인하여 신변 보호자로서 탈퇴하였던 것인데 송씨가 암살당한 후 김일수(가명)가 시내 종로통에서 김의현을 만났을 때 "송씨를 암살한 자는 누구냐?"라고 물은즉 김의현이 답하여 말하되 "그것은 왜 묻느냐? 누구이면 알아서 무엇을 할 터이냐? 그만두어라." 이와 같은 문답이 있었는데 김일수 생각에 김의현을 체포하면 진상을 알 수 있으리라고 진술하였으므로 이상 관계자 중 동 2월 14일에 신동운, 백남석, 김의현을 각각 체포하여 엄밀히 취조하였으나 직접 하수자, 즉 주범을 체포하기에 난점이 있었으므로, 동월 18일에 전기(前記) 3인을 석방하여 이들을 연락자로 정하고 1개월 10여 일간 각종 정보를 수집한 결과, 마침내 8일 오후에 유근배가 인천 부내에 잠복 중이라는 사실이 판명되었으므로 작일 아침 미명에 수사과원을 자동차로 급파하여 오후 8시 30분에 인천부 화평정에서 유근배를 체포하여 취조한 결과, 주범자인 한현우를 동 오후 10시 20분에 시내 신당정 304번지에서 공범자 김의현과 동시에 체포하였다. 이상 체포자 3인은 송진우 암살 진범으로 자백하였으며 남은 2명은 불일 체포될 예정이다.

(「경기도 경찰부, 송진우 암살범 한현우, 유근배, 김의현 체포」, 『서울신문』 1946년 4월 10일)

4월 24일에 경기도 경찰부의 암살범 취조 결과 발표가 있었는데, 관계 기사에서 배경을 설명한 앞부분은 빼고 범행과 직접 관계된 뒷부분만 옮겨놓는다.

> 한(현우)은 동경시대로부터 철저한 민족주의자인데 해방 직후 상경하여 각 방면의 정세와 동향을 정시한즉 자주독립 촉성을 표방하는 정당이 속출하여 자유해방이다 하기만 하고 통일이 안 됨을 보고 재 동경시대의 동무인 이용봉(李龍鳳)의 소개로 8월 하순에 현재 시내 신당정 333의 6 경남 양산 출신 전백(全柏, 42)을 방문하고 의견을 교환한 다음 11월 초순경에 이 두 사람은 이론투쟁만으로는 성공할 수 없다 하여 정치적 야심가, 브로커 등을 암살 숙청할 계획을 세우고 무기를 얻는 한편 심복 부하를 물색하여 여운형, 박헌영, 송진우 씨 등을 매국적 행동자로 규정하고 이상 제씨를 살해하려 하였으나 뜻대로 되지 아니하여 첫째로 신탁 문제가 일어나 격분하고 있을 즈음 12월 29일 하오 5시경 부하를 소집하고 명일 미명에 먼저 송진우를 암살할 것을 부하들에게 발표한 다음 유근배가 30일 상오 6시 10분경 송진우를 권총으로 암살하였다.
> 그리고 한은 전백의 명령을 받고 1월 3일경 서북 지방으로 반탁을 선전하러 갔다가 1월 17일 서울에 돌아왔는데 그 후로 여운형과 박헌영의 거소를 찾고 있었다. 주범들은 공산주의자라고는 인정할 수 없다.
>
> (「경기도 경찰부, 송진우 암살범들의 취조 결과 발표」 중에서,
> 『서울신문』·『동아일보』 1946년 4월 24일)

경찰부 발표 끝에 범인들이 공산주의자가 아니라고 밝힌 것이 이채롭다. 좌익의 소행이란 의심이 널리 떠돌았던 모양이다. 위에 인용한 4

월 10일자 체포 기사 앞머리에서 부녀동맹 간부들이 협의를 받은 일이 있었다는 이야기도 좌익에 대한 의심을 보여준다.

한편 김구와 임정 측에 대한 의심도 떠돌았다. 3월 7일자 일기에 인용한 한 글에는 장택상이 송진우의 빈소에서 원수 갚을 결심을 하고 이후 임정 측을 부정적으로 보게 되었다는 내용이 있었다. 암살 이틀 후인 1월 1일 김구와 하지 사이에 격렬한 충돌이 있었을 때 하지가 김구에게 "잡아 죽이겠다"는 협박까지 한 것을 암살에 대한 의심 때문으로 이해하기도 한다. 커밍스는 김구가 송진우 암살을 조종한 것을 당연한 사실로 여긴다.

> 정무위원회를 이끄는 역할을 임정의 김구 일파에게 맡기려던 구상은 반탁 사태를 통해 배제되었다. 하지는 김구와 그 추종자들에게 경호원과 미제 차량, 그리고 고궁 시설의 이용 등 혜택을 제공했는데, 그들은 그를 정면으로 배반했다. 김구는 귀국 후 얼마 되지도 않은 시점에서 불발로 끝난 쿠데타는 말할 것도 없이, 하지가 신임하던 고문 송진우의 암살을 조종했다. (『The Origins of the Korean War』, 230~231쪽)

김구가 송진우 암살에 관여했다고 볼 만한 정황이 분명히 있기는 하다. 그러나 무기징역을 선고받은 한현우가 1951년 8월 이승만의 세상을 활보하고 있었다는 사실로 보면 이승만에게 의심이 가는 정황도 있다. 한현우가 정말 김구의 지시로 송진우를 죽인 것이라면 이승만이 자기가 저지른 김구의 암살을 정당화하기 위해 한현우에게 사실을 밝히도록 했을 것이 아닌가. 그래서 1945년 12월 30일자 일기에서 한현우의 배후에 대한 추측을 삼가고 그의 개인적 돌출 행위로 볼 수도 있겠다는 의견을 적었다.

한현우의 동기는 판단하기 어렵다. 그러나 그 암살에 참여한 다른 사람들은 어떤가. 송진우의 경호원으로 일하다가 그만둔 사람들이 송진우의 암살에 참여했다. 그 사람들의 동기를 명확히 알아볼 자료는 없다. 송진우를 존경해서 경호원 노릇을 맡았다가 무슨 일로 실망해서 떠난 사람들일 수도 있고, 경호원 대접이 너무 박해서 원망하는 마음을 품고 그만둔 사람들일 수도 있다.

문제는 자기가 경호하던 사람을 암살하는 사람들이 있었다는 사실이다. 전직 경호원 여럿이 참여했고 다른 사람들도 짐작할 만한 상황에서 일이 진행된 것을 보면 그런 사람이 어쩌다 하나 있는 것이 아니었다는 점이다. 송진우 암살의 구체적 진상은 밝히지 못하더라도, 많은 사람들이 돈을 위해서든 이념을 위해서든 경호원 노릇도 할 수 있고 암살도 할 수 있었던 사회상을 이 사건은 보여준다.

1946. 4. 14.

공산당에겐 우익보다 중도파가 더 미웠다

여운형이 암살당한 후 미군정이 수사 과정에서 압수한 여운형의 가방 안에 편지 여러 통이 들어 있었는데, 그중에는 1946년 4월 16일 박헌영이 여운형의 환갑을 축하한 편지가 있었다. 임경석의 『이정 박헌영 일대기』(316쪽)에 한 대목이 소개되어 있다.

> 당신은 조선민족해방운동의 과정에서 위대한 지도자였습니다. 당신은 일본 제국주의의 압력에도 불구하고 조선 독립을 위해 싸워왔고 조선 노동계급을 위해 용감히 투쟁해왔습니다. 우리는 당신의 삶과 같은 위대한 생애를 회고할 수 있게 되어 매우 기쁩니다. 현 정세는 복잡 미묘한 성격을 띠고 전개되고 있습니다. 이 같은 위기에서조차 당신은 현명한 관찰로 우리의 민주 독립을 위해 옳은 노선을 보여주셨습니다. (…) 환갑을 맞이하여 건강과 장수를 축원합니다.

깜짝 놀랄 만큼 극진한 경의가 담긴 내용이다. 3월 20일 미소공위 개막에 임해 "지금까지 중간적 입장에서 한낱 공정한 심판자처럼 좌우익이 모두 잘못이니 덮어놓고 통일하라고 알선해오던 분들도 이제는 깊이 반성해야 할 것"이라고 요구한 것과 대조된다(『조선인민보』

1946년 3월 22일자, 『한국현대민족운동연구』, 364~365쪽에서 재인용). "중간적 입장의 반성"을 요구하면서 "현명한 관찰"을 칭송한다니…….

공산당과 민전은 미소공위를 일관되게 지지하며 그 성공을 기원했다. 민전에는 중도파도 다수 참여하고 있었지만, 미소공위를 통한 임시과도정부 수립을 바란다는 점에는 그들도 공산당과 같은 입장이었다. 미소공위에 대해 독점적 협상권을 주장하는 민주의원의 입장에 대한 불만감이 김원봉 등 임정 비주류가 민전을 택한 중요한 이유이기도 했다.

그러나 민전의 노선 결정에서 주동적 역할은 공산당이 맡고 있었다. 미소공위 협의 상대 결정에서 3상회의 반대자들을 배제해야 한다는 민전의 3월 21일자 담화문은 공산당 입장에서 작성된 것으로 보인다.

> 민전에서는 21일 다음과 같은 요지의 담화를 발표하였다.
> "하지 중장의 개회사에 대하여 우리는 만강(滿腔)의 사의를 표하며 스티코프 대장의 규정에 대하여 절대의 찬의를 표한다. 실로 우리의 평소 주장과 완전히 일치되는 데 적이 만족을 느낀다. 삼상회의 결정에 반대한 개인 또는 정당 급(及) 단체도 또한 임시정부 수립에 발언할 수도 참가할 수도 없다는 것을 다시 한 번 더 주장하는 바이다. 정당등록법에 대하여서는 절대로 거부한다. 동시에 미소공동위원회의 협의 상대 규정에 있어서 이 정당등록법에 구애되지 말 것을 굳게 주장하는 바이다."
>
> (「민전, 미소공위에 3상안에 대한 반대 세력 배제 등의 담화 발표」, 『서울신문』 1946년 3월 21일)

3상회의 결과를 지지해온 박헌영과 공산당은 미소공위의 성공이 자기네 입장을 유리하게 만들어줄 것으로 기대하고 있었다. 극단적 반탁 주장의 문제점이 미소공위의 성공을 통해 드러날 것으로 본 것이다. 3상회의 자체는 존중하지만 신탁통치 실현을 막도록 노력하겠다는 중도파 입장은 괜찮다. 그러나 신탁통치 가능성을 담았다는 이유로 3상회의 결정 자체를 거부해온 극단적 반탁 입장에서는 미소공위도 인정할 수 없는 처지가 아닌가. 미소공위 앞에서 반탁운동은 논리적 모순에 빠져 있었다.

극우파의 논리적 모순은 공산당에게 전술적 이점이었다. 그러나 이를 근거로 중도파에게 "중간적 입장의 반성"을 요구한 것은 무리였다. "좌우익이 모두 잘못이니 덮어놓고 통일하라고 알선해오던" 중도파의 반성을 요구한다는 것은 좌익에게는 아무런 잘못도 없다는 주장이다. 우익의 잘못 하나가 밝혀졌다고 해서 그것이 좌익에게 아무런 잘못도 없다는 증거는 아니지 않은가.

인민당의 여운형과 신민당의 백남운에게는 공산당의 '반탁파 배제' 주장이 흑백론에 의지하는 극좌 모험주의로 보였을 것이다. 같은 당파 내의 헤게모니 쟁탈전에서는 채택할 수 있는 노선이다. 그러나 이남 지역의 통치권을 쥐고 있는 미군과 긴밀하게 결탁하고 있던 우익을 논리적 모순 하나 때문에 원천적으로 배제하자는 것은 미소공위의 실효성을 위태롭게 만드는 길이었다. 아무리 밉더라도 '더불어 살 존재'로 우익을 인정해야 한다는 것이 중도파의 입장이었다.

백남운은 4월 1일부터 13일까지 『서울신문』에 「조선민족의 진로」를 연재했다. 좌파 입장의 새로운 노선으로 '연합성 신민주주의론'을 제시한 이 글을 장기 연재한 것은 『서울신문』을 주관하고 있던 홍명희-홍기문(洪起文, 1903~92) 부자가 그 노선에 공감했기 때문일 것으로 짐작된다. 서중석도 이 노선을 "통일전선에 의한 민족국가 건설운동의 이론적 틀"로 중시하여 『한국현대민족운동연구』(367~377쪽)에서 그 내용을 상세히 소개하고 논했다.

나는 「조선민족의 진로」를 아직 찾아 읽지 못했지만, 서중석의 소개를 통해 그 중요성을 어느 정도 이해할 수 있었다. 오늘은 서중석의 소개 범위 안에서 이 글을 고찰하고, 나중에 찾아 읽은 다음 더 고찰할 만한 점을 덧붙일 기회를 찾겠다. 우선 서중석의 책에 인용되어 있는 한 대목을 옮겨놓는다(369쪽).

> 민족 해방을 위하여는 원래부터 자산계급의 일부와 전 무산계급이 해내 해외를 막론하고 물질적으로 육체적으로 동맹관계를 가졌던 것이 엄연한 사실이었다. 조선 민족에게 부과된 '민족 해방'의 역사적 동맹관계를 연장시켜야 될 일이 아닌가! (…) 조선 민족의 혁명 세력은 양심적인 일부 자산가와 전 무산자층이 담당하고 있는 것인데, 민족 해방이라는 거대한 정치적 과제가 우리의 안전에 횡재하고 있는 이상에 민족 해방을 위하여는 일부 유산계급이 연합해야 할 것이고, 결코 민족 혁명의 대적(對敵)이 해방되었다는 이유로 일부 유산계급의 자주독립, 즉 민족 해방을 위한 혁명 세력이 될 수 있는 점을 무시하거나 경시하는 것은 부당한 일이며, 무산계급은 민족 해방을 위한 혁명 세력인 동시에 사회 해방을 위한 혁명 세력의 담당자인 점을 사회적으로 인식해야 할 것이다.

민족 해방과 사회 해방을 별개의 과제로 설정하고 민족 해방의 과제에 우선순위를 둔 것이다. 그래서 "양심적 일부 자산가"의 포용을 주장한 것이다. 서중석은 「조선민족의 진로」의 요점을 이렇게 정리했다(같은 책, 368쪽).

「조선민족의 진로」의 핵심 골자는 일찍이 인민당이 출범할 때부터 여운형—인민당이 주장해온 연합정부론에 있다. 자주독립국가의 건설과 사회혁명이 명확히 구분하여야 할 것임과 동시에 통일적으로 연관 지어지는 것임을 밝힌 것은 「조선민족의 진로」의 가장 중요한 부분이라고 할 수 있는데, 이와 같이 부르주아 민주주의혁명의 대안으로서 민족혁명과 사회혁명의 과제를 실현하는 방안이 연합성 민주주의였다. 백남운은 자본주의 독립국가들은 사회 해방만 수행하면 되지만, 한국 민족에게 부과된 정치적 사명은 민족 해방과 사회 해방의 두 가지가 있다고 지적하였다. 그리고 사회 해방의 담당자는 무산대중이지만, 식민지 및 반식민지국가의 민족 해방은 연합성을 띠게 된다고 설명하였다.

왜 사회혁명의 담당자는 무산계급일 수밖에 없는가. 백남운은 3·1운동 이전의 유산계급은 민족 혁명의 배후 세력과 물적 기초를 이루었지만, 3·1운동 이후 유산계급은 일제의 호부(護富)정책으로 인하여 특권적으로 육성되어, 소부분은 반일제적 혁명을 내포하여 왔고 대부분은 일제와 결탁 또는 동맹을 결성하였다고 분석하였다. 그리하여 유산계급은 사회혁명에 있어서는 프랑스의 부르주아지가 담당하였던 역사적 혁명성을 갖지 못하고, 프랑스와는 달리 봉건 세력의 대표자인 지주와 시민의 대표자인 자본가가 대립적인 것이 아니고 동맹적인 까닭에 현상 유지의 보수적 성격을 그 속성으로 하고 있기 때문이라는 것이다.

"'비(非)'보다 '사이비(似而非)'가 더 나쁜 것"이란 공자 말씀도 있거니와, 공산당 입장에서 백남운을 이승만보다 더 미워한 사람들이 있었나 보다. 백남운의 주장이 좌익과 중도파를 상대로 공산당 노선과 경쟁하는 방향이었으니까. 반년 후 인민당과 (남조선)신민당이 공산당과 합쳐 남조선노동당을 만들 때 여운형과 백남운이 탈락하기까지의 과정을 추적하며 이 주제를 더 살펴보겠지만, 오늘은 백남운의 글에 대한 공산당 측의 격한 반응을 서중석의 글을 통해 소개하는 것으로 마치겠다.

> 백남운의 「조선민족의 진로」에 대한 비판은 이기수의 "백남운 씨 '연합성 신민주주의'를 박함", 김남천의 "백남운 씨 '조선민족 진로' 비판" 등이 있고, 이에 대해 허윤구의 "'조선민족 진로'에 대한 비판의 재비판"이 있으나, 어느 정도 이론을 갖춘 것은 이기수의 반론뿐이다. 이기수는 위의 글에서, 백남운의 글이 "민주주의적 조선 건설의 노선에 대하여 이론적 및 정치적으로 새로운 혼란을 일으키려는 의도로서 발표된 듯하다"는 말로부터 시작하여, 정계가 명백히 인민공화국 지지 측과 중경 임시정부 지지 측과의 두 진영, 곧 민주주의 진영과 반민주주의 진영, 세칭 좌익과 우익 간으로 갈라졌고, 양자 간에는 근본적인 차이와 대립이 있기 때문에 정계의 통일에 대한 모든 여지는 없어졌고, 오직 국내적 및 국제적 힘의 관계에 의해서만 한국 문제는 해결된다는 데에서부터 논리를 전개해나가고 논리 전개의 전제에 대한 인식이 백남운과 전혀 달랐다. (…)
> 그러나 이보다도 이기수와 김남천의 글에서 주목되는 것은 백남운에 대한 신랄한 인신공격일 것이다. 이기수는 앞의 글에서 '기회주의자의 입장', '반동적 역할', '헛소리', '논리적 작란', '생각나는 대로 늘어놓은 공론', '대중에게 인기 끌려고', '이와 같은 기계적 태도는 기회주의자의 본성', '가장 전형적인 기회주의자', '양시쌍비의 절충주의', '현학벽', '조선민족의 진로이기보다는 기회주의의 진로', '불평

정객의 대변', '의자욕과 무원칙한 좌우합작론' 등등으로 비난하였다. 위의 글을 읽으면 백남운은 신민당 경성특별위원회 위원장으로 조선공산당에 가장 가까운 우당의 영수의 한 명이고, 민전 의장단의 일원인데, 이렇게까지 할 수 있을까 하는 생각이 들 수도 있을 것이다. (같은 책, 375~376쪽)

1946. 4. 19.

미소공위 앞에서 혼란에 빠진 우익

미소공위의 주체는 한반도를 분할 점령한 미군과 소련군이었다. 한국인의 장래를 결정하는 회담에 한국인이 주체로 참여하지 못한 것은 한국인을 대표하는 기구가 제도화되어 있지 않았기 때문이다. 미소공위는 이 모순을 해결하기 위해 임시과도정부 수립을 최우선 과제로 삼았고, 아직 임시과도정부가 수립되지 않은 단계에서는 '협의 상대'라는 명목으로 한국인의 정당과 단체들을 회담에 참여시키기로 했다. 기술적으로 말하자면 '옵서버' 자격의 참여일 것이다.

협의 상대를 어떻게 정하느냐 하는 것이 회담 초기의 가장 중요한 문제였다. 회담이 시작된 후 근 한 달이 지난 4월 18일에야 그 기준이 공동성명 제5호로 나왔다.

> 미소공동위원회 서울회담 제4주인 4월 8일부터 제5주 17일까지의 경과와 결정 사항에 관하여 18일 제5호 공동성명이 다음과 같이 발표되었는데 그 내용은 공동위원회 사업 순서 제1조, 즉 각 민주주의 정당 급(及) 사회단체들과의 협의할 조건에 대한 결정을 지은 것으로 협의하는 순서는 세목이 완성되는 대로 근일 중 발표될 것이다. 그런데 제5호 공동성명에 발표된 결의문을 보면 미소공동위원회에서 과

도정권으로서의 조선임시정부를 수립하는 것에 원조 대책을 강구하고자 구체안을 작성함에 있어서 협의의 대상을 삼는 조선민주주의 정당 급 사회단체는 진실로 민주주의적이며 이번 결의문에 포함된 선언서를 시인하여야 한다는 조건이 제출되었다.

● 결의문 내용

우리는 모스크바 삼상회의 결의문 중 조선에 관한 제1절에 진술한 바와 같이 그 결의의 목적을 지지하기로 선언함. 즉 조선의 독립국가로서의 재건설, 조선이 민주주의 원칙으로 발전함에 대한 조건의 설치와 조선에서 일본이 오랫동안 통치함으로 생긴 손해 막대한 결과를 속히 청산할 것. 다음으로 우리는 조선민주주의임시정부 조직에 관한 삼상회의 결의문 제2절 실현에 대한 공동위원회의 결의를 고수하기로 함. 다음으로 우리는 공동위원회가 조선민주주의임시정부와 같이 삼상회의 결의문 제3절에 표시한 방책에 관한 제안을 작성함에 협력하기로 함. (…)

즉 선언서에는 막부 삼상회의 결의문 중 조선에 관한 제1절의 목적을 지지하고 제2절의 협의에 대한 공동위원회의 결의를 고수하며 제3절 정치적 경제적 진보에 대한 원조(신탁) 방책에 관한 제안을 작성함에 협력한다는 데 서명을 해야 하는 것인데 이로 본다면 상대가 될 제 정당과 사회단체는 막부 삼상회의 결정 중 조선에 관한 문제를 전면적으로 수락해야 하는 바로 앞으로의 제 정당과 사회단체 등의 동향은 매우 주목되고 있다.

(「미소공위 공동성명 제5호 발표」, 『조선일보』·『동아일보』 1946년 4월 19일)

이 합의가 나오기까지 적지 않은 곡절이 있었다. 문제는 미군정과 남한 반탁 세력 사이의 모순된 관계에 있었다. 미군정은 신탁통치를 추진하는 본국 정책에 반해 점령 지역 우익 세력의 반탁 분위기를 키워주었다. 국무부 극동국장 빈센트가 본국 방침을 밝혔을 때 아놀드(Archibald V. Arnold, 1889~1973) 군정장관과 하지 사령관이 목소리를 합쳐 빈센트의 개인 의견일 뿐, 미국의 방침이 아니라고 우기기까지 했다.

모스크바 3상회의 결정이 나올 무렵에는 미국이 신탁통치를 반대하는데 소련이 우겨서 그런 결정이 나왔다고 하는 '오보'를 맥아더 사령부와 미군정 당국자들이 유도한 흔적이 짙다. 이 오보가 '반소'를 겨냥하는 반탁운동의 쓰나미를 몰고 왔다. 그러나 3상회의의 엄연한 결정을 미군정이 회피할 수 없으니 하지와 아놀드는 미소공위에 임해야 했다. 소련과의 타협이 싫더라도 이제 막후의 언론플레이로는 안 되고, 정면으로 붙을 수밖에 없었다.

무책임하게 불 질러놓은 반탁운동이 이제 미국 측에 부담으로 돌아왔다. 3상회의 결정 자체를 거부하는 세력은 협의 상대에서 제외해야 한다고 소련 측은 주장했다. 미국 측이 협의 상대로 내놓고 싶던 민주의원이 바로 반탁운동의 소굴이었으니 이를 어쩐단 말인가.

공산당과 민전을 비롯한 좌익은 바로 제5호 공동성명을 지지하며 요구받은 선언서에 서명해서 미소공위에 제출했다. 그러나 우익의 반응은 혼란스러웠다. 민주의원 의장 대리 김규식과 한민당의 김병로는 즉각 지지 의사를 밝혔지만 뒤이어 민주의원 공보부장 함상훈(咸尙勳, 1904~77)이 이들의 발언은 개인 의견이며 민주의원의 방침은 아직 정해지지 않았다는 담화를 발표했다.

● 김병로 담

"헌장 내용은 아직 무어라고 구명해 말할 수 없으나 어떻든 민주주의적인 공화국 기구로서의 완전함을 기하여야 할 것이다. 제3항 문제에 대해서 원조냐 신탁이냐 하는 해석은 미 당국과 소 당국의 말이 차이가 있다고 할지라도 원래 남의 원조를 받는 것도 어느 정도를 초과하면 신탁에 가까운 경우도 있을 것이고 신탁이라 말할지라도 그 내용 여하에 있어서는 원조에 불과한 경우도 있다는 것을 상상할 수 있을 것이다.

그러므로 우리 3천만 민중은 국제헌장에 의거한 신탁통치에 대하여는 이것을 절대로 거부한다는 뜻을 표명한 것으로 조선 독립정부가 미소공동위원회로부터 어느 정도의 원조를 받겠느냐 하는 점은 앞으로 수립될 임시정부와 미소공동위원회가 같이 합의적 결정을 함이 아니면 누구든지 그 구체적 내용을 운운할 수 없을 것이다. 그러기 때문에 우리 민주주의적 제 정당 단체는 앞으로 수립될 임시정부와 함께 공동위원회와 협의하여 어느 정도의 원조를 받을 수 있는 방책을 제안하는 데에 협력하지 않으면 안 될 것이다."

(「한민당, 공위 5호 성명에 대한 동당의 정치적 태도에 관해 발표」, 『서울신문』 1946년 4월 20일)

● 김규식 담

민주의원 대리의장 김규식은 미소공동위원회 제5호 공동성명에 대하여 18일 하오 1시 45분 서울 중앙방송국 마이크를 통하여 다음과 같이 방송하였다.

"미소공동위원회의 제5호 공동성명을 보고 민주의원 대리의장으로서 민주의원을 대표하여 말씀을 드립니다. 미소공동위원회에서 조선 민주주의임시정부 수립 문제에 대하여 진정한 민주주의 각 정당과 사회단체와 협의키로 결정하였다는 발표는 매우 진보적이라고 할 수

민주의원 회의에서의 김규식 (가운데). 그의 중도 노선은 관철되지 못했지만 그런 노선이 있다는 사실을 후세에 알려주었다.

있으므로 우리는 치하하여 마지않는다. 민주임시정부의 헌법과 정강을 결정하는 데 미소공동위원과 우리 한인이 참가하여서 서로 논의 결정키로 되었고 또 지난번에 신탁통치를 반대하느니 지지하느니 등의 문제를 막론하고 아무 차별 취급이 없이 우리는 미소공동위원과 합작 협력하여 민주통일 정권 수립의 기회를 획득하게 된 데 대하여 환영하여 마지않는 바이다."

● 함상훈 담

민주의원에서는 20일 상오 9시 반부터 창덕궁 인정전에서 정례회의를 열고 미소공동위원회 제5호 공동성명을 약 3시간에 긍하여 재검토하는 동시에 지난 18일에 민주의원 대리의장의 자격으로 한 김규식의 방송을 중심으로 하여 토의하였는데 동원 공보부장 함상훈 담에 의하면 의원 간에 완전한 의견일치를 보지 못하였다고 한다.

즉 (1) 제5호 공동성명은 결국 탁치를 전제로 한 것이라는 의견과 (2) 미소공동위원회와 합작하여 임시정부를 수립한 후에 국제헌장에 의한 신탁통치를 배제할 수 있는 단계를 규정할 것이라는 의견의 차이로 관측된다.

동원에서는 정치적 중대성에 비추어 임시회의를 열고 계속 토의할 예정으로 늦어도 수일 내에 이에 대한 정식 태도를 표명하리라고 한다. 그리고 함상훈은 우익 각 당에서 지금까지 신문 지상에 발표한 것은 개인 담이고 공식 결의 표명은 아닌 것으로 비상국민회의에 참가한 제 정당단체는 민주의원의 결정을 좇아 동일 보조를 취할 것이라 하였고 또 민주의원은 정부 조직의 주체가 되는 것이므로 미소공동위원회의 초청 대상이 되지 않을 것이라고 말하여 일반의 주목을 끌고 있다.

(「민주의원, 공위 5호 성명에 대한 담화 발표」, 『서울신문』 1946년 4월 21일)

민주의원 의원 중 김구 일파는 3상회의 결의와 미소공위를 거부하는 입장이었고, 김규식을 위시한 중도파는 지지하는 입장이었으며 그 밖의 사람들은 이승만의 눈치를 보고 있었다. 이승만이 16일 이후 지방 순회로 서울에 없었기 때문에 민주의원의 결정이 늦어졌다. 21일 이승만의 가장 가까운 동지이며 하지 사령관의 정치고문 굿펠로가 유성으로 이승만을 찾아갔고, 이승만은 22일 김천 강연에서, 그리고 23일 대구의 기자회견에서 제5호 공동성명에 찬성하는 뜻을 표했다.

(문) 미소공동위원회 제5호 공동 코뮈니케가 발표되었는데 박사의 견해 여하?

(답) 지방 시찰 도중 유성온천에서 내용을 들었는데 첫째 반탁과 찬탁을 막론하고 회의에 참가해야 할 것이며 다음으로는 미소공동위원회의 남북을 통일한 각 정당과의 협의가 일치되어야 할 것이고 끝으로 신탁통치 문제에 있어서는 임시정부 수립 후에 해결한다는 것이

가장 적당하다고 했으니만큼 우리가 원하는 대로 되었다고 보며 어쨌든 우리가 회의에 참가해야만 제반 문제를 상의하고 토의하여 의견을 진언하게 될 것이 아닌가.

(문) 정무다단한 시기에 돌연 남조선 각지 심방의 이유는 무엇 때문인가?

(답) 과거 3개월간 신병으로 신음했는데 아직 몸이 완전치 못함으로 기온이 좋은 지방을 찾아온 것뿐이다. 다른 의미는 없다.

(문) 남북통일에 대한 의견 여하?

(답) 우리는 모든 방해를 물리치고 통일전선에 사력을 다하겠다.

(「이승만, 공위 5호 성명 찬의 표함」, 『조선일보』 1946년 4월 26일)

그러나 이 정도 메시지로도 민주의원의 혼란은 가라앉지 않았다. 우익 세력이 제5호 공동성명을 수용하도록 하기 위해 하지도 나서야 했다. 하지는 22일에 미소공위 참여를 권유하는 성명서를 냈으나 27일 더 직설적인 특별 성명을 발표했다. 미소공위 참여가 반탁 포기가 아님을 보증해준 것이다.

미소공동위원회 미국 측 수석대표 아놀드 장군은 공동성명서를 제5호에 표시된 선언서 서명에 관하여 나와 좌기점(左記點)에 견해가 동일함.

(1) 그 선언서에 서명하는 정당과 사회단체에 신탁의 찬성 혹은 반대하는 의견 발표의 특전을 보장함.

(2) 미소공동위원과 협의하기 위하여 선언서를 서명한다고 해서 그 정당이나 사회단체가 신탁을 찬성한다든가 혹은 신탁 지지에 언질을 준다는 표시는 무함. 단 그 선언서를 서명치 않는 이는 공동위원의

협의의 상대가 되지 아니함.

(「하지, 공위가 요청한 정당 및 사회단체의 선언서 서명에 관해 특별 담화 발표」, 『동아일보』·『서울신문』 1946년 4월 28일)

하지는 4월 8일에서 12일까지 맥아더 사령부에 다녀왔다. 그의 출발에 관한 기사나 16일 맥아더 사령부 방문을 앞둔 러치 군정장관의 발언을 보면 하지와 러치의 도쿄행을 놓고 미소공위 대책 협의를 위한 것이 아닌가 하는 추측이 많이 떠돌았던 모양이다. 행정 문제 협의를 위한 방문이라고 열심히 해명한 점을 보면 그 추측이 사실이었던 것 같다. 기사 중 하지의 도쿄행이 착임 이래 처음이라 한 것을 보면 전해 10월 중순 이승만을 만나러 간 사실을 비밀로 했던 모양이다.

조선 주둔 미군 최고사령부 존 R. 하지 중장은 부관 W. T. 스미스 중위를 대동하고 8일 아침 공로로 동경(東京)으로 출발하였다. 동 중장은 동경에 2, 3일 체류해서 연합군 최고사령관 맥아더 장군과 조선 행정 문제에 관해서 회담하리라는 바 동 중장의 동경행은 객년(客年) 9월 착임 이래 처음 있는 일이고 또 근간의 미묘한 정계 동향과 아울러서 어떠한 중대 용무를 띤 것이 아닌가 추측되어 극히 주목된다. 미 24군사령부에서는 동 중장의 동경행에 관해서 8일 아침 다음과 같이 발표하였다.
"조선 주둔 미군 최고사령관 존 R. 하지 중장은 금조(今朝) 동경으로 향하여 출발하였는데 동 중장은 금주 수요일 혹은 목요일에 귀임할 예정이다."

(「하지, 맥아더와 조선의 행정 문제 협의차 도일」, 『서울신문』 1946년 4월 9일)

> 군정장관 러치 소장은 불일간 자기 자신도 동경(東京)에 갔다 올 예정이라고 16일 다음 같이 언명하였다.
> "지난번에 하지 중장이 동경에서 연합군 최고사령관 맥아더 원수와 회담한 것은 별로 중요한 의미를 가진 것이 아니고 조선의 일반 행정 급(及) 명령 계통에 관해서 토의하였으며 또 한편으로는 군 인사 문제도 있었던 것으로 동 중장은 이번 귀임 시에 신임 참모장대리 벨 대좌를 대동하고 왔다. 나도 군정관 보충과 연결 관계로 불일간 동경으로 갈 예정이다. 그런데 방금 군정장관대리 시츠 대장이 입원 중이므로 출발을 못하고 있던 바, 동 대장이 퇴원하는 대로 곧 출발하겠다."
>
> (「군정장관 러치 소장, 군정관 보충 문제 등 협의 목적으로 도일 예정임을 발표」, 『서울신문』 1946년 4월 17일)

민주의원도 비로소 김규식 의장대리의 발언을 추인하는 취지의 발표를 냈으나 공식 성명이 아니라 기자회견 형식을 취했다. 이승만의 귀경을 기다린다는 것이었다. "고궁에서 한담"만 하는 것이 민주의원이라는 세간의 비웃음을 입증하는 태도였다. 4월 30일 이승만의 편지를 받고서야 5월 1일 민주의원의 공식 입장이 발표되기에 이른다. 민주의원이 이승만과 김구 두 '영수'의 지명으로 구성된 기구라는 사실을 감출 수가 없다.

> 민주의원에서는 27일 오전 9시부터 12시까지의 정례회의를 열고 제5호 성명과 제반 문제를 신중히 토의하였는데 동원 의장 이승만의 귀경이 지연되어 방금 동원 의원 백남훈·비서국장 윤치영 양씨가 부산으로 이승만 초청차 출장 중이므로 공식 발표는 이승만의 입경 후로 미루고 12시 동원 의원 원세훈·김준연·공보부장 함상훈 3씨 연석하

반탁 시위 모습. 『동아일보』의 '오보'로 촉발된 반탁운동은 민족주의가 파시즘에 이용당하는 전형적인 패턴을 보여주었다.

에 기자단과 회견하고 제5호 성명에 대한 민주의원의 태도를 다음과 같이 발표하였다.

"민족과 국가 대계에 중대한 관계를 가진 미소공동위원회 제5호 성명에 대하여 본원의 태도를 가지고 다대한 관심을 가진 사회 제현에 감사의 뜻을 표한다. 미소공동위원회 제5호 성명에 대한 본원의 태도는 제5호 성명 발표 당시에 본원 부의장 김규식의 방송과 본원 의장 이승만이 대구에서의 언명한 바에 의하여 대체로 결정적이라고 볼 수 있다.

그러나 이 문제가 민족과 국가에 중대한 관련성을 가진 만큼 신중에 신중을 가하여 온갖 각도로 이 문제를 검토할 필요가 있다고 본다. 이런 모든 점을 보고 본원 내에 의견의 대립이 있다고 보는 것은 심히 유감으로 생각한다. 때마침 27일 하지 중장의 성명으로 서명 운운에 대한 의운(疑雲)은 일소될 줄로 믿는다. 불일내로 이승만이 입경할 것이고 따라서 본원으로서의 태도는 이승만 귀경 후 공식으로 발표하겠다."

(「민주의원, 공위 5호 성명에 대한 태도 표명」, 『조선일보』 1946년 4월 28일)

남조선 지방 순회 중인 이승만으로부터 민주의원 의원 백남훈 편에 30일 민주의원에 친함이 전달되었다 함은 기보한 바이거니와 그 전문 내용은 다음과 같다.

"미소공동위원회 제5호 성명에 대하여 일반 동포가 의려치 말기를 진심으로 바라나니 나의 이유는 아래와 같다.

1) 하지 중장의 4월 26일에 발표한 선언에 밝히어 설명한 바 하지 중장은 절대로 우리 독립을 위하여 노력하는 친우임으로 우리를 낙망시키지 않을 줄 내가 확신하며 우리 동포들이 나와 같이 믿으라고 권고하기를 주저치 않는다.

2) 우리가 서명하는 것은 신탁을 지지하는 것이 아니요, 다만 신탁에 관한 문제를 해결할 토의에 협동한다는 뜻을 표함이니 그 토의에 참여치 않으면 그 문제가 원만히 타결되기를 바라기 어려울 것이며 설령 우리가 참가하고도 잘 타협이 못되면 그때에 우리가 다른 보조를 취하기에 늦지 않을 것이다.

3) 지금 내가 알기에는 임시정부를 먼저 수립하고 기후 임시정부에서 공동위원과 협의하여 조처하기로 된 것이니 임정 수립만 충분히 된다면 더 문제될 것이 없는 줄로 안다.

4) 다만 우리가 한 가지 주의할 것은 막사과(莫斯科) 선언에 신탁이라는 것은 정치·경제·사회적으로 우리를 도와준다는 의미로 한 것이라 하는 것은 우리가 받겠다고 서명할 수는 없나니 이는 다름이 아니라

이런 문구에 혹 우리 내정에 간섭하려는 이가 있을까 하는 후려를 막고자 함이다. 그러나 이것도 지금에 문제될 것은 아니고 이후 임정이 공동위원과 토의할 때에 우리가 서명하지 않으면 누가 억지로 시킬 것은 없을 것이다."

(「이승만의 5호 성명에 대한 서한이 민주의원에 전달」, 『서울신문』 1946년 5월 3일)

1946. 4. 21.

정치 지형을 바꿔놓은 이승만의 '남선순행'

경무부장 조병옥이 38선 이남의 8도 경찰부와 61개 경찰서를 30일간에 걸쳐 순시하고 돌아와 4월 6일 군정청 출입기자단 회견에서 소감을 발표했다. 7일자 『조선일보』 기사에서 이 소감의 흥미로운 부분 일부를 소개한다.

> "이번 순시의 소감을 개괄적으로 언명한다면 조선의 경찰 진용도 그 조직 운영과 규율, 사기 모든 점에 있어서 완성기에 들어갔다는 사실과 둘째로 치안도 완성 복구되는 최종 단계에 들어갔다는 사실이다. (···)
> 일층 강화된 경찰력을 가지고 정치, 경제, 문화사업 각 방면에 포부와 계획을 실행하려는 여러 동포들의 생명, 권리, 재산을 보호할 결심이니 안심하고 각종 사업에 매진하여 건국에 이바지하기를 바란다. (···) 그런데 우리 경찰진의 중요한 점은 경찰 진용은 사회 추천에 의한 민선 기관이 아닌 것이다. 경찰 직원은 군정장관이 부여한 경무부장의 임면권에 의하여 그 신분은 보장되고 있다. 사회와의 타협과 순합할 권리도 없고 의무도 없다. 사실상 현재까지도 소위 사회적 추천을 받았다고 망징하는 지방경찰기구 몇 개소가 존재하여 명

령 계통의 암이 되고 있으나 이것도 4월 15일경에는 모두 제거되리라고 믿는다. 끝으로 경찰은 언론기관에 대하여 적극 협력을 요구하여 마지않는다."

(「조병옥 경무부장, 지방경찰부서 초도순시」 중에서, 『조선일보』 1946년 4월 7일)

조선의 경찰 진용이 "조직 운영과 규율, 사기 모든 점에 있어서 완성기에 들어갔다"는 그의 말은 자신을 통해 미군정의 명령을 받는 일사불란한 경찰 조직이 완성되고 있다는 뜻이다.

조병옥이 "명령 계통의 암"이라 한 지방경찰기구는 어떤 것이었는가? 커밍스는 해방 직후 지방인민위원회를 개관하면서 미군이 진주하기까지의 '정치적 공백기(interregnum)'가 긴 곳일수록 인민위원회의 역할이 컸다는 사실을 지적했다. 10월 말까지 전라도의 제6사단 배치가 끝나고 11월 10일 제20연대가 제주도에 도착함으로써 점령군의 전술적 배치가 끝났지만 행정과 치안을 확보하는 데는 몇 주 내지 몇 달의 시간이 더 걸렸다. 미군의 권력 장악이 늦은 곳일수록 인민위원회와 치안대의 역할이 컸고, 그런 곳에서 치안대가 경찰로 전환하도록 미군이 도와주거나 허용한 곳도 있었다. 그래서 '조병옥의 사람' 아닌 경찰이 일부 지역에 있었고, 조병옥은 이를 "명령 계통의 암"으로 여긴 것이다.

이 암적 존재가 4월 15일경까지는 모두 제거될 것이라고 조병옥은 장담했다. 그의 '순시'란 모든 지방경찰로부터 자신에 대한 충성을 확인하고 이질적 존재를 제거하는 데 목적이 있었던 것이다. 그는 위 소감에서 "현재 1만 9천 명의 경찰 직원을 2만 5천 명으로" 늘릴 계획도 밝혔다. 식민지시대 경찰보다 갑절이나 규모가 크고 사회와의 '타협'이나 '순합'이 없는, 즉 민심과 절연된 폭력 조직의 구축을 그는 공언한 것이다.

조병옥의 '순시'가 이승만의 지방 '순회'에 바로 앞서서 이뤄진 것이 우연한 일이었을까? 이승만은 4월 15일 서울을 떠나 5월 9일까지 충청, 경상, 전라도의 21개소의 대중 집회에 참석했다. 6월 3일에서 9일까지 5개소 집회를 더했다. 정병준은 이 '남선순행(南鮮巡行)'을 이승만이 "자신의 명성을 높이며, 반대 세력을 제압하는 한편 지지 기반을 확충하고 지원금을 확보"한 매우 중요한 작업으로 해석했다(『우남 이승만 연구』, 543쪽).

정병준의 해석에 나는 깊이 공감한다. 오늘은 우선 남선순행의 배경 조건에 관한 생각을 정리해두겠다.

이승만이 귀국 후 만든 가장 큰 조직이 독촉중협, 즉 독립촉성중앙협의회였다. 독촉중협의 조직력은 그리 뛰어나지 않았지만 이승만은 이것을 정치 공작에 잘 활용했다. 1946년 1월 중순 임정 주도의 비상정치회의가 좌익 포용에 한계를 보일 때 이승만은 독촉중협의 합류를 제안하고 비상국민회의로 방향을 돌려 민주의원 구성에 이르게 했다. 그 과정에서 임정 비주류가 이탈하고, 임정의 권위가 훼손된 반면 이승만은 비상국민회의 영수와 민주의원 의장 자리를 확보했다.

이렇게 한 차례 팔아먹고도 독촉중협은 그대로 이승만의 수중에 남아 있었다. 그는 2월 초순에 이것을 다시 한 차례 팔아먹을 길을 찾았다. (정병준은 독촉중협이 그에게 '도깨비방망이' 같은 존재였다는 표현을 썼다.) 반탁운동을 계기로 결성된 대중조직 반탁총동원위원회와의 통합을 제안한 것이다. 그래서 통합단체인 대한독립촉성국민회(이하 '독촉국민회'로 줄임)가 만들어졌는데, 이것이 이승만의 수중에 바로 장악되지 않았기 때문에 그는 독촉중협 조직을 4월까지 독촉국민회에 넘겨주지 않았다. 그동안 독촉국민회는 임정 계열을 중심으로 총동원위원회 체제 그대로 운영되었다(같은 책, 545~546쪽).

이 시기에 김구와 이승만은 겉으로는 단합된 태도를 표명하면서도 속으로는 각자의 주도권을 모색한 것으로 보인다. 4월 9일 두 사람의 만남에 관한 기사가 보인다.

> 9일 경교통(京橋通) 김구는 돈암장으로 이승만을 방문하여 민주정당 합동이 지연되는 작금의 사태로 보아 이 박사가 독립당 중앙집행위원장으로 출마하여 난국을 수습하기를 요청하였다. 이에 대하여 이 박사는 오늘의 정정으로 보아 정당에 구니(拘泥)하지 않는 거국적 초당적인 국민운동의 필요를 역설, 김구도 동당에서 탈당하기를 종용하였다. 김구는 이 박사의 소신에 호응하는 바 있어 독립당 중앙집행위원장을 사임할 결의를 표명하여 이로써 정당 문제는 일단락을 고한 듯한 감이 있는데, 10일 대한독립촉성국민회의 지방지부결성대회에 임한 김구는 나는 나의 소신이 있으며 또 이 박사와 혼연일체인 만큼 세평의 여하에 구니할 것 없이 국민운동으로서 활발히 발족하기를 바란다는 격려사로써 결심의 일단을 보인 것도 독립당의 소장파 의견과는 달리 정계의 신국면이 전개될 것으로 자못 주목되는 바이다.
>
> (「김구·이승만이 회합하고 정당 불참 결의」, 『동아일보』·『조선일보』 1946년 4월 11일)

9일이면 이승만이 조병옥으로부터 지방 사정에 관한 보고를 받으며 '남선순행' 계획을 굳히고 있을 때였다. 한편 한독당 중심의 4대 우익정당 통합 움직임이 7일 한민당의 거부 결정으로 한계에 부딪쳐 있을 때였다. 김구가 이승만에게 한독당 중앙집행위원장 취임을 권한 것은 이승만의 영향력을 이용해 한민당까지 끌어들이려는 뜻으로 보이고, 이승만이 김구에게 초당적 위치를 권한 것은 조직력에서 김구의 우위를 해소시키려는 뜻으로 보인다.

우익 정당 통합 운동은 결국 한민당이 이탈한 채 한독당, 국민당, 신한민족당이 한독당의 이름으로 합당하고 몇 개 군소정당-단체가 합류하는 것으로 18일에 결정되었다. 23일에는 중앙부서와 간부까지 결정되어 합당 작업이 끝났다. 김구는 9일 이승만의 탈당 권유에 중앙집행위원장 사임 의사를 밝혔으나 중앙집행위원장 자리를 지켰고, 부위원장은 조소앙이 맡았다. 그 외에 조경한, 엄항섭, 양우조, 최용덕, 안재홍, 명제세, 김여식, 최익환, 김경태, 박용희가 중앙상무위원으로 참여했다. 한독당을 보강한 모습이었다.

10~11일의 독촉국민회 지방지부결성대회가 총동원위원회와 독촉중협의 조직을 통합하는 자리였다. 이 대회에서 이승만과 김규식이 불참한 가운데 김구가 자신이 작성한 중앙위원 명단을 제출하며 주도권을 장악했다. 그런데 이 직후 이승만은 지방 각지를 누비며 대중 동원과 연설을 통해 지방의 우익 세력을 자신의 지도하에 결집시켰다. 독촉국민회의 중앙부는 김구 일파가 장악하고 있었지만, 지방의 기반은 이승만의 수중에 들어간 것이다.

이승만의 순행은 각지에서 엄청난 성황을 불러일으켰다. 이 성공의 평가에서 정병준은 다소 인색한 태도를 보인다.

> 이승만의 남선순행은 '뜻밖에' 성공을 거두었는데, 그의 방문을 계기로 지방 우익들이 결집하여 독촉국민회 지회를 결성했기 때문이었다. 미군정은 이승만의 지방 순회강연이 엄청난 대중적 지지를 얻고 있으므로, 지방 구석구석까지 이승만이 찾아가 우익 조직을 확대한

다면 한국의 정치 지형을 변화시킬 수 있을 정도라고 평가했다.
그러나 이러한 성과가 대중들의 자발성이나 이승만의 명성으로부터 기인한 것만은 아니었다. 미군정 헌병과 한국인 경찰-지방 관리-지역 유지, 우익 청년단체는 한편이 되어 지방의 정치 지형을 바꾸는 데 주력했다. 경찰은 이승만 보호를 내세워 순방 지역의 좌익에 대한 예비 검속과 공포 분위기를 형성했고, 한인 지방 관리와 유지들은 접대비와 기부금을 징수하고 태극기와 환영 전단을 가가호호 내걸게 하는 한편, 학교를 휴교시키고 학생들을 동원하기까지 했다. 현지의 우익 청년단체들은 좌익 정당-사회단체를 노골적으로 습격하고 좌익 인사들을 폭행했다. (『우남 이승만 연구』, 549~550쪽)

경찰이 이승만 보호의 필요성을 주장하기 위해 보도한 것으로 보이는 두 차례 발표가 이승만의 출발 직후 나왔다.

15일 밤 하오 10시경 시내 모처에서 행동이 수상한 수명의 일당을 경기도 경찰부 관하의 순경이 불심검문하자 일당은 들었던 손가방 하나를 떨어뜨리고 도망하였는데 트렁크 속에는 기관총 한 자루, 실탄 50여 발이 들어 있어 곧 도 경찰부에서는 사건의 전말을 엄밀히 추궁한즉 일당은 38 이북 전곡으로부터 침입하여 민주의원 요인 암살의 임무를 띤 전곡인민위원회 파견의 암살대인 것이 판명되어 방금 엄중 수사 중인데 범인 체포는 시간문제일 듯하다.
(…) 이 사실의 발표는 수사상 곤란한 관계가 생겨 관계 각 방면에 중대한 지장이 있으므로 본사에서 탐사한 정보를 계속하여 보도할 수 없음은 유감이나 (…)

● 장(張) 경찰부장 담

요인 암살계획사건에 대하여는 수사상 중대한 관계가 있는 만큼 그런 사건이 있느니 없느니 일체 말할 수 없다. 나는 이 사건에 함구해 왔을 뿐이요 위조니 날조니 하는 담화를 발표한 일이 없다. (…)

(「정치 요인 암살계획사건 발생에 관한 장택상의 언급」, 『동아일보』 1946년 4월 19일)

(경무부 발표) 남조선국민대표민주의원 의장 이승만을 암살하려는 계획인 반대 정당의 당원인 7명을 대전에서 체포함으로써 무서운 계획은 미연에 방지되었다.

체포된 범인 중 2명은 암살 음모에 관련하였다는 것을 자백하였고 그 뒤에서 교사한 자로 인정되는 2명은 방금 엄사 중이다.

이승만 암살의 음모가 발각되었을 때에 이승만은 지방 강연차 대전에서 2만여 명에게 강연을 끝마치었는데 7인 중 1인은 16일에 잡히고 6명은 19일에 체포된 것이다.

암살단 일당은 정당 관계의 사설 군대의 한 분대를 조직하기 위하여 충남도(충남도 경찰부 보고)에 잠입했었으나 수사 당국에 탐지되어 미연에 실패되어 범인 수명은 충남을 떠나버리고 나머지 범인 6명은 무기 소유 혐의로 검거된 것으로 그들은 두 개의 총검과 일본제 수류탄을 가졌고 방금 수사 중에 있는 범인의 자택에서는 약간의 소총과 피스톨 그리고 탄환 4백 발이 발견되었으나 이 탄환을 사용할 만한 무기는 아직 발견되지 않았다.

(「민주의원의장 이승만의 암살 음모 범인 체포」, 『조선일보』 1946년 4월 20일)

일개 군의 인민위원회에서 암살단을 보냈다는 얘기도 휘황하고, 위조, 날조 얘기가 나도는 가운데 장택상이 자신은 "함구해왔을 뿐"이라고 우기는 모습도 재미있다. 범인들의 '이승만 암살' 목적을 어떻게 확인했는지도 알 수 없다. 조병옥이 정비해놓은 경찰 조직을 이승만의 순행에 동원할 명분을 만들려는 의도만 뚜렷이 보일 뿐이다.

1946. 4. 25.

미소공위의 구조적 약점

미소공위는 3월 20일 출범한 직후 공동성명 제1호를 낸 후 대략 일주일에 한 차례씩 공동성명을 발표했다. 특별한 내용이 없더라도 진행 상황을 정기적으로 발표하는 것이 공동성명이었다. 협의 상대 신청 방법을 명시한 4월 18일의 제5호 성명이 가장 획기적인 내용을 담은 공동성명이었다. 4월 24일 나온 제6호 성명도 그냥 진행 상황을 밝힌 것뿐이었다. 제6호 성명에서 특기할 만한 내용은 분과회에서 '시문서(試問書)'를 준비하고 있다는 것이었다.

미소공위가 미국과 소련 사이의 회담으로 흔히 생각하지만, 엄밀히 말하자면 한반도에 주둔한 두 나라 군대 사이의 회담이었다. 미소공위 설치에 관한 모스크바 3상회의 결정 내용을 다시 보자.

> 조선에 주재한 미·소 양국 군사령관은 2주간 이내에 회담을 개최, 양국의 공동위원회를 설치 조선임시민주정부 수립을 원조한다. 또 미, 영, 소, 중 4국에 의한 신탁통치제를 실시하는 동시에 조선임시정부를 수립케 하여 조선의 장래 독립에 비(備)할 터인바 신탁통치 기간은 최고 5년으로 한다. 미소공동위원회는 임시정부와 조선 각종 민주적 단체와 협력하여 동국의 정치적 경제적 발달을 촉진하고 독립

에 기여하는 수단을 강구한다. 이 신탁통치제에 관한 외상이사회의 제안을 검토키 위하여 미, 소, 영, 중 각국 정부에 회부된다. (1945년 12월 28일자 일기에서)

국가 간 회담으로 공동위원회를 만든다면 중국과 영국도 참여해야 한다. 그런데 미국과 소련은 점령을 통해 한반도와 관련된 특수한 위치를 확보하고 있었고, 한국의 장래를 결정하는 데 주도적인 입장을 지키고 싶었다. 그래서 영국의 양해를 얻어 국가 간 회담이 아닌 두 점령군의 회담을 만들기로 한 것이었다.

전쟁 수행을 위해서라면 몰라도 "조선임시정부 수립" 같은 정치적이고 포괄적인 목적을 위해서라면 군대 차원의 회담이라는 것이 어색하다. 회담의 목적과 회담의 주체가 부합하지 않는 것이다. 이것은 미소공위의 근본적이고 구조적인 약점의 하나였다.

미소공위의 또 하나 구조적 약점은 다자 간 회담이 아니라 양자 간 회담이라는 사실에 있었다. 다자 간 회담이라면 이견이 일어나더라도 조정하는 방법을 다각적으로 찾을 수 있다. 그러나 양자 간 회담에서 양측의 입장이 어긋나면 직접 절충하는 외길밖에 없다. 제1차 미소공위가 두 달도 안 되어 무기 정회에 들어가지 않을 수 없었던 데는 이 약점이 작용했다.

3상회의에서 미소공위의 역할을 너무 쉽게 봤던 것이다. 한반도에 대한 두 나라 정책이 화합될 수 있었다면 이런 정도 구조적 약점들이 크게 문제를 일으키지 않을 수 있었다. 두 나라 정부가 보이지 않는 곳에서 중요한 결정을 내리고 형식상으로는 점령군 사령관이 그 결정을 공식화하는 식으로, 미소공위를 기능적 도구로 활용할 수 있었다.

그러나 두 나라의 관계는 계속 식어가고 있었다. 막후에서 충분한 합의를 이룰 수가 없었다. 미 국무성에서 미소공위 대표단에 파견한 위원들은 강력한 메시지를 본국에서 받지 못했다. 그래서 미소공위의 미국 대표단이 회담에 임하는 자세에는 '현장 사람들'의 입장이 큰 비중을 차지하게 되었다.

소련군이 북한에서 기계류를 반출했다고 하는 미국 대표단의 주장이 사보타주 전술의 대표적인 사례였다. 미소공위는 문제를 제기하는 기구가 아니라 문제를 처리하는 기구였다. 기계류 반출이 정말 심각한 문제라면 미소공위가 아니라 다른 통로를 통해 다뤄야 할 문제였다.

커밍스는 미소공위 출범 단계에서 미국 대표단의 비협조적 태도를 단적으로 보여주는 문서 하나를 소개했다. 국무성에서 파견된 위원 한 사람이 3월 20일에 작성한 비망록을 주한미군 문서철에서 찾은 것인데, 작성자 이름은 밝혀져 있지 않다.

> (미국 정책의 목적은) 상당 기간에 걸쳐 러시아의 강한 영향력을 막아낼 수 있는 독립적이고 민주적이고 안정된 한국 정부를 만들어내는 데 있다. 미국의 관점에서 볼 때 러시아의 영향력을 막아내는 것이 완전한 독립성보다 더 중요한 것이다. (…) 한국은 힘으로 강제하지 않고 자기 결정에 맡겨놓을 경우 앞으로 예측 가능한 기간 동안 러시아보다 미국 쪽으로 기울어질 것이라고 나는 믿는다.
> (…) 한국의 독립은 부차적인 목표이므로 앞으로 몇 해 동안은 완전한 독립을 누릴 한국 정부를 수립하는 것이 미국의 국익에 부합하지 않는다고 나는 믿는다. 한국이 침략을 막아낼 수 있다는 상당한 보장을 유엔 기구가 제공할 때까지는 미국은 소련과 함께 필요할 경우 한국에 대해 어떠한 형태의 영토 지배권을 유지해나가고 한국의 국제관계에 대해 몇 가지 기본적 특권을 행사해야 할 것이다.

> (…) 그러므로 한국 임시과도정부를 어떤 방식으로 만들어내든, 적어도 최고위층에 대한 숨겨진 통제력을 미국이 여러 해 동안 계속해서 행사할 수 있는 조건을 전제로 해야 할 것이다. (『The Origins of the Korean War』, 238~239쪽)

정용욱은 『존 하지와 미군 점령통치 3년』(101~102쪽)에 이와 거의 비슷한 내용을 "협상 지침"이라는 제목으로 인용해놓았다. 이 문서를 근거로 정용욱은 당시 미국 대표단의 입장을 이렇게 정리했다.

> 위의 인용으로 보아 대표단은 미·소 협상의 출발에서부터 임시정부의 수립보다는 한반도에 대한 미국의 이해관계를 관철시킬 수 있는 적절한 방안의 마련에 골몰하였음을 알 수 있다. 이 문서를 근거로 미국의 미소공위에 대한 입장과 방침을 전체적으로 요약하면 무엇보다도 미국은 철저하게 대소 전략의 관점에서 전 한국 임시정부 수립 문제를 파악하였다. 이러한 관점에서 조기에 한국을 독립시키는 것은 바람직하지 않으며, 설사 정부가 수립되더라도 이 정부에는 제한된 권한만 부여하여야 한다는 인식을 보이고 있다. 즉 그 시점에서 한국의 즉시 독립은 친소 정부의 수립을 의미하므로 결코 받아들일 수 없고, 반면 임시정부 수립은 어떤 형태든 일정 기간 한반도에 대한 미국의 영향력을 유지시킬 수 있는 식으로 점진적으로 이루어져야 한다는 것이었다. (같은 책, 102~103쪽)

이런 내용의 문서가 "협상 지침"으로 존재했다면 미국 대표단은 3상회의 결정을 충실히 실행할 의사가 없었다는 사실이 분명하다. 4월 5일자 일기에서 미국 측의 남한 단독정부 추진설이 새어나오고 있던 상황을 소개했는데, 그 정보는 한국의 분단 건국을 바라는 누군가가 간을 보기 위해 흘린 것으로 보인다. 단독정부 추진설에 대한 이승만의 반응이 묘한 것이었다.

> 8일 하오 1시 돈암장 이승만은 정례기자단 회견석상에서 중대 발언이 있었는데, 과도정권 수립의 선결 조건으로서 38선 철폐를 주장하였고 만일 그것이 뜻대로 되지 않는 이상 남조선 단독정부 수립의 보도에 대하여 무어라고 말할 수 없다고 강경한 태도를 표명하여 자못 주목되는 바이다.
> "나로는 모스크바 결의를 반대도 아니요 찬성도 아니며 다만 그 결과로 경성에서 개최된 공동위원회의 토의할 기간에 침묵을 지키는 것뿐이며 동시에 38선을 철폐하여 남북 조선이 다시 통일을 회복하기로 이 회의에서 결정되기를 바란다. 제2차 대전이 시작된 이후로 연맹국이 연속 선언한 바와 같이 해방된 나라에서 정부 수립과 인선에 대하여 그 나라 민중의 공원을 따라서 행한다 한 주의를 우리는 고집하려는 결심이니 남북의 통일도 민의를 따라 1일이라도 속히 결정되기를 기다리는 것뿐이다. 남조선에 따로 정부를 세워서 독립정권을 행케 한다는 보도는 신문 지상에서 보아 알았으나 이상에 말한바 소망을 가질 동안에는 이것이 사실이 아니기를 바라는 고로 이에 대하여 아직 나의 의견을 발표코자 아니한다."
>
> (「이승만, 남조선단정수립설에 대한 견해 표명」, 『동아일보』 1946년 4월 9일)

기자는 이승만의 단독정부 추진설에 대한 의견 발표 보류를 "강경한 태도"라고 표현했다. 단독정부는 절대 안 된다고 하는 당시의 상식에 비추어 이에 대한 의견 발표 보류를 극단적인 태도로 본 것이다. 이승만의 단독정부 수립 주장은 6월 3일 '정읍 발언'으로 나왔다. 4월 8일 시점에서는 단독정부 수립의 공공연한 주장이 "아직은 곤란"했던 것이다.

1946. 4. 26.

암초를 향해 흘러가는 미소공위

미소공위 제5호 공동성명 앞에서 우익 진영이 보인 혼란스러운 반응을 지난 일기(4월 19일)에서 설명했다. 미국 대표단에는 3상회의 결정을 파기하고 미소공위를 좌초시키려는 경향이 있었는데, 미군정과 밀착관계에 있던 우익 인사들은 그런 기맥을 감지하고 있었을 것이다. 그래서 어차피 좌초될 미소공위에 협의 상대로 참여하기 위해 반탁의 깃발을 접어놓을 필요가 있겠냐는 분위기를 이해할 수 있다.

김규식, 김병로처럼 5호 성명에 즉각 지지 의사를 밝힌 사람들은 미소공위를 통한 임시과도정부 수립을 바라는 사람들이었다. 반면 미소공위를 통해 임시과도정부를 만들면 좌익의 입지가 너무 넓어질 것을 싫어하고 두려워하는 사람들이 있었다. 그들 중에는 기존 임정의 간판을 계속해서 쓸 수 있다는 순진한 생각을 가진 사람들도 있었고, 미소공위를 좌초시킨 후 미국에 의지해서 남한 단독정부를 만들겠다는 지독한 생각을 가진 사람들도 있었다.

우익의 양대 영수로 김구와 이승만이 병립하고 있었지만 이렇게 미묘한 장면에서 더 주목을 받은 것은 책략가 이승만이었다. '임정 법통'을 고집하는 김구는 복잡해져 가는 상황 속에서 종속변수로 전락하고 있던 반면 이승만은 없는 길을 만들어내는 책략을 가진 사람이었다. 4월 27일의 민주의원 회의에 이런 분위기가 드러나 보인다.

> 민주의원에서는 27일 오전 9시부터 12시까지의 정례회의를 열고 제5호 성명과 제반 문제를 신중히 토의하였는데 동원 의장 이승만의 귀경이 지연되어 방금 동원 의원 백남훈·비서국장 윤치영 양씨가 부산으로 이승만 초청차 출장 중임으로 공식적 발표는 이승만의 입경 후로 미루고 12시 동원 의원 원세훈·김준연·공보부장 함상훈 3씨 연석하에 기자단과 회견하고 제5호 성명에 대한 민주의원의 태도를 다음과 같이 발표하였다.
> "민족과 국가 대계에 중대한 관계를 가진 미소공동위원회 제5호 성명에 대하여 본원의 태도를 가지고 다대한 관심을 가진 사회 제현에 감사의 뜻을 표한다.
> 미소공동위원회 제5호 성명에 대한 본원의 태도는 제5호 성명 발표 당시에 본원 부의장 김규식의 방송과 본원 의장 이승만이 대구에서의 언명한 바에 의하여 대체로 결정적이라고 볼 수 있다.
> 그러나 이 문제가 민족과 국가에 중대한 관련성을 가진 만큼 신중에 신중을 가하여 온갖 각도로 이 문제를 검토할 필요가 있다고 본다. 이런 모든 점을 보고 본원 내에 의견의 대립이 있다고 보는 것은 심히 유감으로 생각한다. 때마침 27일 하지 중장의 성명으로 서명 운운에 대한 의운(疑雲)은 일소될 줄로 믿는다. 불일내로 이승만이 입경할 것이고 따라서 본원으로서의 태도는 이승만 귀경 후 공식으로 발표하겠다."
>
> (「민주의원, 공위 5호 성명에 대한 태도 표명」, 『조선일보』 1946년 4월 28일)

민주의원 의원들은 김구와 이승만 두 영수의 공동 추천으로 의원이 된 사람들이다. 그들 대부분은 미소공위의 임시과도정부 수립이 성공하든 말든 일단 협의 상대에서 빠지고 싶지 않았다. 그렇다고 해서 김규식이나 김병로처럼 영수의 영도 없이 독자적으로 움직일 생각은 없었다. 그런데 김구는 반탁운동의 연장선에서 미소공위를 거부하고 있으니, 그들의 미소공위 협의 상대로 이끌어줄 영수는 이승만뿐이었다.

부끄러움을 모르는 사람들이다. 부의장의 방송과 의장의 언명으로 "본원의 태도는 대체로 결정적이라고 볼 수 있다"는 소리를 하는 것이나, 그럼에도 "온갖 각도로 이 문제를 검토할 필요" 때문에 이승만 귀경 후에야 공식 태도를 밝힐 수 있다고 하는 것이나. 결국 그들은 이승만의 서한을 4월 31일 받은 뒤에야 민주의원의 입장을 결정한다.

좌익은 5호 성명을 일제히 환영했다. 그러나 그 속내를 세밀히 살펴보면 엇갈리는 면이 있다. 온건파는 미소공위를 통해 균형 잡힌 임시과도정부가 만들어지기 바라는 반면 이것을 우익 타도의 기회로 삼아 좌익으로 편향된 임시과도정부가 출현하기를 바라는 과격파가 있었다. 온건파는 우익이 무리한 반탁운동을 조정해서 미소공위에 참여하기를 바라는 반면 과격파는 반탁운동을 우익 배제의 핑계로 삼으려 했다. 5호 성명 발표 직후 공산당 간부진을 취재한 『독립신보』 기자 고병순의 목격담에서 이 엇갈리는 면을 느낄 수 있다.

> 1946년 4월 18일 미소공동위원회에서 반탁운동하는 정당−단체는 자문 상대에서 제외한다는 내용의 제5호 코뮈니케 발표 당시 좌익계의 반응을 얻으려고 박헌영을 만나러 갔을 때다. 여운형과 이강국 등 주위의 간부들이 모두 벙글벙글하며 춤출 듯 좋아하는데, 박헌영은 얼굴색조차 변하지 않고 그 설명서 내용을 음미하기라도 하듯 10여 분 동안을 되풀이 읽고 나서도 다시 수분 동안 눈을 감고 있다가 나직

한 소리로 "당연한 조치다"라고 한마디 내뱉고 사라졌다고 한다. 그토록 간단한 내용의 설명서를 그렇게나 찬찬히, 단 한마디의 대답을 그토록 신중히 하는 그런 인물이었다. (『이정 박헌영 일대기』, 319쪽에서 재인용)

되풀이 읽는 동안, 눈 감고 있던 수분 동안, 박헌영은 어떤 생각을 굴리고 있었을까? 민족의 장래를 위한 큰 생각보다 자잘한 전술전략에 몰두하고 있었으리라고 내가 짐작하는 것이 그에 대한 지나친 선입관 때문일지도 모른다. 그러나 이 무렵 박헌영과 공산당의 자세를 서중석이 정리해놓은 것을 보면 그리 지나친 억측은 아닌 것 같다.

공동성명 5호에 김규식, 김병로, 안재홍 등이 호의적 반응을 보이자 그들에 대해 민전에서는 적극 환영을 표시하는 대신, "엄숙히 자기비판하라"고 반성을 요구하였다. 박헌영은 4월 25일에 "반동적 정객들은 우리 정부에 하나라도 넣지 말아야 한다"고 주장하였다. 박헌영은 우익 반동 거두들의 책동으로 인하여 공동위원회 사업이 실패하는 일은 절대로 없을 것이라고 단언하고, 그 원인은 모든 민주주의 세력과 민전이 강력한 옳은 투쟁을 전국적으로 전개하고 있는 까닭이라고 피력했다. (『한국현대민족운동연구』, 381쪽)

하지는 우익의 협의 상대 신청을 촉구하기 위해 22일과 27일에 거듭 성명을 발표했다. 27일의 특별 성명에서는 "미소공동위원과 협의하기 위하여 선언서를 서명한다고 해서 그 정당이나 사회단체가 신탁을 찬성한다든가 혹은 신탁 지지에 언질을 준다는 표시는 무함"이라고 명시했다. 미소공위 참여가 반탁운동의 포기가 아니라고 보장한 것

하지와 스티코프. 하지는 정치를 전혀 모르는 군인인 반면 스티코프는 소련의 가장 유능한 정치 장교의 하나였다.

이다.

하지는 선언서 서명의 의미에 대한 자신의 견해가 미국 측 수석대표 아놀드와 같은 것이라고 했다. 그러나 소련 대표단의 견해와는 차이가 있었다. 소련 대표단은 하지의 4월 27일 성명이 미소공위의 입장을 왜곡한 것이라고 항의했고, 이것이 열흘 후 제1차 미소공위가 좌초하는 결정적 원인이었다.

이 견해 차이는 반탁운동의 성격에 기인한 것이다. 소련 측에서 볼 때 지난 연말 이래의 반탁운동은 모스크바 3상회의 결정을 거부하는 것이며 나아가 조선 문제에 대한 연합국의 결정권을 부인하는 것이었다. 좋든 싫든 일본의 전쟁 노력에 동참해온 조선이 앞으로는 세계평화에 공헌하는 나라로 거듭나도록 도와준다는 것이 연합국의 의무이

자 권리라는 것이 3상회의의 입장이었다. 이것을 거부하는 세력과는 협력할 수 없다는 입장에서 협의 상대 신청자의 선언서 서명을 요구한 것이었다.

하지의 견해에 형식적인 타당성은 있다. 서명이 요구된 선언서 내용은 3상회의 결정의 지지이지, 신탁통치 지지는 아니다. 그러나 서명 요구의 이유를 묵살한 것이다. 애초에 소련 측은 반탁운동 참여자들의 원천적 배제를 주장하다가 양보한 결과가 서명 요구였다. 그래서 서명 요구에는 반탁운동의 반성이란 의미가 들어 있었던 것이다. 하지가 사적인 자리에서 우익 인사들에게 자기 견해를 설득하는 것은 좋다. 그러나 그것을 '성명' 형태로 만천하에 공표한 것은 회담 상대방을 무시한 조치였다.

하지 자신이 초기에 반탁운동을 부추긴 탓에 자가당착의 입장에 빠진 결과였다. 미소공위의 순조로운 진행을 위해서는 반탁운동을 수습할 필요가 있었는데, 이제 하지의 힘으로 수습하기 어렵게 된 것이다.

한편 소련 측의 편협하고 완고한 태도에도 문제가 있었다. 3상회의 결정을 지지하는 선언서의 서명에는 기존 반탁운동에 대한 반성의 뜻이 완곡하게나마 내포되는 것이다. 하지의 몰지각한 특별 성명이 기분 나쁜 것일 수는 있어도, 미소공위의 목적을 정면으로 부정하는 것은 아니었다. 하지가 뭐라고 하든 상관 말고 협의 상대 신청자들의 서명이나 열심히 챙기는 것이 진행을 순조롭게 하는 길이었다.

5월 6일 회담이 중단되고 5월 9일 무기 휴회가 발표되기까지 소련 측은 회담의 계속을 위해 어떤 노력을 기울였을까? 제1차 미소공위의 좌초는 미국 측에 1차적 책임이 있는 것으로 이해되지만, 소련 측의 인내심이나 포용력에도 아쉬움이 느껴진다.

1946. 4. 28.

양심적 지식인의 갈 길

1922년 총독부 '문화정책'의 일환으로 만들어진 조선미술전람회(이하 '선전'으로 줄임)는 해방 전해까지 23회 개최를 통해 조선의 근대예술 도입과 성장에 큰 작용을 했다. 1948년 만들어져 1981년까지 30회 개최된 대한민국미술전람회(이하 '국전'으로 줄임)는 선전의 뒤를 잇는 관전(官展)으로서 유신체제 종료와 함께 문제점이 제기된 끝에 대한민국미술대전에 자리를 내어주었다. 국전 개최 논의는 미군정하에서 시작되었다.

> 예술가를 국가적으로 보호하며 예술 앙양의 길을 열어주고자 문교부에서는 매년 계속하여 정기적으로 국가에서 주최하는 미술전람회를 열려고 방금 준비 중에 있다.
> 이는 유구한 조선의 전통문화와 현대문화를 조화시켜 새조선 문화 건립에 이바지하려는 군정 당국의 문화앙양책에 발맞추어 국가의 힘으로써 현대 미술문화의 진흥을 도모하려는 것이다.
> 이에 문교부에서는 특별한 예산을 계상하여 사계의 권위들로써 국전(조선미술전람회 약칭) 준비위원회 결정에 분망 중인데 제1회는 오는 9월 중순 경복궁 안에서 열 터이다.

> 그리고 이 전람회에는 동양화·서양화·공예 조각의 각 부 제작품을 종합 전람하려는 것으로, 이왕 총독부 시대의 문화 기만정책에 의한 명목만의 전람회와는 그 성격부터 다른 점에서 힘차게 일어선 예술 조선에 새로운 화제와 긴장을 던지고 있다.
>
> (「문교부, 제1회 국전 개최 준비위원회 결성 준비」, 『동아일보』 1946년 4월 28일)

이 기사를 보며 예술과 정치의 관계를 생각하게 된다. 문명 발생 이래 인간의 중요한 활동 분야의 하나였던 예술의 목적성을 둘러싼 논쟁은 일찍부터 시작되었다. 미(美)를 추구하는 본능이 뒷받침하는 행위라는, 목적성을 부정하는 측면과 함께 강한 소구력(訴求力)이 일으키는 실용적 효과가 무시될 수 없다는 측면이 예술 활동에 겹쳐지기 때문이다.

근대사회에서 예술의 목적성 문제가 정치 방면에서 강하게 부각된 것은 계급 문제가 정치 논쟁의 초점으로 떠올랐기 때문이다. 전근대사회에서는 민중예술과 귀족예술이 격리되어 있었기 때문에 그 사이의 갈등은 산발적인 개인적 문제로 나타날 뿐이었다. 근대에 들어와 귀족예술이 상업화되어 자본주의 체제를 지탱하는 하나의 축을 이루었고, 이를 "예술을 위한 예술"로 비판하면서 예술가의 주체성과 정치적 책임을 강조하는 움직임이 나타났다.

1922년 출범한 선전은 일본 제국미술원전(이하 '제전'으로 줄임)의 축소판으로 기획된 관전이었다. 관전의 예술계 지배는 국가주의의 득세를 보여주는 것이다. 정치적 표현 수단으로서의 기능은 근대예술 발전의 한 중요한 측면인데, 국가권력은 예술 활동을 '순수한 예술성'에 최대한 묶어놓음으로써 예술을 통한 도전을 회피하려 한 것이었다.

식민지 조선에서 예술의 목적성에 대한 고민은 문학평론 분야를 중심으로 펼쳐졌다. 순수문학을 지향하는 조선문단이 1924년에 결성되었고 실천문학을 지향하는 카프(KAPF, 조선프롤레타리아예술동맹)가 그 이듬해에 결성되었다. 카프는 앞서 결성된 두 단체 염군사■와 파스큘라■가 사회주의혁명이라는 공동 목표 아래 통합한 것이었다.

예술의 정치적 기능을 중시하는 사람들이 카프에 동조했고 그 정치 성향을 대략 '좌익'이라고 말할 수 있다. 그러나 이때 '좌익'의 의미는 매우 넓은 것이었다. 목표로 세운 '사회주의혁명'도 극단적 계급혁명만을 뜻한 것이 아니었다. 그래서 카프 내에서도 '내용—형식 논쟁'이 치열하게 벌어진다. 김기진(金基鎭, 1903~85) 등 예술의 형식 측면을 중시한 사람들은 '순수한 예술성'에 대한 최소한의 배려가 필요하다는 입장에서 내용, 즉 정치적 목적만을 강조하는 '공식주의'에 불만을 표한 것이다.

홍명희는 카프의 정식 멤버가 아니었다(그 아들 홍기문은 멤버였다). 그러나 카프 멤버들이 홍명희를 지도자로 여긴 사실은 카프 기관지 『문예운동』 창간호와 제2호에 그의 글이 연속 실린 데서 알아볼 수 있다. 특히 창간호 맨 앞에 실린 그의 평론 「신흥문예의 운동」은 창간사의 위상을 가진 것이었다(강영주, 『벽초 홍명희 연구』, 창비 1999, 194~199쪽). 이 글의 한 대목을 재인용한다.

■ 염군사(焰群社)는 1922년 이적효, 이호, 김홍파, 송영 등이 해방 문화의 연구 및 운동을 목적으로 조직한 최초의 사회주의 예술단체이다. 1923년 동인지 성격의 『염군』을 발간하려고 했으나 일본 검열에 걸려 출간되지 못했다. 염군사의 구성원 가운데 일부는 연극운동에 관계하기도 했다.

■ 파스큘라(PASKYULA)는 1923년에 조직한 경향파 문예 단체로 그 명칭은 박영희, 안석영, 김형원, 연학년, 이익상, 김기진 등이 그들 성 또는 이름의 머리글자를 따서 지었다. 파스큘라의 구성원 대부분이 동경 유학생 출신이었으며 문학단체로서 조직 활동은 그리 활발하지 않았다.

> 세계를 들어서 새로운 계급의 발흥은 바야흐로 대홍수를 일으키게 되었으니 금일의 시대사조는 사회변혁, 계급 타파, 대항, 해방 등의 사상이니, 이 시대의 문예가 이것을 중심 사상으로 하고서 새로이 출발할 것은 당연한 일이다. 사회변혁, 계급 타파의 사상은 한입으로 말하면 경제사상의 발현이니 이것을 중심 사상으로 한 문예가 마르크스-엥겔스로부터 계통 받은 사회주의 경제사상을 다분히 가질 것은 물론이다. 그리고 이것은 구계급보다도 신흥계급에서만 볼 수 있는 현상이라 함이 가하겠다.
>
> 좋다! 그러면 이른바 신흥문학은 유산계급문학에 대항한 문학일 것이며, 생활을 떠난 문예에 대항한 신흥계급의 사회변혁의 문학일 것이다. 그러면 프롤레타리아문예는 즉 신흥문예의 별명이 아닌가.

근대 초기에 일어선 개인주의 문학이 한때 '신흥문예'로 일컬어지다가 유산계급문학으로 문단의 주류를 차지하고 있는 이제, 프롤레타리아문학이 새로운 '신흥문예'로서 역사적 사명을 가진다는 것이었다. "금일의 문학은 생활을 배반한 지 오래"라며 주류 문단의 '예술을 위한 예술' 경향을 비판하기도 했다.

이처럼 프롤레타리아문학을 옹호하고 카프 멤버들에게 존대 받으면서도 홍명희가 카프에 정식으로 참여하지 않은 까닭이 무엇일까. 카프의 지나친 좌경화 추세를 꺼린 것 같다. 1927년과 1930년 두 차례의 '방향 전환'이 카프에 있었는데, 제1차 전환은 '내용-형식 논쟁'에서 형식을 강조하던 김기진이 물러선 것이고 제2차 전환은 임화(林和, 1908~53), 김남천(金南天, 1911~53) 등 소장파의 '예술운동의 볼셰비키화' 운동에 따른 조직 개편이었다. '예술을 위한 예술'을 극복한다해서 예술 자신을 전혀 위하지 않는, '정치만을 위한 예술'에 일로매진할 수는 없는 사람들이 있었다. 예술의 정치성을 놓고도 중도파가 있었던 것이다.

일본 제국주의의 억압 아래 양심적 예술인들, 의식 있는 예술인들은 좌익으로 쏠릴 수밖에 없었다. '예술을 위한 예술'을 넘어서기 위해 좌익이 유일한 대안이었기 때문이다. 그런데 좌익 조직 활동은 편향적 좌경화를 일으켰고, 그에 따라가지 못하는 사람들은 조직 활동에 참여할 수 없었다. 억압체제가 양극화 추세를 일으키는 현상이었다.

해방 후에도 현실에 대한 책임감을 가진 예술인들은 '좌익'단체를 통해 활동할 수밖에 없었다. 1946년 2월 8일에 홍명희를 위원장으로 결성되어 민전 결성에도 참여한 조선문학가동맹을 통상 좌익단체로 인식하는데, 좁은 의미의 '좌익'은 결코 아니었다. 당시 '사회혁명'을 주장한 사람들을 모두 좌익으로 본다면 실제로 중도파 모두와 상당 범위의 우익이 그 범주에 들어가야 할 것이다. 사회혁명의 중심 과제인 토지개혁은 모든 양심적 지식인들이 동의하는 과제였다.

1950년 9·28 '수복'을 앞둔 시점 아버지 일기에 영화배우인 친구(예명 독은기)를 북쪽으로 떠나보내며 한탄하는 장면이 나온다.

> 이리하여 자꾸만 없어지는 문화인과 기술자들. 몇십 년을 길러야 하는 이들을 하루아침에 다 떠나보내고 앞으로 대한민국은 어떻게 살림을 꾸려나가려는 것인지?
> 글줄이나 쓰고 그림 폭이나 그리던 사람들, 심지어 음악가·영화인에 이르기까지 쓸 만한 사람이 많이 북으로 가버렸다. 학계로 말하여도 신진 발랄한 사람들이 많이 가고 우리같이 무기력한 축들이 지천으로 남아 있다. 간 그들이 모두 다 볼셰비키였다면 또 모를 일이지만 중립적인 입장을 지키던 사람들 또는 양심적인 이상주의자들이 죄다

가버렸음을 생각하면 우리는 깊이 반성하는 바 있어야 할 것이다. (…) 나는 오늘 저녁 한 사람의 양심적인 예술가를 또 북으로 떠나보냄에 있어 그가 이 몇 해 동안 병고와 생활난과 고문의 위협에 허덕이었음을 생각하고 이 땅의 문화정책이 너무 빈약함을 통탄하여 마지않는다. (김성칠, 『역사 앞에서』, 1950년 9월 26일자, 창비 1993/2009)

분단 건국이 행해지고 내전이 일어난 뒤의 상황이다. 양자택일을 강요하는 이 상황은 해방 직후부터 빚어지기 시작해서 1946년 봄에도 벌써 많은 사람들을 압박하고 있던 것이다. 토지개혁을 비롯해 상당한 범위의 사회혁명이 해방 조선에 필요하다고 생각한 사람들, 이승만과 김구를 무조건 '영수'로 받들기를 내켜 하지 않은 사람들이 민전을 비롯한 '좌익' 제 단체가 아니고는 뜻을 제대로 펼 수 없는 상황이 굳어져 가고 있었다. 조선문학가동맹을 비롯한 이 단체들을 간단히 '좌익'으로만 인식하는 데는 큰 허점이 있다.

1946. 4. 29.

윤봉길과 김구가 테러리스트라고?

일본의 한국 병탄에는 여러 수단이 동원되었지만 가장 기본적인 수단은 무력이었다. 한국이 병탄당한 가장 큰 이유도 무력에 대항할 능력이 없다는 데 있었다. 메이지시대에 일본이 도입한 근대적 무기와 군대 조직 방법은 청나라를 유린하고 러시아를 격퇴할 수준에 올라 있었다. 무력에 있어서는 조선이 감당할 수 있는 상대가 아니었다.

그래서 나는 을사5적이니 뭐니 하면서 '매국노' 몇몇을 씹는 데 흥이 나지 않는다. 그들이 나라를 팔아먹은 것은 마침 사겠다는 사람이 있으니까 팔아먹게 된 것이지, 앞서 관직을 팔아먹던 선배들보다 특출한 범죄로 볼 것이 아니다. 관직이나 팔아먹으면서 국력을 형편없게 만든 결과가 바로 나라를 팔아먹게 된 상황 아니었는가. '관습 헌법'이란 희한한 포장으로 헌법을 팔아먹은 헌법재판관들도 똑같은 유형의 범죄자다. 사회가 맡겨놓은 것을 제 것처럼 팔아먹는 '횡령죄'다.

무력을 앞세운 침략에는 무력으로 맞서야 한다. 감당이 안 되는 상대라는 사실은 당시에도 누구나 알고 있었다. 그럼에도 달걀로 바위 치는 심정으로 자신을 희생하며 항쟁에 나선 사람들이 있었다. 항쟁이 당장 승리를 거두지 못하더라도, 저항의 정신은 살려놓은 것이다. 상황에 굴복하지 않고 정신이 살아남는다면 당장의 상황은 어쩌지 못하더라도 보다 나은 상황을 장차 이끌어낼 실마리가 되는 것이다. 제 몸과 자기 가족의 당장의 안위만을 생각하지 않고 민족사회의 장래와 후손의 떳떳함을 생각한 사람들이 있었다.

식민지시대 무력 항쟁의 가장 큰 상징의 하나가 윤봉길(尹奉吉, 1908~32)의 의거였다. 1932년 4월 29일 상해 홍구공원(현 루쉰 공원)의 천장절(天長節, 천황의 생일) 잔치판에 폭탄을 투척해 시라카와 요시노리(白川義則) 파견군 사령관 등 일본 요인들을 살상한 의거의 기념식이 서울운동장에서 거행되었다.

> 14년 전 4월 29일 오전 11시 반경 마침 상해 홍구공원에서 거행된 일본 천장절 배하식장에 포탄을 던져 왜적사령관 시라카와(白川) 대장 외 문무고관 등 여러 명을 무찌르고 대의 조선의 혼을 만방에 선양한 우리의 영웅 윤봉길 의사의 의거 기념대회는 29일 오후 1시부터 서울운동장에서 거행되어 수만 명의 좌우 양익 내외 명사가 모인 가운데 엄숙히 열렸다. (…)
> 홍진, 러치 장관 대리, 뉴맨 공보부장, 중화민국 교민 대표 정원한(鄭元幹) 외, 조소앙, 공산당 대표 홍남표, 한민당 대표 김성수(金性洙), 인민당 대표 신경철(申敬哲), 신민당 대표 백남운, 재미한족연합회 대표 한시대(韓始大) 등의 여러 내빈의 간곡하고 정중한 축사가 있은 후 김구로부터 유가족에게 위문품을 증정하고 유가족 대표 윤 의사의 외아들인 종(琮)의 감격에 넘치는 답사가 있은 다음 김규식의 선창으로 소리도 우렁차게 조선 독립 만세를 높이 부르고 동 5시경 대회를 끝마쳤다.
>
> (「윤봉길 의사 의거 기념대회 거행됨」, 『조선일보』·『동아일보』 1949년 4월 29일, 30일)

이 기념식은 좌우익 인사들이 모처럼 함께 어울린 모습을 보인 자리이기도 했다. 비상정치회의 추진 노력이 좌익을 배제한 비상국민회의로 방향을 돌리고 좌익 중심의 연합전선으로 민전이 추진되기 시작한 1월 20일경 이래 좌우익이 하나의 명분 아래 이렇게 모인 일이 없었다. 3·1절 기념식조차 따로 열려 사람들의 한탄을 자아냈다. 이튿날 『조선일보』에는 「피는 하나다」란 제목의 사설이 실렸다.

> 민족을 위하여 한 목숨을 바치고 나라를 위하여 한 몸을 바친 의인과 열사를 추앙함은 사람의 예의요 민족의 의무라 마땅히 하여야 할 일이오 또한 없어서는 안 될 일이다. 그러나 한갓 예의요 자못 의무라 하면 여기서 우리가 무슨 감격을 받을 바 있으며 무슨 충동을 느낄 바 있으리오. 한 걸음 나아가 보다 더 날카로운 무엇을 찾아내는 데서 비로소 어떠한 의미가 있지 아니할 것인가.
>
> 우리는 어제 4월 29일 상해 홍구공원에서 일본의 육군대장 시라카와 이하 문무대관을 쳐 무찌른 윤봉길 의사의 기념식전에서 비로소 우리의 구하던바 무엇을 얻었고 찾던바 그것을 발견하였다. 보라 그 식전에는 이 사건의 장본인인 김구 씨가 나오지 아니하였던가. 외국인의 내빈은 으레 있을 것이거니와 이른바 우파니 좌파니 할 것 없이 각 당 각파의 지도자가 모두 나와서 정성과 열정이 넘치는 축사를 바치었으니 이 얼마나 감격할 일인가.
>
> 얼핏 생각하여 보면 으레 그러할 일이요 당연한 일이라 할 것이나 해방된 이래 우리 사회에서 이번과 같이 좌우 각파가 한마당에 모여서 한마음 한뜻으로 이러한 행사를 하여 본 일이 있었던가. 우리는 이 광경을 볼 때에 알지 못하는 중에 뜨거운 눈물이 옷깃을 적심을 금할 수 없었다.

왜 무슨 눈물인가. 윤 의사의 장거를 추앙하는 눈물인가. 그렇다. 그것은 물론이다. 그러나 그보다도 이때까지 전예를 보기 어렵던 좌우 양파가 한자리에 모인 것을 볼 때에는 의사가 장하다는 생각이 일층 더하는 동시에 '피는 하나다!' 하는 감격이 우리를 울리고 만 것이다. 이제 독립을 바라보며 허덕이는 삼천만 우리 민족은 무엇을 바라는가. 오직 '독립'을 바랄 뿐이요 이 독립을 바라는 '피는 하나다!' 이같이 뚜렷한 사실 흐리려 하여도 흐릴 수 없는 사실을 똑바로 인식하자. 나라도 하나, 민족도 하나, 독립도 하나, 피도 하나, 이 길이야말로 조선을 살리는 길이다.

김구에게 '테러리스트'란 딱지가 붙어 다닌 이유가 윤봉길 등의 거사를 지휘한 실적에 있었다. 그를 적대한 사람들은 '테러리스트'란 이유로 깎아내렸고, 지금까지도 이승만을 옹호하는 사람들이 이 시각을 많이 들이대고 있다. 김구의 민족주의 정신을 흠모하며 그의 좌절과 억울한 죽음을 애통해하는 사람들도 이 측면에 대해서는 석연치 않은 생각을 하는 경우가 있다.

그러나 테러리즘을 무조건 죄악시하는 관념론에는 한계가 있다. 송진우의 암살(1945. 12. 30) 배후에 김구가 있었다고 생각하는 사람들도 이런 관념론에 많이 좌우되는 것 같다. 나는 이 일에 확실한 판단을 못하겠고, 김구의 결백을 주장할 근거도 없다. 다만 '테러리스트'라는 관념 위에서 그의 책임을 상상할 일은 아니라고 생각한다.

부당한 침략에 대한 저항의 정신을 살리기 위해 자기 자신을 희생한 사람들이 있었다. 일본의 막강한 무력 앞에서 그 희생에 상응하는 효과를 바라볼 수 없었지만 최선을 다하고자 한 사람들이었다. 최대한 효과적인 투쟁 방법을 그들은 모색했고, 테러리즘도 선택의 범위 안에

윤봉길 아닌 윤봉길. 거사 직후 일본 신문에 통용된 이 사진이 잘못된 것이라는 사실이 밝혀졌는데도 관계자들 중에 이 사진에 집착하는 이들이 있는 것은 무슨 까닭일까? 선열들의 행적을 너무 관념적으로만 받아들이는 풍조가 그들의 가르침을 있는 그대로 받아들이지 못하게 하는 것이 아닌가. 씁쓸한 생각이 든다.

있었다. 자기 자신을 희생하는 행위의 도덕성은 객관적 잣대로 재단하기 힘든 것이다.

테러리스트 중에는 폭력의 쾌감에 도취된 자들도 있다. 그러나 안중근(安重根, 1879~1910)과 윤봉길 같은 '의사'들의 행적에는 생명을 아끼고 이웃을 사랑하는 인간적 자세가 분명히 나타나 있다. 그들의 행위가 온갖 모색 끝에 부득이한 선택이었고 무고한 인명의 피해를 최소화하기 위해 최선의 노력을 기울인 사실이 분명하기 때문에 나는 그것을 '테러리즘'의 범주에 넣는 것을 반대한다.

그런데 김구는 윤봉길 등의 거사를 지원하고 지휘하는 데 자기 목숨을 걸지는 않았다. 그래서 김구가 자기 야심을 위해 테러리즘을 이용한 것이라는 비난도 있다. 그러나 거사에 나선 젊은이들과 김구 사이의 일체감을 중시해야 한다고 나는 생각한다. 김구가 윤봉길을 홍구공원으로 보내며 자기 몸이 잘려나가는 아픔을 느끼지 않았다면 윤봉길이 그의 지휘에 흔연히 따를 수 있었을까? 1945년 4월 29일 장준하 일행이 미 전략정보국(OSS) 훈련을 위해 중경을 떠날 때의 장면을 펼쳐본다.

> 김구 주석의 작별사로 이날 아침은 더욱 비장한 아침이 되었다. 김구 주석은 검정색 중국 두루마기 안주머니에서 회중시계를 꺼내 들어 보이며 입을 열었다.
>
> "오늘 4월 29일은 내가 13년 전에 윤봉길 군을 죽을 자리에 보냈던 바로 그날이오. 또 지금이 그때 그 시각이오. 여러분도 다 알 것이오. 상해 홍구공원에서 폭탄을 던져 왜의 시라카와 대장을 죽였던 그날의 의사 윤봉길 군이 내 허름한 시계를 갖고 대신 내게 자기 것을 준 그 시계가 바로 이 시계요. '이 시계가 선생님 시계보다는 훨씬 새것입니다. 저는 앞으로 한 시간밖에는 쓸 데가 없으니 이 시계를 선생님이 가지시고 선생님의 시계를 저에게 주십시오.' 하고 시계를 바꿔 넣고 떠나던 윤 군의 모습이 지금도 선하오. 바로 그날과 같은 날짜 같은 시각에 윤 의사와 똑같은 임무를 띤 여러분을 또 떠나보내고 있소. 심중이 괴롭기 짝이 없소. 이것은 우연이 아니고 반드시 하늘이 정한 뜻이라고 나는 생각하고 싶소."
>
> 윤봉길이 상해에서 의거 직전에 김구와 시계를 바꿔 가진 일화는 너무 유명하여 모를 수가 없었지만 그 날짜와 시각이 우연히도 자기들의 출발 일시와 똑같다는 주석의 말에 모두 깜짝 놀라는 얼굴들이 되

었다. 주석의 그 작별 인사는 일행을 오래도록 깊은 감명에 빠져들게 하였다. (박경수, 『장준하: 민족주의자의 길』, 돌베개 2003, 170~171쪽)

윤봉길은 몸을 죽여 뜻을 살릴 생각으로 죽을 자리를 찾고 있던 사람이었다. 김구가 그 자리를 찾아준 것인데, 같은 뜻을 두 사람이 공유한 것이기에 윤봉길은 김구의 안내와 지휘를 흔쾌히 받아들인 것이었다. 그 자리가 어떤 자리였는지 한번 살펴보겠다.

일본은 1931년 9월 18일 만주사변을 일으키고 만주 침략을 시작해 1932년 3월 만주국을 세웠다. 그리고 이에 대한 국제연맹의 항의에 몰리자 1933년 3월 국제연맹을 탈퇴했다. 일본이 군국주의의 길로 들어서는 과정이었다.

중국에서 '9·18사변'이라 부르는 만주사변은 이시하라 간지(石原莞爾) 중령을 위시한 관동군 소장파 장교들이 일본의 만주 침략을 촉발하기 위해 조작한 사건이고 고위층에서는 이것을 추인했다고 하는 것이 통설이다. 그러나 반론도 있다. 사실은 훨씬 고위층에서부터 계획된 작전이었지만 우발성을 강조하고 책임 범위를 좁히기 위해 소장파의 책임으로 돌렸다는 것이다. 어느 쪽이든 1931~32년은 일본의 정상적 정치가 중단되고 군부가 침략정책에 앞장서고 나선 시기였다.

일본 군부는 만주 점령이 순조롭게 완성되던 시점에서 중국 본토 침략까지 획책했다. 1932년 1월 28일 상해사변(중국에서는 '1·28사변')도 만주사변과 마찬가지로 일본군이 조작한 상황에서 벌어진 것이었다. 3월 초순까지 진행된 전투에 10만 이상의 일본군이 투입되어 중국의 19로군과 장개석의 최정예부대인 제5군을 격퇴했다. 전투 중에 국민당 정부는 남경에서 낙양으로 옮겨가야 했고, 3월 5일 상해휴전협정〔淞滬停戰協定〕 체결로 중국은 상해에 군대를 주둔하지 못하게 되었다.

윤봉길의 거사 때는 중국인들이 일본의 침략에 대한 분노와 국민당 정부의 무능에 대한 치욕감에 휩싸여 있을 때였다. 그 한가운데서 일본인들이 벌이고 있던 첫 잔치판이 홍구공원의 천장절 행사였다. 윤봉길은 이 잔치판에 폭탄을 던져 파견군(이라 쓰고 '침략군'이라 읽는다) 사령관을 죽인 것이다. 그 후의 조선 독립운동에 국민당 정부를 비롯한 중국인의 이해와 도움을 얻는 데 윤봉길의 거사가 결정적인 효과를 일으켰다.

그로부터 13년 후 김구의 회고를 듣는 광복군 대원들의 마음속에 김구가 윤봉길을 이용한 것이라는 생각은 들지 않았을 것이다. 김구의 일부가 윤봉길과 함께 죽은 것이라고 생각했을 것이다.

1946. 4. 30.

한국전쟁, 누가 먼저 방아쇠를 당겼는가?

한국전쟁에 관한 반공체제의 관점을 '전통주의(traditionalism)'라 하고 커밍스가 제기한 관점을 '수정주의(revisionism)'라 하여 평면적으로 대비시키는 데 나는 동의하지 않는다. 학술적 기준으로 차원이 다른 작업이다. 소위 전통주의는 반공체제의 정치적 선전을 학술적으로 분식한 것일 뿐이며, 그 사실은 그 고찰이 한국전쟁의 '현장'을 벗어나지 못하고 '기원'을 외면했다는 점에서 분명하다.

이렇게 말하는 것이 소위 전통주의를 비양심적인 사이비 학문으로 매도하는 것은 아니다. 주어진 조건에서 최선의 연구를 행한 사람들도 있다. 그러나 주어진 조건이 얼마나 엄혹했고, 그 제약이 얼마나 엄연했는지 생각하지 않을 수 없다. 반공 독재정권하의 한국 학계가 처해 있던 조건은 말할 것도 없고, 냉전시대 미국 학계도 그와 '오십보백보'의 조건에 처해 있었다.

소위 전통주의자들도 자기 할 몫을 했다. 다만 냉전시대의 제약을 벗어나지 못했던 한계를 인정해야 한다. 탈냉전시대에 들어선 지금 '전통주의'를 '수정주의'와 맞먹는 존재처럼 내세우는 것이 냉전시대의 제약에 대한 집착일 뿐이다.

1981년에 1권을 낸 후 1990년 2권을 낼 때까지 1권을 둘러싼 논의를 보며 커밍스가 자기 작업의 특성을 스스로 돌아본 흔적을 2권 서문에서 느낄 수 있다.

> 이 책에 담긴 여러 가지 주장을 놓고 불편해하거나 불안해할 독자들이 있을 것이다. 제1권보다 더 많을 것이다. 문서고와 서류 자료 중에서 발견한 증거 가운데 나 자신도 충격을 받은 것들이 있다. 이 책의 출간이 늦어진 것은 내가 전혀 모르고 있던 어두운 골목과 흐리멍덩한 사정을 살펴볼 필요가 많았기 때문이다. 그리고 연구 방법과 기질의 문제도 작용했다. 나는 도서관 서가에서 먼지나 뒤집어쓰며 책을 쓸 생각이 없다. 20세기 중엽 한국과 미국의 정치는 그런 얌전한 책을 쓰기에 너무나 매혹적인 주제다. 보다 점잖고 침착한 접근을 통해 더 안전하고 논란이 적은 해석을 이끌어낼 수 있겠지만, 그렇게 하면 질문의 영역 중 너무나 많은 부분이 '역사'란 이름의 휴지통 속에서 곰팡이나 피게 되는 결과를 피할 수 없을 것이다. (『The Origins of the Korean War 2』, 17~18쪽)

커밍스의 서술은 논란을 두려워하지 않는다. 연구에서는 논란을 두려워하되 서술에서는 두려워하지 말아야 한다는 것이 바람직한 역사 서술에 대한 내 생각인데, 커밍스의 자세는 여기에 부합한다. 그의 책이 연구서로서만이 아니라 일반 독자를 위한 교양서로서 가치를 가지는 기본적 이유가 여기에 있다.

역사를 휴지통 이름으로 비유한 데 대해 순간적으로 반감을 느끼는 것은 내 직업의식 때문일 것이다. 그러나 한 차례 생각을 굴려보며 쓴웃음을 금할 수 없다. 커밍스의 해방공간 연구가 종래 한국전쟁 연구의 차원을 바꾼 결정적 요점은 역사적 관점을 적용시킨 데 있다. 그런

1·4 후퇴 피난 행렬. 일본의 식민 통치가 잔인한 것이었지만 온 백성을 이처럼 생사의 간두에 몰아넣은 일은 없었다.

데 그가 자기 작업의 의미를 '역사'라는 휴지통으로부터 의미 있는 질문들을 해방시킨 데 있다고 하는 점에서 역사학이 미국 사회에서 차지하는 초라한 위치를 알아볼 수 있다.

학문 수준이 어느 정도 발달해 있는 사회 중 미국처럼 역사학의 역할이 빈약한 곳도 별로 없다. 현대사의 전개에 대해 사회과학적 설명에 치중하고 역사적 관점을 소홀히 하는 경향이 있다. 한국전쟁에 가장 큰 관심을 가진 사회가 한국 다음으로 미국인데, 그 관심이 "누가 먼저 방아쇠를 당겼는가?" 하는 평면적 수준에 오랫동안 머물러 있었던 이유의 일부는 냉전체제의 압력에 있었지만, 미국 사회의 '비역사적' 성향에도 있었던 것이다. 커밍스 자신이 제2권 서론에서 이 점을 지적하기도 했다.

> '북경 정치학(Pekingology)'이란 두 마리 거대한 고래가 물밑에서 싸우는 모습을 바라보는 것과 같다고 시어더 화이트가 말한 적이 있다. 어쩌다 한 번씩 수면에 올라와 물을 뿜어대는 모습을 보여주는데, 무슨 일이 일어나고 있는지 알아볼 수 있는 근거는 그것뿐이다. 그런데 미국의 정치도 '중국' 정치와 비슷한 양상을 보일 때가 많다. 신문을 유의해서 읽고 핵심 인물의 부침을 관찰하면서 권력투쟁을 찾아내는 '워싱턴 정치학(Washingtonology)'이 필요한 대목이다. 하지만 이런 이야기를 입 밖에 내는 것은 미국 사상의 체질에서 크게 벗어나는 짓이다. 정치와 역사, 인간의 행위에 대한 우리 사회의 통념에 어긋나는 것이다. 음모 이론(conspiracy theory)을 꾸며내는 짓이다. 우리처럼 비역사적 성향을 내재적으로 품고 있는 사람들은 뒤를 캐는 일, 양탄자 들춰보는 일, 물밑의 힘과 움직임을 알아보는 일에 적성을 보일 수가 없다. 제1원리에 대한, 그리고 파헤치기에 대한 열정을 보여주는 사람은 좌우익의 과격파밖에 없다. 니체가 말한 "미로(迷路)를 향한 운명"은 미국인의 영혼에 어울리지 않는 것이다. (같은 책, 13쪽)

한국의 지식층은 한편으로 반공 독재정권의 억압을 받으면서 다른 한편으로는 미국 사회의 '비역사적' 성향에 영향을 받아왔다. 그렇게 수십 년을 지낸 결과, 미국보다도 더 '비역사적' 성향을 띤 사회가 되어버린 것 같다. 해방공간을 탐색하는 『해방일기』 작업을 벌이면서 절실하게 느낀다. 반공 독재정권의 공식적 관점이 가진 극심한 편향성은 말할 것도 없고, 그에 대항하는 관점에서도 또 다른 편향성과 자주 마주치게 된다는 점에서 '좌우익의 극단파'만이 과거사에 대한 열정을 독점하고 있는 상황을 보여주는 것 같다.

안재홍
선생에게
묻는다

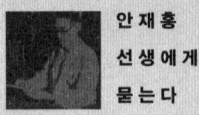

좌우합작보다 우익 연합이 더 급한 이유

김기협 | 미소공위가 며칠 전 제5호 공동성명을 발표했습니다. 3월 20일 개막 후 근 한 달 동안 몇 차례 성명이 나왔지만, 회의 진행에 관한 형식적 내용뿐이었는데, 드디어 알맹이를 담은 성명이 나온 것이 좀 늦은 감이 있기는 하지만 반가운 일입니다. 조선인 협의 상대 신청 방법을 밝힌 내용이 이 성명에 들어 있었죠.

그런데 좌익 쪽에서 이 성명을 즉각 환영하고 협의 상대 신청에 나선 반면 우익 쪽 반응은 좀 착잡하군요. 민주의원만 하더라도 김규식 선생이 의장대리 입장에서 바로 환영의 뜻을 밝혔다가 함상훈 공보부장이 민주의원의 공식 입장이 결정되지 않았다고 뒤집지 않았습니까? 우익 쪽, 특히 민주의원 쪽에서 어렵게 생각하는 문제가 있는가요?

안재홍 | 서명 문제죠. 협의 상대 신청을 하려면 이런 내용의 선언서에 서명해야 합니다.

"우리는 모스크바 삼상회의 결의문 중 조선에 관한 제1절에 진술한 바와 같이 그 결의의 목적을 지지하기로 선언함. 즉 조선의 독립국가로서의 재건설, 조선이 민주주의 원칙으로 발전함에 대한 조건의 설치와 조선에서 일본이 오랫동안 통치함으로 생긴 손해 막대한 결과를 속히 청산할 것. 다음으로 우리는 조선민주주의임시정부 조직에 관한 삼상회의 결의문 제2절 실현에 대한 공동위원회의 결의를 고수하기로 함. 다음으로 우리는 공동위원회가 조선민주주의임시정부와 같이 삼상회의 결의문 제3절에 표시한 방책에 관한 제안을 작성함에 협력하기로 함."

맨 끝에 "결의문 제3절에 표시한 방책"이란 것이 신탁통치거든요. '후원'이란 말로 바꿔 쓰기도 하지만 실체는 신탁통치지요. 그러니까 이 선언서에 서명한다는 것이 신탁통치에 찬성한다는 뜻이 되는 게 아니냐 하는 문제가 제기되는 겁니다. 신탁통치에 찬성하거나, 최소한 반대를 앞세우지 않는 좌익에서는 아무 문제가 없지만 신탁통치 반대를 무엇보다 중요한 일로 여겨온 반탁 진영 쪽에서는 심각한 문제가 아닐 수 없습니다.

김기협 | 선언서 내용으로 봐서는 서명한다는 것이 꼭 신탁통치를 지지한다는 뜻은 아닌 것 같은데요. "(신탁통치에 관한) 제안을 작성함에 협력함"이라 하면 신탁통치가 불필요하다는 의견을 낼 수도 있는 것 아닙니까? 반탁 진영 안에서도 서명의 의미가 엇갈리겠습니다. 김규식 선생이 속한 임정파는 긍정적으로 보고 함상훈이 속한 한민당파는 부정적으로 보는 입장 차이가 있는 것입니까?

안재홍 | 그렇게 간단하지가 않습니다. 가인(김병로)은 5호 성명 지지 의사를 바로 밝혔고, 그와 입장이 같은 사람들이 한민당에 많습니다.

임정 쪽의 한독당파가 제일 강경한 반대지요. 신탁통치의 가능성을 인정한다는 것 자체를 찬탁으로 여기니까, 제3절에 관련한 '협력'을 전제로는 협의에 응할 수 없다는 겁니다.

김기협 | 제2절의 임시과도정부 조직에는 끼어들고 싶지만, 제3절의 신탁통치 문제는 관계하고 싶지 않다는 것이군요. 너무 일방적인 생각 아닙니까? 심하게 말해서, 식당에 들어가 밥은 먹고 싶은데 돈은 내고 싶지 않다는 것과 마찬가지 아닙니까?

안재홍 | 그러니까 그 식당에 들어가지도 않겠다는 것이 백범 선생 이하 한독당파의 뜻이지요.

김기협 | 그래도 밥은 먹어야 살 것 아닙니까? 다른 식당이 있다는 건가요, 아니면 내 손으로 지어 먹겠다는 건가요? 민족 자주성이 아무리 좋은 거라도, 해방이 자주성만으로 된 것이 아닌데, 독립은 자주성만으로 할 수 있다는 겁니까?

일본을 항복시킨 힘도 조선을 점령한 힘도 연합국이 가진 것입니다. 힘을 가진 연합국이 조선을 다시 식민지로 만들겠다는 악의를 가지고 달려드는 것이라면 몰라도, 신탁통치의 가능성을 함께 의논해 보자는 것까지 굳이 악의로만 해석해서 협의를 거부한다는 것은 이해가 가지 않는 일입니다.

안재홍 | 나도 답답하게 생각합니다. 나 자신 반탁운동에 누구 못지않게 결연한 태도로 참가해왔습니다. 연초의 4당 코뮈니케 작성 때 어떻게든 좌우합작을 이뤄야겠다는 마음에서 공식적으로 반대하지는 않았지만, 그런 코뮈니케에 반탁의 뜻을 일체 담아서는 안 된다는

공산당 주장에 정말 분노했습니다. 그래서 그 후 급속한 좌우합작을 포기하고 비상국민회의와 민주의원 결성에 참여했던 것입니다.

그러나 코뮈니케와 미소공위는 전혀 다른 일입니다. 코뮈니케는 조선 정치계의 입장을 일방적으로 밝히는 것이고, 미소공위는 연합국을 상대로 하는 일입니다. 코뮈니케에서는 내 뜻을 최대한 명확히 밝혀야 하지만, 미소공위에서는 상대방의 의사를 이해하는 데도 그 못지않은 노력을 기울여야 합니다.

좌우합작을 놓고도 나는 상대방의 선의를 최대한 믿는 것이 성공을 위해 꼭 필요하다는 주장을 해왔습니다. 나와 다른 주장을 내놓는다 해서 불구대천의 원수처럼 극단적인 비난을 삐라로 뿌려대는 사람들은 합작에 진정한 의지가 없는 사람들입니다. 해방에 연합국의 도움이 필요했던 것처럼 건국에도 그들의 도움이 필요합니다. 그들이 조선 사정을 이해하지 못해서 어쩌다 잘못된 제안을 내놓더라도, 근본적인 선의를 인정해줘야만 잘못된 점을 바로잡을 수도 있는 것입니다.

김기협 | 지금 마무리되고 있는 우익 정당 통합 작업에서도 국민당은 선생님 말씀처럼 상대방의 선의를 최대한 믿는 자세로 일관해왔습니다. 애초에 국민당과 함께 한독당, 신한민족당, 한민당의 4개 당이 통합 범위였는데, 한독당 중심의 통합에 신한민족당과 한민당에서는 반발이 많았던 반면 국민당은 '살신성인'의 자세로 임했죠. 한민당은 끝내 통합을 외면했지만, 신한민족당이 곡절 끝에 통합에 응한 데는 국민당의 자세가 큰 작용을 했다고 봅니다.

선생님과 국민당의 겸양의 자세 덕분에 통합 작업은 그만한 성공이라도 거뒀습니다. 그러나 그 결과에 국민당 관계자들이 만족하고 있습니까? 다른 당처럼 간부들의 감투 욕심이 걸림돌이 되지 않은 것이 국민당이 칭송받는 점입니다만, 제3자가 보기에도 국민당의 선의가 한독당 기존 간부들에게 이용당한다는 느낌이 있습니다. 국민당 당원들 입장에서 국민당의 고귀한 이념이 일부 한독당원들의 저속한 욕심에 유린당했다는 분노가 있지 않을까요?

우익 정당 중 한민당은 이해관계로 뭉치고 국민당은 이념으로 뭉쳤다는 세평이 있습니다. 그래서 국민당은 '정당(政黨)'이 아니라 '정붕(政朋)'이란 말까지 합니다. 구양수(歐陽脩)의 붕당론(朋黨論)■에 빗댄 말이지요. 한민당과 공산당처럼 계급-계층의 이해관계에 기초를 두는 것이 현대의 대중 정치에 적합한 것이고, 국민당처럼 이념과 도덕성을 중시하는 자세는 현실 정치에 맞지 않는 것이 아닌가 하는 생각도 듭니다.

안재홍 | 국민당 동지들의 실망 앞에 나도 마음 아픈 일이 많습니다. 그러나 큰 뜻을 생각하며 작은 아픔을 참아야죠. 국민당은 더 큰 생명을 위해 희생하는 밀알의 뜻을 가진 당입니다.

창당 때부터 국민당은 독립 완성을 위한 정치투쟁 단체이지, 정권 담당을 목표로 삼는 정당이 아니라는 점을 분명히 했습니다. 맞습니다. '정당'보다 '정붕'이 더 맞는 이름이죠. 건국 과업을 앞에 놓고 있는 지금 상황에서는 권력을 추구하는 정당보다 좋은 뜻을 모으는 단체

■ 중국 송나라의 정치가이자 학자였던 구양수는 의리(義理)를 추구하는 군자의 모임인 붕(朋)과 이익을 좇는 소인들의 모임인 당(黨)을 구분하여 참된 집단과 그렇지 못한 집단을 규정했다. 즉 참된 집단은 도의를 지키며 충심과 믿음을 실천하고 명예와 절개를 소중히 여기면서 처음과 끝이 같다. 반면 가짜 집단은 봉록을 좋아하고 재물을 탐내다가 이익이 사라지면 더없이 가깝다가도 서로 해친다. 구양수의 붕당론은 지배 계층의 붕당 현상이 정치 구조의 한 중요한 부분이 되었으며 순기능과 역기능을 드러낸다는 사실을 이야기한다. 좋은 붕당은 훌륭한 정치를 가져오지만 나쁜 붕당은 정치를 망치는 최대의 원흉이 된다는 것이다.

의 필요를 더 절실하게 느끼는 사람들이 모인 것이 국민당입니다. 그래서 그동안 미군정을 재야에서 협력하되 현실 정치에는 참여하지 않는 자세를 지켜왔습니다.

한민당은 국민당과 대조되는 길을 걸어왔죠. 미군정의 고문직을 독점하다시피 하고 경찰 등 중앙과 지방의 모든 방면에 세력을 부식해왔습니다. 그 결과 조선의 보수 세력을 고스란히 포옹하기에 이르렀습니다. 애초에 임정 봉대(奉戴)를 명분으로 당을 결성해놓고 이제 한독당과의 합당도 거부하고 있습니다. 명분을 도외시하고 실리만 바라보는 길입니다.

국민당은 사라졌습니다. 반면 한민당은 조선의 현실을 좌우하는 힘을 키워가고 있습니다. 그러나 국민당은 조선 인민의 시대적 요구에 부응하는 데 최선을 다했다고 자부합니다.

김기협 | 선생님은 민족주의가 조선 건국의 제1원리로 작용하기 바랐고, 때문에 김구 선생과 이승만 박사 두 분의 영도력에 큰 기대를 걸어왔습니다. 지난 1월 비상정치회의가 비상국민회의로 선회할 때 선생님이 주비회 위원장을 맡으며 앞장선 것도 두 분이 비상정치회의와 독촉중협을 따로 추진하면서 간격이 생기는 일을 막기 위해서였죠.

두 분 영수의 사업은 비상국민회의와 민주의원에 이어 독촉국민회를 통해 통합되었습니다. 그런데 지난 9일 두 분이 만났을 때 백범 선생은 이 박사에게 한독당 참여를 권하고 이 박사는 백범 선생에게 초당적 위치를 권했는데, 결국 두 분 다 상대방의 권유에 따르지 않고 각자의 길을 가고 있습니다. 사업은 통합되지만 두 분의 영도력은 화합되지 못하는 것이 아닌가 하는 관측이 있습니다.

좌익 쪽에서는 '영수'라는 호칭부터 비민주적 권위주의라고 비평하죠. 저는 어느 정도의 권위주의는 바람직한 것이라고 생각합니다. 그러나 권위의 주체는 도덕적 권위만 풍겨야지, 권력에 직접 손을 담글 때는 권위주의가 파시즘으로 타락할 위험이 크다고 봅니다. 요즘 두 분의 행보를 보면서 저렇게 너무 부지런해서는 존경의 대상인 '영수' 보다 두려움의 대상인 '두목'이 되지나 않을까 걱정이 듭니다.

안재홍 | 백범 선생은 초인적인 의지의 소유자이시고 이 박사는 초인적 지혜의 소유자입니다. 두 분의 의지와 지혜가 화합된다면 최고의 영도력이 나올 것이고, 화합되지 못한다면 조선의 민족주의 진영은 영도력을 잃게 됩니다. 두 분의 영도력이 건국 사업에서 제대로 살아나도록 도와드리는 것을 나는 무엇보다 중요한 일의 하나로 생각합니다.

1월에 좌우합작을 접어놓고 비상국민회의에 매달린 것도 두 분 사이의 간격이 걱정되어서였습니다. 나는 좌우합작을 매우 중요시합니다. 좌우합작 없이 올바른 건국이 불가능합니다. 그러나 좌우합작이 되려면 좌익과 우익이 각자 어느 정도는 정비되어 있어야 합니다. 내게는 그 시점에서 우익 내의 균열이 심각하게 보였기 때문에 우익의 연합에 주력하는 쪽으로 노력을 돌린 것입니다.

미소공위 5호 성명 앞에서 혼란에 빠진 민주의원을 보며 걱정이 태산 같습니다. 아무리 영도자를 받들더라도 자기 할 일은 하면서 받들어야 할 것 아닙니까? 영도자가 귀신입니까? 이치로 보나 형세로 보나 미소공위에 참여해야겠다는 판단이 서면 그에 따라 각자 할 일을 해야 영도자도 마음 놓고 방향을 가리킬 수 있지 않습니까. 영도자의 입만 쳐다보고 앉아서 할 일을 않고 있으니 세상 사람들이 "고궁에서 한담만 하는 민주의원"이라고 비웃는 것이지요.

해방의 시공간

일지로 보는 1946년 4월

4월

- **3일** 대법원장 김용무 사임
- **5일** 여운형 인민당수, 미소공위에 관한 담화 발표
- **6일** 보성전문학교 학생, 자치권 부여와 식량 배급을 요구하는 동맹휴학
  학병동맹사건의 1회 공판 개정
  경무부장 조병옥, 8도 경찰부와 61개 경찰서 순시
- **9일** 경상남도 공보실, 검거 선풍으로 피검된 사람들의 성명과 소속 발표
  경기도 경찰부, 송진우 암살범들의 취조 결과 발표
  부산 각 경찰서, 좌익 단체와 각 언론사에 대해 대규모 검거
- **10일** 장택상 경기도 경찰부장, 집회금지령 발표 경위에 대해 기자회견
- **11일** 이승만, 민주의원 의장에 복귀
- **15일** 경무부, 경찰제도 개혁
- **16일** 이승만, 남선순행
- **18일** 미소공위 공동성명 제5호 발표, 미소공위에 협력하면 과거 반탁 행위를 불문하고 협의 대상에 참여시키겠다는 내용
- **19일** 조선공산당, 미소공위 제5호 성명 지지 서명 후 미소공위에 전달
- **23일** 이승만 공동성명 제5호 지지, 김구 반대
- **27일** 하지, 공동성명 제5호에 서명하더라도 반탁의 의견 발표를 보장한다는 특별 성명 발표
- **29일** 윤봉길 의사 의거 기념대회 거행

찾아보기

ㄴ

ㄷ

ㄹ

ㅁ

ㅂ

ㅅ

ㅇ

ㅈ

ㅊ